Der ungleiche Kampf um das lebenslange Lernen

edition QUEM
Studien zur beruflichen Weiterbildung
im Transformationsprozeß

herausgegeben von der Arbeitsgemeinschaft
Betriebliche Weiterbildungsforschung e.V. / Projekt
Qualifikations-Entwicklungs-Management
Berlin

Band 16

Waxmann Münster/New York
München/Berlin

Martin Baethge, Volker Baethge-Kinsky

mit einem Beitrag von Rudolf Woderich,
Thomas Koch und Rainer Ferchland

Der ungleiche Kampf um das lebenslange Lernen

Waxmann Münster/New York
München/Berlin

Bibliografische Informationen Der Deutschen Bibliothek
Die Deutsche Bibliothek verzeichnet diese Publikation in
der Deutschen Nationalbibliografie; detaillierte bibliografische
Daten sind im Internet über http://dnb.ddb.de abrufbar.

*Gefördert aus Mitteln des Bundesministeriums
für Bildung und Forschung sowie
aus Mitteln des Europäischen Sozialfonds*

edition QUEM
herausgegeben von der Arbeitsgemeinschaft
Betriebliche Weiterbildungsforschung e.V. /
Projekt Qualifikations-Entwicklungs-Management
Storkower Straße 158, D-10407 Berlin

ISSN 0945-1773
ISBN 3-8309-1461-X

© 2004 Waxmann Verlag GmbH
Postfach 8603, D-48046 Münster
Waxmann Publishing Co., P. O. Box 1318,
New York, NY 10028, U. S. A.

www.waxmann.com
E-Mail: info@waxmann.com

Satz: Stoddart Satz- und Layoutservice, Münster
Umschlag: Ursula Sprakel
Druck: Runge GmbH, Cloppenburg
Gedruckt auf alterungsbeständigem Papier, DIN 6738

Alle Rechte vorbehalten
Printed in Germany

Vorbemerkung

„Lebenslanges Lernen" – diese geläufige Formel kann als Kennzeichen sowohl für die inhaltliche Ausrichtung als auch für die Schwierigkeiten der Durchführung dieser ersten Repräsentativerhebung in Deutschland (alte und neue Bundesländer) zum Weiterbildungsbewusstsein und -verhalten der Bevölkerung im erwerbsfähigen Alter (19 bis 64 Jahre) gelten, deren zentrale Ergebnisse in diesem Buch vorgelegt werden.

Die Studie sollte klären, welches Bewusstsein vom Lernen im Erwachsenenalter in der Bevölkerung anzutreffen ist und im Verhalten der Individuen seinen Niederschlag findet – und in welchen Lebens-, Bildungs- und Erwerbserfahrungen und -umständen dies begründet ist. Sie ist in dieser Hinsicht ohne aktuelles Vorbild: Andere Repräsentativerhebungen der Gegenwart (Mikrozensus, Sozioökonomisches Panel, Berichtssystem Weiterbildung) erfassen vor allem Weiterbildungsbeteiligung und -aktivität. Die Fragestellung unserer Studie weist zwei Besonderheiten auf, welche die aktuellen Konstitutionsbedingungen von Weiterbildung reflektieren: zum einen, dass Weiterbildung sinnvoller Weise heute nur noch in der Perspektive lebenslangen Lernens zu reflektieren ist und nicht als – periodisch vielleicht wiederholte – Einzelaktivität. Zum anderen, dass es nicht mehr ausreicht, den Blick nur auf institutionalisierte Formen von Weiterbildung zu richten, sondern die alltäglichen Lebenskontexte selbst als Lernfelder begriffen werden müssen, in denen der einzelne sich Wissen aneignet und die zugleich sein Verhältnis zu organisiertem Lernen beeinflussen. Unter diesen Lebenskontexten kommt der Erwerbsarbeit eine herausgehobene Bedeutung zu. Dementsprechend haben wir in unserer Untersuchung berufsbezogene Lern- und Weiterbildungserfahrungen, -dispositionen und -aktivitäten vor dem Hintergrund vorberuflicher Sozialisations-, Bildungs- und erwerbsbiografischer Erfahrungen, der aktuellen Erwerbs-, Arbeits- und Lebenssituation und der Wahrnehmung des sozioökonomischen Wandels erfasst.

Die Botschaft, die man aus den Ergebnissen der Studie ableiten kann, ist einfach, gleichwohl nicht trivial, sondern für die Diskussion über das lebenslange Lernen folgenreich: die unmittelbaren Erfahrungen in der Arbeit haben nach Maßgabe der Lernförderlichkeit von Arbeitssituationen einen überragenden Einfluss auf die individuellen Dispositionen und Verhaltensweisen gegenüber lebenslangem Lernen.

Die Studie wurde aus Mitteln des Bundesministeriums für Bildung und Forschung (BMBF) sowie aus Mitteln des Europäischen Sozialfonds gefördert. Sie wurde in Kooperation vom Soziologischen Forschungsinstitut (SOFI) Göttingen (federführend), dem Berlin-Brandenburgischem Institut für Sozialforschung (BISS), dem Lehrstuhl für Erwachsenenpädagogik der Universität Heidelberg (Christiane Schiersmann) sowie mit Unterstützung von Steffen Kühnel vom Methodenzentrum der Sozialwissenschaftlichen Fakultät der Universität Göttingen zwischen 2001 und 2003 durchgeführt (die Durchführung der standardisierten Interviews erfolgte – auf Basis eines am SOFI kooperativ erarbeiteten Fragebogens – durch Infratest Burke).

Das Buch hat – gemäß der Arbeitsteilung im Forschungsteam – zwei Schwerpunkte, die die Autorengruppen jeweils selbst verantworten: Der Hauptteil, in dem wir die grundlegenden Fragestellungen und Zusammenhänge der Kompetenzen für lebenslanges Lernen beschreiben und in einem theoretischen Rahmen interpretieren, wird ergänzt durch einen Beitrag des BISS, der sich in einer komparativen Perspektive vor allem auf das Weiterbildungsbewusstsein der ostdeutschen Erwerbsbevölkerung und regionale Disparitäten konzentriert.

An einem Buch sind in der Regel nicht nur die Autoren beteiligt. Wir haben vielen für die Unterstützung während des Forschungsprozesses zu danken. Von ihnen wollen wir nur einige namentlich aufführen: Das BMBF war nicht nur als Zuwendungsgeber beteiligt; für die Initiative und engagierte Begleitung des Projekts danken wir dem im BMBF zuständigen Referatsleiter Johannes Sauer. Ebenso haben wir Helmut Kuwan und Miriam Gensicke zu danken, die bei Infratest Burke unser Konzept praktisch umzusetzen halfen, sowie Steffen Kühnel und Jürgen Leibold vom Methodenzentrum, die sowohl die Interviewerhebung kontrollierten als auch bei der Auswertung wertvolle Hilfe gegeben haben. Schließlich haben wir Eva Rochold und Carmen Lanfer zu danken, die bei der Datenaufbereitung wichtige Arbeit geleistet haben, und vor allem unseren Kolleginnen im SOFI: Ingelore Stahn für die umsichtige und freundliche Organisation der Workshops, Bärbel Dehne und Erika Beller dafür, dass sie mit hoher Professionalität und großer Geduld aus unseren zuweilen chaotischen Text- und Grafikvorlagen ein ansprechendes Manuskript für den Verlag erstellt haben.

Martin Baethge
Volker Baethge-Kinsky

Inhalt

Martin Baethge, Volker Baethge-Kinsky
**Der ungleiche Kampf um das lebenslange Lernen:
Eine Repräsentativ-Studie zum Lernbewusstsein
und -verhalten der deutschen Bevölkerung**

1.	Paradigmenwechsel in der Weiterbildung: zum theoretischen Hintergrund und zur Anlage der Untersuchung	11
1.1	Das postfordistische Paradoxon lebenslangen Lernens	11
1.2	Prozessorientierte Arbeitsorganisation und prozessorientierte Weiterbildung: neue Koordinaten beruflichen Lernens	19
1.3	Thematische Schwerpunkte der Repräsentativ-Befragung	25
1.4	Zur Anlage, Durchführung und Auswertung der Untersuchung	26
2.	Lebenslanges Lernen: Erfahrungen, Kontexte und Kompetenzen	32
2.1	Lernerfahrungen in unterschiedlichen Lernkontexten	34
2.2	Lernkontexte und Lernintensität	41
2.3	Lernkompetenz: Antizipation, Selbststeuerungsdisposition und Kompetenzentwicklungsaktivität	45
2.4	Lernkompetenz und wichtigste Lernkontexte	58
3.	Unüberwindbare Hürden? – Zur Bedeutung biographischer Lern- und Mobilitätserfahrungen für Lernkontexte und Lernkompetenz	62
3.1	Probleme der Erfassung von Sozialisations- und Biographie-Erfahrungen	63
3.2	Sozialisations-, Bildungs-, berufliche Mobilitätserfahrungen und wichtige Lernkontexte	70
3.3	Biographie und Lernkompetenz	72
3.4	Alter, Geschlecht, Erwerbsstatus und Lernkompetenz	77
3.5	Das ungelöste Mobilitätsproblem	81
4.	Erwerbsarbeit: Schlüssel zur Kompetenz für lebenslanges Lernen?	82
4.1	Zum Zusammenhang von Arbeitsorganisation, Aspirationsniveau und Beschäftigungsstatus mit Lernkompetenz: theoretische Bezugspunkte	82
4.2	Zur Erfassung von Lernförderlichkeit der Arbeit und Aspirationsniveau gegenüber Arbeit und Privatleben	84
4.3	Arbeit und wichtigster Lernkontext	90
4.4	Lernförderlichkeit der Arbeit und Lernkompetenz	92
4.4.1	Antizipation und die besondere Signalwirkung von Produkt- und Arbeitsmärkten	97

4.4.2	Der Einfluss lernförderlicher Arbeitsorganisation auf die Selbststeuerungsdisposition	100
4.4.3	Die Kompetenzentwicklungsaktivität	105
4.5	Frühe Sozialisation und aktuelle Arbeitserfahrung: ihre Bedeutung für die Kompetenz zu lebenslangem Lernen	109
4.6	Die Rolle der Arbeit für die Lernkompetenz	113
5.	Chancen und Risiken - zur sozioökonomischen Struktur der Lernförderlichkeit von Arbeit	115
5.1	Zur Dynamik des Strukturwandels lernförderlicher Arbeit	115
5.2	Arbeit in wissensintensiven Dienstleistungen als Quelle der Kompetenz zu lebenslangem Lernen – Dienstleister in Multi-Media-, IT- und Beratungsberufen	119
5.2.1	Höhere Bildung, bessere Arbeit und ausgeprägtere Kompetenzen für lebenslanges Lernen – Die IT- und Mediendienstleister im Vergleich zum Durchschnitt der Erwerbstätigen in Deutschland	120
5.2.2	Lernkompetenzen als Ausdruck doppelter Privilegierung und subjektiver Dispositionen von IT- und Mediendienstleistern	125
5.3	IT- und Medienarbeit: eine spezifische Kompetenz „kultur" zeichnet sich ab	133
6.	Fazit: Arbeit als zweite Chance	137

Literatur 143

Anhang

Tabellen und Abbildungen 151

Fragebogen 164

Rudolf Woderich, Thomas Koch, Rainer Ferchland
Weiterbildungserfahrungen und Lernkompetenzen der ostdeutschen Erwerbsbevölkerung in komparativer Perspektive

Einleitung 201
Grundlagen und Voraussetzungen der vergleichenden Analyse 201
Fragestellungen der Analyseperspektive 202
Aufbau und Struktur der Darstellung 204

1. Lernkompetenzen im vergleichenden Überblick:
   maßgebliche Ausprägungen und Einflussfaktoren 205
1.1 Hypothesen 206
1.2 Empirische Befunde: Indizes der Lernaktivität, der
    Antizipation und Selbststeuerung von Lernprozessen
    im Ost-West-Vergleich 208
1.3 Vorberufliche und berufliche Sozialisation 216
1.3.1 Vorberufliche Sozialisation 216
1.3.2 Berufliche Sozialisation 218
1.4 Aspirationen gegenüber Arbeit und Privatleben 220
1.5 Erwerbsstrukturelle Bedingungen und Lernförderlichkeit
    der Arbeit 222
1.6 Eigenständige Einflussfaktoren auf die Entwicklung der
    Lernkompetenz (Regressionsanalyse) 225

2. Ostdeutsche „Lernwelten" und Lernkompetenzen 228
2.1 Pluralität der Lernkontexte und Ausbildung von Lernkompetenzen 231
2.2 Zugänge zur Weiterbildung und Weiterbildungsbarrieren 239
2.2.1 Unterscheidbare Kumulationseffekte? 239
2.2.2 Die Wahrnehmung von Lernbarrieren:
    Auf die Mischung kommt es an 242
2.3 Wahrnehmung des Wandels in der Weiterbildungspraxis
    der letzten 10 Jahre 247
2.4 Subjektive Zugänge (Nähe/Ferne) zu Lernen und Weiterbildung 255
2.5 Resümee 259

3. Zum Verhältnis von erwerbsbiographischer
   Mobilität und Kompetenzentwicklung 262
3.1 Gesellschaftlicher Hintergrund und Hypothesenbildung 262
3.2 Wechselprozesse und Lernkompetenzen im Ost-West-Vergleich 265
3.3 Mobilitätstypen und Lernkompetenzen 271

4. Lernförderlichkeit der Arbeitsverhältnisse und
   Kompetenzentwicklung 279
4.1 Erlebte Dynamik der Lernförderlichkeit von
    Arbeitsverhältnissen im vergleichenden Überblick 281
4.1.1 Dimensionen der Lernförderlichkeit bei Erwerbstätigen
    und Erwerbslosen 281

4.1.2	Wirtschaftsbereiche, Betriebsgrößen und Lernförderlichkeit der Arbeitsverhältnisse	287
4.2	Zum Verhältnis von Lernkompetenz und Lernförderlichkeit der Arbeitsverhältnisse	290
4.2.1	Befunde: Indizes der Lernkompetenz und Lernförderlichkeit der Arbeit im Ost-West-Vergleich	292
4.2.2	Antizipation und Lernaktivität im Verhältnis zur Lernförderlichkeit der Arbeitsverhältnisse	296
5.	Weiterbildung der älteren Generation im erwerbsfähigen Alter (45–64 Jahre)	300
5.1	Besonderheiten des Lernverhaltens und Lernbewusstseins Älterer im West-Ost-Vergleich	301
	Exkurs: Qualifikationsstruktur von Älteren und Jüngeren in Ostdeutschland nach 1990	307
5.2	Zur sozialen Differenziertheit der Lernkompetenz der Älteren im Ost-West-Vergleich (Mittelwertanalyse)	314
5.3	Einflussfaktoren der Lernkompetenz der Älteren – Befunde einer multiplen linearen Regressionsanalyse	317
6.	Räumliche Ost-Ost- und West-West-Unterschiede und Differenzierungen im Weiterbildungsbewusstsein	325
6.1	Regionale Disparitäten in der Ausprägung von Lernkompetenz zwischen den Bundesländern?	326
6.2	Größe der Wohnorte und Weiterbildungsbewusstsein	341
Literatur		353

Martin Baethge, Volker Baethge-Kinsky

Der ungleiche Kampf um das lebenslange Lernen: Eine Repräsentativ-Studie zum Lernbewusstsein und -verhalten der deutschen Bevölkerung

1. Paradigmenwechsel in der Weiterbildung: zum theoretischen Hintergrund und zur Anlage der Untersuchung

1.1 Das postfordistische Paradoxon lebenslangen Lernens

Der Wandel vom Fordismus zum Postfordismus in der Bundesrepublik

Die Entwicklung der Weiterbildung vollzieht sich nicht endogen in einem abgeschlossenen institutionellen Rahmen, sie ist eingebettet in den sozioökonomischen Strukturwandel, innerhalb dessen sich alle Akteure der Weiterbildung bewegen und bezogen auf den sie ihre Aktivitäten – Angebote, Nachfrage, Ansprüche und Organisationsformen – gestalten. Die gängigen Etiketten der gegenwärtigen weiterbildungspolitischen Debatten („Von Weiterbildung zu lebenslangem Lernen", „Von Qualifizierung zu Kompetenzentwicklung", „Von formalisiertem zu nicht-formalisierten Lernen") wären ohne den Blick auf den sozioökonomischen Hintergrund genauso wenig zu verstehen wie die wissenschaftlichen Diskurse über Weiterbildung. Um einen wichtigen Bezugspunkt der hier vorgelegten Untersuchung beispielhaft anzuführen: Als 1966 die erste Repräsentativstudie zum Bildungsbewusstsein der (west-)deutschen Bevölkerung veröffentlicht wurde (vgl. Strzelewicz, Raapke & Schulenberg 1966), stand die Weiterbildung im Vergleich zu heute in einem grundlegend anderen sozioökonomischen Entwicklungskontext und in einem anderen bildungspolitischen Diskurszusammenhang, der sowohl das Weiterbildungsverständnis, die Weiterbildungsformen als auch die Weiterbildungspolitik prägte.

Zur Kennzeichnung des sozioökonomischen Strukturwandels bieten die Sozialwissenschaften unterschiedliche Deutungsschemata an: Von der Industrie- zur Dienstleistungsgesellschaft/postindustriellen Gesellschaft (Bell 1975) – oder neueren Datums zur Wissens-/Informations-/Netzwerkgesellschaft (Castells 1996) –, vom Fordismus zum Postfordismus u.a. (Aglietta 2000; Boyer & Saillard 2002).

Der Sinn solcher Deutungsschemata liegt darin, gesellschaftlichen Strukturwandel im Zusammenhang der zentralen institutionellen Bereiche zu beschreiben und in seiner Entwicklungsrichtung zu interpretieren. Da gesellschaftlicher Strukturwandel sich in einem langwierigen Prozess vollzieht und keinen plötzlichen Umbruch darstellt, zielt der Anspruch sozialwissenschaftlicher Deutungsschemata nicht darauf, präzise kalendarische Periodisierungen vorzunehmen und detaillistisch kausaldeterministische Zusammenhänge zwischen den Entwicklungen gesellschaftlicher Teilbereiche zu postulieren. In ihnen wird auch nicht behauptet, dass sich die Realität in toto nach den aufgeführten Merkmalen verhielte; sie stellen vielmehr Stilisierungen dar, die Entwicklungstendenzen abbilden sollen. Gleichwohl ist ihre heuristische Funktion für das Verständnis gesellschaftlichen Wandels unverzichtbar.

Wir müssen an dieser Stelle keine gesellschaftstheoretische Erörterung über die Differenzen führen, die unterschiedliche Deutungsschemata gegeneinander abgrenzen (vgl. dazu Baethge & Bartelheimer 2004). Sie alle rekurrieren auf eine Interpretation der industriegesellschaftlichen Entwicklungsdynamik und zielen das Zusammenspiel von ökonomischen, sozialen und politischen Faktoren an, unterscheiden sich dabei aber in der Gewichtung der Antriebskräfte für den Wandel – ob man etwa stärker die stoffliche Seite von Wirtschaft und Arbeit im Wechsel von materieller Produktion zu Dienstleistungen oder eher die Formen gesellschaftlicher Integration (Regulationsebene) betont –, ohne jedoch die Industriegesellschaft als Referenzrahmen einer institutionellen Ordnung aufzugeben (vgl. dazu Baethge 2001c). Insofern gibt es Gemeinsamkeiten zwischen verschiedenen Deutungsschemata. Weil sie uns als die theoretisch komplexeste erscheint, orientieren wir uns im Folgenden an der regulationstheoretischen Interpretationsperspektive, die den gesellschaftsstrukturellen Wandel als Weg vom *Fordismus* zum *Postfordismus* interpretiert, wobei die Kategorie des Postfordismus eher negativ als Abweichung vom Fordismus denn schon als klar definiertes eigenes Gesellschaftsmodell ausformuliert ist.

Der Fordismus lässt sich als Modell bzw. Phase gesellschaftlicher Entwicklung verstehen, in der auf der Basis der Verbindung von industrieller (Massen-)Produktion und Massenkonsum langanhaltendes wirtschaftliches Wachstum hervorgebracht wurde, das seinerseits die Grundlage für eine breite Erhöhung des Lebensstandards und – insbesondere in Europa – den Ausbau der wohlfahrtsstaatlichen Institutionen abgab. In Deutschland hatte der Fordismus in der Zeit nach dem Zweiten Weltkrieg zwischen ca. 1950 und 1975 seine Blütezeit (vgl. Lutz 1984).

Bildung und Weiterbildung in der fordistischen Phase

Ein Ausdruck des Ausbaus der wohlfahrtsstaatlichen Institutionen war eine starke Bildungsexpansion, die alle Bereiche des Bildungswesens einschloss und ein starkes Bildungsinteresse in allen Bevölkerungsschichten freisetzte. Der positive und sich wechselseitig verstärkende Entwicklungszusammenhang von Wirtschaftswachstum, sozialem Fortschritt und Bildungsexpansion bezog in der Bundesrepublik seine Triebkraft aus einer vor allem durch technische Rationalisierung (Automation) hochproduktiven Industrie und einem Strukturwandel von alten zu neueren Industrien (Kohle & Stahl zu Chemie, Elektronik, Fahrzeugbau), und von Landwirtschaft und Industrie zu Dienstleistungen (vgl. Baethge & Wilkens 2001). Hohes Wirtschaftswachstum in dieser Phase und beträchtliche Produktivitätsgewinne ermöglichten Arbeitszeitverkürzungen und zugleich eine Ausweitung des Beschäftigungsvolumens. Strukturwandel und Produktivitätsdynamik verlangten sowohl eine verbesserte gesellschaftliche Infrastruktur als auch andere und mehr höher qualifizierte Arbeitskräfte, was beides der Bildung einen erhöhten politischen Stellenwert verlieh. Wir haben versucht, die strukturellen Zusammenhänge zwischen der Entwicklung von Wirtschaft und Arbeit, institutionellem gesellschaftlichem Rahmen und Bildung im Übergang von Fordismus zum Postfordismus für die Bundesrepublik in der Übersicht 1 darzustellen.

Übersicht 1: Bildung im gesellschaftlichen Wandel von Fordismus zum Postfordismus

Institutionelle Bereiche	Epoche	Fordismus	Postfordismus
Wirtschaft und Arbeit	Dominanter Sektor	Industrie	Dienstleistungen
	Markt	Relativ stabiler Produktmarkt des Massenkonsums	Volatile Märkte, höheres Gewicht individualisierter (Qualitäts-)Produkte/Dienstleistungen
	Ökonomische Dynamik	Hohe Wachstumsraten Relativ langsamer Strukturwandel	Niedrige Wachstumsraten Beschleunigter Strukturwandel
	Organisationsformen der Erwerbsarbeit	Dominanz des vertikal hochintegrierten, stark hierarchisierten (Groß-)Unternehmens mit funktionaler/beruflicher Arbeitsorganisation	Wandel zu dezentralisierten, prozessorientierten Formen der Betriebs- und Arbeitsorganisation; Netzwerke; steigendes Gewicht von Mittel- und Kleinbetrieben
Gesellschaftliche Integration	Daseinsvorsorge	Ausbau wohlfahrtsstaatlicher Institutionen	Rückbau wohlfahrtsstaatlicher Institutionen, Reprivatisierung (Individualisierung) von Daseinsvorsorge
	Form des Zusammenlebens	(Patriarchalische) Kleinfamilie	Pluralisierte Lebensformen
	Einkommensentwicklung	Hohe Zuwächse	Niedrige Zuwächse; Stagnation
Bildung	Bildungsorganisation	Dominanz (schulisch) institutionalisierter Lernformen	Pluralisierung von Lernformen (steigendes Gewicht nicht formalisierten Lernens)
	Institutionalisiertes Bildungsverständnis	Allgemein- und Berufsbildung in der Jugend	Offene Bildungsbiographie; lebenslanges Lernen
	Berufliche Integration	Dominanz interner (berufsfachlicher) Arbeitsmärkte; relative berufliche Immobilität	Steigendes Gewicht externer Arbeitsmärkte und beruflicher Mobilität

Die Blütezeit des Fordismus bildet den Hintergrund für den bildungspolitischen Reform-Diskurs der 1960er Jahre, der auch die Weiterbildung in seinen Sog zog.[1] Für die Bildungspolitik bedeutete der positive sozioökonomische Entwicklungszusammenhang der „goldenen Jahrzehnte" (Hobsbawm 1995; ähnlich Lutz 1984), dass ihr die Sorge dafür aufgetragen wurde, in der Umgestaltung des Bildungssystems den steigenden Bedarf an hochqualifizierten und qualifizierten Fachkräften sicherzustellen und zugleich die je individuellen Entfaltungsmöglichkeiten zu verbessern sowie Chancengleichheit zu garantieren.

Von einem ursprünglich rein aufklärerischen Bildungsbegriff, wie er in der Forderung „Bildung ist Bürgerrecht" (Dahrendorf 1965) zum Ausdruck kommt, wandte man sich in der politischen Umsetzung freilich schnell ab und vollzog eine „realistische Wende". Programmatisch eingeleitet wurde sie durch den „Strukturplan des Deutschen Bildungsrates" von 1970, in dem zum ersten Mal Bildung und Qualifikation mit der wirtschaftlichen Standortfrage in Verbindung gebracht wurde. Folgen hatte dies in begrifflicher Hinsicht (Ablösung des Bildungs- durch den Qualifikations- und Lernbegriff) sowie inhaltlich in der Hinwendung zu einer stärker zweckbestimmten, berufsbezogenen Bildung (Egbringhoff u.a. 2003, S. 38). Durchgesetzt hatte sich damit diejenige Position des bildungspolitischen Diskurses, die für eine Ausweitung der Bildungsbeteiligung innerhalb der bestehenden Bildungsstrukturen, nicht aber für eine Strukturreform des Bildungssystems an Haupt und Gliedern plädierte: Erhöhung der Abiturienten- und Studentenquote, Mobilisierung der Begabungsreserven und Verbesserung der Chancengleichheit durch Ausbau der weiterführenden Schulen. Der Weiterbildung kam hierbei eine dreifache Funktion zu: staatsbürgerliche Bildung zu vermitteln, früher entstandene Lerndefizite zu kompensieren, den Reservemechanismus zur Erreichung der Hochschulreife, den zweiten Bildungsweg, auszubauen und die berufliche Anpassung an technologischen und wirtschaftlichen Strukturwandel zu fördern. Gerade das letzte vollzog sich in einem bis dahin nicht gekannten Ausmaß über die Etablierung aktiver Arbeitsmarktpolitik mit Hilfe von Fortbildung und Umschulung nach den Regelungen des 1969 verabschiedeten Arbeitsförderungsgesetzes, das einen erheblichen institutionellen Ausbau der Weiterbildung ermöglichte (vgl. Baethge u.a. 1976).

Dies alles vollzog sich innerhalb der herkömmlichen Bildungsstrukturen und des herkömmlichen institutionalistischen Lern- und Bildungsverständnisses („Bildung ist, was in Schulen geschieht"). Erwachsenenbildung war auch in ihrem institutionellen Ausbau nach dem Muster schulischer Bildung konzeptualisiert, eben „Volkshochschule" als Bildungseinrichtung für Erwachsene. In unserem Zusam-

---

1 Der Anspruch dieses Abschnitts geht nicht dahin, geschichtliche Abläufe der Weiter- oder Erwachsenenbildung skizzieren zu wollen. Dies nur entlang gesellschaftsformativer Strukturveränderungen zu tun, wäre verkürzt. Die Geschichte der Weiterbildung hat sich sehr viel differenzierter und mit einem hohen Maß an „Eigensinnigkeit" vollzogen (vgl. dazu etwa Faulstich 2003, S. 245 ff.). Hier geht es darum, einen Umbruch zu markieren, der weitreichende Folgen für Bildungsorganisation und -bewusstsein gezeigt hat.

menhang ist daran vor allem das interessant, was in diesem Konzept nicht thematisiert wird: die Integration von Lernprozessen in die Arbeits- und Lebenszusammenhänge der Erwachsenen. So wenig schulische Bildung als Teil eines Gesamtsozialisationsprozesses von Kindern und Jugendlichen, sondern vielmehr als von der Lebenswelt separierte Unterweisungsveranstaltung begriffen wurde, so wenig war für die Erwachsenenbildung der prozessuale Zusammenhang mit Arbeits- und Lebenswelt konstitutiv.[2] Weiterbildung als integraler Teil einer „Erwachsenensozialisation" war in dieser Zeit noch kein wissenschaftlich-analytisches, geschweige denn ein institutionelles Konzept (vgl. Kohli 1984, S. 124 ff.). E. Schmitz bringt die Weiterbildung dieser Phase auf den Begriff: „Erwachsenenbildung als ein spezifischer Typus pädagogischer Interaktion (wird) theoretisch gefasst als ein außerhalb der unmittelbaren Lebenspraxis angesiedelter, aber auf diese intentional bezogener kommunikativer Prozess der deutenden Übersetzung zwischen den Bedeutungszusammenhängen der subjektiven und der objektiven Wirklichkeit" (Schmitz 1984, S. 95). Entgegen ihrer aufklärerischen Tradition, die Bildung als Prozess der Selbstemanzipation konzeptualisiert, wurde in diesem Bildungsverständnis auch Weiterbildung als ein institutionell räumlich und zeitlich spezifisch definiertes Tun begriffen.

Die Einschränkung des beruflichen Lernens Erwachsener auf außerhalb der Lebens- und Arbeitspraxis angesiedeltes, formalisiertes, institutionell definiertes oder – wie die Bildungskommission des Deutschen Bildungsrates formulierte – „organisiertes Weiterlernen" (Deutscher Bildungsrat 1972, S. 51) lässt sich als bildungsstrukturelle Entsprechung zum sozioökonomischen Rahmen begreifen:

Wesentliche Voraussetzungen für die Wirksamkeit einer institutionell definierten, hochgradig formalisierten beruflichen Weiterbildungspraxis liegen in der Prognostizierbarkeit der beruflichen Anforderungen und in einer von der Arbeitsorganisation her limitierten Nachfrage nach Weiterbildung. Beide Bedingungen scheinen in den 1960er und 1970er Jahren in der Bundesrepublik jedenfalls so weit zugetroffen zu haben, dass es nicht zu gravierenden Friktionen zwischen Weiterbildungsangeboten und -nachfrage gekommen ist:

- Der ökonomische und technische Strukturwandel vollzog sich so moderat, dass man ihm mit den Weiterbildungsangeboten nachkommen konnte. Berufliche Anpassungsfortbildung und Umschulung in neue Berufe in großer Zahl erfüllten gerade Ende der 1960er/Anfang der 1970er Jahre eine wichtige arbeitsmarkt- und strukturpolitische Funktion und avancierten im Arbeitsförderungsgesetz von 1969 zum Königsweg einer aktiven Arbeitsmarktpolitik (vgl. Baethge u.a. 1976). Man wusste bis zu einem gewissen Grade, wen man

---

2 Das heißt nicht, dass nicht sowohl die Arbeit als auch das Privatleben wichtige Bezüge für die Angebote der Erwachsenenbildung abgaben. Weiterbildung als „Lebenshilfe" und als berufliches Anpassungs- und Fortkommensvehikel gehören als zentrale Bezugspunkte in die traditionelle Weiterbildung hinein.

wohin um- oder weiterqualifizieren musste, um Beschäftigten die Anpassung an neue Arbeitsformen und -anforderungen zu ermöglichen und/oder Arbeitskräften aus niedergehenden Branchen eine neue berufliche Existenz zu verschaffen (etwa Bergleute zu Krankenpflegern oder Stahlarbeiter zu Elektromonteuren).

- Die von den vor allem tayloristisch organisierten Arbeitsprozessen her begründete Limitierung der Nachfrage lässt sich zum einen damit erklären, dass sich für große Beschäftigungsbereiche die qualifikatorische Anpassung im Arbeitsprozess selbst vollzog – man denke etwa an die ganze handwerkliche Tradition des en passant-Lernens – und dass für noch größere Bereiche eine qualifikatorische Weiterentwicklung nicht erforderlich zu sein schien. In der tayloristisch-fordistischen Arbeitsorganisation in der Industriegesellschaft herrschte ein eher „bildungsfeindliches Menschenbild", das lebenslanges Lernen als Mittel zur Verbesserung der Lage der Arbeitenden (Ehrke 2000, S. 114) nicht vorsah.

- Darüber hinaus war auch der Gegenstand von Weiterbildung vergleichsweise eng gefasst: Wie schon im Bereich der beruflichen Ausbildung blieben Inhalte auf fachliche, standardisierte und voneinander im Sinne von Berufsbildern und -kategorien unterscheidbare Qualifikationsbündel konzentriert. Im Zentrum standen also in erster Linie fachliche Qualifikationen, während die anderen Kompetenzen (kommunikative, reflexive, organisatorische) gleichsam en passant mit erworben wurden. Aufgrund der engen Kopplungen zwischen berufsfachlichen Qualifikationen und den konkreten Anforderungen des Arbeitsmarktes und des Beschäftigungssystems (Achatz & Tippelt 2001) konnten sich beide – die Institutionen der Aus- und Fortbildung wie auch die Individuen – auf die Herausbildung der fachlichen Qualifikationen konzentrieren – im berechtigten Vertrauen darauf, dass sich der Rest im Arbeitsprozess von selbst ergeben würde.

- Tatsächlich wird man mit guten Gründen behaupten können, dass ein Konzept lebenslangen Lernens, selbst wenn es schon in den Bildungsreformdebatten der frühen 1970er Jahre (vgl. Deutscher Bildungsrat 1972) postuliert wurde, als praktische Organisationsperspektive für Weiterbildung erst wirksam werden konnte, als der Taylorismus als Arbeitsorganisationskonzept seine Dominanz eingebüßt hatte. Oder anders formuliert: In den Sektoren der Erwerbsarbeit, in denen tayloristische Prinzipien die Arbeitsorganisation immer noch prägen, dürfte auch heute ein Konzept lebenslangen Lernens nicht oder allenfalls in schmalen Ansätzen anzutreffen sein.

Wir sind aus zwei Gründen so ausführlich auf die Vergangenheit der 1960er und 1970er Jahre eingegangen. Zum einen stabilisierte sich in dieser Phase jener institutionelle Rahmen formalisierter Weiterbildung, der heute noch große Bereiche der beruflichen Weiterbildung prägt; vor dem Hintergrund seiner sozioökonomischen Bedingungen lässt sich das Neue der gegenwärtigen Situation besonders gut herausarbeiten. Zum anderen verfestigte sich in dieser Zeit ein traditionalistisches Bewusstsein, welches Lernen mit institutionellem Lernen vor allem in Kindheit und Jugend gleichsetzte, bis heute das Weiterbildungsverhalten großer Teile der Bevölkerung bestimmen dürfte und deswegen für unsere Repräsentativbefragung einen wichtigen Bezugspunkt darstellt.

Der Umbruch im sozioökonomischen Entwicklungspfad und der Wandel von Weiterbildung zum lebenslangen Lernen

Es ist ein langsamer und langwieriger Prozess, in dem die klassische fordistische Konstellation aufweicht und immer mehr Strukturmerkmale sowohl auf den Güter- und Dienstleistungsmärkten als auch im institutionellen Rahmen der Gesellschaft Gewicht gewinnen, die man in Ermangelung einer bereits klar erkennbaren und benennbaren Konfiguration mit dem Label „postfordistisch" zu charakterisieren versucht. Waren für die fordistische Marktkonstellation Angebot und Nachfrage nach standardisierten Massenprodukten und Dienstleistungen sowie eine relative Stabilität der jeweilgen Produkt- und Dienstleistungsmärkte charakteristisch, so verschieben sich die Bedürfnis- und Nachfragestrukturen vor allem im Laufe der 1980er und 1990er Jahre zu stärker individualisierten Produkten und kommt es zu stark volatilen Produkt- und Dienstleistungsmärkten, deren Bedienung auf der Angebotsseite eine höhere Reagibilität auf Marktveränderungen und eine beschleunigte Innovationsdynamik erforderlich macht. Der Wandel ist nicht so zu verstehen, dass es früher nur Massenproduktion und -konsum gegeben hätte – gerade für die deutsche Entwicklung hat eine „diversifizierte Qualitätsproduktion" (Sorge & Streeck 1988) immer eine gewisse und in den 1970er und 1980er Jahren eine verstärkte Rolle gespielt – oder dass heute standardisierte Massenprodukte keine Rolle mehr spielten. Die Gewichte beider Marktkonstellationen haben sich in Richtung auf stärker individualisierte Produkte und Dienstleistungen verschoben (vgl. Übersicht 1), und damit werden für die Unternehmen andere Herausforderungen strategisch handlungsbestimmend.

Analog zum Wandel in den Marktkonstellationen und in der Produktionsweise vollzogen sich auch Veränderungen im Modus der gesellschaftlichen Integration. Das Ensemble wohlfahrtsstaatlicher Institutionen wurde zwar nicht grundsätzlich dysfunktional, büßte aber in bestimmten Bereichen an Leistungsfähigkeit ein und erwies sich für eine Ökonomie, die – wenn überhaupt – nur noch geringe Wachstumsraten aufwies, bei steigenden Arbeitslosenquoten und wachsendem Anteil von Rentnern als sehr kostspielig. Es interessieren an dieser Stelle weniger die materiellen Aspekte wohlfahrtsstaatlicher Regulation als vielmehr die lauter werdenden grundlegenden Zweifel an der ökonomischen und sozialen Effektivität ihrer Institutionen: Diese stünden zudem in der Gefahr, einer Versorgungsmentalität in der Bevölkerung Vorschub zu leisten, die ihrerseits Innovations- und Mobilitätsblockaden aufrichten könnte. Die Aktivierung individueller Handlungspotenziale für die Gestaltung von Biographie und Daseinsvorsorge wird in der Sozialstaatsdebatte verstärkt auf die Agenda gesetzt (vgl. für viele Zukunftskommission der Freistaaten Bayern und Sachsen 1996).

Die Zweifel an der Leistungsfähigkeit traditioneller sozialstaatlicher Regelungen richten sich in besonderem Maße auf die Instrumente der aktiven Arbeitsmarktpolitik, allen voran an die vielfältigen Angebote zur beruflichen Weiterbildung. Den faktischen Hintergrund dafür bilden geringe Vermittlungsquoten der Absolventen dieser Angebote in den ersten Arbeitsmarkt (vgl. Staudt & Kriegesmann 1999), der strukturelle Hintergrund ist ein Sachverhalt, der die berufssoziologischen und arbeitsmarktpolitischen Diskussionen seit Ende der 1980er Jahre bewegt: Angesichts steigender Unsicherheit über die Entwicklung von Absatz- und Arbeitsmärkten und einer erhöhten Unbestimmtheit, was langfristig verwertbare Qualifikationen sein können – beides ist sowohl auf die Unkalkulierbarkeit des Marktes als auch auf beschleunigten Wissensverschleiß zurückzuführen –, wird es immer problematischer, sich auf traditionelle, standardisierte berufliche Weiterbildungsangebote zu verlassen. Man kann den hier angesprochenen Sachverhalt als postfordistisches Weiterbildungsparadoxon bezeichnen: Auf der einen Seite erhöht der Zusammenhang von zunehmender Wissensintensität und beschleunigtem Wissensverschleiß in der Arbeit die Notwendigkeit permanenten Lernens, auf der anderen Seite versperrt die steigende Unvorhersehbarkeit der Entwicklung die Verfügbarkeit über eindeutige Weiterbildungsziele und -inhalte. Als Ausweg aus diesem Paradoxon bietet sich eine Doppelperspektive an, die für das Bildungswesen insgesamt, für die Organisation der Erwachsenenbildung aber in besonderer Weise folgenreich ist:

- Zum einen geht es darum, die herkömmliche Distanz zwischen (Weiter-)Bildungsanbietern und Arbeitsmarkt und den Organisationen der Erwerbsarbeit zu verringern und Lernprozesse in ihrer sozialen Einbettung zu verstehen und zu organisieren. Das Bildungssystem ist in dieser Perspektive kein geschlossener Raum mehr, sondern einer mit offenen Grenzen (Rauschenbach u.a. 2004).
- Zum anderen wird eine zunehmende Individualisierung und Subjektivierung der Weiterbildungsplanung und -organisation unabweisbar und stellt sowohl die Individuen als auch die Institutionen von Bildung und Arbeit vor neue Herausforderungen. Für die Individuen erhöhen sich die Anforderungen an biographische Planung und Reflexivität im Sinne der Bereitschaft und Fähigkeit, die eigenen Kompetenzen und Handlungsoptionen in Beziehung zu den Entwicklungen in der Arbeit zu setzen. Den Bildungsinstitutionen fällt die Aufgabe zu, die subjektiven Kompetenzen von frühester Kindheit an zu fördern (vgl. Achtenhagen & Lempert 2000c).

Die zur Lösung des postfordistischen Weiterbildungsparadoxons vorgeschlagene Doppelperspektive beinhaltet ein höchst komplexes Programm und ist nicht einseitig in Richtung der Individuen oder der Institutionen aufzulösen. Die Vereinseitigung zur stärkeren Praxisintegration würde unweigerlich in eine pragmatische Funktionalisierung des Lernens hineinführen (vgl. Faulstich 2003, S. 259), die zur Subjektivierung/Individualisierung in erneute Praxisferne der Weiterbildung und in eine hoffnungslose Überforderung der Individuen. Auf der Tagesordnung steht damit die Neugestaltung des Zusammenhangs Individuum-Bildungsinstitutionen-Organisation der Erwerbsarbeit.

Die hier vorgestellte Untersuchung kann diesen Zusammenhang nicht in toto abhandeln. Sie konzentriert sich darauf, ihn in der Wahrnehmung der Individuen und in ihrem Weiterbildungsbewusstsein und -verhalten auszuleuchten und zu klären, welche Bedeutung dabei den Institutionen der Weiterbildung und der Erwerbsarbeit zukommt. Wir stellen im wesentlichen auf die berufliche Weiterbildung ab, an der sich aber, auch wenn sie nicht mit lebenslangem Lernen gleichgesetzt werden kann (vgl. Arnold & Schiersmann 2004), dessen grundlegende neue Anforderungen und Prinzipien einsichtig machen lassen.

1.2 Prozessorientierte Arbeitsorganisation und prozessorientierte Weiterbildung: neue Koordinaten beruflichen Lernens

Die Herausforderungen, denen sich die Unternehmen aufgrund von ökonomischem Strukturwandel und neuen Marktkonstellationen gegenübersehen, versuchen sie mit einer Umgestaltung ihrer Betriebs- und Arbeitsorganisation zu beantworten, um über eine andere Logik der betrieblichen Ablauforganisation gleichzeitig eine höhere Innovationsfähigkeit, mehr Flexibilität im Einsatz der Produktionsfaktoren und eine bessere Reagibilität gegenüber Marktentwicklungen und Kundenansprüchen zu gewinnen.

Die sich abzeichnenden vorläufigen Resultate dieser Versuche lassen sich als Konzept *der Prozessorientierung in der Betriebs- und Arbeitsorganisation* fassen, wobei sich der Begriff der Prozessorientierung auf den Geschäftsprozess als ganzen bezieht (vgl. Übersicht 1, S. 13). Das Besondere der prozessorientierten Gestaltung der Betriebs- und Arbeitsorganisation besteht in der deutlichen Öffnung des Betriebes nach außen und nach innen und in einer zwischen Hierarchie und Markt angesiedelten Steuerung der Abläufe und Austauschbeziehungen (Vermarktlichung). Die vom Betrieb insgesamt wie von seinen Abteilungen und den unterschiedlichen Belegschaftsmitgliedern erbrachten Leistungen werden ökonomisch evaluiert, Unternehmens- und funktionale Abteilungsgrenzen in Frage gestellt, aufgelöst oder mit Unschärfen versehen. Das gleiche gilt für die beruflich-funktional definierten Arbeitsteilungsmuster und Positionen der Beschäftigten im Betrieb. In diesem Sinne meint (Geschäfts-) Prozessorientierung, dass die bestehenden organisatorischen und personellen Zweck-Mittel-Relationen überprüft sowie flexibel und kostenbewusst neu austariert werden. Bei aller Offenheit und Widersprüchlichkeit im Einzelnen lassen sich nach unseren am SOFI durchgeführten Erhebungen vor allem in Industriebetrieben folgende Entwicklungslinien einer prozessorientierten Gestaltung in der Unternehmens-/Betriebs- und Arbeitsorganisation ausmachen:

- Übergang von einem stabilen und vertikal hochintegrierten Leistungsprofil (hohe Fertigungs- bzw. Dienstleistungstiefe) zu einem dynamisierten Leistungsprofil: Betriebe bestimmen heute ihr aktuelles Leistungsprofil weniger durch den Anspruch auf „Autarkie" in möglichst allen Bereichen der Wertschöpfungskette, sondern durch Konzentration auf „Kernkompetenzen" und durch ergebnisbezogene Steuerungsparameter (Kosten, Qualität, Durchlaufzeiten usw.). Unter dieser Perspektive werden auch bislang als besondere betriebliche Kompetenzen gehandelte Aufgabenbereiche (Forschung und Entwicklung und Weiterbildung, technische Planung, Instandhaltung und Betriebsmittelbau) zur Disposition gestellt.
- Auflösung einer nach dem Fachabteilungsprinzip konstruierten Aufgabenorganisation (Stabsabteilungen/Linien) in multifunktionale Einheiten (Dezentralisierung): Um die Unternehmensleistung in allen Bereichen und auf allen Stufen des Wertschöpfungsprozesses zu verbessern und um strategisch weniger relevante Teilprozesse identifizieren und aussondern zu können, werden entlang der Logik von Geschäftsprozessen ökonomisch verantwortliche Teileinheiten (Profil-, Cost- oder Competence-Center) aufgebaut und ihnen die erforderlichen Funktionen und Durchführungsverantwortlichkeiten zugeordnet (freilich im Rahmen von Zielvereinbarungen).
- Abkehr vom nach berufstypischen Qualifikationen geschnittenen Muster der Arbeitsteilung, das spezifische Einsatzfelder und Aufgabenzuschnitte für jede Berufsgruppe vorsah, zugunsten einer kunden- bzw. prozessbezogenen Arbeitsteilung: Die Unternehmen erweitern die bisherigen Kernaufgaben der jeweiligen Beschäftigtengruppen um berufs- und funktionsübergreifende Tätigkeitselemente und verlangen ihren Mitarbeitern die Orientierung auf neue, unter Umständen unvertraute Räume oder Einheiten und soziale Umfelder ab. Dies geschieht über „Gruppenarbeit", durch flexibel gehandhabte Versetzung in andere Bereiche, durch Einsatz in befristeten „Projekten" oder im Rahmen betrieblicher Verbesserungsaktivitäten (Optimierungsworkshops).
- Aufweichung der Kooperationsmuster von Über- und Unterordnung (entlang vertikal gestaffelter Befugnisse – Prinzip „Dienstweg") durch Stärkung querfunktionaler Kooperation von Beschäftigten auf der gleichen Hierarchiestufe bzw. über Hierarchieebenen hinweg: Beschäftigte unterschiedlicher Abteilungen und Ausbildung, unterschiedlichen Geschlechts und spezifischen Tätigkeitsschwerpunkten arbeiten zunehmend in verschiedenen Kooperationsformen („Team"-, „Gruppen"- und „Projektarbeit") zusammen.
- Die alte Statusorganisation mit ihren ausgeprägten Anweisungs-Hierarchien und Differenzierungen von Gratifikationen wird partiell dehierarchisiert: Die Betriebe bauen hierarchische Stufen ab („Abflachung") oder verringern den hierarchischen Gehalt von Führungspositionen durch Neudefinition der jeweiligen Stellen. Des Weiteren wird die Spannweite materieller und immaterieller Privilegien verringert; man mischt stärker belastende und weniger belastende Aufgaben, macht betriebliche Entgeltstrukturen durchlässiger (nach oben und nach unten!) und öffnet die Zugänge zur Weiterbildung. Schließlich richtet man die Gratifikationssysteme insgesamt einheitlicher an Qualitäts-,

Kosten- und Innovationskriterien aus; dies spiegelt sich wider in der Einführung ziel- bzw. ergebnisorientierter Lohn-Leistungssysteme.

Die Vorzüge des neuen Organisationsmodells liegen aus Sicht der Betriebe in der deutlichen Erhöhung der Innovationsfähigkeit und Reaktionsgeschwindigkeit, welche durch die bessere Erschließung der vorhandenen Wissenspotenziale, die Enthierarchisierung von Kooperationsprozessen und den Abbau gravierender Statusunterschiede ermöglicht wird. Auch wenn wir heute nicht schon von einer fugenlosen Umgestaltung in dieser Richtung ausgehen können, beobachten wir Prozesse des Out- und Insourcings, der Dezentralisierung, der Aufgabenintegration, der querfunktionalen Kooperation sowie der Angleichung von Statusdifferenzen überall in zentralen Branchen der Industrie und der Dienstleistungen.[3]

Die Folgen dieser Entwicklung für das berufliche Verhalten und die berufliche Kompetenz sind gravierend.[4] Zunehmende Dynamisierung der Arbeitsorganisation, verstärkte Dezentralisierung von Aufgaben und Verantwortung sowie die Stärkung von Gruppenarbeit und querfunktionaler Kooperation lösen die berufstypischen Aufgabenprofile auf und erhöhen die Anforderungen an Flexibilität, Selbstständigkeit, Selbstorganisation, an Koordinierungs- und Kommunikationsfähigkeit erheblich, schaffen in diesem Sinne neue Profile beruflichen Verhaltens.

Mit der betrieblich-arbeitsorganisatorischen Dynamisierung korrespondiert diejenige auf dem Arbeitsmarkt: Hatte man früher selbst in Zeiten eines beträchtlichen sektoralen und beruflichen Strukturwandels noch relativ gute Anhaltspunkte für Berufs- und Tätigkeitsfelder, auf die hin man aus- und weiterbilden konnte, so lösen sich jetzt auch diese relativen Sicherheiten weiter auf. Die zunehmende Unsicherheit und Unkalkulierbarkeit der Entwicklungen auf den Produkt- und Arbeitsmärkten lässt die Ziel- und Adressatengenauigkeit von beruflichen Weiterbildungsangeboten weiter schrumpfen. Selbst die Definitionsfähigkeit von zukunftsträchtigen Qualifikationen unterhalb komplexer Berufsprofile nimmt angesichts des beschleunigten Wissensverschleißes weiter ab.

---

3 Doch ebenso stellen wir Gegenbewegungen fest: Aufbau neuer betrieblicher Kapazitäten für vormals schon an fremde Unternehmen vergebene Aufgaben oder die Rücknahme ambitionierter Integrationskonzepte in der Industrie sind Beispiele dafür. Solche Gegenbewegungen deuten in unseren Augen darauf hin, dass es den Betrieben auf der Steuerungsebene um die grundsätzliche Option auf ein erhöhtes Maß an organisatorischer Flexibilität aber auch um Kompetenzsicherung in strategischen Bereichen geht, mit der sie der Verfassung der jeweiligen Märkte, den spezifischen Kundenbeziehungen oder den stofflichen, technischen sowie organisatorischen Bedingungen besser gerecht werden können.

4 Es ist selbstverständlich, dass wir von Durchschnittstendenzen, auf welche die Betriebe in ihren Organisationskonzepten reagieren, nicht aber von einer Realität reden, die für alle Beschäftigten bereits eingetreten wäre oder in kurzer Zeit eintreten würde. Wir gehen aber davon aus, dass diese Tendenzen zunehmend für die betriebliche Arbeitsorganisation strukturbestimmend sein werden.

Beide Entwicklungen – die in den Unternehmen wie die auf dem Arbeitsmarkt – haben erhebliche Konsequenzen für die Art und Weise, in der berufliche Weiterbildung von den Institutionen der Erwerbsarbeit und der Bildung wie auch von den Individuen betrieben werden muss. Erforderlich ist – so kann man die Ergebnisse und Prognosen zusammenfassen – ein neuer Typus von Weiterbildung, den wir als „prozessorientierte berufliche Weiterbildung" (Baethge & Schiersmann 1998) bezeichnet haben. Dieser Typus verändert die Organisationsformen der Weiterbildung erheblich und schafft damit auch neue Voraussetzungen für das individuelle Bildungsverhalten. Übersicht 2 stellt modellhaft alte und neue Formen beruflicher/betrieblicher Weiterbildung dar.

Übersicht 2:
Wandel beruflicher/betrieblicher Weiterbildung im Rahmen veränderter Arbeitsorganisation

Merkmale des Weiterbildungsprozesses \ Organisationsform der Arbeit	Funktions- und berufsorientierte Organisation der Arbeit (fordistisch-tayloristisch)	Prozessorientierte Organisation der Arbeit (postfordistisch/posttayloristisch)
Definition des Bedarfs	Angebotsorientiert	Nachfrageorientiert
Lernziel	Verbesserung einzelner Qualifikationen	Kompetenzentwicklung (Verbesserung einer umfassenden beruflich/betrieblichen Handlungsfähigkeit)
Lernarrangements	Interne und externe Kurse und Seminare (Dominanz formalisierter Lernprozesse)	Zunehmendes Gewicht arbeitsnahen bzw. -integrierten Lernens (nicht-formalisierte Lernprozesse); Einbezug neuer Medien
Lerninhalte	Vermittlung fachbezogener Kenntnisse, Fertigkeiten und Fähigkeiten	Neben fachbezogenen Inhalten verstärkte Einbeziehung sozial-kommunikativer und anderer fachübergreifender Dimensionen
Betriebliche Organisation der Weiterbildung	Angebotsseitige Planung und Durchführung; Zentrale Weiterbildungsabteilung	Nachfrageseitige Planung; Verlagerung von Weiterbildungsverantwortung auf Fachabteilungen/Führungskräfte; Einrichtung von Cost-Center oder Auslagerung als Profit-Center
Zielgruppen	individuelle Nachfrager (vor allem Führungs- und Fachkräfte)	Innerbetriebliche Teams, Projektgruppen, einzelne Leistungsträger auf allen Ebenen
Controlling und Finanzierung	Ohne systematisches Controlling Finanzierung über Gemeinkosten	Detailliertes Kosten- und Effizienzcontrolling; Verlagerung von Kosten auf Fachabteilungen bzw. individuelle Nachfrager
Rolle des lernenden Individuums	Adressat von Lernangeboten Periodisch zu aktivierende Lernbereitschaft	Selbstorganisator seiner Kompetenzentwicklung; Dauerhafte Lernbereitschaft und -organisationsfähigkeit

Das Konzept prozessorientierter Weiterbildung/Kompetenzentwicklung

Der neue Organisationstyp zeichnet sich dadurch aus, dass Weiterbildungsangebote enger an situativen Bedarfen und Bedürfnissen ausgerichtet, arbeitsintegriertes Lernen systematisch einbezogen und ausgebaut und insgesamt dem informellen Lernen ein hoher Stellenwert zugesprochen wird. Dies bedeutet keinen Abschied von institutionalisierter und formalisierter Weiterbildung, aber selbst diese wird neu justiert und näher an betrieblichen und individuellen Bedürfnissen orientiert. Man kann diese Entwicklung als Weg von einer *stärker angebots- zu einer stärker nachfrage-orientierten Weiterbildungspraxis* interpretieren. Zu den wesentlichen Charakteristika dieses Typus sind sowohl eine gegenüber früher gewandelte Funktion, veränderte inhaltliche Akzente (Stärkung der fachübergreifenden Anforderungen) als auch ein deutlich erweitertes Set an Formen der Vermittlung zu zählen, ebenso eine stärkere Einbindung der Fachabteilungen und Vorgesetzten in die Weiterbildungsplanung und -durchführung sowie ein stärkeres Bildungscontrolling, was auch zu einer Privatisierung der Aufwendungen und Kosten führen kann.

Erfolgreich kann eine in diesem Sinne *prozessorientierte berufliche Weiterbildung* nur sein, wenn die Subjekte der Weiterbildung, die Beschäftigten, mitspielen, wenn sie in dem neuen Rahmen mitwirken können und sich auf ihn einlassen, d.h. wenn sie ihre Rolle im Weiterbildungsprozess umdefinieren in Richtung auf Selbstorganisation des Lernens (vgl. Übersicht 2). Dies wiederum gelingt am ehesten, wenn sowohl auf der Ebene der Organisation als auch der Individuen drei Anforderungen reflektiert werden:

- *Weiterbildungsplanung und -steuerung wird als Anforderung zunehmend und unabdingbar subjektiviert,* d.h. der neue Typ von Weiterbildung gelingt letztendlich befriedigend nur dort, wo die Individuen (Erwerbspersonen) zu eigenständiger Planung und Organisation ihrer Weiterbildung bereit und fähig sind. Selbstverantwortung und Selbstorganisation sind insofern nicht nur Schlagworte. Diese Feststellung entlässt die Organisationen der Erwerbsarbeit und die Institutionen der Weiterbildungssteuerung nicht aus ihrer Verantwortung für die Bereitstellung von Angeboten und Ressourcen, definiert aber das Verhältnis von Individuen und Organisation neu. (Ohne zu starke Stilisierung der Vergangenheit wird man sagen können, dass früher die anlassbezogene Reaktion auf offenkundig werdende Qualifikationsdefizite, z.B. Entwertung eines Berufs durch technologischen und strukturellen Wandel, ausreichte, während heute permanente Aufmerksamkeit, Antizipation und Veränderungsbereitschaft nötig sind.)
- Weiterbildung wird damit zum *integralen Bestandteil der Biographie und Biographieplanung,* nicht nur im Sinne der nach wie vor relevanten Karriereplanung, sondern im Sinne von Beschäftigungssicherung, Statuserhalt und autonomer Lebensgestaltung. (Sicherlich war dies bis zu einem gewissen Grade auch früher der Fall, aber nicht so ubiquitär, nicht unter so starker

zeitlicher Bindung und nicht so schwer korrigierbar im Fall von Versäumnissen wie heute.)
- Weiterbildung wird *zunehmend reflexiv* in dem Sinne, dass den vorgenannten Anforderungen an Weiterbildungsverhalten am ehesten entsprochen werden kann, wenn das Individuum sich ständig mit seiner beruflichen Umwelt auseinandersetzt, seine berufliche Situation reflektiert und sein eigenes Wissen und seine Kompetenz an der Entwicklung von Anforderungen seiner beruflichen Umwelt überprüft.

Die subjektiven Kompetenzen und das je individuelle Verhältnis zum beruflichen Lernen im Erwachsenenalter, das ein solches Konzept „prozessorientierter Weiterbildung" voraussetzt, sind nicht einfach als gegeben zu unterstellen. Wieweit sie gegeben sind und bei welchen Gruppen von Beschäftigten mehr, bei welchen weniger, und wovon ihr Gegebensein abhängig ist, ist Gegenstand unserer Untersuchung.

Der Unterschied im Bildungsbewusstsein gegenüber früheren Zeiten besteht nicht im Begreifen der Wichtigkeit von Weiterbildung für die berufliche Existenz und Zukunft. Strzelewicz, Raapke & Schulenberg (1966) zeigen als Ergebnis ihrer Studie, dass das Bewusstsein über den Zusammenhang von Bildung und sozialen Lebensmöglichkeiten in der Bevölkerung breit – wenn auch mit gruppenspezifischen Differenzen – vorhanden war. Der Unterschied liegt mehr im je individuellen Verhältnis zu organisiertem Lernen. Mochte es für die Vergangenheit gereicht haben, sich über Bildungsangebote zu informieren und sie wahrzunehmen (was freilich auch keineswegs selbstverständlich und mit vielerlei Barrieren verbunden war), so reicht ein solches Gegenüber von Individuum und Institution als Nutzungsverhältnis unter den gegenwärtigen Bedingungen lebenslangen Lernens nicht mehr. Vielmehr ist eine ständige Auseinandersetzung mit der eigenen Kompetenz in der Perspektive subjektiver beruflicher Optionen und struktureller Veränderungen auf dem Arbeitsmarkt gefragt, um berufliche Lernerfordernisse selbstständig zu definieren und ihre Realisierung zu organisieren.

Was der Deutsche Bildungsrat 1970 im Strukturplan für das Bildungswesen noch formulieren konnte, dass nämlich Weiterbildung „immer nur als ein orientierendes Prinzip zu verstehen" und „keineswegs gemeint (sei), dass das Lernen zum beherrschenden Lebensinhalt werden soll" (Deutscher Bildungsrat 1972, S. 51), könnte in der impliziten Entgegensetzung von Leben und Lernen heute zum Problem werden. „Lernen – ein Leben lang"[5] bedeutet mehr als nur „orientierendes Prinzip"; es heißt Lernen als integralen Bestandteil des Lebens und Arbeitens zu begreifen. Die Formulierung ist freilich ambivalent. Soll Erwachsenenlernen nicht zu einem fremdbestimmten Zwangsverhältnis werden, sind Organisationsformen des Lernens zu schaffen, die Selbsttätigkeit und Selbstorganisation nicht nur vom Individuum fordern, sondern auch zulassen und ermöglichen.

---

5 Titel des „Forum Bildung" (2001).

1.3 Thematische Schwerpunkte der Repräsentativ-Befragung

Vor dem skizzierten Hintergrund will die Untersuchung klären, wie das Bildungsverhalten und Bildungsbewusstsein der erwachsenen Erwerbstätigen sich heute darstellt, welches die Lernkontexte sind, in denen sie vor allem ihre Erfahrungen machen, welche Bereitschaft und Kompetenzen für selbstorganisiertes Lernen sich beobachten lassen, und in welchen Dimensionen sie den Zusammenhang zwischen lebenslangem Lernen, Erwerbsarbeit und sozioökonomischem Rahmen sehen. (Hier ist die alte Frage nach dem Bildungs- als Gesellschaftsbewusstsein wieder aufgenommen.) Es geht also vor allem um das „Wie" des Erwachsenenlernens, nicht so sehr um das „Was", die Inhalte des Lernens, und um die Beantwortung der beiden Fragen, ob und in welchem Maße ein zukunftsweisendes Lernbewusstsein (im angegebenen Sinn) in der Bevölkerung verbreitet, von welchen Faktoren es abhängig ist und wie es sich auf die Bevölkerungsgruppen verteilt. Die Beantwortung dieser Fragen kann helfen, Problemzonen zu identifizieren.

Wir gehen davon aus, dass Bildungsbewusstsein und Kompetenz für lebenslanges Lernen sowohl durch sozialstrukturelle Faktoren, biographische Erfahrungen und Selbstkonzepte als auch durch aktuelle Beschäftigungs- und Lebenssituationen geprägt werden. Auf dem Hintergrund der aktuellen Forschungsliteratur und nach ausgiebigen Diskussionen mit Experten[6] lassen sich grob folgende Faktoren, Erfahrungen und Reflexionsbereiche benennen, die wir in der Untersuchung berücksichtigt haben:

- *Bildungsbiographie und vorberufliche Sozialisation*: Bildungserfahrungen (auch im Sinne von Erfolg/Misserfolg) und Sozialisationsprozesse in Schule und Familie haben immer schon Impulse im Umgang mit Bildungsangeboten und berufsbezogenen Lernprozessen gesetzt (vgl. Schulenberg u.a. 1978; Meulemann 1990; Köhler 1992; Deutsche Shell 2000). Insbesondere die jüngere pädagogische Literatur zum lebenslangen Lernen betont die Probleme bildungsferner Gruppen mit traditionellen Weiterbildungsangeboten (Krumm 2000; Roßbach 2000).
- *erwerbsbiographische Wechsel-, Unterbrechungs- und berufliche Lernerfahrungen:* In jüngerer Zeit haben Unsicherheiten in der Beschäftigungssituation und strukturell begründete Prozesse beruflicher Mobilität, drohender Ausschlüsse vom Arbeitsmarkt und Statuslabilität von Erwerbstätigen (Stichworte: radikaler sektoraler Strukturwandel im Osten, tiefgreifende Reorganisation in Industrie und DL-Sektor) zugenommen, für deren Bewältigung bzw. Abwehr selbst- oder fremdorganisierte berufliche Lernprozesse ein wichtiges Mittel gewesen sind (vgl. Klein 1990; Deml & Struck-Möbbeck 1998; Karr 1999; Dombois 1999; Knuth u.a. 2001).

---

6 Insbesondere diente ein ganztätiges Colloquium mit Experten aus Wissenschaft, Unternehmen und Gewerkschaften, denen wir an dieser Stelle noch einmal für ihren hilfreichen Rat danken, einer gründlichen Überprüfung der Untersuchungskonzeption.

- *Wahrnehmung des sozioökonomischen Wandels im Hinblick auf die eigene Lebensführung und Berufssituation*: Der rasante Wandel in Wirtschaft und Gesellschaft geht an den Individuen nicht spurlos vorbei und thematisiert in besonderem Maße das Gefühl von Fremd- und Selbstbestimmtheit des eigenen Handelns. Dies könnte – vermittelt über das Selbstkonzept (Jerusalem & Schwarzer 1995) – den Umgang mit (beruflichen) Lernprozessen erheblich – negativ wie positiv – beeinflussen (vgl. Kauffeld & Grote 2000).
- *Aspirationsniveau in der Arbeit und persönliche Lebensperspektiven*: Aus früheren Untersuchungen wissen wir, dass die Ansprüche, die Individuen an ihre Arbeit stellen, und die Perspektiven, die sie mit ihrem Leben verbinden, Aktivität und Lerninitiative freisetzen oder blockieren (vgl. Baethge u.a. 1988; Baethge 1991).
- *aktuelle Beschäftigungs- und Arbeitsbedingungen:* In diesem Zusammenhang geht es um die im engeren Sinne organisatorische Gestaltung, den informationstechnischen Modernisierungsgrad der Arbeit sowie die allgemeinen Bedingungen des betrieblichen Beschäftigungsverhältnisses und die mit ihnen verknüpften Lernmöglichkeiten und -anreize. Dass eine auf Enttaylorisierung angelegte Arbeitsgestaltung Lernen ermöglicht, ist spätestens seit den einschlägigen Arbeiten aus dem Bereich der Arbeits- und Organisationspsychologie bekannt (Baitsch 1998; Bergmann 1994; Skell 1994; Frieling 1999; Aichner & Kannheiser 1999). Wir leiten daraus die Hypothese ab, dass sie sich auch insgesamt auf die Kompetenz zu lebenslangem Lernen auswirkt – in welchen Momenten und vor allem in welchem Gewicht im Verhältnis zu vorberuflichen Sozialisationserfahrungen, wird genauer zu prüfen sein (vgl. Abschnitt 4). Hier liegt im Vergleich zu früheren und anderen Studien der zentrale neue Akzent unserer Untersuchung.

1.4 Zur Anlage, Durchführung und Auswertung der Untersuchung

Die aufgeworfenen Fragen lassen sich beim gegenwärtigen Stand der Weiterbildungsforschung für die Bundesrepublik nicht durch Rückgriff auf repräsentative Daten beantworten. Zwar sind repräsentative Erhebungen zum individuellen Weiterbildungsverhalten in Deutschland nichts grundsätzlich Neues. Eine Reihe von periodisch wiederholten Individualbefragungen (Mikrozensus, Sozioökonomisches Panel, Berichtssystem Weiterbildung) widmen sich diesem Thema.[7]

---

[7] Das Berichtssystem Weiterbildung erscheint seit 1979 regelmäßig im Auftrag des Bundesministeriums für Bildung und Forschung. Die Mikrozensus-Befragung über berufliche Fortbildung und Umschulung wurde von 1970 bis 1996 alle zwei Jahre durchgeführt. Seit 1996 erfolgt die Befragung jährlich. Das SOEP führt seit 1984 jährlich Längsschnittuntersuchungen in Form von Wiederholungsbefragungen durch. Daneben erheben das Bundesinstitut für Berufsbildung (BIBB) und das Institut für Arbeitsmarkt- und Berufsforschung (IAB) Daten zur Weiterbildung. Für einen detaillierten Überblick zu weiteren Informationsquellen zur Weiterbildung vgl. Bundesministerium für Bildung und Forschung: Berichtssystem Weiterbildung VII. S. 2 f.; ausführlich Baethge, Buss & Lanfer (2004) sowie Bellmann (2004) und Kuwan (2004).

Sie konzentrieren sich aber im Wesentlichen auf die Untersuchung der Beteiligung an formalisierter Weiterbildung, d.h. an kurs- oder lehrgangsförmig gefassten Maßnahmen in betrieblichen und außerbetrieblichen Bildungseinrichtungen, und der Motive dafür. Dies gilt selbst unter der Maßgabe, dass sich ein Teil dieser Erhebungen in jüngerer Zeit ansatzweise an einem weiter gefassten Konzept beruflicher Weiterbildung orientiert, das auch „weichere", d.h. nicht oder wenig formalisierte Lernprozesse wie z.b. arbeitsintegriertes Lernen, Selbststudium per Fachliteratur oder den Besuch von Fachmessen einschließt (vgl. Berichtssystem Weiterbildung VIII 2003). Die dazu vorgestellten Ergebnisse, die sich nicht zuletzt in einer hochgetriebenen Weiterbildungsquote ausdrücken, werfen aber eine Reihe neuer Fragen auf.[8] Insbesondere bleiben die Art der Lernerfahrungen, Lernpräferenzen, Lernmotivationen und -dispositionen wie auch die Initiative und Aktivität, die die Individuen an den Tag legen, im Dunkeln – von dem Einfluss, den biographische Lern-, Erwerbs- und Arbeitserfahrungen ausüben, ganz zu schweigen.

Erhebungsmethode, Grundgesamtheit und Auswahlplan

Als Erhebungsmethode (vgl. Tab. 1.1) wurde ein persönliches Interview eingesetzt. Die Interviews waren hoch standardisiert; mit wenigen Ausnahmen wurden geschlossene Fragen gestellt. Die Befragung fand computergestützt als *Computer Assisted Personal Interview* statt. Dieses Verfahren vermindert die Fehlermöglichkeiten des Interviewers mit Hilfe der automatischen Filterführung durch den Fragebogen erheblich (Ausblendung bestimmter Fragen nach vorgegebenen Kriterien). Es erlaubte darüber hinaus, bestimmte Fragen bzw. Fragenkomplexe bei Personen zu überspringen, die keine oder allenfalls weit zurückliegende Erfahrungen in dem entsprechenden Gegenstandsbereich (z. B. Erwerbserfahrungen) besaßen.

Um die Vergleichbarkeit zu anderen Untersuchungen zu gewährleisten, wurden in unsere repräsentative Stichprobe Personen im Alter von 19 bis 64 Jahren einbezogen. Als Grundgesamtheit wurde die deutschsprachige Wohnbevölkerung der BRD im entsprechenden Alter angesetzt.[9]

---

8 So verweisen die Autoren des jüngsten Berichts auf den Sachverhalt, dass bei einer hohen Quote derjenigen, die sich in arbeitsintegrierten Lernformen bewegt hatten, die Ansicht vorherrschte, es habe sich eher um Arbeit als um Lernen gehandelt (vgl. Berichtssystem Weiterbildung VIII).

9 Die Entscheidung für die „deutschsprachige" Bevölkerung stellt ein erhebliches Problem dar, weil sie den großen, nicht deutschsprachigen Teil der Bevölkerung, über den Wissen über Lernverhalten und -motivation besonders wichtig wäre, ausschließt. Sie wurde aus erhebungstechnischen Gründen getroffen. Wir bedauern diese aus Kosten- und Zeitgründen unumgängliche Entscheidung außerordentlich und regen eine gesonderte Untersuchung für diese Population an.

Tab. 1.1: Erhebungsmethode, Grundgesamtheit und Auswahlplan

Erhebungsmethode		Standardisierte computerunterstützte persönliche Interviews (CAPI)
Grundgesamtheit und Auswahlplan		
Zielpopulation:		deutschsprechende Wohnbevölkerung der BRD im Alter zwischen 19 und 64 Jahren
Auswahlverfahren:		mehrstufige Zufallsauswahl
	1. Stufe	Stimmbezirke (Basis: Bundestagswahl 1994) (Zufallsauswahl geschichtet nach Bundesland, Regierungsbezirk und Gemeindetyp)
	2. Stufe	Random-Route von Haushalten in den ausgewählten Stimmbezirken
	3. Stufe	Auswahl einer Zielperson im Haushalt nach Auswahlschlüssel
Disproportionalität für Ost-West-Vergleich: Zwei Drittel von geplanten 4.000 Interviews in den alten und ein Drittel in den neuen Bundesländern.		

Die bundesweite Untersuchung war als *Random-Route-Stichprobe*[10] angelegt. Die Auswahl der Befragungspersonen erfolgte durch eine mehrfach geschichtete, mehrstufige Zufallsstichprobe auf der Basis von vorgegebenen Adressen. Das Auswahlverfahren folgte einer mehrstufigen Zufallsauswahl, deren erste Stufe die Auswahl der Bezirke, die zweite die Auswahl der Haushalte und deren dritte die Auswahl der Zielperson bildete.

Um auch für die neuen Bundesländer differenzierte Auswertungen zu ermöglichen, wurde ein disproportionaler Stichprobenansatz gewählt, bei dem zwei Drittel der geplanten 4.000 Interviews in den alten und ein Drittel in den neuen Bundesländern durchgeführt wurden.

Nach Korrektur des Bruttoansatzes von 9.153 Adressen um 1.553 Haushalte, in denen keine Zielperson existierte (stichprobenneutrale Ausfälle), verblieb eine Bruttostichprobe von 7.600 Personen. Weitere Einschränkungen (1.347 mal wurde niemand angetroffen, 2.194 mal kam es zu Ausfällen durch Verweigerung, Krankheit der Zielperson) führten zu einer Nettostichprobe von 4.052 realisierten Interviews, was einer Nettoquote von 53,3% entspricht (Tab. 1 im Anhang).

---

10 Unter einer Random-Route-Stichprobe versteht man eine Zufallsauswahl in einer räumlich verteilten Grundgesamtheit, bei der für jedes Element, das zur Bildung der Stichprobe herangezogen wird, eine angebbare Wahrscheinlichkeit besteht, in die Auswahl zu gelangen. Die Zufallsmäßigkeit der Auswahl sichert die Unverzerrtheit der Auswahl. Vgl. auch die Definition zur „Zufallsauswahl" in: Lexikon zur Soziologie: Fuchs-Heinritz & Lautmann u.a., S. 758.

Die beschriebene Vorgehensweise führte zu einer Stichprobe der abzubildenden Grundgesamtheit, deren Repräsentativität wir durch Vergleiche mit anderen Erhebungen (ALLBUS, Mikrozensus) überprüft haben. Die Überprüfung wesentlicher soziodemographischer Daten ergab eine weitgehende Übereinstimmung mit den anderen Erhebungen; größere Abweichungen betrafen nur den Schul- und den Ausbildungsabschluss:

- In unserer Stichprobe sind sowohl in den alten als auch in den neuen Bundesländern Personen im Alter von über 60 Jahren vergleichsweise überrepräsentiert – sowohl bei den Männern als auch bei den Frauen (vgl. Abb. 1 im Anhang). Während in den alten Bundesländern dieses Übergewicht weitgehend durch das geringere Gewicht von Personen im Alter von 45 bis 59 Jahren kompensiert wird, ist in den neuen Bundesländern ein insgesamt größeres Gewicht (das heißt auch in der Altersgruppe von 45 bis 59 Jahren) der älteren Wohnbevölkerung zu verzeichnen.
- Vergleicht man den Familienstand der Befragten aus unserer Untersuchung mit dem ALLBUS, so sind auch in dieser Hinsicht in unserer Untersuchung (insbesondere in den neuen Bundesländern) die verheirateten Personen unterrepräsentiert, während sowohl die geschiedenen als auch verwitweten Personen überrepräsentiert sind (vgl. Abb. 2 im Anhang); allerdings ist ungeklärt, inwieweit die Daten des ALLBUS hier ein verlässliches Abbild abgegeben.
- Was die Schulabschlüsse anbelangt, weisen nur 14,2% der Personen unserer Stichprobe ein Abitur auf. Die Zahlen im ALLBUS liegen hier mit 16,8% höher. Dafür liegt die Zahl derjenigen mit Hauptschulabschluss in unserer Stichprobe mit 28,6% um fast 5 Prozentpunkte über denen der ALLBUS-Untersuchung (vgl. Abb. 3 im Anhang). In den alten Bundesländern liegt der Anteil der Befragten mit Fachabitur (3,8%) niedriger als im ALLBUS. Demgegenüber liegt der Anteil mit mittlerer Reife in unserem Sample um fast 4% höher als im ALLBUS.
- Schließlich weist unsere Stichprobe sowohl für die neuen, besonders aber für die alten Bundesländer einen deutlich höheren Anteil von Personen ohne qualifizierten Ausbildungsabschluss als der ALLBUS aus. Die entsprechenden Anteile betragen für die alten Bundesländer in unserer Stichprobe 23,6% (ALLBUS 17,5%), für die neuen Bundesländer 11,9% (ALLBUS 7,5%). Demgegenüber sind die Absolventen der höheren Bildungsgänge sowohl in den alten wie in den neuen Bundesländern (ab Meisterausbildung) mit niedrigeren Anteilen vertreten (vgl. Abb. 4 im Anhang).[11]

---

11 Man kann diese Differenzen, die insbesondere beim Familienstand und bei der Berufsausbildung zu Buche schlagen, zumindest teilweise durchaus als positiv bewerten. Wir wissen aus der Umfrageforschung, dass es offenbar besonders schwer fällt, in Repräsentativerhebungen an die sogenannten „Benachteiligtengruppen" heranzukommen. Dies scheint in unserer Studie vergleichsweise gut gelungen zu sein. Da die meisten Auswertungsschritte gruppenspezifisch erfolgen, dürften demographische Abweichungen von der Grundgesamtheit die Gültigkeit der Ergebnisse nicht in Frage stellen.

Ein weiterer Grund für mögliche Unterschiede gegenüber Ergebnissen anderer Studien liegt im Zeithorizont einzelner Fragen: In unserer Untersuchung arbeiten wir – was die Weiterbildungs- und beruflichen Lernerfahrungen anbelangt – mit größeren Zeithorizonten als bei denen, die in der publizierten Weiterbildungsberichterstattung ausgewiesen werden. Ein Vergleich zwischen unseren Befunden und den Ergebnissen des Berichtssystems Weiterbildung für das Jahr 2000 über die Teilnahme an formalisierter Weiterbildung nach wesentlichen soziodemographischen Merkmalen zeigt praktisch durchgängig (vgl. Tab. 1.2) höhere Teilnahmequoten in unserem Sample. Dies lässt sich zunächst dadurch erklären, dass wir die Aktivität der letzten drei Jahre abgefragt haben, während das Berichtssystem nur die Aktivität für das zurückliegende Jahr ausweist. Gleichwohl ist dies sicherlich nicht der einzige Grund dafür, dass wir insbesondere bei den unqualifizierten bzw. wenig qualifizierten Bevölkerungsgruppen höhere Werte vorliegen haben, als das nach dem Berichtssystem Weiterbildung zu erwarten gewesen wäre.

Diese Ergebnisse sind auch als Ausdruck der aufwendigen Prüfung und Bereinigung des Datensatzes anzusehen, die wir nach Übergabe der Rohdaten durch Infratest Burke in Zusammenarbeit mit dem Lehrstuhl für quantitative Sozialforschung an der Universität Göttingen (Prof. Steffen Kühnel) vorgenommen haben. Anhand umfangreicher Plausibilitätskontrollen konnten wir insbesondere im Bereich der Angaben zu Schul- und Berufsbildungsabschlüssen eine Menge an Ungereimtheiten entdecken, die offenbar der aus anderen Untersuchungen übernommenen Fragestellung nach den höchsten Abschlüssen geschuldet war. Soweit wir solche offensichtlich fehlerhaften Angaben identifizieren konnten, wurden diese im Datensatz nachträglich korrigiert.[12] Bei den von uns durchgeführten Kontrollen befanden wir uns allerdings im Vergleich zu anderen Studien in einer recht komfortablen Situation, da wir die Bildungsbiographie an anderer Stelle der Befragung ausführlich thematisiert hatten.

Die weitere Auswertung der Untersuchungsergebnisse erfolgte als mehrstufiger Prozess, der sich von der Grundauszählung von Einzelfragen über die Konstruktion komplexer Indizes für einzelne Gegenstandsbereiche bis hin zu bi- und multivariaten Analysen von Zusammenhängen erstreckte. Dort, wo wir Indizes als Summenscore aus eigens entworfenen oder anderen Orts erprobten Skalen gebildet haben, haben wir die Daten einer internen Konsistenzprüfung (nach Cronbachs Alpha) unterzogen.

---

12 So haben wir beispielsweise von 19- oder 20-jährigen Personen, die nach eigenen Angaben ihre Ausbildung noch nicht abgeschlossen hatten, an späterer Stelle auf die Frage nach dem höchsten Ausbildungsabschluss die Antwort „Hochschulabschluss" erhalten. Die vorgegebenen Antworten auf die Frage „Welchen höchsten Ausbildungsabschluss haben Sie heute", lautete in diesen Fällen unter anderem „Studium an ...". Der Proband konnte offenbar guten Gewissens das Studium angeben, obwohl er es noch nicht abgeschlossen hatte.

Tab. 1.2: Teilhabe an formalisieren Lernprozessen

	Berichtssystem Weiterbildung VIII	Studie Weiterbildungsbewusstsein
Geamtbevölkerung	29%	32%
- im Alter von 19 bis 34 Jahre	31%	34%
- im Alter von 35 bis 49 Jahre	36%	38%
- im Alter von 50 bis 64 Jahre	18%	23%
Niedrige Schulbildung	18%	20%
Mittlere Schulbildung	33%	38%
(Fach-) Abitur	39%	46%
Keine qualifizierte Berufsausbildung	9%	17%
Qualifizierte Ausbildung	27%	32%
Meister- u.ä. Abschluss	42%	48%
(Fach-) Hochschulabschluss	43%	50%
Erwerbstätige	40%	39%
darunter		
- Arbeiter	24%	25%
- Angestellte	46%	44%
- Beamte	60%	71%
- Selbständige	43%	37%
darunter		
- Männer	42%	40%
- Frauen	37%	38%
Arbeitslose	18%	11%

Die Stärke signifikanter Korrelation zwischen zwei Merkmalen haben wir je nach Skalenniveau mit unterschiedlichen Verfahren berechnet. Hier gilt, dass wir zur Prüfung ordinal skalierter Daten die Korrelation nach Kendall Taubb (K-T), bei nominalskalierten und bei gemischten, das heißt nominal und ordinal skalierten Daten, in aller Regel die Korrelation Cramers-V zugrunde gelegt haben (Bortz 1999; Schnell u.a. 1996; Kühnel 2001).

Zur besseren Einordnung der Befunde haben wir – wie aus dem weiteren Text ersichtlich – eigene Bezeichnungen für die Stärke von Zusammenhangsmaßen eingeführt. Wir operieren dabei grundsätzlich mit drei Stufen: Sehr stark ausgeprägte Zusammenhänge bezeichnen wir als „hochgradig", stark ausgeprägte als „markant" und schwach ausgeprägte, gleichwohl signifikante Zusammenhänge als „moderat".

Überall dort, wo eine Vielzahl soziodemographischer sowie lern- und erwerbsbiographischer Merkmale nach den von uns vorgenommenen bivariaten Analysen erheblichen Einfluss auf zentrale Sachverhalte (hier vor allem die Ausprägung von Lernkompetenzen) zu haben schienen, wurde die dadurch insgesamt aufgeklärte Varianz wie auch der differenzielle Stellenwert einzelner Faktoren über multiple Regressionen bestimmt. Hierfür wurden die entsprechenden Variablen dichotomisiert, die dichotomen Variablen als Input für eine lineare Regressionsanalyse genutzt und die Überschneidungsfreiheit der Input-Variablen durch Kollinearitätsprüfungen gesichert. Anschließend wurden die Daten für einzelne Faktoren nach relevanten Dimensionen (z.B. Sozialisation, subjektive Dispositionen, erwerbsstrukturelle Merkmale, Organisationsbedingungen) zusammengefasst. Auf diese Weise erhielten wir belastbare Ergebnisse zur aufgeklärten Varianz der Output-Variable (R^2) als auch zum anteiligen Effekt einzelner Faktoren bzw. Faktorenbündel (relative Effektstärke = ß).

In Ergänzung zur repräsentativen Bevölkerungsstichprobe wurden 307 auswertbare Interviews einer Zusatzstichprobe von Erwerbstätigen der IT-, Beratungs- und Medienbranche durchgeführt. Die Interviews verteilten sich zu etwa gleichen Anteilen (rund 50) auf die Ballungszentren Berlin, Frankfurt, Hamburg, Köln, München und Dresden. Auf der Basis von Betriebsadressenlisten aus dem deutschen Medienhandbuch, die das SOFI an Infratest lieferte, wurde in jeder Region eine Zufallsauswahl von 150 Betrieben gezogen und in diesen Betrieben die Zielpersonen kontaktiert, die den Vorgaben (IT-, Medien- oder Beratungsberuf) entsprachen.[13] Mit 307 der insgesamt 539 auf diesem Weg kontaktierten Zielpersonen wurde ein auswertbares Interview realisiert. Die Datenkontrolle und Auswertung dieser Interviews erfolgte in gleicher Weise, wie hier für das Repräsentativsample beschrieben.

2. Lebenslanges Lernen: Erfahrungen, Kontexte und Kompetenzen

Die neuere Debatte über lebenslanges Lernen hat den Blick dafür geöffnet, dass sich Lernen nicht allein in den eigens dafür institutionalisierten Einrichtungen vollzieht, sondern dass informellen und nicht-formalisierten Lernprozessen (Kommission der Europäischen Gemeinschaft 2000) eine zunehmende Bedeutung zukommt. Diese gehen nicht mehr im traditionellen Verständnis von Weiterbildung auf, sondern verweisen mit ihren je spezifischen Anlässen, Inhalten und Formen, ihren unterschiedlichen Zeit- und Gelegenheitsstrukturen auf ein diffuses Feld von Lernmöglichkeiten, über dessen Potenzialität wir mehr Vermutungen als gesicherte Informationen haben. Zu diesen Formen des Lernens zählen sowohl arbeitsintegrierte, mehr oder minder beiläufige und non-formale arbeitsnahe Lernprozesse, die sich im Rahmen einer „community of practice" (vgl.

---

13 Eine Ausnahme bildete die Region „Dresden", da dort nur Adressen von 10 Betrieben geliefert werden konnten. Durch ein adressengestütztes Stichprobenverfahren wurde dort die Anzahl der Interviews von 3 auf insgesamt 57 angehoben.

Wenger 1998; Faust & Holm 2001) vollziehen, als auch in der Freizeit („Lernen im sozialen Umfeld") angesiedelte Lernaktivitäten (Livingstone 1999).

Wie hängen Lernkontexte als Felder individueller Lernerfahrungen und Kompetenzen für lebenslanges Lernen zusammen? Die zentrale Frage des folgenden Kapitels enthält unter den Bedingungen prozessorientierter Weiterbildung und der sie begründenden sozioökonomischen Rahmenbedingungen eine spezifische Stoßrichtung. Der Kern der Frage zielt darauf, wieweit unterschiedlich stark formalisierte Lernkontexte, insbesondere informelles Lernen, mit den stark auf Selbststeuerung und Selbstorganisation zielenden Kompetenzen verbunden sind.

Insbesondere für Menschen, die aus welchen Gründen auch immer bildungsfern oder nur -ungewohnt sind, gilt informelles Lernen bzw. das Anknüpfen an Lernerfahrungen im unmittelbaren Arbeits- und Lebenskontext als wegweisend auch für die Konzeption von formalisierten Weiterbildungsmaßnahmen (vgl. Forum Bildung 2001).

Die diskurstheoretische Verallgemeinerung von Lernkontexten auf beinahe alle gesellschaftlichen Handlungsfelder hat das Verdienst, darauf hingewiesen zu haben, dass außerhalb der Bildungsinstitutionen fast überall auch gelernt wird bzw. sich Alltagssituationen nach dem Grad ihrer Lernförderlichkeit codieren lassen. Allerdings fehlt in dem Diskurs über das informelle Lernen bis heute der Nachweis, dass die unterschiedlichen Lernkontexte tatsächlich für eine gleiche oder doch zumindest gleichwertige Qualität der individuellen Kompetenzentwicklung stehen. Ohne diesen Nachweis könnte der Informalitäts-Diskurs schnell auf die altväterliche Weisheit zurückfallen, dass das Leben der beste Lehrmeister sei.

Die berufspädagogische, arbeits- und lernpsychologische wie auch -soziologische Forschung ist sich keineswegs sicher, was und wie viel an Kompetenzen in den jeweiligen informellen Lernkontexten erworben werden kann (Achtenhagen & Lempert 2000; Reetz & Tramm 2000). Dabei geht es bei dem „Was" des Gelernten nicht so sehr um fachliche Fähigkeiten und Fertigkeiten als vielmehr um die Kernkompetenzen für lebenslanges Lernen, um jene kognitiven, kommunikativen, reflexiven und motivationalen Kompetenzen, die zur Selbststeuerung und Selbstorganisation von Lernen im Sinne eines individuellen Wissensmanagement befähigen. Zu diesen Kompetenzen tragen nach jüngsten Forschungsergebnissen die traditionellen (formalsierten) Bildungsinstitutionen wenig bei (Reinmann-Rothemaier & Mandl 2000): Nach der von Baitsch (1998) vorgelegten Bilanz pädagogischer, psychologischer und soziologischer Studien können die für die Lernkompetenzen unerlässlichen kognitiven, sozialen und motivationalen Fähigkeiten jedoch auch nach der Schul- und Ausbildungszeit entwickelt werden und informelle Lernprozesse in der Erwerbsarbeit und im Privatleben demzufolge durchaus Schwächen des Bildungssystems kompensieren.

Um in der hier thematisierten Weise den *Zusammenhang von Lernkontexten und Lernkompetenzen* rekonstruieren zu können, haben wir Lernerfahrungen nach unterschiedlichen Kontexten erhoben und sie dann mit den Lernkompetenzen in Beziehung gesetzt. Dieser Rekonstruktion des Zusammenhangs von Lernkontexten und Lernkompetenzen war ein stufenweise vollzogener Prozess vorgeschaltet: In diesem wurden zunächst die Lernkontexte unter inhaltlichen und methodischen Gesichtspunkten systematisiert (vgl. Abschnitt 2.1) und die damit jeweils verbundenen Lernerfahrungen nach ihrer Intensität ausgeleuchtet (Abschnitt 2.2). Zugleich haben wir die zentralen Indikatoren für die Lernkompetenz entwickelt (Abschnitt 2.3). Schließlich haben wir die Beziehungen untersucht, die zwischen den Dimensionen der Lernkompetenz, anderen Indikatoren des Lernbewusstseins sowie den Lernkontexten bestehen (Abschnitt 2.4).

2.1 Lernerfahrungen in unterschiedlichen Lernkontexten

Menschen lernen überall und nicht nur in formalisierten und professionalisierten Kontexten. Aber – dies ist der Einmütigkeit in der einschlägigen Literatur entgegenzuhalten – sie lernen in unterschiedlichen Lernkontexten Unterschiedliches und auch unterschiedlich viel. Die Antworten auf die Frage, in welchem der unterschiedlichen Lernkontexte Erwachsener unsere Befragten für den Beruf am meisten gelernt hätten, führte zunächst zu der Frage, über welche allgemeinen und berufbezogenen Lernerfahrungen Erwachsene verfügen und inwieweit sich schon hier der Einfluss soziodemographischer Faktoren geltend macht, die nach der einschlägigen Literatur die Teilnahme an den organisierten Maßnahmen der allgemeinen und beruflichen Weiterbildung wesentlich beeinflussen (vgl. BSW VIII 2003).

Damit waren zwei methodische Probleme zu lösen: Das eine liegt darin, aus der Fülle an Lernerfahrungsfeldern Erwachsener eine für eine standardisierte Befragung handhabbare Auswahl zu treffen, die dennoch alle wesentlichen Erfahrungsräume und -bezüge berücksichtigt. Das andere Problem beruht auf dem großen zeitlichen Abstand zwischen tatsächlicher Erfahrung und der Reflexion darüber und zielt darauf, entsprechende Verzerrungen in der Wahrnehmung der Individuen möglichst auszuschließen. Diese Probleme haben wir durch folgendes Vorgehen zu lösen versucht:

- Erstens orientierte sich die Untersuchung bei der Auswahl an den wesentlichen in der Literatur (nicht nur der zum lebenslangen Lernen) gehandelten Lernbezügen in der Arbeit und im Privatleben sowie in Bildungseinrichtungen. Mit dem Einbezug traditioneller (Fernsehen, Bücher, Zeitschriften) und neuer Medien (PC, Internet), strukturierter und weniger strukturierter Lernbezüge in der Arbeit, zentralen Familien- und Freizeitaktivitäten als auch kurs- bzw. seminarförmig organisierten Bildungsaktivitäten wurden die wesentlichen Lernfelder abgegriffen.

- Zweitens wurde eine systematische Selektion derjenigen aus der Stichprobe vorgenommen, die entweder noch nie erwerbstätig waren (also über bestimmte Erfahrungen gar nicht verfügen können oder aber schon länger als 5 Jahre nicht mehr erwerbstätig sind). Wir gehen davon aus, dass bei beiden Gruppen die Frage nach der Bedeutung arbeitsintegrierten Lernens wenig Sinn macht. Beide Gruppen zusammen genommen machen 22,1% der Stichprobe aus, die der Gruppe der Erwerbspersonen also knapp 78%.
- Drittens wurden die Antworten schwerpunktmäßig nach Lernkontextbedingungen systematisiert und ausgewertet: *formalisierte* Weiterbildung, *informelles* „Lernen in der Arbeit" und „Lernen im privaten Umfeld". Nach eingehender Prüfung wurden das Lernen mit *traditionellen* (Fachbücher/-zeitschriften, Anschauen von Informationssendungen im Fernsehen) und *modernen Medien* (Experimentieren am PC/Surfen im Internet) als ein eigenständiger Lernkontext („*mediales Lernen*") gefasst – und zwar sowohl aus inhaltlichen als auch methodischen Gründen: Diese Formen des Lernens sind zumeist nicht eindeutig der Privat- bzw. Arbeitssphäre zuzurechnen, weisen zwar keinen hohen Grad formaler Organisation auf, stellen aber in Teilen eine vergleichsweise aktive und intentionale Form des Lernens dar. Darüber hinaus war bei allen medialen Aktivitäten festzustellen, dass die individuell gemachten Angaben zu den Lernerfolgen weitgehend übereinstimmten, d.h. wer mit traditionellen Medien viel gelernt zu haben angab, tat dies tendenziell auch beim Lernen am PC. Auf diese Weise wurden entlang dem Kontinuum „formalisiert – informell" vier zentrale Lernkontexte unterschieden:
  - formalisiert,
  - medial,
  - arbeitsbegleitend und
  - privates Umfeld.

Über welche Lernerfahrungen verfügen nun die Erwerbspersonen? Die Auswertung zeigt in vieler Hinsicht ein erwartungsgemäßes Bild: Der Kontext formalisierten Lernens erweist sich als derjenige, in dem zwar gut vier Fünftel (81%) der Erwerbspersonen Lernerfahrungen als Erwachsene gesammelt haben, der aber dennoch den am wenigsten verbreiteten Erfahrungshintergrund darstellt: Deutlich stärker verbreitet sind Lernerfahrungen mit Medien (95%), in der Arbeit (97%) sowie im privaten Umfeld (97%). Keinerlei Lernerfahrungen benennt eine verschwindend kleine Minderheit von 1% (vgl. Tab. 2.1). Betrachtet man die Lernerfahrungen genauer, so zeigen sich insbesondere in den nicht-formalisierten Lernkontexten erhebliche Unterschiede in der Verbreitung:

- Im Bereich des *Medialen Lernens* bildet das Lesen von Fachliteratur die häufigste Lernerfahrung der Gesamtheit (89%), während das Experimentieren am PC ebenso wie das Surfen im Internet von deutlich weniger, aber immer noch von über der Hälfte der Erwerbspersonen (67% bzw. 58%) als Erfahrung benannt wird.

Tab. 2.1: Lernerfahrungsquote von Erwerbspersonen in unterschiedlichen Lernfeldern nach ausgewählten soziodemographischen Merkmalen

Lernkontext/ Lernfeld \ Merkmal	Lernerfahrungsquote insges. (Angaben in %)	Abweichung von Durchschnittsquote (±) in %				
		Frauen	Ältere (50 bis 64 Jahre)	Arbeitslose	Hauptschulabsolventen	ohne qualifizierte Ausbildung
formalisiertes Lernen insges.	81	-2	-5	-11	-9	-14
- Besuch von betrieblichen Weiterbildungskursen	77	-2	-4	-12	-8	-14
- Besuch von Kursen und Seminaren in Bildungseinrichtungen	74	-2	-5	-11	-10	-14
Lernen mit Medien insges.	95	-1	-2	-3	-4	-7
- Lesen von Fachbüchern/ -literatur	89	-1	-4	-9	-8	-12
- Anschauen von Magazinen	86	-1	-3	-1	-6	-8
- Eigenes Experimentieren am PC	67	-2	-9	-16	-17	-10
- Surfen im Internet	58	-4	-12	-16	-16	-8
Lernen in der Arbeit insges.	97	-1	±0	-4	-1	-1
- Einweisung/Einarbeitung	88	-1	-3	-3	-3	-8
- Erfahrungsaustausch mit Berufskollegen	94	-1	-5	-7	-5	-5
- alltägliche Arbeit	95	-1	-2	-11	-2	2
privates Umfeld insges.	97	-1	-1	-1	-2	-4
- Erfahrungsaustausch mit Partnern/Freunden	93	±0	-1	-2	-2	-5
- Reisen	88	±0	±0	-11	-6	-9
- Beschäftigung im Haus und Garten	84	+1	+3	-2	-2	-7
- Umgang mit Kindern in der Familie	80	+3	+1	±0	-1	-6
- Mitarbeit in Vereinen, Verbänden und Selbsthilfegruppen	57	-2	-2	-11	-5	-8
keine Lernerfahrungen benannt	1	+1	+1	+1	+1	+2

- Im Bereich des *arbeitsbegleitenden Lernens* geben um die 95% Erfahrungen mit den wenig strukturierten Lernbezügen (alltägliche Arbeit, Austausch mit Berufskollegen) an, während deutlich weniger (88%) Erfahrungen benennen, die betrieblich inszeniert sind (Einweisung/Einarbeitung).
- Beim *Lernen im privaten Umfeld* dominieren die Lernerfahrungen in der Alltagskommunikation in der Familie und deren unmittelbarer Umgebung. Ihnen gegenüber fällt die „Mitarbeit in Vereinen, Verbänden und Selbsthilfegruppen", die ein höheres Maß an nach außen gerichteter Planung und Orga-

nisation voraussetzt, als Lernerfahrungen mit einer Quote von 57% erheblich ab (Beschäftigung in Haus und Garten: 84%; Umgang mit Kindern in der Familie: 80%; Reisen: 88% Erfahrungsaustausch mit Freunden/Partnern: 93%).

Aus der Weiterbildungsberichterstattung weiß man, dass seit Jahrzehnten die Teilnahme an allgemeiner und beruflicher Weiterbildung erheblich nach soziodemographischen Merkmalen (Geschlecht, Alter, Erwerbsstatus, schulischer und beruflicher Ausbildungsabschluss) variiert. Obwohl sich die Abstände im Verlauf der letzten 20 Jahre zum Teil verringert haben, sind Ältere (d.h. Personen im Alter von 50 bis 64 Jahren), Personen mit einem niedrigen Schulabschluss (ohne oder mit Hauptschulabschluss) oder ohne absolvierte Berufsausbildung auch zu Beginn des neuen Jahrhunderts in beiden Bereichen der Weiterbildung unterrepräsentiert (vgl. BSW VIII 2003, S. 86 f., 102 f., 106 f.). Ähnliches gilt – beschränkt auf die berufliche Weiterbildung – für Frauen (vgl. BSW VIII 2003, S. 134 f.) und nach den uns zugänglichen Datenquellen auch für Arbeitslose. Selbst wenn im zuletzt genannten Fall vom BSW keine Quoten für Gesamtdeutschland ausgewiesen werden, so deuten die Quoten für den Westen (14%) und den Osten (21%) doch auf eine stark unterdurchschnittliche Beteiligung der Arbeitslosen an formalisierter beruflicher Weiterbildung hin (vgl. BSW VIII 2003, S. 197 ff.).

Die Auswertung unserer Studie zeigt, dass das von der einschlägigen Berichterstattung gezeichnete Querschnittsbild über die soziale Selektivität von formalisierten Bildungsprozessen in Deutschland auch für lebenslanges Lernen insgesamt gilt – mit einer Einschränkung: Frauen weisen in allen Lernkontexten und den diesen zugeordneten einzelnen Lernfeldern fast die gleiche Erfahrungsquote wie andere Erwerbspersonen auf; die Abweichungen zum Durchschnitt liegen in der Regel bei einem oder zwei Prozentpunkten. Ausnahmen sind hier (vgl. Tab. 2.1) – negativ – das Surfen im Internet (-4%) sowie – wenig überraschend positiv – der Umgang mit Kindern in der Familie (+3%). Für die übrigen einschlägig bekannten Benachteiligtengruppen ergeben sich hingegen auch jenseits des formalisierten Lernens Einschränkungen der Erfahrungen, selbst wenn diese nicht oder nur ansatzweise so gravierend ausfallen:

Das *formalisierte Lernen* erweist sich für ältere Erwerbspersonen (-5%), vor allem aber für Hauptschulabsolventen (-9%), Arbeitslose (-11%) und für Personen ohne eine qualifizierte Ausbildung (-14%) als Lernkontext mit einer deutlich höheren Zugangsbarriere als für den Durchschnitt der Population. Dieses Ergebnis liegt im Erwartungshorizont. Gleiches gilt für den Sachverhalt, dass die Erfahrungsquote beim *Lernen mit Medien* bei Älteren (-2%), Arbeitslosen (3%), Hauptschulabsolventen (-3%) und vor allem bei Unqualifizierten (-7%) sichtbar negativ vom Durchschnitt der Erwerbspersonen abweicht. Während dies bei den Älteren wohl in erster Linie mit fehlenden Lernerfahrungen im Bereich der neuen Medien zu tun hat (Differenz: -9% bzw. -12%), dürfte dies für die drei anderen Gruppen nur eingeschränkt gelten: Arbeitslose und Hauptschulabsolventen verfügen noch seltener (Differenz: -16 bzw. -17% zum Durchschnitt) über Experimentier- und

Interneterfahrungen am PC, zusätzlich fällt bei Ihnen wie auch den Unqualifizierten auf, dass sie vergleichsweise selten überhaupt schon einmal Fachliteratur gelesen (Differenz zur Durchschnittsquote -8% bis -12%) oder Informationssendungen im Fernsehen (Ausnahme: Arbeitslose) angeschaut haben (vgl. Tab. 2.1).

Interpretiert man fehlende Differenzen zur durchschnittlichen Lernerfahrungsquote bei den genannten Gruppen als Ausweis geringer gesellschaftlicher Selektivität der Teilhabe am lebenslangen Lernen, so gilt dies wohl in erster Linie für das *Lernen in der Arbeit* und im *privaten Umfeld*: Zwar liegt die Erfahrungsquote Arbeitsloser im Bereich arbeitsbegleitenden Lernens als auch die der Unqualifizierten im Bereich des privaten Lernens insgesamt signifikant unter dem Durchschnitt (Abweichung jeweils: -4%) und zeigen sich in einzelnen Lernbezügen noch deutlich größere negative Abweichungen, ansonsten aber kann man kaum davon reden, dass diese Gruppen aus den beiden genannten Erfahrungsbereichen ausgegrenzt werden (vgl. Tab. 2.1).

Das bislang gezeichnete Bild von den Lernerfahrungen stellt so etwas wie eine lernbiographische Bilanz dar, in der die gesamten Lernerfahrungen nach der Schulzeit zusammengefasst sind. Es spiegelt jedoch weder ausschließlich die konkreten berufsbezogenen Lernerfahrungen noch die Dynamik der jüngeren Zeit wider, in der sich – wie in anderen Quellen angedeutet – die formalisierten wie auch die informellen beruflichen Lernerfahrungen in der Bevölkerung erheblich verbreitert haben.[14]

Nach dem Vorbild der Systematik zur Erfassung der Lernerfahrungen als Erwachsener wurden alle Befragten um Auskunft darüber gebeten, welche der vorgegebenen Lerngelegenheiten sie in den zurückliegenden 3 Jahren genutzt haben. Bei der Erfassung der Weiterbildungs- und Lernerfahrungen in jüngster Zeit wurde auf spezifische Formen des Lernens im privaten Umfeld verzichtet, um zu gewährleisten, dass nur berufsbezogene Lernerfahrungen genannt werden. Diese wurden dann den verschiedenen Lernkontexten zugeordnet. Unterschieden wurde dabei nach formalisiertem beruflichem Lernen[15] auf der einen und informellem beruflichen Lernen (unter Einschluss des medialen[16] wie des arbeits-

---

14 Nach dem BSW nahmen im Jahr 2000 29% der Bevölkerung (1979: 10%) an formalisierter beruflicher Weiterbildung und 67% der Erwerbstätigen (1994: 52%) an informeller beruflicher Weiterbildung teil (vgl. BSW VIII 2003, S. 41, 187). Ausgewiesen werden jedoch weder separate Quoten für die Teilnahme an Arbeitsamtsmaßnahmen noch wurde das informelle berufliche Lernen der Nicht-Erwerbstätigen systematisch erfasst. Schließlich fehlen auch disaggregierte Daten zur Verkopplung formalisierter und informeller beruflicher Lernprozesse (vgl. BSW VIII 2003).
15 Mehrmonatige Maßnahme des Arbeitsamtes, Besuch von Kursen oder Seminaren, Teilnahme an Fernunterricht, Nachholen eines Schulabschlusses.
16 Lernen mit Computerprogrammen und Videos, regelmäßiges Lesen von Fachbüchern und -zeitschriften.

begleitenden bzw. -immanenten Lernens[17]) auf der anderen Seite. Die Struktur der Lernerfahrungen wurde über Mehrfachnennungen erhoben.

Betrachtet man die Ergebnisse für die Gesamtpopulation insgesamt sowie die Brechung nach zentralen soziodemographischen Merkmalen, so bestätigt sich zunächst einmal das in anderen Quellen angedeutete Bild: Mehr als zwei Fünftel der Bevölkerung im erwerbsfähigen Alter ist – was die Kompetenzentwicklung anbelangt – in den drei Jahren zwischen 1998 und 2001 abstinent geblieben, 7% haben ausschließlich formalisiert und 28% ausschließlich informell gelernt, während immerhin ein knappes Viertel (24%) sowohl formalisiert als auch informell gelernt hat (vgl. Tab. 2.2). Insgesamt bestätigt sich hier das in der Längsschnittperspektive für das allgemeine Lernen angedeutete Bild sozialer Selektivität, verschärft sich in Teilen sogar:

- Unter den „*aktuell Lernabstinenten*" sind erwartungsgemäß Arbeitslose (Quote: 52%), Nicht-Erwerbspersonen (64%), 50- bis 64-Jährige (58%), Hauptschulabsolventen (59%) und Personen ohne qualifizierte Ausbildung (53%) deutlich überrepräsentiert. Aber auch Frauen liegen mit einer Abstinenz-Quote von 46% über dem Durchschnitt (vgl. Tab. 2.2).
- Unter den Personen, die *ausschließlich formalisiert gelernt* haben, sticht mit einer Quote von 16% nur die Gruppe der Arbeitslosen hervor, von denen drei Viertel (ausschließlich) eine mehrmonatige Maßnahme des Arbeitsamtes absolviert haben. Dieser hohe Anteil mag vor dem Hintergrund der Förderpraxis der Arbeitsämter (die bis Ende der 1990er Jahre vor allem rein schulisch konzipierte Maßnahmen förderte) kaum überraschen; der Blick auf die Gesamtheit der von dieser Gruppe genannten Lernerfahrungen zeigt aber auch, dass solche Maßnahmen häufig keine weiteren Lernaktivitäten nach sich ziehen.
- Betrachtet man die soziodemographische Verteilung der Personen, die *ausschließlich informell beruflich gelernt* haben, so ergeben sich hier – ähnlich wie beim formalisierten Lernen – kaum Differenzen nach sozialen Gruppen: Zwar nimmt mit steigendem Schul- und Ausbildungsniveau und sinkendem Alter diese Quote zu, haben Männer (Quote: 31%) leicht über- und Frauen leicht unterdurchschnittlich häufig (Quote: 26%) informell beruflich gelernt, die eigentlich markante Scheidelinie verläuft hier jedoch an der Grenze zwischen Erwerbstätigkeit und Nichterwerbstätigkeit: Erwerbstätige geben fast doppelt so häufig (Quote 34%) wie Arbeitslose und Nichterwerbspersonen (einschließlich „Stiller Reserve") an, sie hätten in den letzten 3 Jahren ausschließlich informell gelernt.

---

17 Besuch von Fachmessen/-kongressen, Unterweisung am Arbeitsplatz, Lösen von Problemen der alltäglichen Arbeit, Austausch und Kooperation mit anderen Betriebsabteilungen oder anderen Firmen, Teilnahme an Qualitätszirkeln, Beteiligungsgruppen, Werkstattzirkeln oder KVP-Workshops.

Tab. 2.2: Berufliche Lernerfahrungen der jüngeren Zeit (letzten 3 Jahre) nach unterschiedlichen Lernformen und soziodemographischen Merkmalen der Bevölkerung (N = 4051; Angaben in %)

Lernerfahrung \ soziodemographisches Merkmal	nur formalisiertes Lernen		Erfahrungen in formalisierten und informellen Lernfeldern		nur informelles Lernen	kein berufsbezogenes Lernen genannt	Gesamt
	insges.	dar. Arbeitsamtmaßnahmen	insges.	dar. Arbeitsamtmaßnahmen			
Erwerbsstatus							
- Erwerbstätige	6	2	33	2	34	27	100
- Arbeitslose	16	12	13	7	19	52	100
- Nichterwerbspersonen	5	1	12	1	10	64	100
Altergruppen							
19-34	8	3	26	3	33	33	100
35-49	8	4	30	3	29	34	100
50-64	4	1	16	1	22	58	100
Geschlecht							
- männlich	6	3	27	3	31	36	100
- weiblich	7	3	22	2	26	46	100
Schulbildung							
- Hauptschulabschluss und weniger	6	2	13	2	22	59	100
- Mittlere Reife	8	4	30	4	32	30	100
- Fachhochschulreife	5	-	38	1	30	27	100
- Hochschulreife	5	2	40	2	35	21	100
Ausbildungsabschluss							
- ohne qualifizierte Ausbildung	7	3	15	1	26	53	100
- qualifizierte Ausbildung	6	3	24	3	28	41	100
- semi-akademische Ausbildung	9	3	31	4	32	28	100
- akademische Ausbildung	7	2	43	1	33	18	100
Gesamt	7	3	24	2	28	41	100

- Im Feld derjenigen, die *sowohl formal als auch informell gelernt* haben, wirkt offenbar der Einfluss soziodemographischer Merkmale am stärksten – und zwar durchgängig: Stark überdurchschnittlich fällt die Quote für Erwerbstätige (33%), die Altersgruppe der 35- bis 49-Jährigen (30%) für Personen mit fachgebundener oder allgemeiner Hochschulreife (38% bzw. 40%) sowie für Menschen mit einer abgeschlossenen semi-akademischen oder akademischen Ausbildung (31% bzw. 43%) aus. Nicht-Erwerbstätige (12 bzw. 13%), 50- bis 64-Jährige (16%), Hauptschulabsolventen (13%) sowie Personen ohne eine qualifizierte Ausbildung (15%) liegen weit unter dem Durchschnitt (vgl. Tab. 2.2).

Dezidiert berufsbezogenes Lernen – so lassen sich die vorgestellten Ergebnisse resümieren – stellt keineswegs eine kontinuierliche, alltägliche Aktivität der erwerbsfähigen Bevölkerung dar, in der formalisierte und informelle Lerngelegenheiten miteinander verbunden werden. Dieser Befund ist zunächst nicht sonderlich überraschend. Überraschender ist der Sachverhalt, dass selbst unter den traditionell privilegierten Adressaten beruflicher Weiterbildung wie z.B. Personen mit einem akademischen Abschluss, weitaus mehr als die Hälfte in dem zurückliegenden 3-Jahres-Zeitraum nur informell (arbeitsbegleitend und medial) oder gar nicht (bzw. ausschließlich im privaten Umfeld[18]) beruflich gelernt zu haben angeben. Diese Unterschiede wären vielleicht nicht sonderlich erwähnenswert, wenn in allen Kontexten gleich viel und das Gleiche gelernt werden kann bzw. wenn sich privates, arbeitsbegleitendes und mediales Lernen dem formalisierten Lernen als überlegen erweist, was die Qualität seiner Inhalte und seiner möglichen beruflichen Verwertung anbelangt.

2.2 Lernkontexte und Lernintensität

Um dies zu prüfen, wurde in der Studie folgendermaßen vorgegangen: Zum einen wurden Angaben dazu erhoben, wie viel die Befragten im einzelnen Lernfeld gelernt zu haben glauben, und aus diesen Angaben – nach Prüfung der internen Konsistenz der Antworten – ein Index für jeden der vier Lernkontexte berechnet (vgl. Tab. 2.3). Bei der Berechnung des Index für das Lernen im privaten Umfeld blieben die Erfahrungen zur „Mitarbeit in Vereinen, Verbänden und Selbsthilfegruppen" aufgrund der geringen Kovarianz mit den übrigen Erfahrungen in diesem Feld unberücksichtigt. Zum anderen wurde in der Untersuchung danach gefragt, in welchen Lernbezügen die Befragten am meisten für ihre eigene berufliche Entwicklung gelernt zu haben glauben; auch diese Antworten wurden nach den vier Lernkontexten systematisiert und zusammengefasst.

Schon ein kurzer Blick auf die Verteilung genügt um festzustellen, dass die informellen Lernkontexte des arbeitsbegleitenden Lernens und des Lernens im privaten Umfeld sehr viel häufiger mit Erfahrungen hoher (eher viel gelernt) und entsprechend seltener mit Erfahrungen niedriger (eher wenig gelernt) Lernintensität verbunden sind. Gut vier Fünftel (82%) derjenigen unter den Erwerbspersonen, die über Lernerfahrungen in diesem Feld verfügen, meinen eher viel gelernt zu haben. Bei denen, die über ausgeprägte Erfahrungen im privaten Umfeld verfügen, beträgt diese Quote immerhin noch 57%. Demgegenüber zieht nicht einmal die Hälfte der Personen mit formalisierten und medialen Lernerfahrungen (48% bzw. 49%) ein positives Resümee, was die Lernintensität anbelangt (vgl. Tab. 2.3).

---

18 Lernen im privaten Umfeld wurde an dieser Stelle – wie erwähnt – nicht thematisiert.

Tab. 2.3: Lerngelegenheiten und Lernintensität – Mittelwerte einzelner Gelegenheiten, interne Konsistenz und Ausprägung der kontextspezifischen Lernintensität

Lerngelegenheiten/Lernkontexte	Mittelwert (Skala: 1 = sehr viel gelernt; 7 = sehr wenig gelernt)	Interne Konsistenz (Cronbachs Alpha)	Lernintensität (Angaben in %)		
			eher viel gelernt	eher wenig gelernt	Gesamt
Besuch von betrieblichen Weiterbildungskursen	3,85				
Besuch von Kursen und Seminaren in Bildungseinrichtungen	4,01				
Formalisiertes Lernen (N = 2521)		0,8287	48	52	100
Lesen von Fachbüchern und Fachzeitschriften	3,47				
Eigenes Experimentieren am PC	3,69				
Surfen im Internet	4,38				
Anschauen von Magazinen und Informationssendungen im Fernsehen	3,97				
Mediales Lernen (N = 2971)		0,7517	49	51	100
Erfahrungsaustausch mit Berufskollegen	2,75				
Einweisung/Einarbeitung am Arbeitsplatz	3,07				
Alltägliche Arbeit	2,54				
Arbeitsbegleitendes Lernen (N = 2978)		0,6834	82	18	100
Beschäftigung in Haus und Garten	4,06				
Umgang mit Kinder in der Familie	3,43				
Erfahrungsaustausch mit Freunden/ mit dem Partner	3,03				
Reisen	4,01				
Privates Umfeld (N = 2700)		0,7735	57	43	100

Die besonders positive Einschätzung der Lernintensität arbeitsbegleitenden Lernens ist vor allem aus einem Grund erwähnenswert: Allenthalben – und zwar offenbar sowohl von Arbeitnehmer- als auch von Managementseite – wird gerade bei informellen arbeitsbegleitenden Lernarrangements eine fließende Grenze zwischen Arbeiten und Lernen konstatiert, die es erschwert, den Lerngehalt solcher Formen wahrzunehmen: Auf die Frage, ob es sich bei den ihnen vorgestellten Formen arbeitsbegleitenden Lernens eher um „Arbeiten" oder eher um „Lernen" ginge, äußerten in der 2000er Erhebung des Berichtssystems Weiterbildung bei allen genannten Formen weniger als die Hälfte der befragten Erwerbstätigen, es handle sich dabei um Lernen (vgl. BSW VIII 2003 S. 198 f.). Nach der CVTS-Erhebung von 2000 überwog bei den befragten Managern bei fast allen genannten Formen ebenfalls die Einschätzung, es handle sich mehr um Arbeiten. Das in unserer Untersuchung herausgearbeitete positive Resümee zum arbeitsbegleitenden Lernen könnte ein Indiz dafür sein, dass die in den anderen Untersuchungen getroffenen Urteile sich gar nicht so sehr auf die Lernhaltigkeit solcher Formen beziehen, als vielmehr den Anspruch ausdrücken, den mit diesen Formen verbundenen Zeitaufwand als Arbeitszeit geltend machen zu können.

Es überrascht angesichts der bekundeten hohen Lernintensität wenig, dass auch in der Einschätzung des wichtigsten *beruflichen* Lernkontextes Formen des informellen Lernens weit vorn stehen: 58% der Erwerbspersonen nennen das arbeitsnahe Lernen als das Feld, in dem sie das meiste für ihre berufliche Entwicklung gelernt zu haben glauben. Ebenfalls von größerer Bedeutung ist das mediale Lernen, das von insgesamt 19% genannt wird. Hier entfällt der größere Anteil auf das Lernen mit traditionellen Medien (15%), während das Lernen am PC nur von einer kleinen Minderheit (4%) genannt wird. Nicht ganz so stark wie das mediale, aber stärker als Lernen im privaten Umfeld (9%) wird die Wichtigkeit des formalisierten Lernens (von 14%) für die berufliche Entwicklung hervorgehoben (vgl. Abb. 2.1). Zwar kommen andere Untersuchungen in Deutschland zu Ergebnissen, die das Verhältnis der Bedeutung formaler und informeller Lernerfahrungen eher umgekehrt gewichten, jedoch gibt es dafür in der Fragestellung liegende Gründe.[19] Zu ähnlichen Ergebnissen kommen Untersuchungen aus dem angloamerikanischen Raum, die mit einer vergleichbaren Fragestellung gearbeitet haben (Livingstone 1999).

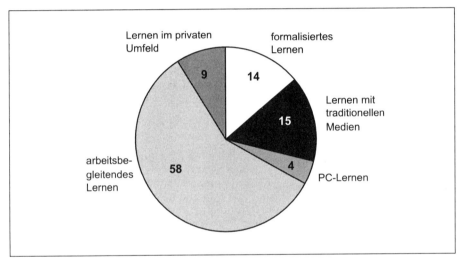

Abb. 2.1: Verteilung der wichtigsten beruflichen Lernkontexte („am meisten gelernt") (N = 3155; Angaben in %)

Ein Teil der Kritik am informellen Lernen beruht auf der Ungewissheit über seine Qualität. Man muss die Kritik, informelles Lernen würde häufiger unerwünschte Lerneffekte hervorrufen (Reetz & Tramm 2000), nicht unbedingt teilen. Dennoch bleibt zu prüfen, worauf die vorrangige berufliche Bedeutung eines bestimmten Lernkontextes zurückgeht: Hat sie mehr damit zu tun, dass man als Erwachsener mit bestimmten anderen Kontexten überhaupt keine Erfahrungen gemacht hat bzw. machen konnte? Oder hat sie etwas mit Unterschieden im Ausmaß an

---

19 In der BiBB/IAB-Erwerbstätigen-Erhebung von 1999 gaben ca. 65% an, das für die heutige Tätigkeit erforderliche Können und Wissen formalisiert erworben zu haben. Die Fragestellung schließt – anders als hier – auch die Lernerfahrungen vor Aufnahme der Erwerbskarriere (Schule, Berufsausbildung) ein (Dostal 2004). Rechnet man diese heraus, käme man auf ähnliche Ergebnisse wie in der hier vorgestellten Untersuchung.

Erfahrungen in den jeweiligen Lernumgebungen zu tun? Dieser Frage sind wir nachgegangen.

Um den Einfluss vollständig fehlender Lernerfahrungen auszuschließen und die Bedeutung der Breite und Enge von Lernerfahrungen zu prüfen, wurde aus den kontextspezifischen Lernindizes über einfache Kombinationen „Lernerfahrungstypen" konstruiert; die Grundgesamtheit dafür bildeten nur die Personen, bei denen für jeden einzelnen Kontext eine messbare d.h. entweder eine starke („viel gelernt) oder aber schwache („wenig gelernt") Lernintensität festgestellt worden war. Die insgesamt 16 Kombinationen wurden in einem weiteren Schritt, bei dem gleichzeitig die Lernerfahrungen in der Arbeit und im privaten Umfeld zu „informellem Lernen" zusammengefasst wurden, zu Lernerfahrungstypen verdichtet. Deren Spektrum reicht von denjenigen, die in allen Kontexten (d.h. formal, medial und informell) viel gelernt zu haben glauben, bis zu denjenigen, die in allen Lernkontexten eher wenig gelernt zu haben angeben.

Bricht man diese Lernerfahrungstypen nach den Angaben zum wichtigsten beruflichen Lernkontext, so zeigt sich, dass „das Meiste informell gelernt" mitunter „nicht sehr viel" heißt: Insbesondere von denen, die angegeben haben, dass sie nirgendwo oder ausschließlich arbeitsbegleitend und privat viel gelernt haben, wird das informelle Lernen als beruflich wichtigster Kontext bezeichnet (zu 72% bzw. 83%). Umgekehrt sinkt dieser Anteil deutlich bei Personen, die äußerten, in der gesamten Vielfalt der Lernkontexte viel gelernt zu haben: In dieser Gruppe sind es nur noch 48%, die im informellen Lernen den wichtigsten Kontext sehen (vgl. Abb. 2.2).

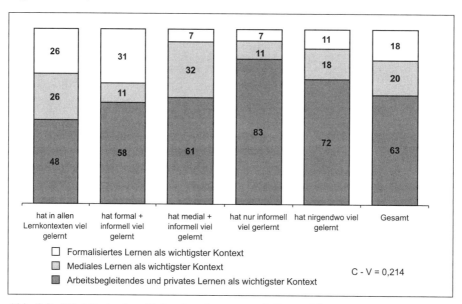

Abb. 2.2: Wichtigster beruflicher Lernkontext nach Lernerfahrungstypen
(N = 2118; Angaben in %)

Wir haben bislang vor allem die Erfahrungen der Erwerbspersonen thematisiert, die sie – in aller Regel nach dem Ende der Schulzeit – als Erwachsene mit Lernprozessen im weiteren Verlauf der Biographie gemacht haben und die sie berufsbiographisch ausgedeutet haben – ohne dass wir allerdings wissen, was sie dabei eigentlich im Blick haben. Ungewiss ist auch, ob sich diejenigen, die einen bestimmten Lernkontext hervorheben, auf das gleiche Referenzsystem beziehen: Denken diejenigen, die das informelle Lernen hervorheben, an die Tricks und Kniffe, die dafür gesorgt haben oder auch noch heute dafür sorgen, dass ihnen die alltägliche Arbeit leichter von der Hand geht – wie dies die Auskunft von Routinearbeitern aus der Livingstone-Studie nahe legt (Livingstone 1999)? Denken diejenigen, die – wie dies eine ausgesprochen hohe Quote für Angehörige typischer Aufstiegsberufe, z.B. Meister oder Techniker, nahe legt – das formalisierte Lernen betonen, vor allem an die dadurch erreichte berufliche Karriere (Dostal 2004)? Oder stellt das Urteil über den wichtigsten Lernkontext ein Resümee dar, das auf die Vermittlung der für lebenslanges Lernen erforderlichen Lernkompetenzen abstellt? Die Antworten auf diese Fragen liegen nicht einfach auf der Hand. Sie erfordern eine genauere inhaltliche Analyse der Kompetenzen, die in unterschiedlichen Lernkontexten entwickelt oder nicht entwickelt werden.[20]

2.3 Lernkompetenz: Antizipation, Selbststeuerungsdisposition und Kompetenzentwicklungsaktivität

In der sozialwissenschaftlichen, insbesondere in der berufspädagogischen und entwicklungspsychologischen Diskussion ist in jüngerer Zeit immer wieder Kritik an einem auf informelles Lernen zentrierten Diskurs in der Weiterbildung geübt worden. Demnach verstelle dieser Diskurs den Blick auf jene erheblichen Risiken, die ein auf diesen Lernkontext zentriertes Konzept lebenslangen Lernens für die Erwerbsbevölkerung birgt (Reetz & Tramm 2000). Die bislang vorgestellten Befunde dieser Untersuchung zum Zusammenhang zwischen Lernerfahrungstypen und der Beurteilung des für die jeweilige Berufsbiographie wichtigsten Lernkontextes unterstreichen zunächst einmal, dass diese Befürchtungen keineswegs grundlos sind und aus dem Mangel an positiven Erfahrungsmöglichkeiten bzw. aus explizit negativen formalen als auch medialen Lernerfahrungen möglicher Weise eine Form der biographischen Distanzierung zu Feldern beruflicher Lernprozesse erwächst, ohne die Erwerbspersonen auch zukünftig nicht gänzlich auskommen werden.

---

20 Da wir aus methodischen Gründen, die bei den Individuen angetroffenen Kompetenzen nicht differenzial-diagnostisch jeweiligen Kontexten ursächlich zuschreiben können, ist die Beweisführung eher eine negative in dem Sinne, dass die Korrelationen zwischen Lernkontexten im Erwachsenenalter und Kompetenzen etwas darüber preisgeben, dass in den bevorzugten Lernkontexten gegebenenfalls Kompetenzen nicht erworben werden konnten, die in früheren Lernprozessen nicht angeeignet wurden. Umgekehrt ist das Vorhandensein bestimmter Kompetenzen auch nicht ursächlich dem Lernen als Erwachsener zuzuordnen. Man kann nur sagen, dass die bevorzugten Lernkontexte sie stabilisierten bzw. nicht destabilisierten.

Lebenslanges Lernen – so der weitgehend einheitliche Tenor in den einschlägigen Bezugswissenschaften – ist weder voraussetzungslos noch ungerichtet. Aus der Perspektive des Individuums betrachtet, verlangt es die Fähigkeit, in Auseinandersetzung mit vorgängigen biographischen Erlebnissen, Umweltveränderungen und Lebenskonzepten „biographische Projekte" zu entwerfen, bei der die bisher im Lebenslauf gemachten Erfahrungen neu bewertet und gewichtet und in eine an die Bedingungen der Umwelt angepasste und auf die Erfüllung von Ansprüchen an Arbeit und Privatleben gerichtete Entwicklungsperspektive integriert werden. Solche biographischen Projekte können zwar prinzipiell auch spontan initiiert und die ihnen zu Grunde liegenden Urteile situativ gefällt werden. Gleichwohl ist davon auszugehen, dass Biographieplanung heute wie auch zukünftig sowohl komplexer als auch tendenziell risikoreicher ist, weil die Stabilität der Rahmenbedingungen von Erwerbsarbeit wie auch von Lebensverhältnissen als Grundlage für die Entwicklung von Perspektiven immer weniger vorausgesetzt werden kann (Brödel 2003). Insofern bedarf es auf Seiten der Individuen vergleichsweise ausgeprägter motivationaler, emotionaler (affektiver) und kognitiver Lernfähigkeiten, die erst in ihrer Verbindung das biographische Projekt resistent gegenüber schnellen und massiven Enttäuschungserfahrungen macht. So ist es beispielsweise sicherlich wichtig, auf Distanz zur aktuellen Situation gehen und positiv besetzte Erfahrungen wie auch Wünsche mobilisieren zu können.

Zur Beschreibung und Erklärung der entsprechenden individuellen Voraussetzungen lebenslangen Lernens ist in der sozialwissenschaftlichen Diskussion das Konzept der „Metakognition" entwickelt worden. Metakognition kann allgemein als Sammelbegriff für eine Reihe von Erfahrungen und Kompetenzen verstanden werden, die mit dem Wissen und der Kontrolle über eigene kognitive Funktionen (Lernen, Gedächtnis, Verstehen, Denken; Fähigkeit, über eigene Gedanken und Verhaltensweisen zu reflektieren) zu tun haben (Hasselhorn 2000).

Analytisch lassen sich fünf Subkategorien der Metakognition unterscheiden; hierzu rechnen

- *systemisches Wissen* (d.h. Wissen über Funktionsgesetzmäßigkeiten, Stärken und Schwächen eigener kognitiver Funktionen),
- *epistemisches Wissen* (d.h. Wissen über eigenes Wissen und dessen Lücken, seinen Erwerb und seine Verwendungsmöglichkeiten sowie das Wissen um die eigene Verfassung und Lernbereitschaft),
- *exekutive Metakognitionen* (d.h. Fertigkeiten der Planung, Steuerung und Überwachung eigener kognitiver (Lern-) Prozesse),
- *Sensitivität* (d. h. Gespür für die aktuellen Möglichkeiten eigener kognitiver Prozesse) sowie
- *metakognitive Erfahrung* (d.h. bewusste kognitive Empfindungen oder affektive Zustände wie Verwirrt- oder Bedrücktsein) (vgl. Hasselhorn 2000, S. 41 f.).

Dieses Konzept von Metakognition wurde in der vorliegenden Untersuchung in der Kategorie der Lernkompetenzen operationalisiert – ohne Anspruch darauf, die metakognitiven Dispositionen und Befindlichkeiten direkt und zugleich vollständig zu erfassen. Vielmehr ist davon auszugehen, dass auf der Wahrnehmungs- und Verhaltensebene ein begrenzter – wenn auch sicherlich relevanter – Ausschnitt an Kompetenzvoraussetzungen für lebenslanges Lernen und damit „metakognitiver" Wahrnehmungs- und Verhaltensgrundlagen bzw. -anforderungen erfasst wurde.

Der Begriff von Kompetenzen für lebenslanges Lernen, der damit der Untersuchung zugrunde gelegt wurde, beinhaltet unterschiedliche Dimensionen, die als Anforderungen definiert sind; im Wesentlichen lassen sich drei solcher Dimensionen erkennen:
• Antizipation
• Selbststeuerungsdisposition und
• Kompetenzentwicklungsaktivität.

Antizipation

Als *erste Dimension der Lernkompetenz* lässt sich die *Fähigkeit zur biographisch-strategischen Auseinandersetzung* mit Veränderungen in Arbeit und Beruf nennen. Bei zunehmender Unsicherheit auf den Produkt- und Arbeitsmärkten, steigender Obsoleszenz von Wissen und Fähigkeiten infolge erhöhter Innovationsdynamik und stärkerer Anforderungen an berufliche Mobilität (Hoffmann & Walwei 1998, Dombois 1999) werden aktive Strategien zur Sicherung der je persönlichen Beschäftigungsfähigkeit („employability") für Statuserhalt und autonome Lebensgestaltung immer wichtiger (Sauter 2000). Wenn die „Verantwortung des Einzelnen für die Steuerung des kontinuierlichen Lernens" (Forum Bildung 2001, S. 9) wächst, ist die kognitive Voraussetzung dafür, dass er die Verantwortung wahrnehmen kann, d.h. über die Fähigkeit verfügt, erwartbare Entwicklungen von Anforderungen auf den Arbeitsmärkten und in der Berufswelt in ein Verhältnis zu den eigenen Qualifikationen zu setzen und seinen eigenen Lernbedarf zu bestimmen. Diese Dimension der Kompetenz für lebenslanges Lernen haben wir mit *Antizipation* bezeichnet. Bezogen auf die Subkategorien der Metakognition stellt Antizipation eine Mischung aus epistemischem Wissen und exekutiven Metakognitionen dar bzw. weist zu beiden Dimensionen deutliche Bezüge auf.

Es kann immer legitime Gründe dafür geben, dass Individuen sich nur begrenzt mit den dynamischen Prozessen im Feld von Arbeitsmarkt und Beruf auseinandersetzen. Beispielsweise mögen Erwerbstätige, deren Verrentung kurz bevorsteht, aufgrund ihrer spezifischen Lebenssituation weniger intensiv Aufmerksamkeit auf die Entwicklung von Arbeit und Arbeitsmarkt richten als Erwerbstätige mittleren Alters. *Antizipation* bezeichnet die Bereitschaft und Fähigkeit, in den vergangenen und gegenwärtigen Turbulenzen von Arbeitsmarkt, Beschäftigungssystem und Arbeit die darin enthaltenen langfristigen biographischen wie auch aktuellen Lernerfordernisse zu erkennen und für das eigene Verhalten zu interpretieren, also handlungsrelevant zu machen.

In zwei Fragen wurde die Antizipation operationalisiert: Die eine davon bezieht sich auf das *wichtigste und zweitwichtigste Moment für die Sicherung der eigenen beruflichen Zukunft* und enthielt zwei (von insgesamt vier) Antwortvorgaben, die direkt („sich ständig weiterbilden") bzw. indirekt („immer am Ball bleiben, flexibel und mobil sein") Weiterbildung bzw. Lernen thematisierten. Die andere Frage bezieht sich auf das Wahrnehmen von Weiterbildungsbedarf in mittelfristiger Perspektive („in den nächsten Jahren") und thematisierte damit das Bewusstsein von Lernerfordernissen. Auf Basis der Antworten zu beiden Fragen wurde ein Index zum Niveau der „Antizipation von Lernerfordernissen" entwickelt, der den Grad der Verankerung von Lernperspektiven im Bewusstsein der Befragten wiedergibt. Für die Zuordnung der Antworten bzw. Antwortkombinationen (Tab. 2.4) waren folgende Gesichtspunkte maßgeblich:

Tab. 2.4: Indexbildung Antizipation

Weiterbil-dungsbedarf	„ständig Weiterbilden" an 1. Stelle	„ständig Weiterbilden" an 2. Stelle	„immer am Ball bleiben..." an 1. Stelle	„immer am Ball bleiben..." an 2. Stelle	Keine Lernmoti-vation genannt
Ja	1	1	1	2	2
Nein	1	1	2	3	3
Weiß nicht	1	2	2	3	3

1 = hohes Antizipationsniveau; 2 = mittleres Antizipationsniveau; 3 = niedriges Antizipationsniveau

Erstens wurden die Antworten zum Moment der Zukunftssicherung als diejenigen betrachtet, die am ehesten die langfristig wirkende Verankerung wiedergeben. Sie gaben daher die Grundlage für das interne Ranking ab. *Zweitens* kann „sich ständig weiterbilden" als ein stark ausgeprägtes Leitmotiv, „immer am Ball bleiben..." jedoch als ein vorhandenes, in seiner tatsächlichen Stärke eher unbestimmtes Leitmotiv des Lernens angesehen werden. Das Fehlen beider Merkmale verweist hingegen auf eine schwächere biographisch-strategische Verankerung des Lernens.[21] *Drittens* dienten die Antworten auf die Bedarfsfrage der nachgeordneten Überprüfung und Korrektur des bisherigen Rankings. Maßgeblich für die Korrekturen war die Überlegung, dass sich handlungsrelevante Bedeutungszumessung von Lernen eher in Ja- als in Nein-Antworten, am wenigsten aber in „Weiß nicht"-Antworten äußert. Dieses Vorgehen enthielt darüber hinaus auch

---

21 Unterhalb dieser Rangordnung ist ein an zweiter Stelle genanntes Merkmal als weniger handlungsleitend anzusehen als in dem Fall, in dem es an erster Stelle genannt wird.

Abwägungen darüber, wie die Kombinationen in Relation zueinander zu bewerten sind.[22]

Setzt man die in der Diskussion gehandelten Maßstäbe an das lernbezogene Reflexionsvermögen als Maßstab an, so wirkt die Verteilung nach Antizipationsniveaus eher ernüchternd: Nur gut ein Drittel (36%) der dazu Befragten weist ein hohes Niveau der Antizipation von Lernerfordernissen auf, d.h. die entsprechenden Befragten gaben in ihren Antworten zu erkennen, dass sie der Weiterbildung bzw. dem beruflichen Lernen eine bedeutsame Rolle in ihrer Biographieplanung und -steuerung zuweisen. Umgekehrt lässt ein Drittel (33%) auf niedrigem Antizipationsniveau an keiner Stelle erkennen, dass Lernen als Bezugspunkt eigener biographischer Kalküle und Reflexionen eine besondere Rolle spielt (Abb. 2.3).

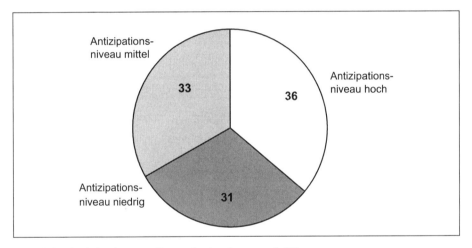

Abb. 2.3: Antizipation von Lernerfordernissen nach Niveau
(N = 2977; Angaben in %)

Selbststeuerungsdisposition

Eine *zweite Dimension* stellt die *Bereitschaft und Fähigkeit* zu *selbstgesteuertem Lernen* dar. Die von uns hypothetisch unterstellte radikale Subjektivierung der Weiterbildungsplanung und -steuerung macht es notwendig, dass der Einzelne bereit und in der Lage ist, seine Weiterbildungsaktivitäten selbständig zu definieren, zu planen und zu organisieren. Diese Disposition bildet das subjektive Pendant sowohl zur nachlassenden Ziel- und Adressatengenauigkeit institutioneller Weiterbildungsangebote (Andretta 1995; Andretta & Baethge 1996) als auch zu

---

22 So haben wir beispielsweise die Nennung des Merkmals „sich ständig weiterbilden" an 1. Stelle so hoch gewichtet, dass selbst die „weiß nicht"-Antwort auf die Bedarfsfrage zu keiner Abstufung führte.

geringer Prognosesicherheit über langfristig gültige und generalisierbare konkrete Anforderungsprofile (Bullinger & Gideon 2000). Im Kern ist diese Kompetenz eine solche zur Organisierung der eigenen Berufsbiographie, für die Weiterbildung/Lernen eine zentrale Rolle spielt, und lässt sich als Bereitschaft und Fähigkeit zu selbstorganisiertem und eigenverantwortlichem Lernen begreifen. Diese Dimension der Kompetenz für lebenslanges Lernen nennen wir *Selbststeuerungs-/Selbstorganisationsdisposition*. Im Bereich der Metakognitionen bildet diese Dimension als Kombination motivationaler und kognitiver Faktoren (Reinmann-Rothemaier & Mandl 2000) vor allem exekutive Metakognitionen ab.

Die Selbststeuerungsdisposition wurde auf einer 7-stufigen Skala über eine Palette von insgesamt sieben Fragen erfasst (Tab. 2.5), die größtenteils in anderen Untersuchungen erprobt worden sind. Die Prüfung ergab eine gute interne Konsistenz der Skala (Cronbachs Alpha = 0,7980). Wir haben die je Person ermittelten Durchschnittswerte genommen und sie arithmetisch einem Index zugeordnet, der die Ausprägung der Selbststeuerungsdisposition in vier Stufen wiedergibt (vgl. Abb. 2.4):

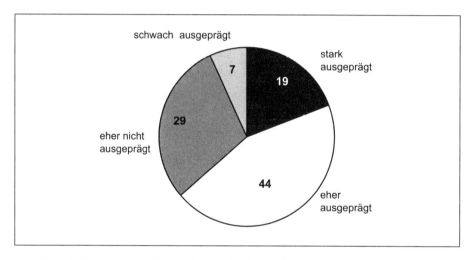

Abb. 2.4: Selbststeuerungsdisposition nach Niveau der Ausprägung
(N = 3922; Angaben in %)*
* Abweichung von 100% durch Rundungsfehler

Dieser Index weist für 19% der Befragten eine stark ausgeprägte und für weitere 44% eine erkennbar ausgeprägte *Disposition zu selbstgesteuertem Lernen aus*, d.h. fast zwei Drittel der Befragten bekunden in ihren Antworten kognitive und motivationale Bereitschaften bzw. Fähigkeiten zum selbstgesteuerten Lernen (Abb. 2.4). Es ist jedoch daran zu erinnern, dass in Deutschland seit geraumer Zeit eine öffentliche Debatte geführt wird, in der die Verantwortung des Individuums für die eigene Weiterbildung hervorgehoben wird. Dies lässt nicht nur

Tab. 2.5: Skala Selbststeuerungsdisposition (Angaben in %)
Skalenwerte von 1 (trifft vollständig zu) bis 7 (trifft gar nicht zu)

Items	1	2	3	4	5	6	7
Ich eigne mir lieber neue Kenntnisse an als mich mit Dingen zu beschäftigen, die ich schon beherrsche.	19	20	22	19	9	5	5
Beim Lernen bin ich in der Regel sehr erfolgreich.	12	28	25	21	8	4	2
Einen großen Teil meiner Zeit verbringe ich damit, Neues zu lernen.	5	13	18	22	17	14	11
Ich kann eine Vielzahl von Weiterbildungen nachweisen, zu denen mich niemand verpflichtet hat.	10	13	14	15	11	13	24
Ich bin beim Lernen auch dann bei der Sache, wenn ich wenig Anerkennung von anderen dafür bekomme.	21	24	24	15	8	4	4
Ich verfolge regelmäßig die Fachzeitschriften in meinem Arbeitsgebiet	12	15	15	13	10	10	26
Wenn ich beim Lernen nicht weiterkomme, besorge ich mir so viel Hilfe wie ich brauche.	21	25	22	14	7	4	7

gewisse Verzerrungen im Antwortverhalten erwarten,[23] sondern könnte auch dazu führen, dass die kognitive und die motivationale Seite der Disposition auseinanderdriften – wie auch die jüngste Weiterbildungsberichterstattung andeutet (BSW VIII 2003).

Kompetenzentwicklungsaktivität

Als *dritte Dimension* der Lernkompetenz wurde schließlich die berufsbezogene *Weiterbildungs- bzw. Lerninitiative und -aktivität* operationalisiert. Kompetenzentwicklungsaktivität meint hier mehr als nur einfache Teilnahme an beruflicher Weiterbildung, nämlich das aktive, eigenständige situative Zugreifen auf unterschiedliche Lernmöglichkeiten und Unterstützungsformen (Kraft 1999). Diese Dimension lässt sich als Resultante aus den beiden vorhergehenden fassen. Sie bezeichnet neben dem persönlichen Lernengagement vor allem die *Initiative und Aktivität, sich den Zugang zu Lernprozessen zu verschaffen*, und bildet das Pendant zu einer stärker nachfrageorientierten Form betrieblicher Weiterbildungsorganisation (Baethge & Schiersmann 1998).

---

23 Dies wurde im Weiteren – wie in ähnlich gelagerten anderen Fällen auch – dadurch berücksichtigt, dass empirische Verteilungen für die Zuordnung zu Ausprägungsgraden zugrunde gelegt wurden.

Kompetenzentwicklungsaktivität ist in der Operationalisierung nicht als reine Kompetenz-, sondern eher als Kompetenzkontrollvariable konzipiert. Sie wurde als Verbindung latenter und manifester Verhaltensgrößen erfasst; aus tatsächlich vollzogener Aktivität und ihrer dominanten Begründung wurde auf die Umsetzung von Kompetenz geschlossen. Was sich als Anforderung der Lerninitiative und -aktivität erst einmal einfach formulieren lässt, bereitet bei der Umsetzung in eine Untersuchung, die auf die Wahrnehmungen der Individuen angewiesen ist, erhebliche Schwierigkeiten: Die Art oder Häufigkeit von Weiterbildungserfahrungen sagt per se weder etwas über das damit verbundene Lernengagement noch über die Initiative aus, die der Einzelne an den Tag legen muss, um den Zugang zu diesen Lernprozessen zu bewerkstelligen. Um die Lerninitiative und -aktivität zu bestimmen, wurden deshalb die weiter vorne schon diskutierten Angaben zur Breite und Art *der berufsbezogenen Weiterbildungs- bzw. Lernerfahrungen der letzten drei Jahre* herangezogen, deren jeweiliger Aktivitätsgehalt über die Konfrontation mit Informationen

- zum *persönlichen Lernengagement*
- zur *Aktivität/Passivität des Zugangs zu Lernprozessen* und dem individuellen *Einsatz an materiellen und immateriellen Ressourcen* für Weiterbildung sowie zu *Weiterbildungsbarrieren*

bestimmt und diese Ergebnisse anschließend als Basis für die Zuordnung von beruflichen Lernerfahrungen zu unterschiedlichen Niveaus der Aktivität in der Kompetenzentwicklung benutzt.

Die ersten Auswertungsschritte ergaben eine erhebliche Varianz in der Struktur und Breite beruflicher Lernerfahrungen und den Befund, dass diese Unterschiede offenbar ein mehr oder weniger ausgeprägtes persönliches Lernengagement beschreiben:

Der negative Pol in der *Struktur von beruflichen Lernerfahrungen* wird – wie schon skizziert – durch eine 41% starke Gruppe gebildet; keiner aus dieser Gruppe hat für die letzten drei Jahre überhaupt Gelegenheiten benannt, bei denen er berufsbezogen gelernt hat. Dem anderen Pol sind jene immerhin 15% zuzurechnen, die sowohl formalisiert, medial als auch arbeitsbegleitend gelernt haben. 20% zeichnen sich durch berufliche Lernerfahrungen in zwei verschiedenen Lernkontexten aus. Die letzte Gruppe von etwa 24% hat entweder nur formal (7%) oder medial (5%) oder arbeitsbegleitend (12%) gelernt (Tab. 2.6).

Die Breite der Lernerfahrungen korrespondiert eng mit dem persönlich empfundenen Lernengagement.[24] Wer sich selbst als wenig lernaktiv einschätzt, hat in

---

24 Die Einschätzung des Lernengagements erfolgte direkt durch den Befragten selbst, der auf einer ihm vorgelegten 7-stufigen „Rechts-/Linksskala" die Stelle markieren musste, an der er sich persönlich mit seiner Lernaktivität wähnt. Die erhaltenen Werte haben wir in einen 3-stufigen, empirischen Index der „Lernaktivität" transformiert.

Tab. 2.6: Breite und Struktur der jüngeren beruflichen Lernerfahrungen
(N = 4051; Angaben in %)

Breite der Lernkontexte	Struktur der beruflichen Lernerfahrungen	Verteilungen
3 Lernkontexte	formalisiert, arbeitsbegleitend + medial	15
2 Lernkontexte	formalisiert + medial	3
	formalisiert + arbeitsbegleitend	6
	medial + arbeitsbegleitend	11
1 Lernkontext	formalisiert	7
	medial	5
	arbeitsbegleitend	12
kein Lernkontext	keine Erfahrungen benannt	41
Gesamt		100

der Regel (77%) keinerlei Lernerfahrungen benannt. Umgekehrt beschreiben sich diejenigen überdurchschnittlich häufig (24%) als sehr lernaktiv, die in vielfältigen Kontexten gelernt haben. Unter denen mit mittlerem Lernengagement finden sich häufiger Personen (29%), die in nur einem Kontext gelernt haben.

Es bleibt die Frage, ob und inwieweit die Breite der Erfahrungen in unterschiedlichen Lernkontexten auch den persönlichen Einsatz, d.h. die Initiative, welche als Bereitschaft definiert ist, selbst aktiv zu werden und Zeit und Geld für Weiterbildung zu opfern, bestimmt. Solche Initiative kann man schon deshalb nicht als selbstverständlich voraussetzen, weil Zugangsbarrieren zu Lernprozessen jenseits des privaten Umfeldes existieren, auf die der einzelne nur begrenzt Einfluss hat. (Arbeitsimmanentes Lernen ist etwa für Langzeitarbeitslose nicht gut möglich.)

Aus diesem Grund wurden zum einen Informationen zu dem *hauptsächlichen Anstoß für die gesamte Weiterbildungsaktivität* („Woher kam der hauptsächliche Anstoß für ihre Weiterbildungsaktivität?") erhoben. Zum anderen wurde aus den Angaben, die auf einer 4-stufigen Skala über den *gegenüber früher betriebenen materiellen (Geld)* sowie *zeitlichen Aufwand für Weiterbildung* gemacht wurden, unter Prüfung der internen Konsistenz (Cronbachs Alpha = 0,8017) ein Durchschnittsscore für den *„persönlichen Weiterbildungsbeitrag"* gebildet.

Bei der Grundauszählung der Angaben zum Anstoß für die gesamte Weiterbildungsaktivität ergab sich das nicht sehr überraschende Ergebnis, dass 66% meinten, aus eigenem Antrieb gehandelt zu haben; diese Quote hat sicherlich auch mit dem Phänomen der sozialen Erwünschtheit zu tun, das selbstdienliche Auskünfte fördert (Fischer & Wiswede 1997). Insofern sind nicht die prozentualen Größen interessant, sondern welche Lernerfahrungen eigentlich mit mehr oder mit weniger geäußerter Initiative im Zusammenhang stehen. Tatsächlich zeigt sich, dass nicht allein die Breite die Initiative im Zugang zu und im Betreiben von Lernprozessen wiedergibt, sondern sich diese durchaus auch in der Verschiedenheit von Kontexten, in denen man gelernt hat, ausdrückt:

- Diejenigen, die in allen Lernkontexten gelernt haben, bescheinigen sich zu 64% einen gegenüber früher hohen und zu 8% einen geringen persönlichen Weiterbildungsaufwand. Wer hingegen in nur einem Kontext gelernt hat, der gibt vergleichsweise häufig (zu 38%) einen geringen Aufwand zu erkennen.
- In der Gruppe derjenigen, die ausschließlich in einem Kontext gelernt haben, beträgt der Anteil von Personen, die aus eigenem Antrieb gehandelt zu haben glauben, insgesamt 58%. Bei den „medialen Lernern" liegt dieser Anteil mit 87% besonders hoch, während er beim formalisierten (50%) und beim arbeitsbegleitendem Lernen (48%) deutlich darunter liegt.

Die Zusammenhänge zwischen Struktur und Ausmaß der Lernerfahrungen auf der einen sowie Lernengagement und -initiative auf der anderen Seite deuten darauf hin, dass Kompetenzentwicklungsaktivität sich in erster Linie vorrangig in der Breite und dann – nachgeordnet – in der spezifischen Struktur der Lernerfahrungen abbildet. Insbesondere das arbeitsbegleitende Lernen, aber auch das formale Lernen scheinen für eine geringere Initiative zu stehen, während das mediale Lernen grundsätzlich eine höhere Aktivität auszudrücken scheint.

Einige Fragezeichen bei dieser Einordnung sind angebracht: Wir wissen aus der empirischen Weiterbildungsforschung, dass es – neben belegschaftsstrukturell begründeten Zugangsbeschränkungen zu formalisierter betrieblicher Weiterbildung – möglicherweise eine ganze Reihe weiterer Hindernisse gibt wie negative Lernerfahrungen, Belastungen durch Arbeit oder Familie oder auch die Höhe der aufzubringenden Kosten. Wo sind also die aus Sicht der Individuen wesentlichen Barrieren für Weiterbildungs- bzw. Lernabstinenz zu suchen? Die Angaben zum persönlich wichtigsten Grund, nicht an Weiterbildung teilzunehmen, haben wir nach den in der Forschung im wesentlichen gehandelten Dimensionen für Abstinenz systematisiert und zusammengefasst; die Ergebnisse zeigen die Dominanz von zwei Aspekten, die angesichts einer häufig als Kosten- und Qualitätsdebatte geführten öffentlichen Auseinandersetzung über Weiterbildung doch etwas überrascht (Abb. 2.5).

- *Fehlende persönliche und berufliche Verwertungsperspektiven* stellen für immerhin ein gutes Drittel (35%) ein wesentliches Hindernis dar: Entweder sieht man keine beruflichen Vorteile, erklärt, Weiterbildung „bringt mich persönlich nicht weiter" oder meint, „lohnt sich in meinem Alter nicht mehr".
- Von einem weiteren guten Drittel (34%) werden vorhandene familiäre Verpflichtungen, Arbeitsbelastungen oder knapp bemessene freie Zeit als wichtigstes Hindernis benannt.
- Etwa ein Fünftel (21%) verweist auf Informations-, Qualitäts- und Angebotsdefizite („es fehlt an Informationen über das Angebot", „die Art wie Weiterbildung abläuft, spricht mich nicht an", „Veranstaltungen finden häufig dann statt, wenn ich nicht kann", „kein Zugang zu betrieblicher Weiterbildung").
- Nur eine Minderheit von 10% verweist explizit auf zu hohe Kosten.

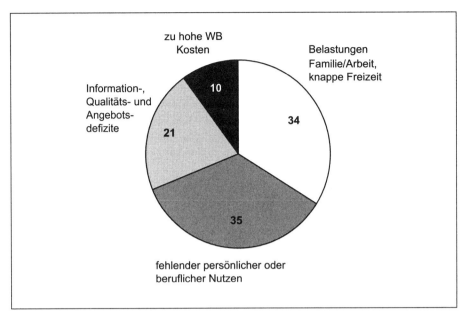

Abb. 2.5: Wichtigste Weiterbildungsbarriere (N = 3746; Angaben in %)

Diese Befunde verweisen zunächst darauf, dass die Zugangsbarrieren überwiegend weniger mit den strukturellen Beschränkungen des betrieblichen und außerbetrieblichen Weiterbildungs„marktes" in Verbindung gebracht werden als mit den eigenen Arbeits- und Lebensverhältnissen sowie den daran geknüpften Entwicklungsbeschränkungen und -perspektiven. Dennoch könnten strukturelle Barrieren die Entfaltung von mehr Aktivität behindert haben, was sich etwa auch hinter der Formel „fehlender persönlicher und beruflicher Nutzen" verbergen kann, wenn man sie als Resultat eines begrenzten Angebots wertet. Es zeigt sich, dass Kosten-, Informations-, Qualitäts- und Zugangsbarrieren überproportional von denen ins Spiel gebracht werden, die in der Vergangenheit formalisierte Lernerfahrungen (ausschließlich oder in Kombination mit anderen Erfahrungen) bekundet haben. Dies spricht dafür, formalisiertes Lernen als einen Lernkontext mit ausgeprägten Hürden zu interpretieren, deren Überwindung besonderer Initiative bedarf.

Auf der Grundlage der hier analysierten Zusammenhänge von Lernerfahrungen, bekundeter Initiative und Art der angegebenen Barrieren wurde schließlich der Indikator Kompetenzentwicklungsaktivität konstruiert; die Spannbreite der Lernerfahrungen (Anzahl der Lernkontexte) bildete die allgemeine Grundlage für den *ersten Schritt* der Zuordnung zu Aktivitätsniveaus: Fehlende Aktivitäten wurden dem unteren Niveau, Aktivitäten in allen Kontexten einem hohen Niveau zugeordnet. Aktivitäten in ein oder zwei Kontexten wurden dem mittleren Niveau zugeordnet. In einem *zweiten Schritt* wurde die Zuordnung modifiziert: Das arbeitsbegleitende Lernen wurde dem niedrigen Niveau zugeordnet; dafür sprach neben den niedrigen Aktivitätswerten von Personen, die ausschließlich arbeitsbegleitend gelernt hatten, auch der systematische Grund, dass wir die beruflichen Lernerfahrungen im privaten Umfeld, zu dem der grundsätzliche Zugang ähnlich leicht erscheint wie bei Erwerbstätigen der zum arbeitsnahen Lernen, nicht abgefragt hatten; entsprechende Nennungen fehlen also. In einem dritten Schritt schließlich wurde berücksichtigt, dass diejenigen mit der Nennung formalisierter Weiterbildung überproportional strukturelle Hindernisse eigener Aktivität benannt haben. Deshalb wurden Kombinationen von Lernerfahrungen, die formalisiertes Lernen einschließen, als Ausdruck höherer Initiative gewichtet und dem höchsten Niveau zugeordnet.

Das Ergebnis des stufenförmigen Auswertungs- und Validierungsprozesses ist ernüchternd, was die Kompetenzentwicklungsaktivität der Bevölkerung insgesamt anbelangt: Danach zeigen 24% eine hohe, 23% eine mittlere und das Gros von 53% eine niedrige Aktivität (Abb. 2.6). Diese Ernüchterung wird nur geringfügig modifiziert, wenn man die drei Indikatoren zu einem komplexen Lernkompetenz-Index zusammenfasst und eine Graduierung vornimmt.

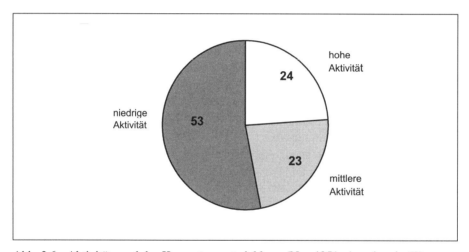

Abb. 2.6: Aktivitätsgrad der Kompetenzentwicklung (N = 4051; Angaben in %)

Der Lernkompetenz-Index

Die Graduierung folgte einem einfachen Prinzip – die Tabelle (Tab. 2.7) gibt das Modellierungsprinzip wieder: Die Grundlage bildete die 3-stufige Ausprägung der einzelnen Kompetenzdimensionen (Antizipation, Selbststeuerungsdisposition und Kompetenzentwicklungsaktivität). Für jede Person, für die diese Informationen vorlagen, wurde ein Summenscore gebildet, der zwischen 3 (in allen Dimensionen auf hohem Niveau) und 9 (in allen Dimensionen auf niedrigem Niveau) lag. Summenwerte von 5 bis 7 wurden einem mittleren Niveau, Summenwerte kleiner als 5 einem hohen und Summenwerte, die größer als 7 waren, dem niedrigen Niveau der Lernkompetenz zugeordnet.

Tab. 2.7: Indexbildung Lernkompetenz – Zuordnung von Merkmalskombinationen zu Stufen der Lernkompetenz

Antizi-pations-niveau	Hohe Selbststeuerungs-disposition			Mittlere Selbststeuerungs-			Niedrige Selbststeuerungs-		
	Hohe KE-Aktivtät	Mittlere KE-Aktivität	Niedrige KE-Aktivität	Hohe KE-Aktivität	Mittlere KE-Aktivität	Niedrige KE-Aktivität	Hohe KE-Aktivität	Mittlere KE-Aktivität	Niedrige KE-Aktivität
Hoch	1	1	2	1	2	2	2	2	2
Mitel	1	2	2	2	2	2	2	2	3
Niedrig	2	2	2	2	2	3	2	3	3

1 = hohe Lernkompetenz 2 = mittlere Lernkompetenz 3 = niedrige Lernkompetenz

Die Klärung des Zusammenhangs zwischen den Dimensionen der Kompetenz für lebenslanges Lernen zeigt: Zwischen den einzelnen Indizes „Antizipationsniveau", „Selbststeuerungsdisposition" und „Kompetenzentwicklungsaktivität" bestehen hochgradige Zusammenhänge (Tab. 2.8). Reflexive Auseinandersetzungen mit der beruflichen Umwelt (Erkennen von Lernerfordernissen), ausgeprägte Bereitschaft und Motivation zu selbstgesteuertem Lernen wie auch hohe Aktivität in der Entwicklung der eigenen Kompetenzen gehören subjektiv eng zusammen.

Tab. 2.8: Interne Zusammenhänge der Indikatoren für Lernkompetenz

Betrachtete Variablen		Korrelation	Stärke des Zusammenhangs
Unabhängige Variable	Abhängige Variable		
Antizipations-niveau	Selbststeuerungs-disposition	K - T = 0,302	Markant bis hochgradig
	Aktivitätsgrad Kompetenz-entwicklung letzte 3 Jahre	K - T = 0,314	Markant bis hochgradig
Selbststeuerungs-disposition	Aktivitätsgrad Kompetenz-entwicklung letzte 3 Jahre	K - T = 0,413	Hochgradig

Im Ergebnis zeigt sich, dass wir unter den Erwerbspersonen in Deutschland nur bei gut einem Viertel (26%) eine hohe Lernkompetenz finden, während immerhin 27% eine niedrige Kompetenz aufweisen (Abb. 2.7). Das damit bezeichnete Problem mag in gewissem Maße den strengen Kriterien geschuldet sein. Doch selbst wenn man – wie wir es an anderer Stelle getan haben (vgl. Baethge & Baethge-Kinsky 2002) – eine geringere Strenge der Zuordnung wählt, steigt zwar der Anteil von Personen mit hoher, aber ebenso derjenige mit niedriger Lernkompetenz.[25] Wie man es auch dreht und wendet: In beiden Varianten bzw.

---

25 Der Anteil von Personen mit hoher Lernkompetenz liegt dann bei 41%, derjenigen mit niedriger Lernkompetenz bei 39% (vgl. Baethge & Baethge-Kinsky 2002, S. 95).

Modellen bleiben Erwerbspersonen mit einer hohen Lernkompetenz in der Minderheit. Woran es liegt, dass Erwachsene das erforderliche Maß an Reflexivität, an Motivation und Aktivität des Lernens häufig nicht entwickelt haben, wird uns im Weiteren beschäftigen.

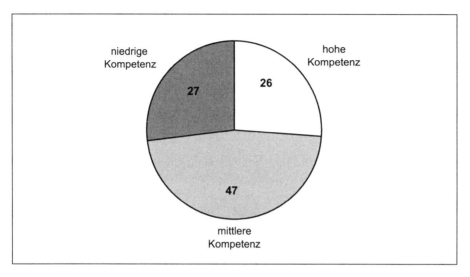

Abb. 2.7: Erwerbsbevölkerung nach Niveau der Lernkompetenz
(N = 2915; Angaben in %)

2.4 Lernkompetenz und wichtigste Lernkontexte

Wie hängen die jeweils als zentral für die eigene berufliche Entwicklung angesehenen Lernkontexte und die Kompetenzen für lebenslanges Lernen zusammen? Die Antwort auf diese Frage gibt Aufschluss darüber, ob und inwieweit die individuell unterschiedlichen beruflichen Lernkontexte gleichwertige Wege des Erwerbs von Kompetenzen für lebenslanges Lernen, wie wir sie im vorhergehenden Abschnitt entwickelt haben, repräsentieren und ob insbesondere das informelle Lernen dem Anspruch gerecht wird, diese Kompetenzen zu fördern.

Dass eine ausgeprägte Disposition zu selbstgesteuertem Lernen auch eine hohe emotionale Nähe zur Weiterbildung überhaupt einschließt, ist nicht von vornherein gesagt. Im Gegenteil wäre angesichts der sicherlich berechtigten öffentlichen Kritik an der mangelnden Effizienz und der oft rigiden Organisation von zumal (formalisierter) Weiterbildung zu erwarten, dass vor allem diejenigen (formalisierter) Weiterbildung skeptisch gegenüberstehen, die eine ausgeprägte Disposition zu selbstorganisiertem und selbstgesteuertem Lernen aufweisen. Wir haben daher die spontanen Empfindungen erfragt, die der Begriff „Weiterbildung" auslöst. Die Antworten zeigen, dass der Begriff Weiterbildung sehr heterogene, zum Teil widersprüchliche Assoziationen und Empfindungen hervorbringt und eine uneingeschränkt positive affektive Besetzung des Begriffs eher die Ausnahme als die Regel darstellt:

- Nur 20% assoziieren beim Begriff Weiterbildung eine *persönlich bereichernde Erfahrung* („endlich etwas für mich"/„das macht Spaß").
- Das Gros von 52% sieht darin einen *akzeptierten beruflichen Zwang* („muss ich machen, um beruflich fit zu bleiben").
- Schließlich gibt es eine starke Fraktion (28%), die Weiterbildung als eine *inakzeptable Zumutung* ansieht. Unter ihnen bekunden 17% eine ausgeprägte Lernmüdigkeit („es reicht, ich habe genug gelernt") und weitere 11% erhebliche Frustration („bringt ja doch nichts").

Die Prüfung des Zusammenhang zwischen *Selbststeuerungsdisposition* und *affektiver Besetzung des Weiterbildungsbegriffs* könnte darauf hinweisen, dass die affektive Besetzung des Weiterbildungsbegriffs weniger auf reale Erfahrungen mit Weiterbildung zurückgeht als vielmehr in persönlichen Dispositionen begründet liegt: Von den Befragten mit ausgeprägter Disposition zu selbstgesteuertem Lernen begreifen nur 12% Weiterbildung als eine inakzeptable Zumutung, dafür immerhin 26% (und damit überdurchschnittlich viele) als persönliche Bereicherung. Umgekehrt lehnen immerhin 43% der Personen mit schwach ausgeprägter Selbststeuerungsdisposition Weiterbildung deutlich ab (Abb. 2.8). Mit anderen Worten: Selbstorganisationsdisposition im Lernen und eine positive affektive Besetzung von Weiterbildung folgen tendenziell der gleichen Richtung.

Angesichts der starken internen Zusammenhänge zwischen den unterschiedlichen Lernkompetenzen kann nicht überraschen, dass der Zusammenhang zwischen

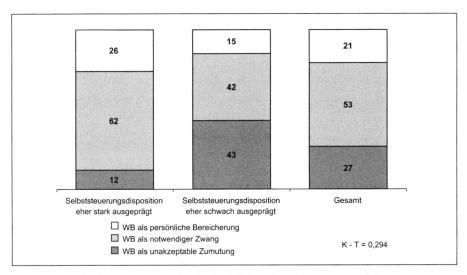

Abb. 2.8: Affektive Besetzung des Weiterbildungsbegriffs nach Grad der Selbststeuerungsdisposition (N = 3593; Angaben in %)

„wichtigstem Lernkontext" und den einzelnen Dimensionen der Lernkompetenz grundsätzlich in die gleiche Richtung weist. Das folgenschwerste und interpretationsbedürftigste Ergebnis zum Zusammenhang Lernkompetenz und Lernkontexten ist der folgende Befund: *Entgegen der durch die Diskussion um das „informelle Lernen" genährten Erwartung zeichnen sich insbesondere diejenigen durch eine niedrige Lernkompetenz aus, die das Lernen im privaten Umfeld bzw. das arbeitsbegleitende Lernen als ihre beruflich wichtigsten Lernkontexte bezeichnen.* Umgekehrt zeichnen sich diejenigen überdurchschnittlich oft durch ausgeprägte Lernkompetenzen aus, die das mediale oder das formalisierte Lernen als die Felder bezeichnen, in denen sie am meisten gelernt haben:

- Die Antizipation bildet dabei die Dimension, die im Vergleich zu den anderen Lernkompetenzen noch am wenigsten nach dem Lernkontext variiert; die Korrelation (C - V = 0,142) weist einen moderaten Zusammenhang auf (Abb. 2.9). Dennoch zeigt sich schon hier, dass die in den Äußerungen der Befragten bekundete hohe Relevanz informeller arbeitsnaher Lernkontexte für die berufliche Entwicklung nur begrenzt mit jenen Lernkompetenzen korrespondiert, die für lebenslanges Lernen konstitutiv sind.
- Noch einmal sehr viel deutlicher zeigt sich dies, wenn man den Zusammenhang mit der Selbststeuerungsdisposition betrachtet: 54% derjenigen, die im formalisierten und ebenfalls 54% derjenigen, die im medialen Lernen den für sie wichtigsten Lernkontext sehen, weisen eine hohe Selbststeuerungsdisposition auf. *Angesichts der 34% unter den „Informellen", die eine niedrige Disposition zu selbstgesteuertem Lernen aufweisen, wird man feststellen müssen, dass die Arenen des informellen Lernens, seien sie solche der Arbeit oder des privaten Umfeldes, die zentrale Kompetenz für lebenslanges Lernen, die Selbststeuerung, nicht vermitteln bzw. Defizite an Selbststeuerung, die in frühen Lebensphasen entstanden sind, nicht zu korrigieren scheinen.* Was damit in den „informellen" Kontexten gelernt wird und welche Qualität das informelle Lernen hat, bleibt hier zunächst im Dunkeln. Allerdings drängt sich der Verdacht auf, das „informelles Lernen" heute vor allem für Grenzen, nicht aber für Perspektiven der Entwicklung von Lernkompetenz steht.
- Schließlich vermittelt sich ein ähnlicher Eindruck bei der Betrachtung der Kompetenzentwicklungsaktivität: Personen mit formalisiertem Lernen als wichtigstem Kontext geben zu immerhin 50% eine hohe Aktivität zu erkennen; Personen, denen beruflich das informelle Lernen als wichtiger Kontext gilt, weisen zu 57% eine niedrige Aktivität aus, d.h. begnügen sich weitgehend mit diesen Lernfeldern.

Das Fazit wirft in Bezug auf das informelle Lernen ein Problem auf: Die hohe berufliche Bedeutung, die dem arbeitsbegleitenden und privaten informellen Lernen von der Mehrheit der Bevölkerung zugewiesen wird, steht offenbar in einem krassen Missverhältnis zu den in diesen Feldern gegebenen Möglichkeiten, die Lernkompetenzen zu entwickeln oder zu stabilisieren, die für eine zukünftige selbstinitiierte und -gemanagte Weiterbildungsaktivität erforderlich sind. Dieser

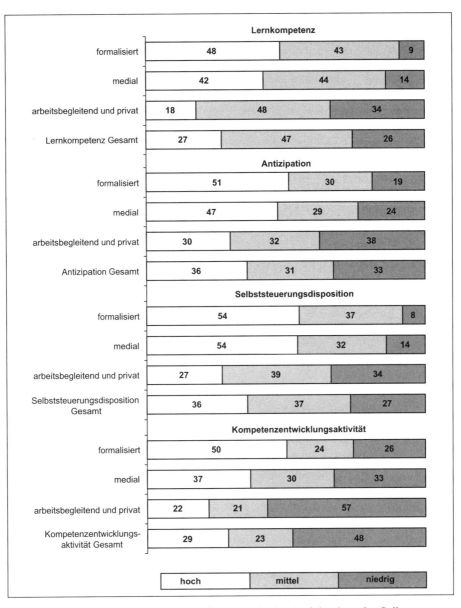

Abb. 2.9: Niveau der Lernkompetenz (insgesamt), der Antizipation, der Selbststeuerungsdisposition und der Kompetenzentwicklungsaktivität nach wichtigstem Lernkontext (Angaben in %)

Befund führt informelles Lernen als Konzept für lebenslanges Lernen nicht per se ad absurdum. Wenn aus vielen Gründen (vgl. Abschnitte 1.2 und 2.1) Lernprozesse, die stärker in die konkreten Arbeits- und Lebensumwelten integriert werden, an Wichtigkeit gewinnen, dann muss man Möglichkeiten schaffen, dass die Betroffenen die Praxissituationen als Lernerfahrungen reflektieren und in Kompetenz umsetzen können.

3. Unüberwindbare Hürden? – Zur Bedeutung biographischer Lern- und Mobilitätserfahrungen für Lernkontexte und Lernkompetenz

In der Vergangenheit haben unterschiedliche, zum Teil stark klassen- oder schichtspezifische Sozialisationsprozesse in Familie, Schule und Gleichaltrigengruppe Bedingungen für den Umgang mit Bildungsangeboten und berufsbezogenen Lernprozessen im Sinne sowohl von Dispositionen als auch von realem Verhalten gesetzt. Dies zeigte sich nicht nur in der Ferne zu Angeboten der Weiterbildung an Volkshochschulen bei Erwachsenen mit niedrigem Schulabschluss. Es zeigte sich auch in der ausgesprochenen Weiterbildungsneigung gerade jener Personen mit zumeist höherem formalen Bildungsabschluss, die sich an ihre Schulzeit mit ausgeprägten Frustrationserfahrungen (Versagung von Bildungsansprüchen) erinnern (Schulenberg u.a. 1978). Nach den Ergebnissen der jüngeren Biographie-, Sozialisations- und Bildungsforschung sind es vor allem schulische Lernprozesse und die über das Elternhaus vermittelte Förderung, die Einfluss auf die allgemeinen Lerndispositionen wie auch speziell auf motivationale, emotionale und kognitive Momente des Lernens im Erwachsenenalter ausüben (Meulemann 1990; Krumm 2000; Hasselhorn 2000; Staudinger 2000) – ungeachtet der bisweilen geäußerten Kritik eines „auffälligen Mangels an einschlägigen Beweisen" und der Vermutung, die fraglichen Beziehungen würden gar nicht in dem Maße existieren (Lempert 2000).

Es sind unter den biographischen Erfahrungen jedoch möglicherweise nicht die frühen Sozialisations- und Lernerfahrungen allein, welche die Lerndispositionen und das Lernverhalten beeinflussen. Wir wissen aus der Arbeitsmarkt-, Berufs- und Transformationsforschung, dass in den 1990er Jahren der Umgang mit den Unsicherheiten in der Beschäftigungssituation und mit teils vollzogenen, teils drohenden Einschnitten in der Erwerbsbiographie (Wechsel und Unterbrechungen) an Relevanz für Lernprozesse gewonnen hat. Das tatsächliche Ausmaß von Diskontinuität im Erwerbsleben mag weniger groß sein als das öffentliche Räsonnement darüber; gleichwohl dürfte für einen Teil der Erwerbstätigen gelten, dass sie mit beträchtlichen Problemen der beruflichen, Arbeitsmarkt- und Statusmobilität konfrontiert wurden und diese über Lernprozesse zu bewältigen hatten. Hierzu zählen insbesondere Tätigkeits- und Berufswechsel, Arbeitslosigkeit, Vermeidung oder Bewältigung wenig abgesicherter Beschäftigungsverhältnisse sowie die Bewältigung des Wechsels zwischen Nichterwerbs- und Erwerbsphasen (Schmal 1994; Mutz 1995; Dietrich 1996, Allmendinger & Hinz 1997; Hecker 2000; Vogel 2001).

3.1 Probleme der Erfassung von Sozialisations- und Biographie-Erfahrungen

Den Schwierigkeiten, Sozialisations-, Bildungs- und erwerbsbiographische Erfahrungen in einer repräsentativen, standardisierten Querschnittserhebung von vergleichsweise kurzer Dauer abzubilden, könnte man durchaus einen eigenständigen methodologischen Beitrag widmen. An dieser Stelle soll folgender Hinweis auf Einschränkungen genügen: Erfahrungen beispielsweise frühkindlicher Sozialisation können in einem standardisierten Interview mangels Zuverlässigkeit der Rückerinnerung nicht gut erfasst werden und selbst Mobilitätserfahrungen (z.B. Tätigkeits- oder Berufswechsel) sagen häufig mehr über die individuelle Verarbeitung von Veränderungen aus, als dass sie die strukturelle Qualität der Prozesse beschreiben (was also für die einen einen Berufswechsel darstellt, ist für andere noch längst keiner – vgl. Hecker 2000). Es ging also in unserer Untersuchung darum, uns auf die wesentlichen und abfragbaren Erlebnisse und in Strukturdaten abbildbaren Erfahrungen der Biographie zu konzentrieren. Wir haben in diesem Zusammenhang mit der vorberuflichen und beruflichen Sozialisation zwei Erfahrungs- und Reflexionsbereiche unterschieden und folgendermaßen operationalisiert:

Die vorberufliche Sozialisation umfasst die Phase der Schulzeit bis zum Abschluss der ersten Ausbildung bzw. zum Übergang in Erwerbstätigkeit oder aber (besonders bei Frauen) bis zur Familiengründung. Neben dem Niveau von *Schulabschlüssen* (kein Abschluss, Sonderschulabschluss, Hauptschulabschluss, Mittlere Reife, [Fach-] Abitur)[26] sowie von Ausbildungsabschlüssen (keine qualifizierte Ausbildung, qualifizierte Ausbildung auf mittlerem Level, Meister-, Techniker- u.ä. Abschluss, Hochschulabschluss) haben wir hier vor allem Informationen darüber erhoben, welche die in der Literatur als zentral genannten Sozialisationserfahrungen in Schule und Elternhaus betreffen.

Um das Ausmaß an Unterstützung und Förderung von Lernmotivation in der Schule abzubilden, haben wir insgesamt fünf Items formuliert, die das Erleben des schulischen Lernklimas in inhaltlichen und sozialen Dimensionen thematisieren, und um eine Einschätzung gebeten, wie weit diese auf die jeweils persönliche Schulzeit zutreffen (Tab. 3.1).

Die Verteilungen zeigen eine recht gute Diskriminierung in den Antworten, bei einer für fast alle Variablen eher positiven Einschätzung. Allerdings fällt auf, dass insbesondere die Antworten zu den gebotenen Inhalten und zum Miteinander der Schüler stark „linkslastig" sind. Dies mag auch erklären, dass die Prüfung der internen Konsistenz der Skala einen vergleichsweise niedrigen Wert ergab (Cronbachs Alpha = 0,56), was die Aussagekraft des Indikators „schulisches Lernklima", den wir aus den Durchschnittswerten gebildet haben, etwas einschränkt.

---

26 Die besonderen Schul- wie auch die Ausbildungsabschlüsse in den neuen Bundesländern (z. B. Abschlüsse an polytechnischen Oberschulen) haben wir dabei berücksichtigt.

Tab. 3.1: Schulisches Lernklima – Sozialisationserfahrungen in der Schule
(Angaben in %)

Items	Trifft völlig zu	Trifft eher zu	Trifft eher nicht zu	Trifft gar nicht zu
In der Schule gab es viel Interessantes zu lernen.	28	49	19	3
Wir Schüler waren den Lehrern oft ziemlich gleichgültig.	8	27	42	23
Im Unterricht haben wir viel diskutiert.	13	34	37	16
Für eigene Ideen der Schüler gab es wenig Raum.	17	38	33	12
Mit den Mitschülern konnte man richtig was unternehmen.	38	42	16	4
Index schulisches Lernklima	Cronbachs Alpha: 0,56			

Das familiale Bildungs- und Lernklima meint anderes als das Vorhandensein von klassischen Symbolen und Mustern bürgerlicher Kultur; es reicht von der Unterstützung bei Hausaufgaben über die Ermunterung zur Selbstständigkeit im alltäglichen Umgang von Eltern mit ihren Kindern bis hin zur Bereitstellung von ideellen und materiellen Ressourcen (Deutsche Shell 2000). In unserer Untersuchung haben wir diese Aspekte in einer Skala von insgesamt fünf Items operationalisiert, die das persönliche Verhältnis zu den eigenen Eltern ansprechen und Auskunft darüber geben, wie stark das Verhältnis zu ihnen als lernförderlich erlebt wurde.

Die Verteilung zeigt auch in diesem Fall eine gute Diskriminierung sowie eine deutliche Linkslastigkeit praktisch aller Aussagen. Allerdings beeinträchtigt diese durch „Selbstdienlichkeit" hervorgerufene Verzerrung die Aussagekraft des Indikators offenbar nicht sehr (Tab. 3.2). Die Prüfung der internen Konsistenz der Antworten ergab für die Skala einen akzeptablen Wert (Cronbachs Alpha = 0,74).

Wie die Sozialisation in Schule und Elternhaus erfahren wird, dafür spielt erwartungsgemäß der Bildungshintergrund des eigenen Elternhauses eine wichtige Rolle: Insbesondere diejenigen, deren Mutter bzw. deren Vater keinen Schulab-

Tab. 3.2: Familiales Lernklima – Sozialisationserfahrungen in der Familien
(Angaben in %)

Items	Trifft völlig zu	Trifft eher zu	Trifft eher nicht zu	Trifft gar nicht zu
Ich habe von meinen Eltern viele Anregungen erhalten.	25	44	25	6
Meine Eltern waren immer sehr stolz auf mich.	27	53	17	3
Bei uns zu Hause wurde viel diskutiert.	16	35	33	16
Meine Eltern haben immer darauf geachtet, was ich mache.	30	51	16	3
Auf gute Leistungen in der Schule wurde bei uns zu Hause viel Wert gelegt.	32	48	17	3
Index familiales Förderklima	Cronbachs Alpha: 0,74			

schluss gemacht hat, bezeichnen mit 63% bzw. 66% überdurchschnittlich häufig das erfahrene Lernklima als wenig förderlich. Damit unterscheiden sie sich deutlich von denjenigen, deren Eltern Hauptschulabschluss, Mittlere Reife oder gar die Hochschulreife erworben haben. Die Quoten der aus diesen Gruppen stammenden Befragten, die das schulische Lernklima als eher förderlich erfahren haben, liegen überdurchschnittlich hoch zwischen 53% und 63% (vgl. Tab. 2 und 3 im Anhang).

Noch klarer stellt sich der Zusammenhang zwischen familialen Bildungs- und Lernklima einerseits und dem Bildungsstand der Eltern dar. Mit steigendem Bildungsniveau der Eltern wird die familiale Förderung als stark ausgeprägt erlebt. Während etwa diejenigen, deren Vater oder Mutter keinen Schulabschluss besitzen, nur zu 27% eine eher ausgeprägte familiale Förderung erfahren haben, sind es unter denen, deren Eltern die Hochschulreife besitzen, 75% bzw. 72%. (Die Korrelationen für den Zusammenhang zwischen Schulabschluss der Eltern und erfahrener familialer Förderung liegen mit K - T = 0,190 bzw. 0,198 auf markantem Niveau [vgl. Tab. 3.3 und 3.4]).

Tab. 3.3: Familiale Förderung nach höchstem Schulabschluss Mutter
(N = 3805; Angaben in %)

		höchster Schulabschluss Mutter				
		kein Schulabschluss	Hauptschulabschluss	Mittlere Reife	Hochschulreife	Gesamt
familiale Förderung	eher stark ausgeprägt	27	50	68	75	55
	eher schwach ausgeprägt	73	50	32	25	45
Gesamt		100	100	100	100	100

K - T = -0,198

Tab. 3.4: Familiale Förderung nach höchstem Schulabschluss Vater
(N = 3722; Angaben in %)

		höchster Schulabschluss Vater				
		kein Schulabschluss	Hauptschulabschluss	Mittlere Reife	Hochschulreife	Gesamt
familiale Förderung	eher stark ausgeprägt	27	49	65	72	55
	eher schwach ausgeprägt	73	51	35	28	45
Gesamt		100	100	100	100	100

K - T = -0,190

Diese Befunde zum Zusammenhang zwischen familiärem Bildungshintergrund und dem erfahrenen Bildungs- und Lernklima in Schule und Familie entsprechen im Großen und Ganzen den Befunden der Sozialisations- und Bildungsforschung. Es wird später zu prüfen sein, ob die dadurch geprägten unterschiedlichen affektiven Lernerfahrungen und -bedingungen einen nachhaltigen Einfluss auf die Lernkompetenz bzw. die Kompetenz zu lebenslangem Lernen ausüben.

Der zweite Erfahrungs- und Reflexionsbereich umfasst die Lebensphase, die gemeinhin an der „zweiten Schwelle" des Übergangs vom Bildungs- ins Beschäftigungssystem beginnt sowie mit dem endgültigen Ausscheiden aus dem Erwerbsleben endet, und lässt sich als Erwerbsbiographie bzw. berufliche Sozialisation bezeichnen. Die im biographischen Längsschnitt möglicherweise wichtigen Lernanlässe/-anstöße haben wir – eingedenk des Hinweises, dass viele faktischen Mobilitätsprozesse sich nicht mehr eindeutig mit einer Empfindung von drohender oder tatsächlicher Diskontinuität verbinden (vgl. Mutz 1995) – in der Untersuchung doppelt operationalisiert: zum einen über faktische Mobilitätsereignisse, zum anderen über die subjektive Wahrnehmung von Erfolg oder Misserfolg der eigenen Berufsbiographie.

Die faktische Mobilität haben wir nach Häufigkeiten und längster Dauer unterschiedlicher Mobilitätsereignisse (Tätigkeits- und Berufswechsel, Arbeitslosigkeit, Firmenwechsel, arbeitsbedingte Umzüge, persönliche Erwerbspausen) erhoben. Die Verteilungen zeigen eine insgesamt geringe Breite und Stärke beruflicher Mobilitätsprozesse, die insbesondere die räumliche Seite (Umzüge) und längere Erwerbspausen betrifft, umgekehrt aber eine große Verbreitung der Erfahrung von Betriebs- und Firmenwechseln sowie Mehrfacharbeitslosigkeit (Tab. 3.5).

Diese Daten zeigen zunächst nur, dass auch Anfang des neuen Jahrtausends berufliche Mobilitätserfahrungen – anders als in anderen Industrieländern – eher begrenzte Gruppen betreffen, als dass sie eine durchgängige Erfahrung der

Tab. 3.5: Struktur unterschiedlicher Mobilitäts- und Arbeitsmarkterfahrungen
(Angaben in %)

Erfahrungsdimensionen			
Arbeitslosigkeit (N = 3751)	Nie arbeitslos 58	Einmal arbeitslos 24	Mehrmals arbeitslos 18
Berufswechsel (N = 3747)	Kein Wechsel 56	1 Wechsel 26	Mehrmaliger Wechsel 18
Firmenwechsel (N = 3743)	Kein Wechsel 33	1 bis 2 Wechsel 42	3 und mehr Wechsel 25
Arbeitsbedingte Umzüge (N = 3756)	Kein Umzug 80	1 Umzug 13	Mehr als ein Umzug 7
Persönliche Erwerbspausen (N = 3742)	Keine Erwerbspausen 70	Erwerbspause unter 3 Jahre 21	Erwerbspause länger als 3 Jahre 9

Bevölkerung darstellen. Dies überrascht vor allem deshalb, weil zu erwarten gewesen wäre, dass insbesondere die sozioökonomischen Entwicklungen der 1990er Jahre größere Spuren in den Erwerbsbiographien der Bevölkerung hinterlassen haben.

Gleichwohl zeigen sich interne Zusammenhänge der unterschiedlichen Mobilitäts- bzw. Diskontinuitätserfahrungen, die eine gewisse Polarisierung in den erwerbsbiographischen Erfahrungen von beruflicher Mobilität wie auch von Arbeitslosigkeit andeuten: Unter denen, die keinen Berufwechsel vollzogen haben, weisen 71% auch keine Arbeitslosigkeitserfahrungen auf (vgl. Tab. 3.6). Ähnlich verhält es sich bei denen, die noch nie den Betrieb gewechselt haben: Auch von ihnen haben 82% keinerlei Arbeitslosigkeitserfahrung (vgl. Tab. 3.7). Schließlich sind von den Erwerbstätigen ohne jeden Betriebswechsel immerhin 88% in ihrem ursprünglichen Beruf geblieben (vgl. Tab. 3.8).

Tab. 3.6: Arbeitslosigkeitserfahrung nach Häufigkeit von Berufswechsel
(N = 3736; Angaben in %)

	Berufswechsel nach Häufigkeit			
	kein Berufswechsel	1 Berufswechsel	2 und mehr Berufswechsel	Gesamt
keine Arbeitslosigkeitserfahrung	71	48	32	58
einmal arbeitslos	18	34	28	24
mehrfach arbeitslos	11	18	40	18
Gesamt	100	100	100	100

K - T = 0,298

Tab. 3.7: Arbeitslosigkeitserfahrung nach Häufigkeit von Firmenwechsel
(N = 3733; Angaben in %)

	Firmenwechsel nach Häufigkeit			
	kein Firmenwechsel	1 bis 2 Firmenwechsel	3 und mehr Firmenwechsel	Gesamt
keine Arbeitslosigkeitserfahrung	82	55	32	58
einmal arbeitslos	13	30	28	24
mehrfach arbeitslos	5	15	40	18
Gesamt	100	100	100	100

K - T = 0,374

Tab. 3.8: Berufswechsel nach Häufigkeit von Firmenwechsel
(N = 3735; Angaben in %)

	Firmenwechsel nach Häufigkeit			
	kein Firmen-wechsel	1 bis 2 Firmen-wechsel	3 und mehr Firmen-wechsel	Gesamt
kein Berufswechsel	88	44	34	56
1 Berufswechsel	10	32	20	26
2 und mehr Berufswechsel	2	24	46	18
Gesamt	100	100	100	100

K - T = 0,445

Umgekehrt waren 40% derjenigen mit zwei und mehr Berufswechseln schon mehrfach in ihrem Erwerbsleben arbeitslos (vgl. Tab. 3.6), gehören 40% der Befragten, die drei oder mehrmals den Betrieb gewechselt haben ebenfalls, zu den Mehrfacharbeitslosen (vgl. Tab. 3.7), und haben 46% derjenigen mit drei oder mehr Firmenwechseln auch mindestens zweimal ihren Beruf gewechselt (vgl. Tab. 3.8).

Die Analyse der Mobilität macht zwei vergleichsweise extreme Gruppen sichtbar: Die eine sehr starke Gruppe ohne jegliche berufliche Mobilitäts- als auch Diskontinuitätserfahrung, die andere Gruppe, deren Mitglieder in ihrer Kombination aus hoher beruflicher Mobilität und Diskontinuitätserfahrungen am Arbeitsmarkt wohl als so etwas wie „Zwangsmobile" betrachtet werden müssen. Wir werden diese Gruppe später noch einmal betrachten.

Zur Erfassung der subjektiven Wahrnehmung des Berufsverlaufs aus der heutigen Perspektive haben wir den Befragten acht Graphiken vorgelegt und gefragt, welches der Bilder aus heutiger Sicht den Verlauf ihres Berufslebens am besten trifft (vgl. Fragebogen im Anhang und Tab. 3.9). Die Ergebnisse zeigen, dass der überwiegende Teil der Bevölkerung die eigene Biographie entweder im Sinne des Aufstiegs (20%) oder als im Großen und Ganzen kontinuierlichen Verlauf deutet: 26% sehen dabei eine durchgehende Kontinuität gewahrt, für weitere 17% steht die Kontinuität am Ende eines Berufsverlaufs, der anfänglich von Aufstiegserfahrungen geprägt war. Ein knappes Viertel sieht die eigene Biographie entweder durchgehend (15%) oder gerade am Ende (8%) von erheblichen Diskontinuitätserfahrungen durchzogen. Schließlich bleibt die Gruppe von insgesamt 14%, die – in durchaus unterschiedlicher Schärfe – den erfahrenen Abstieg thematisieren (Tab. 3.9). Man kann die Lebensverläufe in eine Mehrheit von 63%, die ihr Berufsleben entweder als Aufstieg oder in Kontinuität sehen und eine Minderheit von 37%, die eher Diskontinuität und Abstieg thematisieren, dichotomisieren. Die hier spezifischen Ergebnisse, die sowohl in Bezug auf faktische Mobilität

Tab. 3.9: Wahrnehmung der eigenen Erwerbsbiografie – Verteilung (Angaben in %)

	Richtung der subjektiven Einschätzung	Verteilung (N = 3769)
	Aufstieg	20
	Kontinuität	26
	Kontinuität	17
	Diskontinuität	15
	Diskontinuität	8
	Abstieg	3
	Abstieg	5
	Abstieg	6

als auch auf die Wahrnehmung des eigenen Berufsverlaufs eine „Zwei-Drittel-Gesellschaft" anzeigen, sind für uns nicht so sehr an sich als vielmehr in ihrer Bedeutung für Lernkontexte und Kompetenzen für lebenslanges Lernen interessant.

3.2 Sozialisations-, Bildungs-, berufliche Mobilitätserfahrungen und wichtige Lernkontexte

Die Ergebnisse der vor 40 Jahren durchgeführten letzten repräsentativen Weiterbildungsstudie (Schulenberg u.a. 1968) zeigen für die damalige Zeit, dass Sozialisations- und frühe Bildungserfahrungen die Beteiligung an bestimmten Formen formalisierter allgemeiner Weiterbildung in starkem Maße gesteuert haben. Die Vermutung liegt nahe, dass sich dahinter biographisch erworbene und verfestigte Präferenzen für bestimmte Formen des Lernens verbergen, die letztlich auch die Einschätzung prägen, wo man am meisten beruflich lernen zu können glaubt. Wir haben diese Vermutung anhand der von uns erhobenen biographischen Daten überprüft. Im Ergebnis zeigt sich, dass der Lernkontext, der jemandem als der für ihn beruflich wichtigste erscheint, kaum auf eine biographisch erworbene, unverrückbare Disposition gegenüber einem bestimmten Lernfeld zurückgeführt werden kann. Alle von uns geprüften Beziehungen mit biographischen Daten weisen allenfalls schwache Zusammenhänge (Korrelationen unter 0.16) auf. Unter diesen ist der Einfluss, der vom Niveau des erworbenen höchsten Schul- wie auch Ausbildungsabschlusses ausgeht, noch am stärksten: Mit aufsteigendem Niveau der Abschlüsse ist eine größere Distanz zu informellen und eine größere Nähe zu medialen und formalisierten Lernkontexten festzustellen. Gleichwohl geben selbst Personen mit Hochschulreife (51%) bzw. Hochschulabschluss (49%) in hohem Maße das informelle Lernen als ihren wichtigsten Lernkontext an (Tab. 3.10).

Einen noch geringeren Einfluss haben schulisches und familiales Lernklima, die Häufigkeit erwerbsbiographischer Mobilitätsprozesse wie Berufswechsel, Arbeitslosigkeit, Firmenwechsel, Umzüge oder die Dauer von Erwerbspausen sowie unterschiedliche Deutungen der eigenen Erwerbsbiographie bei den Aussagen zum wichtigsten Lernkontext:

- So spielt es für die Beurteilung des wichtigsten Lernkontextes offensichtlich keine wesentliche Rolle, ob man noch nie oder aber mehrfach arbeitslos gewesen ist. 13% der mehrfach Arbeitslosen, 13% der einmal arbeitslos gewordenen sowie 15% der Befragten ohne jede Arbeitslosigkeitserfahrung benennen etwa das formalisierte Lernen als wichtigsten Kontext. Umgekehrt nennen 66% der Personen ohne Arbeitslosigkeitserfahrung das arbeitsbegleitende und private Lernen als wichtigste Lernform und damit fast genauso häufig wie die mehrfach Arbeitslosen (70%) (vgl. Tab. 4 im Anhang).

Tab. 3.10: Wichtigster Lernkontext nach Schulniveau (N = 2915) und Ausbildungsabschluss (N = 2895; Angaben in %)

	formalisiertes Lernen	mediales Lernen	arbeitsbegleitendes und privates Lernen	Gesamt
Hauptschulabschluss	12	12	76	100
Mittlere Reife	16	19	65	100
Fachhochschulreife	12	32	56	100
Hochschulreife	17	32	51	100
alle Schulabschlüsse	*14*	*19*	*67*	*100*
ohne qualifizierten Ausbildungsabschluss	9	11	80	100
qualifizierter Ausbildungsabschluss	15	16	69	100
Meister, Techniker u.ä. Abschluss	21	26	53	100
(Fach-) Hochschulabschluss	17	34	49	100
alle Ausbildungsabschlüsse	*14*	*19*	*67*	*100*

- Ähnliches zeigt sich bei der Prüfung des Einflusses des Berufswechsels: 13% derjenigen, die noch nie ihren Beruf gewechselt haben, nennen den formalisierten Lernkontext als wichtigsten, und damit nur unwesentlich seltener als die Gruppe derjenigen mit zwei und mehr Berufswechseln (16%). Diese nennen wiederum nur geringfügig seltener das arbeitsbegleitende und private Lernen als wichtigste Lernerfahrung (vgl. Tab. 5 im Anhang).
- Genauso schwach ausgeprägte Differenzen zeigen sich zwischen den Gruppen, die keinen, die ein bis zwei oder aber drei und mehr Firmenwechsel vollzogen haben (vgl. Tab. 6 im Anhang).

Diese Befunde sprechen dafür, die Einschätzung des wichtigsten Lernkontextes in erster Linie nicht als individuelle, motivational verankerte Lernpräferenz, sondern als Ausdruck von aktuellen Gelegenheitsstrukturen zu begreifen. Das heißt, es sind die in jüngerer Zeit gegebenen Möglichkeiten, sich überhaupt Zugang zu Lernfeldern zu verschaffen und dort qualitativ ansprechende Lernerfahrungen zu machen, die das Votum zur Wichtigkeit von Lernkontexten bestimmen. Hierfür spricht auch, dass unabhängig vom Schul- und Ausbildungsstand fast 60% das arbeitsbegleitende Lernen als wichtigsten Kontext bezeichnen und die Unterschiede im schulischen und familialen Lernklima wenig an Varianz aufklären, was den beruflich wichtigsten Lernkontext anbelangt.

3.3 Biographie und Lernkompetenz

Anders als bei den Lernkontexten erweisen sich die Zusammenhänge zwischen biographischen Erfahrungen und Kompetenzen für lebenslanges Lernen als aussagekräftig. Der Blick auf die Zusammenhänge zwischen biographischen Struktur- und Prozessvariablen und den drei Kompetenzvariablen bestätigt zunächst die Annahme, dass die vorgängige Lern- und Erwerbsbiographie einen erheblichen Einfluss auf Antizipation, Selbststeuerungsdisposition und Kompetenzentwicklungsaktivität hat. Die Bestätigung erfolgt allerdings etwas anders, als die entwicklungspsychologische und pädagogische Diskussion nahe legen würde. Denn der stärkste Einfluss auf alle drei Kompetenzvariablen geht von den erworbenen Schul- und beruflichen Ausbildungsabschlüssen aus; hier handelt es sich in jeden Fall um markante Zusammenhänge:

Ein hohes *Antizipationsniveau* finden wir insbesondere bei Personen mit fachgebundener oder allgemeiner Hochschulreife sowie mit einem Berufsabschluss oberhalb des Niveaus qualifizierter (dualer) Ausbildung. Haupt- und Realschulabsolventen bzw. Personen ohne bzw. mit Berufsausbildung im dualen System zeigen hingegen überdurchschnittlich häufig ein niedriges Antizipationsniveau (vgl. Tab. 3.11).

Tab. 3.11: Antizipationsniveau nach Schulbildungs- und Ausbildungsniveau
(Angaben in %)

	Antizipation Hoch	Antizipation Mittel	Antizipation Niedrig	Gesamt
Hauptschulabschluss	26	30	44	100
Mittlere Reife	37	35	28	100
Fachhochschulreife	40	39	21	100
Hochschulreife	57	29	14	100
alle Schulabschlüsse	*37*	*32*	*21*	*100*
ohne qualifizierten Ausbildungsabschluss	25	26	48	100
qualifizierter Ausbildungsabschluss	33	34	33	100
Meister, Techniker u.ä. Abschluss	45	33	21	100
(Fach-) Hochschulabschluss	58	27	15	100
alle Ausbildungsabschlüsse	*36*	*32*	*32*	*100*

Ein besonderer Einfluss des schulischen Lernklimas oder der familialen Förderung auf das Antizipationsniveau lässt sich nicht nachweisen. Gleiches gilt für die Unterschiede in den Arbeitsmarkterfahrungen, die die Befragten im Laufe ihrer Erwerbsbiographie gemacht haben. Oder anders ausgedrückt: die Häufigkeit von Arbeitslosigkeitserfahrungen, von Berufs- und Firmenwechseln hat keinen starken Einfluss auf das Antizipationsniveau der befragten Personen (vgl. Tab. 3.12):

Tab. 3.12: Antizipationsniveau nach Häufigkeit von Arbeitslosigkeitserfahrung, Berufs- und Firmenwechseln (N = 2961; Angaben in %)

	Antizipationsniveau hoch	Antizipationsniveau mittel	Antizipationsniveau niedrig	Gesamt
keine Arbeitslosigkeitserfahrung	38	31	31	100
einmal arbeitlos	33	32	35	100
mehrfach arbeitslos	34	30	36	100
kein Berufswechsel	38	30	31	100
ein Berufswechsel	33	32	35	100
zwei und mehr Berufswechsel	36	30	34	100
kein Firmenwechsel	41	31	28	100
ein bis zwei Firmenwechsel	33	32	35	100
drei und mehr Firmenwechsel	35	30	35	100

Der fehlende Zusammenhang zwischen Mobilitätserfahrung und Antizipationsniveau ist nicht selbstverständlich. Man hätte erwarten können, dass Personen, die in den thematisierten Erfahrungsbereichen ein hohes Maß an Mobilität aufweisen, ein stärker reflexives Verhältnis zur Arbeitsmarktentwicklung und möglichen individuellen Handlungsoptionen entwickeln als weniger mobile Erwerbstätige. Dass dies nicht zu geschehen scheint, lässt vermuten, dass die Mobilitätserfahrungen eher als „Schicksalsschläge" erfahren wurden, als dass sie als Ausgangspunkt zur Entwicklung eigener Lern- und Handlungsstrategien haben genutzt werden können.

- Noch am ehesten lässt sich ein – wenn auch negativer – Zusammenhang zwischen der Häufigkeit von Firmenwechseln und der Antizipation nachweisen. 35% derjenigen, die drei oder mehrmals im Verlaufe ihres Erwerbslebens das Unternehmen gewechselt haben, weisen ein niedriges Antizipationsniveau auf. Unter denen ohne jeden Firmenwechsel liegt dieser Anteil bei 28%. Umgekehrt liegt der Anteil derjenigen mit einem hohen Antizipationsniveau bei den Personen ohne Firmenwechsel mit 41% deutlich höher als bei denen, die drei oder mehrmals die Firma gewechselt haben; hier beträgt der Anteil 36%.[27]
- Zwischen der Häufigkeit von Berufswechseln und dem Antizipationsniveau hingegen besteht überhaupt kein signifikanter Zusammenhang. 38% derjenigen ohne Berufswechsel weisen ein hohes Antizipationsniveau auf, bei denjenigen mit zwei und mehr Berufswechseln sind es immerhin noch 36%. Ähn-

---

27 Die Korrelation (K - T = 0,055) signalisiert allerdings einen allenfalls moderaten Zusammenhang.

lich geringfügig sind die Unterschiede in der Antizipation bei denjenigen ohne jede Arbeitslosigkeitserfahrung und den mehrfach Arbeitslosen: von den mehrfach Arbeitslosen weisen 34% ein hohes Antizipationsniveau auf, bei denjenigen ohne Arbeitslosigkeitserfahrung sind es mit 38% nur unwesentlich mehr.

Zusammenfassend lässt sich an dieser Stelle festhalten, dass die Mobilitäts- und Diskontinuitätserfahrungen, die jemand in seinem Erwerbsleben gemacht hat, offenbar sehr viel weniger die Auseinandersetzung mit den eigenen Kompetenzen und Kompetenzdefiziten fördert, als man dies vielleicht annehmen könnte. Weder Mobilität noch Diskontinuität scheinen per se den Blick dafür zu schärfen, wie wichtig Lernen und Weiterbildung sind und wo wesentliche Kompetenzlücken liegen. Dass Mobilitätsprozesse am Arbeitsmarkt in ihren unterschiedlichen Dimensionen so wenig an Reflexivität und Antizipationsfähigkeit freisetzen, verweist unseres Erachtens zum einen auf die je individuelle Erfahrung ihres negativen Charakters (Zwang), zum anderen aber auch auf Versäumnisse der Bildungs- und Arbeitsmarktinstitutionen, diese Erfahrungen aufzugreifen, aktiv zu werden und damit auch gesellschaftlich zu entdiskriminieren.

Da Antizipation eine in erster Linie kognitive Funktion ist, wird verständlich, warum bei dieser Kompetenzdimension für lebenslanges Lernen vor allem das formale Bildungsniveau Unterschiede erklärt.

Anders als bei der Antizipationsfähigkeit verhält es sich in Bezug auf die *Selbststeuerungsdisposition*, weil hier Unterschiede in der erfahrenen Unterstützung durch die Familie wie auch in der Wahrnehmung der eigenen Erwerbsbiographie zusätzlich zu den oben erwähnten Variablen eine deutliche Rolle spielen: Immerhin 62% derjenigen, die zu Hause eine überdurchschnittlich intensive Förderung erfahren haben, weisen eine eher stark ausgeprägte Selbststeuerungsdisposition auf (vgl. Abb. 3.1). Vor allem unter den Befragten, die rückblickend ihre Biographie als Aufstieg deuten, finden sich mit 75% weit überdurchschnittlich viele, die eine ausgeprägte Selbststeuerungsdisposition aufweisen (vgl. Abb. 3.2).

Doch auch in diesem Fall gilt, dass die faktischen Diskontinuitäts- und Mobilitätserfahrungen eine vergleichsweise geringe Rolle spielen. Unter den erwerbsbiographischen Erfahrungen spielt – wenig überraschend – die Häufigkeit der Arbeitslosigkeitserfahrung die größte Rolle, auch wenn dieser Zusammenhang vergleichsweise schwach ausgeprägt ist (vgl. Tab. 3.13): unter denjenigen ohne jede Arbeitslosigkeitserfahrung liegt der Anteil mit einer schwach ausgeprägten Selbststeuerungsdisposition bei etwa 45%; dieser Anteil beträgt bei den mehrfach Arbeitslosen immerhin 63%.

Demgegenüber spielt die Häufigkeit von beruflichen Mobilitätserfahrungen eine allenfalls geringfügige Rolle. So macht es für die Ausprägung der Selbststeuerungs-

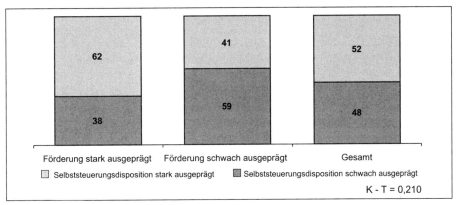

Abb. 3.1: Selbststeuerungsdisposition nach familialer Förderung
(N = 3156; Angaben in %)

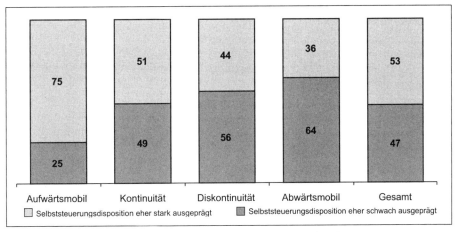

Abb. 3.2: Selbststeuerungsdisposition nach Wahrnehmung der eigenen
Erwerbsbiografie (Angaben in %)

disposition praktisch keinen Unterschied, ob jemand noch nie seinen Beruf gewechselt hat, oder ob er dies mehrmals getan hat. In beiden Fällen liegt der Anteil der Personen mit einer eher stark ausgeprägten Selbststeuerungsdisposition bei etwa 49%. Etwas stärker schlägt die Häufigkeit von Firmenwechseln durch: doch auch dieser – negativ bestimmte – Zusammenhang ist eher schwach ausgeprägt (vgl. Tab. 7 im Anhang): 54% derjenigen ohne Firmenwechsel weisen eine eher ausgeprägte Selbststeuerungsdisposition auf; bei denen mit drei und mehr Firmenwechseln sinkt dieser Wert auf 47%.

Diese Befunde deuten insgesamt darauf hin, dass die Fähigkeit und Bereitschaft zu Selbststeuerung und -organisation sowohl von frühen (familialen) Erfahrungen der Unterstützung, Anerkennung und Ermutigung zu Selbstständigkeit im Lernen als auch von einer insgesamt positiven Interpretation der eigenen Biographie als

Tab. 3.13: Selbststeuerungsdisposition nach Häufigkeit von Arbeitslosigkeitserfahrungen (N = 3635; Angaben in %)

		Arbeitslosigkeitserfahrung			
		keine Arbeitslosigkeitserfahrung	einmal arbeitslos	mehrfach arbeitslos	Gesamt
Selbststeuerungsdisposition	eher stark ausgeprägt	55	47	37	50
	eher schwach ausgeprägt	45	53	63	50
Gesamt		100	100	100	100

K - T = 0,132

Erfolgsstory abhängen. Ob diese sozialisatorischen und biographischen Erfahrungen die entscheidenden Faktoren für Selbststeuerungskompetenz sind, muss weiter geklärt werden. Auf jeden Fall legen sie den Schluss nah, dass die Entwicklung dieser Kompetenz etwas mit grundlegenden Lebenserfahrungen zu tun hat. Man kann hier eine Art Aufwärtsspirale wechselseitig positiver Beeinflussung vermuten: Für die Selbststeuerungsdisposition günstige Sozialisationserfahrungen führen zu beruflichem Erfolg, der seinerseits das Selbstbewusstsein und die Bereitschaft zur Aktivität stärkt, die dann wieder die Selbststeuerungsdisposition stabilisieren und ausweiten.

Bei der *Kompetenzentwicklungsaktivität* wiederum sind es Schul- und berufliche Ausbildungsabschlüsse, die den stärksten Zusammenhang markieren: Personen mit Abitur legen zu 42% bzw. zu 45% eine ebenso überdurchschnittlich hohe Aktivität an den Tag wie Meister, Techniker (45%) und Hochschulabsolventen (47%). Insbesondere Hauptschulabsolventen und Erwerbspersonen ohne qualifizierten Berufsabschluss weisen häufig eine niedrige bzw. keine Aktivität auf (vgl. Tab. 3.14). Die übrigen biographischen Lern- und Arbeitsmarkterfahrungen spielen auch im Falle der Aktivität eine nachrangige Rolle. Dies gilt für Arbeitslosigkeitserfahrungen, Berufs- und Firmenwechsel gleichermaßen (vgl. Tab. 8 im Anhang):

- Ein zumindest noch signifikanter Zusammenhang besteht zwischen der Häufigkeit von Arbeitslosigkeitserfahrungen und der Kompetenzentwicklungsaktivität: immerhin 59% der mehrfach Arbeitslosen weisen eine niedrigere Aktivität auf, dieser Anteil liegt bei denen ohne jede Arbeitslosigkeitserfahrung bei 51%. Ähnliche Zusammenhänge lassen sich zwischen Berufswechsel und Aktivität ebenso wenig zeigen wie zwischen Firmenwechsel und Aktivität:

Tab. 3.14: Aktivitätsgrad der Kompetenzentwicklung nach Schulbildungs- und Ausbildungsniveau (Angaben in %)

	hohe Aktivität	mittlere Aktivität	niedrige Aktivität	Gesamt
Hauptschulabschluss	16	18	66	100
Mittlere Reife	31	27	42	100
Fachhochschulreife	42	27	32	100
Hochschulreife	45	27	28	100
alle Schulabschlüsse	*28*	*24*	*48*	*100*
ohne qualifizierten Ausbildungsabschluss	11	16	72	100
qualifizierter Ausbildungsabschluss	26	23	51	100
Meister, Techniker u.ä. Abschluss	45	36	19	100
(Fach-) Hochschulabschluss	47	29	24	100
alle Ausbildungsabschlüsse	*28*	*23*	*49*	*100*

Der Anteil derjenigen mit hoher Aktivität schwankt bei den mehrfachen Wechslern ebenso wie bei den Personen ohne jegliche Mobilitätserfahrungen um den Mittelwert von 25% (vgl. Tab. 8 im Anhang).

Es sind also vor allem die institutionellen Bildungsvariablen, für die sich ein markanter Einfluss auf die Lernkompetenz in all ihren Dimensionen nachweisen lässt. Ein relativ schwacher Einfluss der Sozialisations- und Mobilitätserfahrungen beschränkt sich auf die Disposition zu selbstgesteuertem Lernen. Dieser Sachverhalt scheint einer Biographieforschung, die den Sozialisationserfahrungen in Elternhaus und Schule die entscheidende Bedeutung für die Lernkompetenz insgesamt zuweist, zu widersprechen. Die Erklärung dafür könnte in den Interaktionseffekten zwischen subjektiv empfundenem Klima und Bildungserfolg liegen: Wer auf dem jeweiligen Bildungsniveau Erfolg gehabt hat, wird das Klima in Schule und Familie eher als förderlich empfinden und umgekehrt. Es könnte sein, dass sich in den Bildungsabschlüssen letztlich auch unterschiedliche Niveaus der Förderung von kognitiven Fähigkeiten und motivationaler Bereitschaft ausdrücken, die stärker durchschlagen als die jeweils individuell erlebte Förderung in Schule und Familie.

3.4 Alter, Geschlecht, Erwerbsstatus und Lernkompetenz

Aus der Weiterbildungsberichterstattung wissen wir, dass insbesondere Frauen, Arbeitslose und Ältere seltener an formalisierter beruflicher Weiterbildung teilnehmen als andere. Die Gründe dafür sind in der objektiven und/oder subjektiven Ferne zur Erwerbsarbeit zu suchen, die sich mit tradierten Geschlechterrollen, nahendem Ruhestand und Ausgrenzungsprozessen Arbeitsloser (Vogel 2001) verbinden. Wir haben deshalb anhand relevanter soziodemographischer Merkmale (Alter, Geschlecht, Erwerbsstatus) geprüft, inwieweit diese auch mit den Lernkompetenzen korrelieren, insbesondere mit der Disposition zu selbstgesteuertem Lernen und der Kompetenzentwicklungsaktivität.

Unsere Auswertungen ergeben im Hinblick auf die *Geschlechtsspezifik* für die Lernkompetenzen keine Unterschiede, deren Ursachen anderswo als in einer niedrigeren Erwerbsbeteiligung der Frauen gesucht werden müssten. Doch selbst diese Unterschiede bleiben marginal. Dies gilt für Antizipation, Selbststeuerungsdisposition und Kompetenzentwicklungsaktivität gleichermaßen.[28]

Die Bedeutung der Teilhabe oder Nicht-Teilhabe an Erwerbsarbeit für die Lernkompetenz zeigt sich etwas deutlicher in den – allerdings auch nur *moderaten* – Korrelationen mit dem *Erwerbsstatus* der Befragten: Erwerbstätige zeigen häufiger als Arbeitslose eine ausgeprägte Disposition zu selbstgesteuertem Lernen und hohe Aktivität im Zugang zu Lernprozessen (Tab. 3.15).[29]

Besonders deutlich wird der Zusammenhang von Erwerbsstatus und Lernkompetenz bei der Gruppe der Frauen. Hier bestätigt sich, was aus anderen Untersuchungen zur Partizipation von Frauen an gesellschaftlichen Aktivitäten bekannt ist: Die erwerbstätigen Frauen zwischen 25 und 50 Jahren weisen in der

Tab. 3.15: Selbststeuerungsdisposition (N = 2748) und
Kompetenzentwicklungsaktivität nach Erwerbsstatus
(N = 2809; Angaben in %)

	Erwerbstätige	Arbeitslose	Gesamt
Selbststeuerungsdisposition			
- stark ausgeprägt	58	36	54
- schwach ausgeprägt	42	64	46
Kompetenzentwicklungsaktivität			
- hoch	33	13	30
- mittel	24	26	25
- niedrig	42	61	46

---

28 Die jeweiligen nach Cramers V berechneten Korrelationen lagen zwischen 0,049 und 0,07.

29 Sofern man annahmen darf, dass die Selbststeuerungsdisposition sehr früh in der Sozialisation angelegt ist, macht es Sinn, die Korrelationsrichtung umzukehren und sie als unabhängige Variable zu setzen und den Erwerbsstatus davon abhängig bzw. mit verursacht anzusehen. Doch diese Annahme bestätigt sich nicht. Die entsprechende Korrelation zeigt lediglich bei den Erwerbstätigen mit akademischer Ausbildung in die richtige Richtung, bei den Arbeitslosen und den Nicht-Erwerbspersonen weisen die Personen mit einer überdurchschnittlichen Selbststeuerungsdisposition unter den Hochqualifizierten höhere Anteile auf als die mit durchschnittlicher oder niedriger Selbststeuerungsfähigkeit. Insgesamt weisen die Korrelationen ein so uneinheitliches Bild auf, dass die Ausgangsannahme nicht als bestätigt gelten kann. Der Erwerbsstatus wird offensichtlich nicht unmittelbar von der Selbststeuerungsfähigkeit für lebenslanges Lernen beeinflusst, obwohl letztere eine grundlegende Aktivitätsgröße darstellt (vgl. Tab. 9 im Anhang).

Lernkompetenz insgesamt wie auch in deren einzelnen Dimensionen (mit Ausnahme der Antizipationsfähigkeit[30]) die höheren Werte im Vergleich mit ihren nicht erwerbstätigen Altersgenossinnen auf; letztere ähneln in ihren Kompetenzwerten eher den arbeitslosen Frauen der gleichen Altersgruppen (vgl. Abb. 3.3). Im Durchschnitt scheint die Integration in Erwerbsarbeit die Fähigkeit zur Selbststeuerung und zur Entfaltung von Lernaktivitäten stärker zu stützen als ein Leben

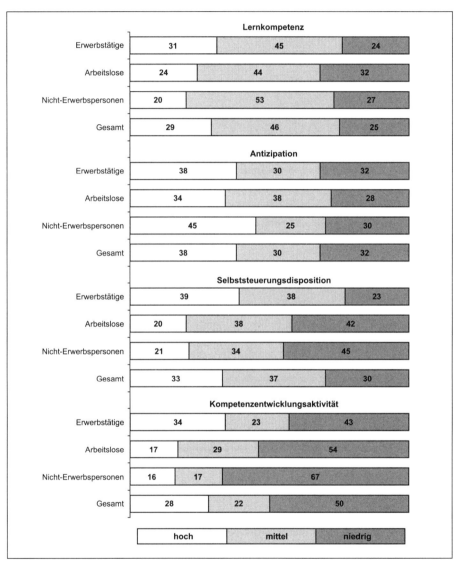

Abb. 3.3: Niveau der Lernkompetenz (insgesamt), der Antizipation, der Selbststeuerungsdisposition und der Kompetenzentwicklungsaktivität nach Erwerbsstatus von Frauen im Alter zwischen 25 und 50 Jahren (Angaben in %)

30 Wie schon an früherer Stelle gezeigt, steht die Antizipationsfähigkeit stärker mit formalem Bildungsniveau als mit Arbeitserfahrungen in Verbindung.

ohne Arbeit. Und es ist, wie der Vergleich mit den arbeitslosen Frauen zeigt, offensichtlich tatsächlich die Erfahrung der Arbeit, die diesen Kompetenzvorsprung bewirkt (vgl. Kapitel 4) und die erwerbstätigen Frauen in Bezug auf ihre Lernchancen im Erwachsenenalter privilegiert. Hausarbeit – so kann man im Umkehrschluss folgern – setzt nicht in gleichem Maße Lernkompetenz frei wie Erwerbsarbeit.

Demgegenüber wirkt sich ein fortgeschrittenes *Lebensalter* (und damit das nahende Ende der eigenen Erwerbskarriere) zwar auf die Lernkompetenz aus, aber längst nicht so stark wie angenommen. Der stärkste Zusammenhang besteht hier zwischen Lebensalter und Antizipation (Abb. 3.4): In der Gruppe der über 50-jährigen Erwerbspersonen fällt der Anteil von Personen mit niedriger Antizipation (Anteil: 42%) stärker aus als bei den jüngeren Altersgruppen (26% bzw. 30% auf niedrigem Antizipationsniveau). Was hier als unmittelbar einleuchtender Sachverhalt erscheint, dass sich Personen über 50 nicht mehr so viele Gedanken über die eigene Zukunft machen, ist angesichts einer alternden Gesellschaft alles andere als ein trivialer Tatbestand und könnte bald zu erheblichen Problemen der Integration Älterer in Beschäftigung führen.

Insgesamt deutet sich jedoch an, dass die Lernkompetenzen weit weniger an Alter, Geschlecht und Erwerbsstatus hängen, als wir ursprünglich gedacht hatten. Dennoch fällt der Einfluss nicht so gering aus, dass man ihn schlichtweg ignorieren könnte. Dies gilt insbesondere für die Merkmale Erwerbslosigkeit und Arbeitslosigkeit; bei Arbeitslosen erscheint die Disposition zu selbstgesteuertem Lernen wie auch die Lernaktivität erheblich weniger ausgeprägt. Ob dies daran liegt, dass mancher mit dem Verlust der Erwerbsarbeit als Perspektive auch das Interesse an eigenständiger Organisation von Lernprozessen verloren hat (Kronauer u.a. 1993; Vogel 2001) oder die lernförderlichen Erfahrungen in der Arbeit fehlen

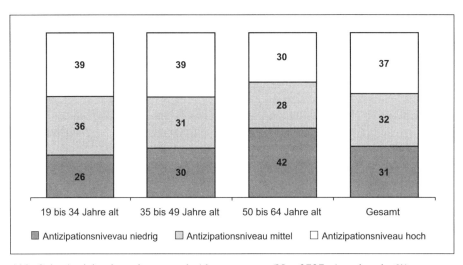

Abb. 3.4: Antizipationsniveau nach Altersgruppen (N = 2737; Angaben in %)

oder auch ein Mangel an Selbststeuerungs- und Selbstorganisationskompetenz als kumulativer Effekt negativer Lernerfahrungen in der Biographie eine subjektive Ursache für Arbeitslosigkeit ist, lässt sich an dieser Stelle nicht klären. Dies erfordert eine Analyse dessen, wie sehr die Formen der Arbeit und ihre Organisation Einfluss auf die Lernkompetenz ausüben und wie der Einfluss der Arbeitserfahrungen im Verhältnis zu anderen Einflussfaktoren steht. Diese Fragen werden im nächsten Kapitel behandelt.

3.5 Das ungelöste Mobilitätsproblem

Der Ertrag dieses Kapitels ist schnell resümiert. Bei den vorberuflichen Sozialisationserfahrungen ist unsere Untersuchung wenig spektakulär und bestätigt mehr oder weniger die Befunde früherer Studien. Interessant werden diese Ergebnisse erst, wenn man ihr Gewicht für die Herausbildung von Kompetenzen für lebenslanges Lernen im Vergleich mit den beruflichen Sozialisationsvariablen genauer bestimmt hat. Die beruflichen Sozialisationsvariablen lassen sich in zwei Klassen unterteilen: in solche, die Arbeitsmarkterfahrungen abbilden, und solche, in denen sich Arbeitserfahrungen im Betrieb spiegeln. Die erste Erfahrungsebene, Arbeitsmarkt, haben wir unter dem Aspekt biographischer Mobilitätsprozesse im vorliegenden Kapitel abgehandelt, die zweite, die betrieblichen Arbeitserfahrungen, sind Gegenstand des folgenden Kapitels.

Bei den Arbeitsmarkterfahrungen sticht der negative Zusammenhang zwischen Arbeitslosigkeits- und Mobilitätserfahrungen auf der einen und den Kompetenzen für lebenslanges Lernen auf der anderen Seite ins Auge. Wer mehrere Berufs- und Firmenwechsel hinter sich hat und wer mehrfach von Arbeitslosigkeit betroffen war, hat offensichtlich weniger Chancen, die erforderlichen Lernkompetenzen auszubilden. Dies ist nicht ursächlich den Arbeitsmarkterfahrungen zuzuschreiben. Unsere Regressionsanalyse zeigt, dass letztere kaum Einfluss auf die Lernkompetenz und ihre einzelnen Dimensionen haben und weit hinter die Prägekraft zurückfallen, welche die vorberufliche Sozialisation hat. Anders als bei den Arbeitserfahrungen (vgl. Kapitel 4) gelingt es den Arbeitsmarktprozessen nicht, die frühen Sozialisationsprägungen zu korrigieren, sie werden eher negativ bestätigt. Dieser Sachverhalt spricht dafür, dass es nicht gelingt, die Arbeitsmarkterfahrungen, die zumeist, auch wenn es um Berufs- und Betriebswechsel geht, als negativ erlebt werden, produktiv in Richtung auf Lernkompetenz hin zu wenden. Dahinter vermuten wir ein grundlegendes Mobilitätsproblem: Arbeitsmarktmobilität ist in den von uns thematisierten Dimensionen tendenziell negativ konnotiert und wird dementsprechend erfahren. Dies aber beeinträchtigt Mobilitätsdispositionen und -fähigkeiten insgesamt. Da die Herausbildung der Kompetenzen für lebenslanges Lernen aber eine produktive Verarbeitung von Mobilitätsprozessen am Arbeitsmarkt erfordert, entsteht hier ein schwer auflösbarer Widerspruch, der in der traditionellen Arbeitsverfassung der Bundesrepublik wurzelt, die eher Kontinuität und Beständigkeit als Mobilität und Wechsel honoriert.

4. Erwerbsarbeit: Schlüssel zur Kompetenz für lebenslanges Lernen?

4.1 Zum Zusammenhang von Arbeitsorganisation, Aspirationsniveau und Beschäftigungsstatus mit Lernkompetenz: theoretische Bezugspunkte

Starker ökonomischer, technischer und organisationaler Wandel begleitet die Geschichte der Arbeit in West- und Ostdeutschland nach dem Zweiten Weltkrieg. Lange Zeit dominierte dabei ein relativ langsames Tempo der Veränderungen, das bis in die 1980er Jahre anhielt. Langsames Veränderungstempo hieß in dieser Phase, dass die Prinzipien der industriellen Arbeitsorganisation trotz des ablaufenden Strukturwandels zur Dienstleistungsökonomie tonangebend blieben und sich auch innerhalb der Industrie nur begrenzt veränderten (vgl. Baethge 2001c). Bis dahin war Erwerbsarbeit in (West-)Deutschland hochgradig arbeitsteilig organisiert, ohne freilich in allen Bereichen jene Formen der „repetitiven" Jedermannsarbeit in Automobilproduktion oder Elektroindustrie anzunehmen (Kern & Schumann 1970; Wittke 1996), die lange Zeit als Beleg für die breite Durchsetzung des Taylorismus und der von ihm ausgehenden Dequalifizierungsrisiken und -wirkungen galten.

Für die Einschätzung der Rolle, die Arbeit für die Entwicklung von Lernkompetenz gespielt hat und heute spielt, lohnt ein genauerer Blick auf die Organisationsgeschichte von Erwerbsarbeit in Industrie und Dienstleistungssektor: Die jahrzehntelang dominierende Funktions- und Berufsorientierung der Betriebs- und Arbeitsorganisation (Baethge & Baethge-Kinsky 1998a) sicherte den Beschäftigten im Durchschnitt ein hohes Maß an Arbeitsplatzsicherheit, beruflicher Kontinuität und Karriereperspektiven, schränkte aber zugleich die Möglichkeiten der Entwicklung von Mobilitätskompetenzen ein. Der Dequalifizierungsprozess von Un- und Angelernten in der tayloristischen Massenproduktion ist in dieser Hinsicht nur die „Spitze des Eisberges": Zwar konnten Fachkräfte und speziell Facharbeiter in vergleichsweise locker definierten Arbeitsvollzügen ihre spezifischen fachlichen Qualifikationen weiter entwickeln (Hirsch-Kreinsen u.a. 1990; Bosch 2000). Die Entwicklung neuer fachlicher Qualifikationen wie auch sozialer und methodischer Kompetenzen blieb aber aufgrund relativ rigide abgesteckter funktionaler und hierarchischer Zuständigkeiten, enger Kooperations- und Kommunikationsräume und der beschränkten Zugangsmöglichkeiten zu formalisierter Weiterbildung eher begrenzt (Baethge & Baethge-Kinsky 1998b). Insgesamt handelte es sich um ein hierarchisch gestuftes Modell der Kompetenzentwicklung, das auf der einen Seite den Führungskräften breitgefächerte Lerngelegenheiten offerierte, die Un- und Angelernten und Teile der Fachkräfte auf der anderen Seite praktisch von formalisierter Weiterbildung ausschloss (Brinkmann 1972) wie auch arbeitsintegriertes Lernen einschränkte.

Im Verlauf der 1980er Jahre nahm das Tempo sektoralen Strukturwandels und von Innovationszyklen zu. Eine umfassende Informatisierung und Technisierung betrieblicher Leistungen und Abläufe begann und in den Unternehmen setzte eine an Geschäftsprozessen orientierte Gestaltung der Betriebs- und Arbeitsorganisation ein. Die damit verknüpften Flexibilisierungsoptionen haben sowohl bei Un- und Angelernten als auch bei Fachkräften tendenziell zu erweiterten fachlichen Aufgabenstellungen, verstärkter Kooperation sowie einer breiteren Einbindung in betriebliche Innovationsprozesse geführt (Wittke 1996, Baethge & Baethge-Kinsky 1998b; Frieling 1999). Gleichwohl ist nicht zu übersehen, dass diese Veränderungen sich nicht gleichförmig für alle Beschäftigtengruppen und gleichzeitig in allen Branchen des industriellen und Dienstleistungssektors vollziehen. So bleiben etwa in Teilen der Industrie, in neuen Dienstleistungen (z.B. Call-Center) oder im Handel (Baethge 2001b; Glaubitz 2001) bis heute tayloristische Strukturen erhalten, und werden auch weitgefasste Integrationskonzepte in der Industrie wieder zurückgedreht (Schumann u.a. 1994; Kuhlmann u.a. 2004). Darüber hinaus verbinden sich die Flexibilisierungsoptionen, welche die Entfaltung und Weiterentwicklung vorhandener Qualifikationspotenziale im Arbeitsprozess ermöglichen, oft zugleich mit einem Zuschnitt der Beschäftigungsverhältnisse, der die traditionellen Anerkennungs- und Integrationsmuster teilweise außer Kraft setzt: Befristete Beschäftigung, kurzfristig erfolgende betriebliche Versetzungen und stark eingeschränkte Karrieremöglichkeiten auch für (hoch-)qualifizierte Fachkräfte sind heute durchaus an der Tagesordnung (Baethge & Baethge-Kinsky 1998a; Faust u.a. 2000).

Resümiert man die gesamte Debatte um die Rolle der Beschäftigungs- und Arbeitsbedingungen für die Kompetenzentwicklung, so lassen sich insgesamt drei Aspekte ausmachen, denen ein erheblicher Einfluss auf die individuelle Kompetenzentwicklung und die spezifische Lernkompetenz zugeschrieben wird und deren Bedeutung wir nachgegangen sind:

- In den von der Arbeits- und Organisationspsychologie vorgelegten Arbeiten wird die Wahrnehmung der betriebs- und arbeitsorganisatorischen Bedingungen der Arbeit als wesentliche Einflussgröße für die Lernförderlichkeit identifiziert (Hacker & Skell 1993; Bergmann 1994, Baitsch 1998, Bergmann & Wilczek 2000).
- Befunde aus anderen Studien deuten darüber hinaus einen von der informations- und kommunikationstechnischen Vernetzung und Modernisierung der Arbeit ausgehenden Schub an Lernmotivation an, wenn sie in den Betrieben mit einer insgesamt lernförderliche Reorganisation verbunden wurde (vgl. Frieling 1999; Ulrich 2000).
- Schließlich deuten Einzelergebnisse die Bedeutung von *strukturellen* Bedingungen der Kompetenzentwicklung an, die nicht durch informationstechnische Modernisierung oder die im engeren Sinne betriebliche Organisation abhängiger Arbeits- und Beschäftigungsverhältnisse und deren Wahr-

nehmung bestimmt werden. Zu denken ist hier insbesondere an stoffliche Unterschiede im Gegenstand der Arbeit (weniger oder stark wissensintensive Produkte und Dienstleistungen), die Verfügbarkeit von betrieblichen Ressourcen (z.B. für Personalentwicklung) oder die über die Form der Erwerbstätigkeit vermittelten Risiken und Sicherheiten der eigenen Existenz. Solche Unterschiede, die letztlich auf betriebliche Differenzen in der Initiierung und Unterstützung von Lernprozessen verweisen (Baethge-Kinsky & Hardwig 2000), könnten auch die Lernkompetenz beeinflussen.

Es waren nie – und sind es heute vermutlich noch weniger – die organisationalen und beschäftigungsstrukturellen Bedingungen der Arbeit allein, die Einfluss auf die Kompetenzentwicklung in der Arbeit und die Kompetenz zu lebenslangem Lernen ausgeübt haben. Vor allem Bewusstseinsstudien haben gezeigt, dass die Aspirationen gegenüber Arbeit und die im Privatleben verfolgten Entwicklungsperspektiven stark differieren und zu beträchtlichen Unterschieden im Umgang mit bestehenden Entwicklungs- und Lernchancen führen können (Baethge u.a. 1988). Angesprochen ist damit vor allem die Beobachtung der „normativen Subjektivierung der Arbeit", d.h. eine vor allem in der jüngeren Generation beobachtbare Tendenz, „expressive" Bedürfnisse nach Selbstdarstellung und -entfaltung, Partizipation und Kommunikation in Privatleben *und* Arbeit zur Geltung zu bringen und auszuleben (Baethge 1991; Kratzer 2003). Derartige Ansprüche, die eine gewisse Offenheit gegenüber Neuem signalisieren, stellen ein eigenständiges Moment für die Entwicklung von Lernkompetenzen dar. In der eher arbeitsbezogenen Perspektive könnten sie darin bestehen, die je konkreten Rahmenbedingungen des Beschäftigungsverhältnisses auf ihre Möglichkeiten zu inhaltlicher Entfaltung und zum Lernen zu prüfen und expansiv auszuloten. In dem Bezug zur Privatsphäre könnten derartige Ansprüche darauf hinauslaufen, besonders stark Aktivitäten zu verfolgen, die ein hohes Maß an Selbsterfahrung und -darstellung bieten.

4.2 Zur Erfassung von Lernförderlichkeit der Arbeit und Aspirationsniveau gegenüber Arbeit und Privatleben

Die oben genannten strukturellen Beschäftigungsbedingungen haben wir in der Befragung weitgehend über Standardvariablen wie Beschäftigtenstatus, Zugehörigkeit zu Branchen und Wirtschaftsbereichen/Sektoren, Betriebsgröße erhoben und ausgewertet. Dies gilt auch für *die aktuelle/letztmalige Tätigkeit,* die wir in einem mehrstufigen Verfahren nach der ISCO-Berufsklassifikation vercodet und vier Komplexitätsniveaus (Akademiker/Führungskräfte, semi-akademische Berufe, qualifizierte Berufe auf mittlerem Level/Un- und Angelerntentätigkeiten) zugeordnet haben.

Die *informationstechnische Prägung der Arbeit* haben wir letztlich nur über die Arbeitsplatzausstattung mit Informationstechnik (d.h. ob beruflich mit PC, Laptop oder an computergesteuerten Anlagen gearbeitet wird) erfasst.[31]

Insbesondere in der arbeitspsychologischen Literatur stoßen wir auf eine Vielzahl an Aspekten bzw. Dimensionen, welche die Lernförderlichkeit der Arbeit bestimmen, d.h. über die Möglichkeit zur Entwicklung fachlicher, sozialer und methodischer Kompetenzen in der Arbeit entscheiden. Je nach Autor werden Einzelaspekte zwar bisweilen unterschiedlichen Dimensionen zugeordnet; als wichtige Einflussgrößen der Lernförderlichkeit schälen sich jedoch im wesentlichen ganzheitliche und selbständig durchzuführende Arbeitsaufgaben, vielfältige und intensive Kooperationsbeziehungen, die Anerkennung von Arbeit und Lernen im Betrieb sowie die betriebliche Informations- und Beteiligungspraxis heraus (Bergmann 1994; Frieling 1999; Locke & Letham 1990; Richter & Wardanjan 2000; Wardanjan u.a. 2000).

Mit Orientierung an in anderen Forschungsprojekten erprobten Skalen (Bergmann 1994; Frieling 1999) haben wir die Lernförderlichkeit des Arbeitsverhältnisses in vier Dimensionen über insgesamt 16 Items operationalisiert. Die erste Dimension (Ganzheitlichkeit der Aufgabenstellung) beschreibt die Lernhaltigkeit der Arbeit selbst, während die drei anderen (soziale Einbindung, Partizipationschancen, betriebliche Entwicklungsmöglichkeiten) eher die betrieblichen Umfeldbedingungen abbilden. Insbesondere bei den Items zur Aufgabenstellung bzw. sozialen Einbindung deutet sich bei einer ansonsten insgesamt gut diskriminierenden Verteilung der Antworten eine gewisse „Linkslastigkeit" der Antworten an. Die Zuverlässigkeit der jeweiligen Skalen hat dies jedoch nur wenig beeinträchtigt. Insbesondere die interne Konsistenz der Gesamtskala zur „Lernförderlichkeit des Arbeitsverhältnisses" (Cronbachs Alpha = 0,88) liegt am oberen Rand dessen, was andere vergleichbare Studien ausweisen (Tab. 4.1).

Wir haben die Linkslastigkeit der Skalenwerte im Weiteren dadurch relativiert, dass wir auch hier – wie schon in anderen Fällen – bei bivariaten Analysen „empirische" Verteilungen zu Grunde gelegt haben. Auf deren Präsentation verzichten wir hier, weil sie für sich genommen wenig aussagekräftig sind.

Nun sind Arbeitsbedingungen nicht invariant, sondern haben sich in der Industrie und im Dienstleistungssektor insbesondere in den 1990er Jahren zum Teil beachtlich verändert (vgl. Baethge & Baethge-Kinsky 1998a und b). Und wir wissen aus anderen Studien (vgl. Ulrich 2000), dass die betriebliche Reorganisationsdyna-

---

31 Die Auswertung weitergehender Fragen zur Einbindung in betriebliche oder betriebsübergreifende Netzwerkstrukturen und Formen der Nutzung der IT-Technik, über die wir die vorhandenen Freiheitsgrade der Arbeit bestimmen wollten, ergaben widersprüchliche und unplausible Ergebnisse, so dass wir diese Angaben nicht weiter verwendet haben. Gleichwohl ist davon auszugehen, dass sich diese Freiheitsgrade auch in der Wahrnehmung der Arbeitsbedingungen niederschlagen (Frieling 1999).

Tab. 4.1: Items und Indizes zur Lernförderlichkeit des Arbeitsverhältnisses – Verteilung (Angaben in %) und berechnete Reliabilität der Indizes

Items	Trifft völlig zu	Trifft eher zu	Trifft eher nicht zu	Trifft gar nicht zu
Ich kann mir meine Arbeit selbständig einteilen.	26	36	24	14
Meine Arbeit ist anregend und abwechslungsreich.	36	41	16	7
Meine Arbeit führe ich nicht nur aus, sondern plane, korrigiere und überprüfe sie auch selbst.	29	40	18	13
Meine Aufgaben sind mir nicht bis ins einzelne vorgegeben.	26	40	23	12
Ich treffe häufig selbständige Entscheidungen.	24	38	24	14
Index Ganzheitlichkeit der Aufgabenstellung:	Cronbachs Alpha: 0,81			
Meine Arbeit erfordert enge Zusammenarbeit mit Experten und Kollegen anderer Bereiche.	24	39	22	14
Meine Arbeit erfordert vielfältige Fähigkeiten und Fertigkeiten.	35	44	16	6
Ich bin darüber im Bild, was in anderen Bereichen des Betriebes getan wird.	27	44	19	10
Ich weiß, wie die Arbeit in meiner Abteilung abläuft.	55	36	6	4
Index Soziale Einbindung:	Cronbachs Alpha: 0,72			
Über wichtige Dinge und Vorgänge in unserem Betrieb wird man ausreichend informiert.	27	43	22	8
Viele Absprachen können heute ohne Einschaltung des Vorgesetzten getroffen werden.	7	29	35	28
Bei Veränderungsmaßnahmen wird auf die Ideen der Mitarbeiter zurückgegriffen.	16	44	29	12
Die Mitarbeiter werden bei Entscheidungen des Unternehmens einbezogen.	8	29	35	29
Index Partizipationschancen:	Cronbachs Alpha: 0,78			
Ich habe häufig Gelegenheit, mir während der Arbeit neue Dinge anzueignen.	18	40	30	12
Lernen und Weiterbildung wird bei uns groß geschrieben.	16	31	30	22
Bei uns gibt es gute berufliche Entwicklungsmöglichkeiten.	10	30	37	23
Index betriebliche Entwicklungsmöglichkeiten	Cronbachs Alpha: 0,75			
Gesamtindex Lernförderlichkeit des Arbeitsverhältnisses	Cronbachs Alpha: 0,88			

mik zumindest in Teilen Lernmotivation gefördert hat. Insgesamt könnte dies heißen, dass Personen, die in ihren Betrieben positive Veränderungen in punkto Handlungsspielräume, Partizipationsmöglichkeiten, soziale Einbindung und betriebliche Entwicklungsmöglichkeiten erfahren haben, dies als Signale zu größerem Lernengagement verstehen – unabhängig von den bis dato bestehenden Arbeitsbedingungen. Umgekehrt könnten Einschränkungen in den genannten Dimensionen, die auf eine eher restriktive Reorganisationspraxis der Betriebe zurückgehen, eine eher resignierende bzw. distanzierte Haltung gegenüber Weiter-

Tab 4.2: Items (Angaben in %) und Index zur Dynamik der betrieblichen Reorganisation der Arbeit

Items	Veränderung eher negativ	keine Veränderung	Veränderung eher positiv
anregende und abwechlungsreiche Aufgaben	12	33	55
Zusammenarbeit mit Experten und Kollegen aus anderen Bereichen	10	41	49
Die Vielfalt an erforderlichen Fähigkeiten und Fertigkeiten in der eigenen Arbeit	9	30	61
Über wichtige Dinge und Vorgänge für die eigene Arbeit informiert zu sein	14	35	51
Absprachen ohne Einschaltung von Vorgesetzen treffen	18	50	32
Berücksichtigung von Ideen der Mitarbeiter bei Veränderungsmaßnahmen	18	39	43
Die Beteiligung von Mitarbeitern an Entscheidungen des Unternehmens	20	51	29
Sich während der Arbeit neue Dinge aneignen	12	34	54
Die Arbeit selbständig erledigen können	8	32	60
Lernen und Weiterbildung im Betrieb	16	45	39
Berufliche Entwicklungsmöglichkeiten	21	43	36
Index Reorganisationsdynamik der Arbeit	Cronbachs Alpha: 0,88		

bildung und Lernen hervorgerufen haben. Wir haben deshalb in Anlehnung an die Itembatterie zur Lernförderlichkeit der Arbeit die Probanden gefragt, inwieweit sich in den unterschiedlichen Aspekten der Arbeit in den letzten Jahren Veränderungen vollzogen haben, bzw. ob diese Veränderungen von ihnen eher negativ oder eher positiv gesehen werden. Die Auswertung zeigt, dass – über alle an dieser Stelle eingesetzten 11 Items hinweg – zwischen 32% und 60% eher positive Veränderungen konnotierten und nur Minderheiten (zwischen 8% und 21%) eher negative Veränderungen benannten. Insgesamt haben wir damit eine gewisse „Rechtslastigkeit" der Antworten, die jedoch ebenfalls die Zuverlässigkeit der Gesamtskala nicht beeinträchtigt hat. Die interne Konsistenz der Skala zur Reorganisationsdynamik der Arbeit (Cronbachs Alpha = 0,88) liegt ebenfalls im aussagekräftigen Bereich (vgl. Tab. 4.2).

Auf der Basis der Durchschnittsscores haben wir dann einen „empirischen Index" gebildet.[32] Nach dieser empirischen Verteilung gehört jeweils ein knappes Drittel

---
32 Hierbei entspricht ein Score von 1,0 bis 2,0 der Aussage „negative Veränderungen". Dem Durchschnittsscore 2,09 bis 2,50 entspricht die Aussage „keine Veränderungen". Alle Werte, die über dem Wert von 2,5 liegen, wurden der Aussage „positive Veränderungen" zugeordnet. Der Ausgangspunkt dieser Zuordnung war ein arithmetischer Mittelwert von 2,14 für alle 11 Items.

(31,5%) zu den Gruppen, die entweder eine negative oder aber überhaupt keine Veränderungen wahrgenommen haben. Mit 37% die stärkste Gruppe stellen diejenigen, die eine positive Veränderung der Beschäftigungsbedingungen im Zuge der betrieblichen Reorganisation erfahren haben.

Das *Aspirationsniveau in der Arbeit* haben wir über die beiden wichtigsten Kriterien bei der Arbeitssuche erfasst und in vier wesentliche Arbeitsorientierungen gebündelt; berücksichtigt wurden die Stärke eines eher instrumentellen oder eines eher inhaltlich-expressiven Bezugs auf Arbeit, die Gewichtung des Privatleben sowie die Rolle, die Karriereoptionen (Aufstieg) spielen. Wir haben auf diese Weise vier Niveaus der Aspiration unterscheiden können:

- Ihr einer Pol wird durch diejenigen gebildet, die ausschließlich materiell-reproduktive Bezüge zur Arbeit zu erkennen geben (Arbeitsplatzsicherheit, gesunde Arbeitsbedingungen, hohes Einkommen).
- Den anderen Pol bilden diejenigen, die ausgeprägte inhaltliche oder Lerninteressen an die Arbeit herantragen (anregende und interessante Aufgabenstellungen, gute Chancen zum Lernen und zur Weiterbildung).
- Dazwischen rangieren „Familienorientierte", d.h. Personen, welche das Privatleben bei ihren Aspirationen an Arbeit in den Vordergrund stellen (eine mit dem Privatleben gut vereinbare Arbeitssituation) sowie
- jene „Aufstiegsorientierten", die in erster Linie auf berufliches Fortkommen achten (gute Möglichkeiten für beruflichen Aufstieg).

Für die Zuordnung zu den Niveaus war in der Regel das wichtigste Kriterium maßgeblich. Das zweitwichtigste Kriterium wurde jedoch in allen Fällen herangezogen, in denen an erster Stelle existenzielle Gesichtpunkte (Arbeitsplatzsicherheit, gesunde Arbeitsbedingungen) genannt wurden. Solche Gesichtspunkte werden in Umfragen generell so stark benannt, dass sie weitere wichtige Aspirationen eher verdecken als zu Tage fördern. Diese soweit wie möglich aufzudecken, war das Ziel unseres Vorgehens. Trotz dieser Vorgehensweise ergab sich eine Verteilung, in der die materiell-reproduktive Arbeitsorientierung dominiert (Tab. 4.3).

Das Ausleben expressiver Bedürfnisse mittels möglichst weniger Fragen für eine Population zu ermitteln, in der sich mit zunehmendem Alter auch die Formen ändern, in denen dies geschieht, ist schwierig. Infolgedessen haben wir uns darauf beschränkt, neben explizit expressiven (z.B. künstlerische Betätigung) auch solche Aktivitäten einzubeziehen, deren expressiver Charakter nicht in jeder Situation vorausgesetzt werden kann. Die Expressivität der Freizeitgestaltung selbst haben wir dann über die unterschiedliche Frequenz in der Wahrnehmung solcher Aktivitäten dingfest zu machen versucht. Wie sich zeigt, haben wir es dabei mit Aktivitäten zu tun, die jeweils unterschiedlich gut diskriminieren, z.T. extrem „links-", zum Teil extrem „rechtslastig" sind (Tab. 4.4). Wir haben schließlich trotz methodischer Bedenken aus den Angaben einen Index „Aktivität expressiver Freizeitgestaltung" auf der Basis des Durchschnittsscores aller aufgeführten Aktivitäten gebildet. Die gemessene interne Konsistenz (Cronbachs Alpha = 0,67) mahnt allerdings zu einer gewissen Vorsicht bei seiner Verwendung.

Tab. 4.3: Kriterien bei der Arbeitssuche, zugeordnete Arbeitsorientierung und Verteilung (N = 2807; Angaben in %)

Kriterien der Arbeitssuche	Arbeitsorientierung	Verteilung
Sicherer Arbeitsplatz Hohes Einkommen Gesunde Arbeitsbedingungen	Materiell-Reproduktiv	41
Mit dem Privatleben gut vereinbare Arbeitssituation	Familienorientiert	26
Gute Möglichkeiten für beruflichen Aufstieg	Aufstiegsorientiert	8
Anregende und interessante Aufgabenstellungen Gute Chancen zum Lernen und zu Weiterbildung	Inhaltlich-expressiv	24
	Gesamt	100*

Tab. 4.4: Items zur Freizeitgestaltung und Verteilung nach Häufigkeit der Aktivität (N = 4023; Angaben in %)

Items	Mind. 1 x pro Woche	Mind. 1 x pro Monat	Seltener	Nie
Geselligkeit mit Freunden, Verwandten oder Nachbarn.	55	32	11	2
Kinobesuch, Besuch von Popkonzerten, Tanzveranstaltungen, Discos, Sportveranstaltungen.	8	28	41	23
Aktiver Sport	29	13	19	39
Eigene künstlerische und musische Tätigkeiten (Malen, Fotografie, Musizieren, Tanz- oder Theatergruppen).	10	13	24	53
Mithelfen, wenn bei Freunden, Verwandten oder Nachbarn etwas zu tun ist.	15	41	37	7
Besuch von klassischen Konzerten, Vorträgen, Theater.	1	11	36	52
Beteiligung in Bürgerinitiativen usw.	1	6	12	81
Ehrenamtliche Tätigkeiten in Vereinen, Verbänden usw.	7	9	13	71
Index expressive Freizeitgestaltung	Cronbachs Alpha = 0,67			

4.3 Arbeit und wichtigster Lernkontext

Die Analyse lernstruktureller Zusammenhänge und die Prüfung biographischer Einflüsse haben ergeben, dass das informelle Lernen als wichtigster beruflicher Lernkontext vor allem auf den Mangel an Zugangsmöglichkeiten zu anderen Lernformen zurückzuführen ist. Da sich berufliche Lernmöglichkeiten, die im Zentrum unserer Untersuchung stehen, in hohem Maße über die Erwerbsarbeit erschließen, darf man erwarten, dass die Überprüfung der Zusammenhänge, die zwischen den wichtigsten Lernkontexten und den Bedingungen des aktuellen bzw. letzten Beschäftigungsverhältnisses bestehen, näher an die Gründe für die Differenzen in der Verteilung der wichtigsten Lernkontexte heranführen.

Als erstes zeigt sich, dass die Wichtigkeit der von den Befragten genannten Lernkontexte erheblich nach dem beruflichen und betrieblichen Status differieren:

Während im Durchschnitt 67% der Erwerbspersonen das *informelle Lernen* als wichtigsten Lernkontext bezeichnen, wird dies überdurchschnittlich häufig von Angehörigen jener Gruppen getan, die traditionell schon geringere Möglichkeiten des Zugangs zu formalisierter betrieblicher Weiterbildung besaßen und noch heute besitzen: Überrepräsentiert sind Gewerbliche (80%), Un- und Angelernte (80%) sowie Beschäftigte in Kleinbetrieben (72%), d.h. in Betrieben, denen es in der Regel an einer Infrastruktur für Personalentwicklung mangelt. Ebenso überraschungsfrei ist der Befund, dass wir in dieser Gruppe überdurchschnittlich häufig (72%) auf mittlerem Niveau qualifizierte Fachkräfte finden, handelt es sich doch um jene Gruppe, für die arbeitsintegriertes Lernen nicht nur in der Ausbildung, sondern auch im Berufsverlauf als zentrales Merkmal gilt (Baethge & Baethge-Kinsky 1998a). Schließlich – und das ist der eigentlich überraschende und zugleich problematische Befund – wird das informelle Lernen von jenen häufiger als wichtigster Lernkontext bezeichnet, deren Arbeit weder besondere Lernchancen noch Anreize bietet, sich in andere Lernumgebungen zu begeben. Dies sind 77% der Beschäftigten an Arbeitsplätzen ohne Computerausstattung sowie 75% der Personen, die unter schwach lernförderlichen Bedingungen arbeiten. Informelles Lernen scheint für diese die einzige Möglichkeit zu sein, beruflich überhaupt etwas zu lernen (Tab. 4.5).

Wenn umgekehrt 14% der Befragten das *formalisierte Lernen* als beruflich wichtigsten Kontext angeben, so spiegelt sich darin offenbar der erhebliche Einfluss traditioneller Beschäftigungsprivilegien: Überdurchschnittlich häufig nennen dies Personen, die sowohl qua Ausbildung als auch qua betrieblicher Position oder Unternehmensgröße leichteren Zugang zu Lernumgebungen jenseits der alltäglichen Arbeit haben: Dies sind vor allem Beamte (21%), Führungskräfte/Akademiker (19%) und Mitarbeiter aus Großbetrieben (18%). Eine gewisse Überraschung stellt auf den ersten Blick der Befund dar, dass in dieser Gruppe vor allem Personen an informationstechnisch „modernen" Arbeitsplätzen mit 19% sowie

Tab. 4.5: Wichtigster Lernkontext nach ausgewählten Merkmalen der Erwerbspersonen (Angaben in %)

		Wichtigster Lernkontext			
		Formalisiertes Lernen	Mediales Lernen	Informelles Lernen	Gesamt
Beschäftigungsstatus (N = 2910)	Selbständige	17	28	55	100
	Beamte	21	24	55	100
	Freie Mitarbeiter	12	32	56	100
	Gewerbliche	10	10	80	100
Komplexitätsniveau der Tätigkeit (N = 2781)	Führungskräfte/Akademiker	19	34	47	100
	Semi-akademische Tätigkeiten	17	23	60	100
	(Dual) qualifizierte Fachkräfte	13	15	72	100
	Un- und Angelernte	10	10	80	100
Betriebsgröße (N = 2821)	Kleinstbetriebe (1-2 Mitarbeiter)	15	28	57	100
	Kleinbetriebe (3-49 Mitarbeiter)	11	17	72	100
	Großbetriebe (ab 500 Mitarbeiter)	18	20	62	100
Lernförderlichkeit des Arbeit (N = 2559)	Stark lernförderlich	18	21	61	100
	Schwach lernförderlich	10	15	75	100
Informationstechnische Modernität der Arbeit (N = 2954)	„moderne" Arbeit	19	23	58	100
	„unmoderne" Arbeit	9	14	77	100
Erwerbspersonen insgesamt (N = 3116)		14	19	67	100

in „lernförderlicher Arbeit" (mit 18%) deutlich überrepräsentiert sind (Tab. 4.5). Dies lässt sich dadurch erklären, dass die privilegierten Gruppen auch unter denen überpräsentiert sind, die mit moderner Technik und unter günstigen Organisationsbedingungen arbeiten.[33]

Ziehen wir an dieser Stelle ein vorläufiges Resümee: Der Einfluss, den die Beschäftigungs- und Arbeitsbedingungen auf den beruflich wichtigsten Lernkontext ausüben, verweist im wesentlichen auf das Fortwirken traditioneller Privilegienstrukturen in der Arbeit. Pointiert ausgedrückt: Informelles Lernen ist am ehesten der Lernkontext von Gewerblichen, insbesondere von Un- und Angelernten und Kleinbetriebsbeschäftigten, während formalisierte Lernkontexte eher von Beamten, Führungskräften/Akademikern und Angestellten aus Großbetrieben und an technisch modernen Arbeitsplätzen hervorgehoben werden. Eine Ausnahme stellt in dieser Hinsicht das mediale Lernen dar: Dessen subjektiv zugemessene berufliche Wichtigkeit scheint eher aus der Verbindung biographischer Vertrautheit mit eben solchen Lernprozessen und den Schwierigkeiten herzurühren, Zeit für Lernprozesse in der laufenden Arbeit zu reservieren. Mediales Lernen als wich-

---
33 Von den Führungskräften und Akademikern sowie Beamten arbeiten 83% bzw. 86% mit Computern und 85% bzw. 82% im Rahmen lernförderlicher Arbeit und damit in beiderlei Hinsicht deutlich häufiger als der Durchschnitt (53% bzw. 54%).

tigster Lernkontext wird vor allem von Selbstsändigen (28%), freien Mitarbeitern (32%), Führungskräften/Akademikern (34%) und von in Kleinstbetrieben Tätigen (28%) genannt.

Bezieht man die Ergebnisse zu den lernstrukturellen und biographischen Einflüssen ein, so können wir auch hier festhalten, was wir bereits im Zusammenhang der vorberuflichen Sozialisationserfahrungen konstatiert haben (vgl. Kapitel 3): Die „wichtigsten Lernkontexte" drücken offenbar weitaus weniger Lernpräferenzen der Individuen aus, als man vielleicht annehmen könnte. Sie sind von aktuellen Gelegenheitsstrukturen der Erwerbsarbeit und von Zugangsbedingungen zu den unterschiedlichen Lerngelegenheiten mindestens ebenso abhängig wie von Schulerfahrungen und Ausbildungsniveaus. Die differenzielle Wirkung der unterschiedlichen Faktoren lässt sich an dieser Stelle nicht klären. In einer von uns gerechneten Regressionsanalyse liegt die durch alle erhobenen objektiven und subjektiven biographischen Daten zu Sozialisation, Erwerbsverlauf, Orientierung als auch zu Beschäftigungs- und Arbeitsbedingungen aufgeklärte Varianz ausgesprochen niedrig ($R^2 = 0{,}09$).

Auch wenn im zweiten Kapitel deutlich geworden ist, dass sich die informellen Lernkontexte weniger stark als die formellen mit den für lebenslanges Lernen konstitutiven Kompetenzen verbinden, lässt sich der hier vorgetragene Befund auch produktiv wenden. Der Hinweis auf die Nähe „bildungsungewohnter Gruppen" zu Formen informeller Weiterbildung wie auch der Vorschlag, deren konstitutive Elemente wie Vertrautheit mit dem sozialen Umfeld und schnelle Rückkopplung mit strukturierten Lernprozessen zu nutzen (vgl. Forum Bildung 2001), gewinnt an Gewicht: Bei einer entsprechenden Ausrichtung der Angebote könnten vielleicht subjektiv vorhandene Zutrittsbarrieren verkleinert und strukturelle Zugangsgelegenheiten verbessert werden.

4.4 Lernförderlichkeit der Arbeit und Lernkompetenz

Wie die unterschiedlichen Formen der Lernförderlichkeit der Arbeit mit der spezifischen Lernkompetenz, um die es uns hier geht, zusammenhängen, darüber ist bisher wenig bekannt. Vielfach belegt ist die Stimulation und Entwicklung fachlicher, sozialer und methodischer Kompetenzen sowie ihnen zugrunde liegender kognitiver und Fähigkeiten bzw. motivationaler Bereitschaft, die sich beispielsweise auf die Auseinandersetzung mit auftretenden Problemen, auf das Engagement in der Arbeit oder auch das arbeitsbezogene Selbstmanagement richten (Bergmann 1994; Baitsch 1998; Ulrich 2000; Richer & Wardanjan 2000).

Unsere Untersuchung zeigt insgesamt einen hohen Zusammenhang zwischen der Organisation der Arbeit, in der jemand tätig ist, und der Kompetenz für lebenslanges Lernen, die jemand äußert. Personen, die in Arbeitsverhältnissen mit stark ausgeprägter Lernförderlichkeit beschäftigt sind, weisen mit 39% eine hohe

Lernkompetenz auf, während Personen an schwach lernförderlichen Arbeitsplätzen fast umgekehrt spiegelbildlich zu 41% eine niedrige Lernkompetenz deutlich werden lassen. Diese Relationen werden bestätigt durch die Merkmale des Qualifikationsniveaus und der informationstechnischen Modernität der Arbeit. Beide Merkmale zeigen ähnlich hohe Zusammenhänge mit der Lernkompetenz als Gesamtindikator auf (vgl. Tab. 4.6), so dass den Arbeitsverhältnissen für Dispositionen und Fähigkeiten für lebenslanges Lernen eine überragende Bedeutung zugemessen werden kann. Eine von uns in diesem Zusammenhang durchgeführte multivariate Analyse zeigt nicht nur eine ausgeprägte Bestimmtheit der Lernkompetenz durch die Organisationsbedingungen der Arbeit, sondern weist darin der Lernförderlichkeit der Arbeit den größten Effekt zu.[34]

Tab. 4.6: Niveau der Lernkompetenz nach Lernförderlichkeit, informationstechnischer Modernität und Tätigkeitsniveau der Arbeit (Angaben in %)

Niveau der Lernkompetenz	Lernförderlichkeit der Arbeit (N = 2321)		Informationstechnische Modernität der Arbeit (N = 2680)		Tätigkeitsniveau (N = 2510)	
	Stark ausgeprägt	Schwach ausgeprägt	Arbeit mit IT-Technologie	Arbeit ohne IT-Technologie	Hochqualifizierte Tätigkeiten	Mittel/niedrig qualifizierte Tätigkeiten
Hoch	39	13	38	15	52	19
Mittel	48	46	48	45	42	47
Niedrig	13	41	14	40	6	34
Gesamt	100	100	100	100	100	100

Wenn in der Arbeits- und Organisationspsychologie die Lernförderlichkeit der Arbeit insgesamt sehr stark daran festgemacht wird, wie partizipativ betriebliche Arbeitsverhältnisse gefasst und wie ganzheitlich Arbeitsaufgaben geschnitten sind, so heißt das noch nicht, dass diese Aspekte auch diejenigen sind, die den stärksten Einfluss auf die Lernkompetenz haben. Wir unterscheiden vier Dimensionen der Arbeitsorganisation, die lernförderlich wirken können:
- betriebliche Entwicklungsmöglichkeiten;
- Ganzheitlichkeit der Aufgabenstellung;
- Kommunikations- und Kooperationsintensität (soziale Einbindung) und
- Partizipationschancen in der Arbeit (vgl. Abb. 4.1).

---

34 Das Bestimmtheitsmaß (R2) beträgt 0,247; die relative Effektstärke (Beta) der Lernförderlichkeit beträgt 0,270, der Funktions- und Statusmerkmale der Arbeit (Qualifikationsniveau, Beschäftigtenstatus) 0,218 und der informationstechnischen Modernität 0,184.

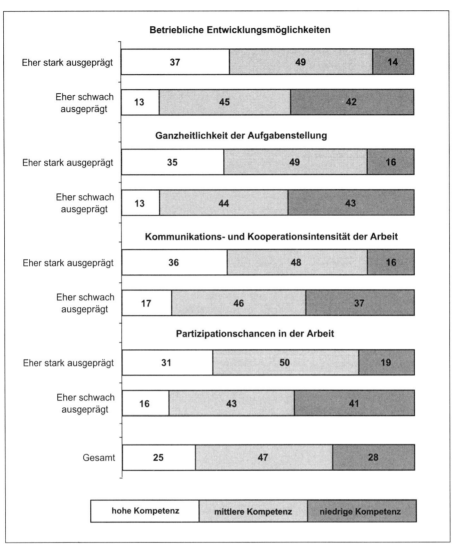

Abb. 4.1: Niveau der Lernkompetenz nach einzelnen Dimensionen der Lernförderlichkeit von Arbeit (Angaben in %)

In Abweichung von anderen Untersuchungen zeigen unsere Befunde, dass die Ganzheitlichkeit der Aufgabenstellung unter den vier Dimensionen der Lernförderlichkeit von Arbeit erst an zweiter Stelle rangiert, während die Partizipationschancen an letzter Stelle zu finden sind. Allerdings muss man einschränkend sagen, dass mit Ausnahme der Partizipationschancen die Differenzen zwischen den Dimensionen minimal sind und allen ein zumindest markanter Einfluss auf die Lernkompetenz zukommt; im Einzelnen (vgl. Abb. 4.1):

- Den stärksten Einfluss haben offenbar die betrieblichen Entwicklungsmöglichkeiten. 37% derjenigen, die eher ausgeprägte Entwicklungsmöglichkeiten im Betrieb konstatieren, weisen eine hohe Lernkompetenz auf. Umgekehrt sind es immerhin 42% derjenigen mit schwach ausgeprägten betrieblichen Entwicklungsmöglichkeiten, die eine niedrige Kompetenz aufweisen.[35]
- Nur unwesentlich weniger ausgeprägt ist der Zusammenhang zwischen der Ganzheitlichkeit der Aufgabenstellung und der Lernkompetenz (K - T = 0,321). 35% der Personen mit einer eher ausgeprägten Ganzheitlichkeit der Aufgabenstellung weist eine hohe Lernkompetenz auf. Unter denen mit einer schwach ausgeprägten Ganzheitlichkeit beträgt dieser Anteil nur 13%.
- Immer noch markant ist der Zusammenhang zwischen der Kommunikations- und Kooperationsintensität der Arbeit und der Lernkompetenz (K - T = 0,259). Diejenigen, bei denen die Kommunikations- und Kooperationsintensität der Arbeit eher stark ausgeprägt ist, weisen zu 36% eine hohe Lernkompetenz auf. Umgekehrt sind es 37% derjenigen mit einer eher schwach ausgeprägten Kommunikations- und Kooperationsintensität der Arbeit, die eine niedrige Lernkompetenz ausweisen.
- Markant ist auch noch der Zusammenhang zwischen den erfahrenen Partizipationschancen und der Lernkompetenz (K - T = 0,236). Bei denen mit eher ausgeprägten Partizipationschancen weisen 31% eine hohe Lernkompetenz auf. Wo die Partizipationschancen als eher schwach ausgeprägt beschrieben werden, da weisen 41% eine niedrige Lernkompetenz auf.

Die beschriebenen Unterschiede in der Stärke des Zusammenhangs zwischen den einzelnen Dimensionen der Lernförderlichkeit der Arbeit und der Lernkompetenz dürfen sicherlich nicht so verstanden werden, als würde es in erste Linie oder gar ausschließlich auf die betrieblichen Entwicklungsmöglichkeiten und die Ganzheitlichkeit der Aufgabenstellung ankommen, um die Lernkompetenzen der Beschäftigten zu fördern. Darauf verweist letztlich auch der Sachverhalt, dass der Zusammenhang zwischen der Lernförderlichkeit der Arbeit insgesamt und der Lernkompetenz stärker ausgeprägt ist als für jede ihrer Teildimensionen. Weil dies so ist und die Unterschiede zwischen den Dimensionen so gering sind, hat eine betriebliche Gestaltung von Beschäftigungs- und Arbeitsverhältnissen alle vier Dimensionen zu berücksichtigen.

Schließlich ist unübersehbar, dass die Dynamik und Richtung betrieblicher Reorganisation eine offenbar nicht unerhebliche Rolle für die Lernkompetenz spielt: Wo eine eher positive Reorganisationsdynamik, das heißt eine Verbesserung in den Dimensionen Partizipation, Ganzheitlichkeit, betriebliche Entwicklungsmöglichkeiten und Kommunikations- und Kooperationsintensität wahrgenommen wird, zeigen 37% der Beschäftigten eine hohe Lernkompetenz. Deutlich niedriger liegt dieser Anteil bei denjenigen, bei denen sich im Betrieb entweder wenig verändert hat oder aber wo die Veränderung als eher negativ empfunden wird:

---

35 Die Korrelation nach (K - T) beträgt 0,335.

Immerhin weisen 32% derjenigen, in deren Arbeit in den letzten Jahren im Großen und Ganzen alles beim Alten geblieben ist, eine niedrige Lernkompetenz auf; bei denjenigen, die eine Verschlechterung wahrnehmen, liegt dieser Anteil um ca. 8% höher (vgl. Tab. 4.7). Offenbar macht es in Bezug auf die Lernkompetenz keinen sehr großen Unterschied, ob es keine Veränderungen in der Organisation der Arbeit gegeben hat oder ob diese Veränderungen eher zu einer Verschlechterung der Arbeitsbedingungen geführt haben. Dieser Befund, der in seiner eigenen Art und Weise die geläufige Redewendung „Stillstand ist Rückschritt" zu bestätigen scheint, lässt sich durchaus gut erklären: Anscheinend fehlen bei einer im Großen und Ganzen unveränderten Organisation ebenso wie bei reduzierten Entfaltungsbedingungen in der Arbeit alle jene Signale, die das Individuum als Lernaufforderung deuten und in Lernengagement umsetzen kann.

Tab. 4.7: Lernkompetenz nach Dynamik betrieblicher Arbeitsbedingungen (N = 2484; Angaben in %)

	Arbeitsbedingungen			
	eher Verschlechterung	weitgehend unverändert	eher Verbesserung	Gesamt
hohe Kompetenz	18	19	37	25
mittlere Kompetenz	42	49	48	47
niedrige Kompetenz	40	32	15	28
Gesamt	100	100	100	100

K - T = 0,226

Der dargestellte Befund zum Zusammenhang von Reorganisationsdynamik und Lernkompetenz folgt in seiner Richtung dem Ergebnis, das wir schon bei der Analyse der aktuellen Arbeit, das heißt der Lernförderlichkeit des aktuellen Arbeitsverhältnisses gefunden haben. Gleichwohl schlägt die Reorganisationsdynamik (K - T = 0,226) weitaus weniger auf die Lernkompetenz durch, als die Lernförderlichkeit des Arbeitsverhältnisses selbst. Von einem starken Sondereffekt der Reorganisationsdynamik können wir angesichts dieser Befunde nicht sprechen. Es ist zu vermuten, dass wir damit einem methodologischen Problem auf der Spur sind, das darin besteht, dass in die Wahrnehmungen der eigenen Arbeitsbedingungen immer auch die jüngeren Veränderungstendenzen eingehen und vice versa. Dieses Problem lässt sich nicht abschließend klären.

Der von uns gebildete Index „Kompetenz für lebenslanges Lernen" ist hochkomplex, und es stellt sich die Frage, ob die Stärke des Zusammenhangs zwischen arbeitsorganisationalen Merkmalen und den einzelnen Komponenten des Index gleich stark ist wie beim Gesamtindex. Wir demonstrieren im folgenden die Zusammenhänge für die einzelnen Komponenten getrennt.

4.4.1 Antizipation und die besondere Signalwirkung von Produkt- und Arbeitsmärkten

Ein Einfluss der Beschäftigungs- und Arbeitserfahrungen auf die Antizipation von Lernerfordernissen in der Erwerbsbevölkerung steht außer Frage. Allerdings sind die Zusammenhänge anders ausgeprägt, als dies die Diskussion um die Lernförderlichkeit der Arbeit erwarten ließ.

Unter den lernförderlichen Aspekten der Arbeitsgestaltung sind es allein die *betrieblichen Entwicklungsmöglichkeiten,* denen ein markanter Einfluss (K - T = 0,212) auf die Antizipation zugesprochen werden kann: 43% derjenigen, die ausgeprägte Möglichkeiten wahrnehmen, weisen ein hohes, 42% derjenigen mit der Einschätzung wenig ausgeprägter Entwicklungsmöglichkeiten ein niedriges Antizipationsniveau auf (vgl. Abb. 4.2). Die übrigen Dimensionen wie Partizipationschancen, soziale Einbindung der Arbeit wie auch die Komplexität der Aufgabenstellung haben demgegenüber einen deutlich schwächeren, wenn auch noch signifikanten Einfluss.[36]

Dass unter den Arbeitsbedingungen ausgerechnet die betrieblichen Entwicklungsmöglichkeiten den stärksten Einfluss auf die Antizipation haben, verwundert nicht sehr: Drückt sich in ihnen doch aus, dass Lernen und Weiterbildung auf der

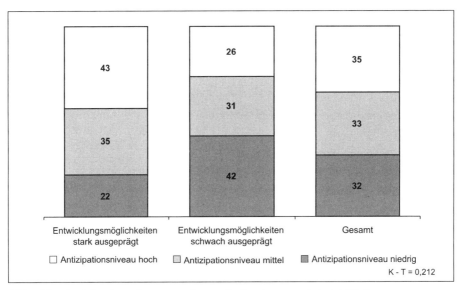

Abb. 4.2: Antizipationsniveau von Lernerfordernissen nach betrieblichen Entwicklungsmöglichkeiten (N = 2448; Angaben in %)

---

36 Die entsprechenden Korrelationen nach Kendall-Taub betragen für „Lernförderlichkeit des Arbeitsverhältnisses" 0,174, für „Partizipationschancen" 0,094, für „Ganzheitlichkeit der Aufgabenstellung" 0,171 und für „soziale Einbindung" 0,134 und bezeichnen damit allenfalls moderate Zusammenhänge.

betrieblichen Ebene besonders unterstützt und honoriert wird. Schon etwas überraschender wirkt der Sachverhalt, dass die informationstechnische Prägung der Arbeit ebenfalls einen erheblichen Einfluss auf die Antizipation zu haben scheint (C - V = 0,225): 44% der Arbeitskräfte an informationstechnologischen Arbeitsplätzen weisen eine hohe, 42% umgekehrt derjenigen an Nicht-IuK-Arbeitsplätzen eine niedrige Antizipation auf (vgl. Abb. 4.3). Beide Befunde könnten darauf hindeuten, dass auch diejenigen, denen es infolge früherer Sozialisation an ausgeprägten kognitiven Voraussetzungen mangelt, die durch betriebliche Informatisierungsprozesse und praktizierte „Lernkulturen" gesetzten Signale aufzunehmen und reflexiv auf ihre bisherigen Lernstrategien anzuwenden imstande sind. Für diese Interpretation spricht, dass nur bei den Personen auf niedrigem und mittlerem Ausbildungsniveau ein markanter Zusammenhang zwischen technischer Modernität und Antizipation besteht.[37]

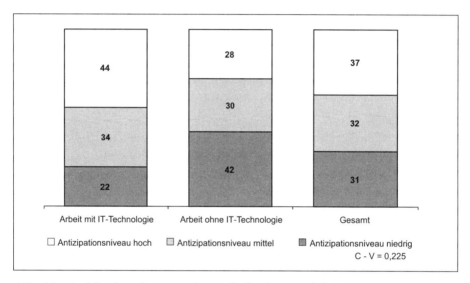

Abb. 4.3: Antizipationsniveau von Lernerfordernissen nach informationstechnischem Modernisierungsgrad der Arbeit (N=2731; Angaben in %)

Ob die betriebsinternen Bedingungen allerdings den entscheidenden Einfluss auf die Antizipation haben, ist damit noch nicht ausgemacht. Neben den betrieblichen Entwicklungsbedingungen stehen auch Merkmale der Beschäftigungs- und Arbeitsverhältnisse, die den betrieblichen oder den gesellschaftlichen Status der Beschäftigten definieren, in enger Verbindung mit einem hohen Antizipationsniveau: Während insgesamt 37% aller Erwerbspersonen ein hohes Antizipationsniveau aufweisen, sind es unter den Selbstständigen und den freien Mitarbeitern

---

[37] Die Korrelationen betragen für Personen ohne qualifizierten Ausbildungsabschluss 0,205 (K - T) bzw. 0,181 (K - T) für Personen mit einem qualifizierten Ausbildungsabschluss.

jeweils 57% sowie 55% bei den Führungskräften/Akademikern (Abb. 4.4). Es handelt sich dabei um Personengruppen, bei denen teilweise ihre Existenz, teilweise ihre berufliche Entwicklung daran gebunden ist, dass sie sich an den Signalen orientieren, die von den Märkten außerhalb des Betriebes ausgehen. Anders verhält es sich möglicherweise bei den Beamten (50%) und den Angehörigen des öffentlichen Dienstes, deren überdurchschnittlich hohe Antizipation in den klaren und auf formalisierte Qualifizierung abgestellten Laufbahnregeln begründet sein dürfte.

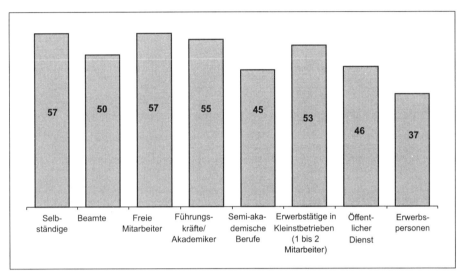

Abb. 4.4: Hohes Niveau der Antizipation nach Beschäftigungsmerkmalen (Angaben in % der jeweiligen Personengruppen)

Man wird also davon ausgehen dürfen, dass sowohl die betriebsintern gesetzten Bedingungen der Arbeit als auch die aus dem Beschäftigungsstatus herrührende Nähe zu „externen" Produkt- und Arbeitsmärkten die Antizipation fördern. Dies besitzt eine gewisse Logik. Weniger unmittelbar einleuchtend ist, dass unter den unterschiedlichen Organisationsbedingungen der Arbeit weder die soziale Einbindung der Arbeit noch die betrieblichen Partizipationschancen einen besonders großen Einfluss auf die Antizipation zu haben scheinen. Beide Aspekte beschreiben schließlich Möglichkeiten des Wissensaustausches, der Kooperation und Kommunikation, über die man sich einen weiten Einblick in betriebliche wie auch überbetriebliche Geschehnisse und damit auch speziell in Entwicklungen im Feld von Arbeit und Beruf verschaffen kann.

Es bleibt an dieser Stelle noch eine Frage zu klären: Wenn sowohl erwerbsstrukturelle Merkmale (Beschäftigtenstatus, Komplexitätsniveau der Tätigkeit) als auch technische Modernität der Arbeit einen erheblichen Einfluss auf die Antizipation haben, welche Rolle spielt dann noch die „lernförderliche" Gestaltung der Arbeit? Wir sind dieser Frage über multivariate Analysen nachgegangen.

Das Ergebnis der Analysen zeigt, dass alle drei Dimensionen der Erwerbsarbeit einen eigenständigen Einfluss auf die Antizipation haben und dass unter ihnen die Merkmale der Arbeit, die ihre Statusseite bezeichnen, am stärksten wirken (Beta = 0,192), der Einfluss der Lernförderlichkeit (Beta= 0,151) aber erheblich ist (Abb. 4.5). Gleichwohl verweist das niedrige Bestimmtheitsmaß (R^2 = 0,105) darauf, dass die Antizipation in beträchtlichem Maße durch persönliche Hintergrundsvariablen wie Bildungsniveau u.a. (vgl. Kapitel 2) geprägt sein dürfte.

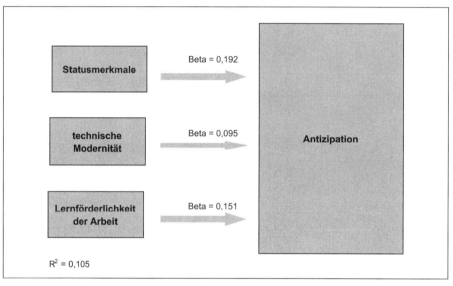

Abb. 4.5: Grad der Bestimmtheit der Antizipation durch Organisationsbedingungen der Arbeit (R^2) und relative Effektstärke (Beta) einzelner Dimensionen

4.4.2 Der Einfluss lernförderlicher Arbeitsorganisation auf die Selbststeuerungsdisposition

Es ist nicht zu erwarten, dass der Einfluss lernförderlicher Arbeitsbedingungen auf die motivationale Seite der Lernkompetenz ähnlich bescheiden ausfällt wie im Fall der Antizipation. In allen einschlägigen Studien wird eine klare Verbindung beschrieben, die zwischen Lernchancen und -anreizen in der Arbeit und der Bereitschaft, sich selbst ohne Aufforderung von außen um Wissenslücken zu kümmern, besteht (Baitsch 1998). Insofern war es weniger die Frage, ob die Lernförderlichkeit der Arbeit überhaupt Einfluss auf die Disposition zu selbstgesteuertem Lernen nimmt als vielmehr, wie stark dieser Einfluss durchschlägt und welche einzelnen Faktoren in diesem Zusammenhang eine besonders gewichtige Rolle spielen.

Tatsächlich hängen die betrieblichen Organisationsbedingungen der Arbeit und die Disposition zu selbstgesteuertem Lernen in hohem Maße zusammen – und zwar über alle Dimensionen der Lernförderlichkeit der Arbeitsbedingungen hinweg.[38] Neben der allgemeinen Lernförderlichkeit des Arbeitsverhältnisses sind es hier die Ganzheitlichkeit der Aufgabenstellung und wiederum die betrieblichen Entwicklungsmöglichkeiten, denen ein besonders hoher Einfluss zugeschrieben werden muss:

72% derjenigen, die unter lernförderlichen Bedingungen arbeiten, bekunden eine eher stark ausgeprägte Selbststeuerungsdisposition; von denen, die umgekehrt unter wenig lernförderlichen Bedingungen arbeiten müssen, geben nur 34% eine hohe, aber 66% eine wenig ausgeprägte Neigung zu selbstgesteuertem Lernen zu erkennen (Abb. 4.6). Fast identische Entsprechungen finden sich für das Merkmal „betriebliche Entwicklungsmöglichkeiten". Schließlich weisen 70% der Erwerbspersonen mit einer eher ganzheitlichen Aufgabenstellung eine ausgeprägte, 65% derjenigen mit einer eher partialisierten Aufgabenstellung eine wenig ausgeprägte Selbststeuerungsdisposition auf (Abb. 4.7).

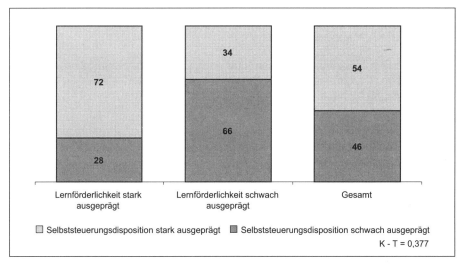

Abb. 4.6: Selbststeuerungsdisposition nach Lernförderlichkeit des Arbeitsverhältnisses (N = 2399; Angaben in %)

Es lässt sich allerdings an dieser Stelle nicht belegen, dass es die Gestaltung der Arbeitsbedingungen im engeren Sinne ist, welche die Disposition zu selbstgesteuertem Lernen vorrangig beeinflusst. Auch andere beschäftigungsstrukturelle Merkmale weisen deutliche Zusammenhänge mit diesem Aspekt der Lernkompetenz auf: Dies gilt beispielsweise für die informationstechnische Prägung der

---

38 Die Korrelationen nach Kendall-Taub liegen zwischen 0,286 und 0,377 und bezeichnen damit mindestens markante, wenn nicht hochgradige Zusammenhänge. Höhere bivarate Korrelationen haben wir zwischen Merkmalen, die nicht weitgehend identische Sachverhalte bezeichnen (wie z.B. die Übereinstimmung von Kleinstbetrieben und Selbstsändigkeit), nirgendwo gefunden.

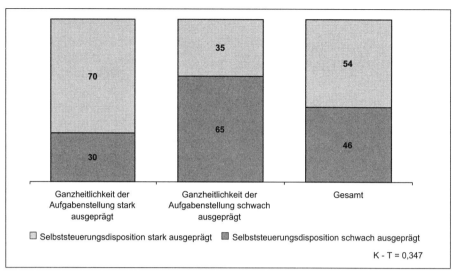

Abb. 4.7: Selbststeuerungsdisposition nach Ganzheitlichkeit der Aufgabenstellung (N = 2508; Angaben in %)

Arbeit: Wer mit Computern oder an computergesteuerten Anlagen arbeitet, legt zu 69% eine ausgeprägte Disposition zu selbstgesteuertem Lernen an den Tag; die Umkehrung ist ebenfalls deutlich (vgl. Abb. 4.8).

Dass das Aspirationsniveau gegenüber der Arbeit wie auch das Ausmaß expressiver Freizeitgestaltung einen eigenen und erheblichen Einfluss auf die Selbststeuerung haben, war zu erwarten. Insofern erstaunt weniger, dass für beide Momente ein markanter Einfluss nachgewiesen werden kann, als vielmehr der

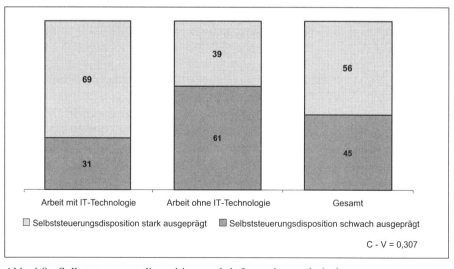

Abb. 4.8: Selbststeuerungsdisposition nach informationstechnischem Modernisierungsgrad der Arbeit (N = 2776; Angaben in %)

Sachverhalt, dass besonders das Ausleben expressiver Bedürfnisse in der Freizeit eine Rolle zu spielen scheint:[39] So gaben zwei Drittel der besonders Aktiven 66% eine ausgeprägte Bereitschaft zu selbstgesteuertem Lernen zu erkennen. Umgekehrt überwiegt bei denen mit geringer Aktivität sehr deutlich eine geringe Bereitschaft zu selbstgesteuertem Lernen (Abb. 4.9). Wir haben es beim Aspirationsniveau in der Arbeit wie auch in der Freizeitgestaltung mit sehr komplexen Bedürfnis- und Verhaltensdispositionen zu tun, die auf einem Kontinuum zwischen „eher aktiven" und „eher passiven" Dispositionen abzutragen sind und die Selbststeuerungsfähigkeit und -bereitschaft im Lernen stark beeinflussen.

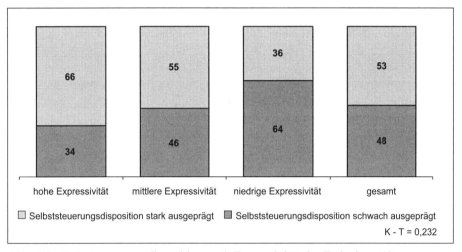

Abb. 4.9: Selbststeuerungsdisposition nach Expressivität der Freizeitgestaltung (N = 3155; Angaben in %)

Schließlich bleibt der Befund zu erwähnen, dass Selbständige wie auch Beamte weit überdurchschnittlich eine ausgeprägte Disposition zu selbstgesteuertem Lernen aufweisen, während Gewerbliche und befristet Beschäftigte beachtlich unter dem Durchschnitt liegen (vgl. Abb. 4.10). Ein wesentlicher Grund dafür ist in den andauernden belegschaftsstrukturellen Unterschieden im Zugang zu lernförderlichen Arbeitsbedingungen zu suchen: Vor allem Beamte (zu 82%) schildern ihre Arbeit als lernförderlich. Von den befristet Beschäftigten und den Gewerblichen arbeiten nur 30% bzw. 36% unter lernförderlichen Bedingungen und lassen ebenso selten eine Motivation zu selbstgesteuertem Lernen erkennen.

Eine erste Interpretation dieser Befunde bietet sich an: Wer unter beschäftigungsstrukturellen, technischen bzw. organisatorischen Bedingungen arbeitet, welche die Entfaltung der vorhandenen Qualifikationen zulassen und deren Weiterentwicklung gestatten und anregen, bei dem wird auch die Motivation und

---

39 Die Korrelationsmaße betragen nach Kendall-Taub berechnet für die Arbeitorientierungen 0,219 und für die expressive Freizeitgestaltung 0,232.

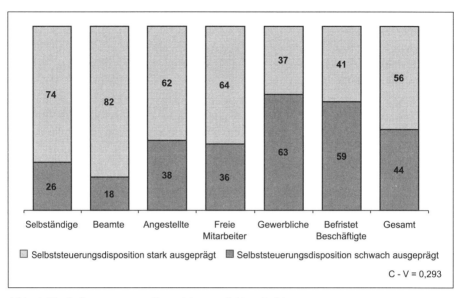

Abb. 4.10: Selbststeuerungsdisposition nach Beschäftigungsstatus
(N = 2732; Angaben in %)

das Selbstbewusstsein gefördert, Lernanregungen aufzunehmen und entstandene Wissensdefizite zu beheben – und zwar vermutlich auch außerhalb des durch Arbeitszeit und betriebliche Offerten markierten organisatorischen Rahmens. Dabei scheint es von den konkreten Arbeitsbedingungen durchaus unabhängige, subjektive Motive der Neugier und Offenheit zu geben, die die Bereitschaft zu selbstgesteuertem Lernen fördern. Wie groß die Eigenständigkeit dieser Motive ist, lässt sich an dieser Stelle nicht entscheiden, da wir nicht genau wissen, in welchem Wechselverhältnis Arbeitsbedingungen auf der einen sowie Aspirationen in der Arbeit und Freizeitaktivitäten bzw. -interessen auf der anderen Seite stehen. (Wir kommen auf diese Frage im letzten Abschnitt zurück.) Genauso wenig wissen wir bis jetzt, inwieweit in Bezug auf die Selbststeuerungsdisposition vor allem Statusmerkmale der Arbeit durchschlagen. Auch dieser Frage sind wir über multivariate Analysen nachgegangen.

Im Ergebnis zeigt sich ein – verglichen mit dem Einfluss auf die Antizipation – deutlich anderes Gewicht der Lernförderlichkeit der Arbeitsgestaltung für die Ausprägung der Disposition zu selbstorganisiertem Lernen (Abb. 4.11): Mit weitem Abstand (Beta = 0,402) rangiert dieser Modus der Organisation von Erwerbsarbeit in seinem Effekt auf die Selbststeuerungsdisposition vor erwerbsstrukturellen (Beta = 0,167) und technischen Bedingungen (Beta = 0,151). Auch dieses Ergebnis macht sehr viel Sinn: Erwerbsstrukturelle Merkmale reflektieren in besonderem Maße auf „externen" Produkt- und Arbeitsmärkten gesetzte Bedingungen von Arbeit und Beruf. Deshalb wirken sie besonders stark auf die Antizipation. Lernförderlichkeit der Arbeit wiederum markiert eine in erster Linie betriebliche Form der Organisation von Erwerbsarbeit, die für die Beschäftigten unmittelbar evident ist und vor allem von ihnen eine aktive Auseinandersetzung verlangt. Insofern nimmt sie in besonderem Maße auf jene Dimension der Lernkompetenz Einfluss, die den Einzelnen im Arbeitsalltag immer wieder zu Eigenaktivität herausfordert, die betrieblichen Prozesse mitzugestalten.

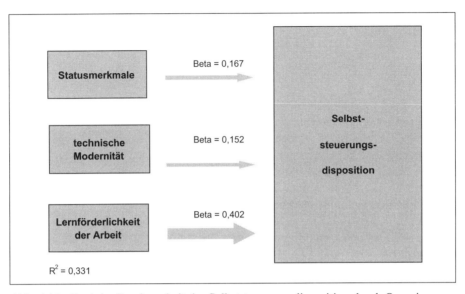

Abb. 4.11: Grad der Bestimmtheit der Selbststeuerungsdisposition durch Organisationsbedingungen der Arbeit (R^2) und relative Effektstärke (Beta) einzelner Dimensionen

4.4.3 Die Kompetenzentwicklungsaktivität

Die *Kompetenzentwicklungsaktivität* markiert jene Seite der Lernkompetenz, die weniger die bekundete Bereitschaft zu selbstgesteuertem Lernen als vielmehr die tatsächlich an den Tag gelegte Aktivität im Zugang zu Lernprozessen wie auch beim Lernen selbst wiedergibt. Gleichwohl stehen beide Aspekte in engem Zusammenhang – wie wir an früherer Stelle schon gezeigt haben. Es war daher zu erwarten, dass die Beschäftigungs- und Arbeitsbedingungen sich ähnlich auch auf dieses Moment der Lernkompetenz auswirken. Tatsächlich sind es auch im Großen und Ganzen die gleichen Faktoren, die besonders starken Einfluss auf die Aktivität ausüben; hierzu zählen die *informationstechnische Prägung der Arbeit* sowie die *Lernförderlichkeit des Arbeitsverhältnisses*.[40]

Innerhalb des durch die Lernförderlichkeit des Arbeitsverhältnisses markierten Gesamtrahmens betrieblicher Organisation sind es insbesondere die Dimensionen „Ganzheitlichkeit der Aufgabenstellung" und „betriebliche Entwicklungsmög-

---

40 Die Korrelationen betragen hier 0,331 (C - V) bzw. 0,301 (K - T).

lichkeiten", die – wie schon die Disposition zu selbstgesteuertem Lernen – den Aktivitätsgrad zu bestimmen scheinen.[41] Diese Ähnlichkeiten sind zwar nicht zufällig, lassen sich jedoch nicht in gleicher Weise deuten.

Kompetenzentwicklungsaktivität spiegelt die Initiative im Zugang zu verschiedenen Lernprozessen bzw. -umgebungen wider, die sich voneinander durch das Ausmaß an Ressourcen unterscheiden, die dafür durch das Individuum eingesetzt und/oder von den Betrieben bereitgestellt werden müssen. So müssen für das informelle Lernen grundsätzlich keine besonderen Ressourcen eingesetzt werden; die Infrastruktur (z.B. Arbeit) ist vorhanden, die Zeit ebenso. Beim medialen Lernen müssen hingegen sowohl infrastrukturelle als auch zeitliche Voraussetzungen durch Betrieb oder Individuum geschaffen werden. Ähnliches gilt für das formalisierte Lernen, für das der organisatorische Aufwand insgesamt vielleicht noch höher veranschlagt werden muss. Das Aktivitätsniveau der Kompetenzentwicklung bei Erwerbstätigen spiegelt also letztlich wider, welcher Aufwand jeweils von den unterschiedlichen Individuen betrieben wurde (selbst wenn keine Aussage darüber getroffen worden ist, wie sich im Einzelfall der Aufwand zwischen Betrieb und Individuum verteilt hat).

Diejenigen, die unter guten betrieblichen Entwicklungsmöglichkeiten arbeiten, weisen zu 43% eine hohe Lernaktivität auf; diejenigen dagegen, die auf schwache betriebliche Entwicklungsmöglichkeiten verweisen, rechnen zu 58% zu der Gruppe auf niedrigem Niveau der Kompetenzentwicklungsaktivität (Abb. 4.12). Dies deutet darauf hin, dass die beruflichen Entwicklungsmöglichkeiten, die im Betrieb geboten werden, die Initiative stärken, auch jenseits der in der Arbeit selbst entfalteten Aktivität Lernbedürfnisse zu befriedigen, d.h. insgesamt lern- und weiterbildungsaktiver zu werden.

Offensichtlich variieren die beruflichen Entwicklungsmöglichkeiten im Betrieb nach Arbeitsfeldern und Beschäftigungsstatus beträchtlich, was daran deutlich wird, dass es wiederum einen ausgeprägten Zusammenhang zwischen Erwerbstätigenstatus und Lernaktivität gibt: So bekunden immerhin 66% der Beamten, aber nur 17% der Gewerblichen eine hohe Aktivität, und auch freie Mitarbeiter und befristet Beschäftigte liegen deutlich unter dem Durchschnitt (Abb. 4.13). Dies mag einerseits etwas mit den durchschnittlich geringeren beruflichen Entfaltungsmöglichkeiten zu tun haben, unter denen insbesondere Gewerbliche und befristet Beschäftigte arbeiten müssen, sowie umgekehrt mit der Bindung des Aufstiegs von Beamten an erfolgreich absolvierte Weiterbildungskurse. Andererseits dürften auch die traditionell geringeren Zugangsmöglichkeiten der Gewerblichen zu Prozessen betrieblicher Weiterbildung jenseits der unmittelbaren Arbeit eine Rolle spielen. Bei freien Mitarbeitern und befristeten Beschäftigten sind oft die Zugangsbedingungen noch restriktiver gefasst, weil sie keine feste Einbindung

---

41 Die Korrelationen betragen hier 0,275 (K - T) bzw. 0,263 (K - T) und sind damit markant.

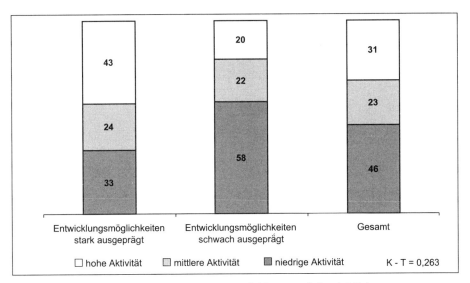

Abb. 4.12: Aktivitätsgrad der Kompetenzentwicklung nach betrieblichen Entwicklungsmöglichkeiten (N = 2537; Angaben in %)

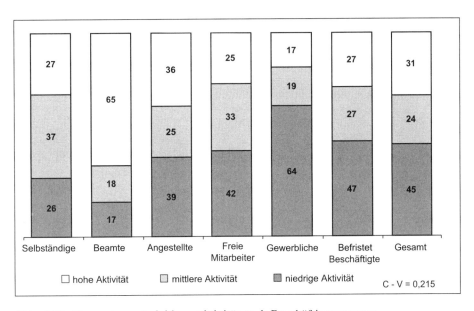

Abb. 4.13: Kompetenzentwicklungsaktivität nach Beschäftigungsstatus (N = 2792; Angaben in %)

in einen Betrieb haben. Dies scheint auch davon bestätigt zu werden, dass freie Mitarbeiter und Befristete überdurchschnittlich hoch (zu 26% bzw. 28%; Durchschnitt: 22% der Erwerbspersonen) Informations-, Qualitäts- und Angebotsdefizite als Weiterbildungsbarrieren benennen und weitere 19% der Befristeten die zu hohen Weiterbildungskosten thematisieren.

Wir haben auch im Hinblick auf die Kompetenzentwicklungsaktivität überprüft, welche Rolle die statusbezogenen Merkmale der Erwerbsarbeit (Beschäftigungsstatus, Qualifikationsniveau der Tätigkeit) gegenüber den technischen und arbeitsorganisatorischen Merkmalen besitzen.

Die multivariaten Analysen klären das bislang vorgelegte, eher disparate Bild des Einflusses, den die unterschiedlichen Dimensionen der Organisation von Erwerbsarbeit auf die Aktivität haben. Es zeigt sich, dass die Lernförderlichkeit der Arbeit (Beta = 0,236) die wichtigste Steuerungsgröße für die realisierte Lerninitiative und -aktivität darstellt, aber sowohl technische Modernität (Beta = 0,188) der Arbeit als auch erwerbstrukturelle Merkmale (0,186) in erheblichem Maße die an den Tag gelegte Aktivität beeinflussen (Abb. 4.14):

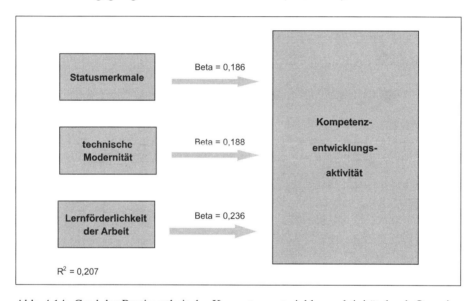

Abb. 4.14: Grad der Bestimmtheit der Kompetenzentwicklungsaktivität durch Organisationsbedingungen der Arbeit (R^2) und relative Effektstärke (Beta) einzelner Dimensionen

Als Ergebnis der Prüfung, welchen Einfluss die Organisationsformen der Arbeit auf die drei Dimensionen der Kompetenz für lebenslanges Lernen haben, zeigt sich, dass dieser Einfluss am stärksten bei der Disposition zu Selbststeuerung und Selbstorganisation ist. Antizipationsfähigkeit vor allem, aber auch Kompetenzentwicklungsaktivität stehen dahinter zurück. Ob dies darauf zurückzuführen ist, dass die unterschiedlichen Kompetenzdimensionen in verschiedenartigen Sozialisationserfahrungen im Laufe der Biographie wurzeln, wird im Weiteren zu prüfen sein.

4.5 Frühe Sozialisation und aktuelle Arbeitserfahrung: ihre Bedeutung für die Kompetenz zu lebenslangem Lernen

Mit dem Befund, dass eine lernförderliche Arbeit in starkem Maße mit der Lernkompetenz, insbesondere mit der Selbstorganisationsdisposition, zusammen hängt, stehen wir unmittelbar in der Debatte darüber, ob entscheidende und irreversible Weichenstellungen für lebenslanges Lernen weit vor Eintritt ins Erwerbsleben in der frühen Sozialisation erfolgen oder ob diese Lernkompetenzen in und durch die Arbeit als Erwachsener noch in wesentlichem Maße geprägt und gefördert werden können (vgl. Achtenhagen & Lempert 2000a, S. 41; Baitsch, 1998). Zu klären ist, welche Stärke die Zusammenhänge jeweils zwischen frühen Sozialisations- und aktuellen Arbeitserfahrungen mit den Kompetenzmerkmalen aufweisen. Dieser Frage sind wir mit weiteren multiplen Regressionsanalysen nachgegangen.

Im Rahmen der multiplen Regressionsanalyse wurden insgesamt vier Faktorenbündel als Inputvariablen verwendet:

- Das *erste* als „Sozialisation" bezeichnete *Bündel* enthält die Angaben zum schulischen und familialen Lernklima und schloss schulisches Bildungs- als auch das direkt nach der Schule erreichte Ausbildungsniveau ein.
- Das zweite als „Aspirationen gegenüber Arbeit und Privatleben" benannte Bündel enthält die Angaben zu den Aspirationen in der Arbeit und der Expressivität der Freizeitorientierung.
- Das dritte als „Organisation der Arbeit" gefasste Bündel beinhaltet die Angaben zur Lernförderlichkeit der Arbeit als auch zur informationstechnischen Modernität des Arbeitsplatzes.
- Das vierte Bündel schließlich umfasste die Angaben zum gegenwärtigen Erwerbsstatus, zum Beschäftigtenstatus der aktuellen/letzten Tätigkeit als auch zum Qualifikationsniveau derselben und wird als „erwerbsstrukturelle Bedingungen" bezeichnet.

Selbst wenn man die Ergebnisse dieser Analysen in gebotener Vorsicht interpretiert, deutet sich hier nicht nur eine ausgeprägte Bestimmtheit der Lernkompetenz durch die von uns erfassten Dimensionen an ($R^2 = 0{,}327$), sondern erweist sich auch der größere Effekt, den die betriebliche Organisation der Arbeit gegenüber der vorberuflichen Sozialisation auf die Lernkompetenz hat. Die Abbildung 4.15 zeigt deutlich, dass die Kompetenz zu lebenslangem Lernen am stärksten innerhalb der vier geprüften Dimensionen von der Organisation der Arbeit, also vom Grad der Lernförderlichkeit der konkreten Berufstätigkeit abhängig ist (Beta = 0,298). Danach folgen die Aspirationen gegenüber Arbeit und Privatleben (Beta = 0,207) und mit geringem Abstand die Sozialisationserfahrungen, während die erwerbsstrukturellen Attribute des Beschäftigtenstatus und des Qualifikationsniveaus demgegenüber deutlich abfallen (Beta = 0,144). Aspirationsniveau und

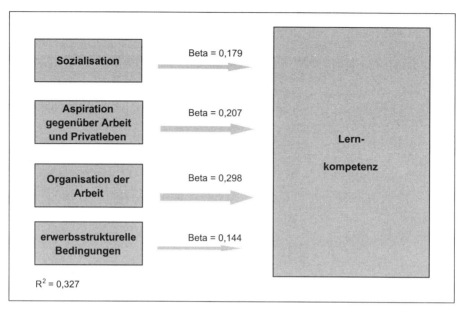

Abb. 4.15: Bestimmtheit der Lernkompetenz und relative Effektstärken von Sozialisation, Aspiration, Arbeitsorganisation und erwerbsstrukturellen Bedingungen

Sozialisationserfahrungen dürften, wiewohl sie jeweils unabhängige Faktoren darstellen, einen gemeinsamen Bezug darin haben, dass Aspirationen das Resultat langer biographischer Erfahrungen darstellen. Man kann diese in früher Sozialisation und Biographie gemachten Erfahrungen auch als Basis für die Dispositionen für lebenslanges Lernen ansehen (vgl. Krünn 2000; Staudinger 2000). Umso aufschlussreicher ist es, dass die Arbeitserfahrungen ihnen gegenüber ein so viel höheres Gewicht haben (vgl. Abb. 4.15).

Das Ergebnis der multiplen Regression zum komplexen Indikator „Lernkompetenz" bedeutet gleichwohl nicht, dass der Einfluss der Arbeit auf all ihren Einzeldimensionen gleich groß und dominierend sein muss. Die weitere Analyse zeigt aber für zwei der drei Dimensionen der Kompetenz zu lebenslangem Lernen die gegenüber den Einflüssen der vorberuflichen Sozialisation hervorstechende Bedeutung der Art und Weise, wie die Betriebe ihre Arbeit technisch und organisatorisch (im Sinne der Lernförderlichkeit) gestalten. Dieser starke Einfluss gilt sowohl in Bezug auf die Disposition zu selbstgesteuertem Lernen als auch in Hinsicht auf die Aktivität, die Individuen für die Entwicklung ihrer Kompetenz entfalten.

Bei der *Selbststeuerungsdisposition* ist der Effekt der Arbeitsorganisation (Beta = 0,372) noch einmal erheblich höher als beim Gesamtindex „Lernkompetenz" und auch deutlich höher als der Einfluss der Sozialisation (Beta = 0,231). Selbst wenn man in Rechnung stellt, dass sich in dem für arbeits- und freizeitbezogene

Orientierungen und Verhaltensweisen ausgewiesenen vergleichsweise geringen Effekt (Beta = 0,123) zusätzlich Sozialisationserfahrungen niederschlagen, erschüttert dies nicht die Einschätzung, dass hier eindeutig der zentrale Effekt bei der Arbeit liegt (vgl. Abb. 4.16).

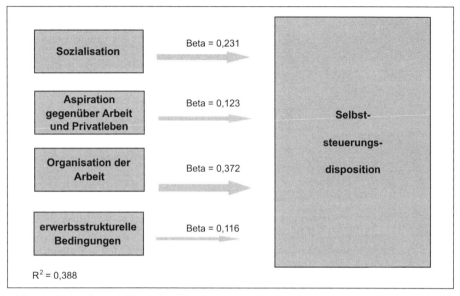

Abb. 4.16: Bestimmtheit der Selbststeuerungsdisposition und relative Effektstärken von Sozialisation, Aspiration, Arbeitsorganisation und erwerbsstrukturellen Bedingungen

Bezogen auf die *Kompetenzentwicklungsaktivität* ist der Einfluss der Arbeitsorganisation ebenfalls deutlich stärker (Beta = 0,256) als der von Orientierungen, Status- und Sozialisationsmerkmalen. Der Unterschied in der Stärke des Effekts gegenüber dem der anderen Variablen ist jedoch deutlich geringer. Auffallend ist vor allem das vergleichsweise hohe Gewicht von aktuellen expressiven Orientierungen und Verhaltensweisen (Beta = 0,210) und erwerbsbezogenen Statusmerkmalen (Beta = 0,183), während der Effekt der frühen Sozialisations- und Bildungserfahrungen deutlich geringer ausfällt (vgl. Abb. 4.17). Genauer gesagt: Lebensweltliche Neugier als subjektive Disposition wie auch strukturelle Merkmale der Erwerbsarbeit besitzen in Richtung auf die an den Tag gelegte Lerninitiative ein großes Gewicht. Der relative Effekt beider Variablen gegenüber Einflüssen von Arbeitsorganisation und Sozialisation fällt stärker aus als bei der Disposition zu selbstgesteuertem Lernen.

Dieser Befund lässt sich vermutlich aus den internen Beziehungen erklären, die zum einen zwischen Sozialisation und den auf Arbeit und Privatleben gerichteten subjektiven Dispositionen und Verhaltensweisen, zum anderen zwischen der Arbeitsorganisation und den erwerbstrukturellen Merkmalen bestehen:

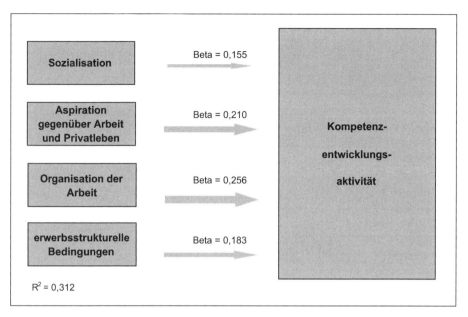

Abb. 4.17: Bestimmtheit der Kompetenzentwicklungsaktivität und relative Effektstärken von Sozialisation, Aspiration, Arbeitsorganisation und erwerbsstrukturellen Bedingungen

- Sozialisation zielt eher auf langfristig angelegte subjektive Dispositionen und Verhaltensweisen, während die auf Arbeit und Privatleben gerichteten Aspirationen zwar auf solchen Dispositionen beruhen, aber eher ihre kurzfristig angelegte, dynamische Seite abbilden, die in der Gegenwart verankert ist.
- Ähnlich verhält es sich bei Arbeitsorganisation und erwerbsstrukturellen Merkmalen: Während die betriebliche Arbeitsorganisation die eher dynamische Seite der gesellschaftlichen Organisation von Erwerbsarbeit abbildet, drücken sich in den erwerbstrukturellen Merkmalen vor allem die eher dauerhaften Einflüsse im Sinne von unterschiedlich verteilten Ressourcen im Zugang zu Weiterbildung aus.

Bei einer vor allem auf die aktuelle Initiative zielenden Dimension der Lernkompetenz ist es daher nicht verwunderlich, dass aktuelle Ausdrucksformen subjektiver Dispositionen ein stärkeres Gewicht erhalten. Ebenso plausibel erscheint es, dass sich die mit dem Erwerbsstatus verbundenen Zugangschancen bzw. -barrieren (z.B. versperrter Zugang zu arbeitsnahem Lernen für Arbeitslose, leichterer Zugang zu formalisierter betrieblicher Weiterbildung für Führungskräfte) auf die aktuellen Bildungsaktivitäten stärker auswirken als die unmittelbare Arbeitssituation.

In Bezug auf die dritte Kompetenzdimension, die Antizipation, erklären die arbeitsorganisatorischen Bedingungen deutlich weniger als bei den anderen Dimensionen (Beta = 0,172) und liegen in ihrem relativen Effekt nur wenig über der

Wirkung der Sozialisationsvariablen (Beta = 0,164) und sogar unter denen der
aktuellen Aspirationen gegenüber Arbeit und Privatleben (Beta = 0,181). Die
erwerbsstrukturellen Merkmale erklären in diesem Fall am wenigsten (Beta =
0,127). Dieser Befund wie auch die vergleichsweise geringe Bestimmtheit (R^2
= 0,154) der Antizipation durch die vier Faktoren könnte sich dadurch erklären
lassen, dass die mit Antizipation erfasste reflexive Dimension der Lernkompetenz
an kognitive Entwicklungen gebunden ist, die weitgehend schon in der Kindheit
und Schulzeit geprägt und nur in begrenztem Maße noch von aktuellen Arbeitserfahrungen beeinflusst werden (vgl. Abb. 4.18).

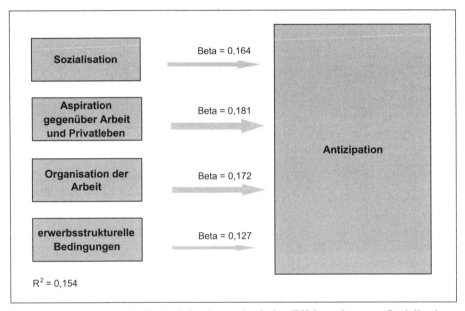

Abb. 4.18: Bestimmtheit der Antizipation und relative Effektstärken von Sozialisation,
Aspiration, Arbeitsorganisation und erwerbsstrukturellen Bedingungen

4.6 Die Rolle der Arbeit für die Lernkompetenz

Das neue und weiter zu interpretierende Ergebnis des vorliegenden Kapitels, das
bisherige Annahmen über die Determination der Kompetenzen für lebenslanges
Lernen, insbesondere für die Selbststeuerungskapazität, durch die frühe Sozialisation korrigieren bzw. modifizieren helfen könnte, liegt in dem Nachweis, dass
die Organisation der Arbeit nach Maßgabe ihrer Lernförderlichkeit die Lernkompetenz im Erwachsenenalter in hohem Maße fördert oder hemmt, und zwar stärker
als die von uns erfassten Merkmale der familialen und schulischen Sozialisation.
Dies heißt nicht, dass die frühen Sozialisationserfahrungen keine Bedeutung hätten.
Die Regressionsanalysen machen aber sichtbar, dass ihnen offensichtlich keine
deterministische Prägekraft zukommt, sondern dass es eine komplexe Interaktion

zwischen frühen lebensweltlichen und späten arbeitsweltlichen Erfahrungen im Erwachsenenalter ist, in welcher sich die Lernkompetenz entwickelt. Damit ist die Kompetenz für lebenslanges Lernen eine offene Struktur.

Die Lernförderlichkeit der Arbeit umfasst unterschiedliche Dimensionen: Komplexität der Aufgaben, Kommunikations- und Kooperationsintensität, Partizipation und berufliche Entwicklungsmöglichkeiten. Alle Dimensionen sind gestaltbar. Der betrieblichen Arbeitsorganisation kommt insofern eine überragende Bedeutung für Erhalt und Entwicklung von Mobilitäts- und Lernfähigkeit zu –, weitaus mehr als den Arbeitsmarkterfahrungen (vgl. Kapitel 3) und den anderen von uns geprüften biographischen Merkmalen.

Welche Konsequenzen sich daraus für die Gestaltung von Lernbedingungen im Erwachsenenalter ableiten lassen, darauf gehen wir im abschließenden Kapitel ein. Zunächst ist zu klären, wie sich die Lernförderlichkeit der Arbeit auf unterschiedliche Beschäftigungsbereiche verteilt und wie ihre Entwicklungsdynamik einzuschätzen ist.

5. Chancen und Risiken – zur sozioökonomischen Struktur der Lernförderlicheit von Arbeit

5.1 Zur Dynamik des Strukturwandels lernförderlicher Arbeit

Aus der Geschichte des Strukturwandels gesellschaftlicher Arbeit wissen wir, dass sich dieser nicht schlagartig von einem auf den anderen Tag vollzogen hat. Immer wieder hat es retardierende Momente in diesem Strukturwandel gegeben. Beispiele dafür sind die Automatisierungs- und Informatisierungsprozesse in Industrie und Dienstleistungen ebenso wie die Reorganisationsprozesse von Betrieb und Arbeit in eben diesen Sektoren: So spielten etwa in den späten 1970er Jahren Visionen einer durchgreifenden Automatisierung und Informatisierung betrieblicher Prozesse eine erhebliche Rolle, zeugten „CIM-Ruinen" der späten 1980er Jahre von der Abkehr von allzu ambitionierten Konzepten der informationstechnischen Steuerung und Planung (Kern & Schumann 1984) und etablierten sich gleichwohl in den 1990er Jahren informationstechnische Systeme, über die alle wesentlichen betrieblichen Prozesse abgebildet und zumindest unterstützt werden. Ähnliche Entwicklungen sind bei den betrieblichen Reorganisationsprozessen zu beobachten: Konnte man in den 1980er Jahren etwa in der Automobilindustrie Bestrebungen einer deutlichen Reduzierung der Arbeitsteilung und der Requalifizierung der Produktionsarbeit beobachten (Kern & Schumann 1984), so waren in den 1990er Jahren auch gegenläufige Tendenzen beobachtbar, die manchen – mitunter den gleichen – Chronisten von einem Neo-Taylorismus reden ließ (Kern & Schumann 1996).

Wie auch immer man die realen Entwicklungsprozesse des Strukturwandels, was ihre Geschwindigkeit und Stetigkeit anbelangt, einschätzen mag, deutlich wird, dass die Entwicklung hin zu lernförderlichen Arbeits- und Beschäftigungsverhältnissen keineswegs ein Selbstläufer ist. Dies ist erst jüngst wieder betont worden: Folgt man Dehnbostel und Rohs, so gibt es heute noch reichlich viele Arbeitsplätze in Industrie, Handwerk und Dienstleistungen, die entweder von den Anforderungen der Arbeit her wenig Lernanreize setzen oder aber aufgrund der mit ihnen verbundenen Leistungsbedingungen kaum ausreichend Raum für Lernprozesse hergeben (Dehnbostel & Rohs 2003). Die Frage, die es demnach zu beantworten gilt, lautet: Sind die Lernchancen in allen Arbeitsbereichen annähernd gleich groß, so dass man ohne Unterschied von Lernen in der Arbeit sprechen kann, oder gibt es – wie dies Dehnbostel und Rohs andeuten, ohne jedoch die empirischen Belege dafür mitzuliefern – gravierende Unterschiede? Es ist demzufolge erst einmal zu klären, welche Chancen auf lernförderliche Arbeit sich mit unterschiedlichen Branchen und Berufen verbinden. Dazu ist es wichtig, das Ausmaß und die ökonomische Struktur der mehr oder weniger großen Lernförderlichkeit der Arbeit zu kennen.

Um entsprechende Branchen identifizieren zu können, wurden in einem ersten Auswertungsschritt branchenspezifische Mittelwerte für die Lernförderlichkeit der Arbeit und den Sub-Index „berufliche Entwicklungsmöglichkeiten" berechnet und auf Basis der Mittelwertdifferenzen die Zuordnung zu Segmenten mit hoher, mittlerer oder niedriger Lernförderlichkeit bzw. guten, mittleren oder schlechten beruflichen Entwicklungsmöglichkeiten vorgenommen.

Die Auswertung zeigt für beide Merkmale eine ähnliche, wenn auch nicht deckungsgleiche Verteilung auf die Branchen. Betrachtet man die einzelnen Segmente der „Lernförderlichkeit" (Abb. 5.1), so finden sich im ersten Segment (mit hoher Lernförderlichkeit) im Schwerpunkt private wissensintensive Dienstleistungen und große Teile des öffentlichen Dienstes sowie das Elektro- und feinmechanische Handwerk. Auf der Gegenseite, im Segment mit niedriger Lernförderlichkeit sind die beschäftigungsstarken Branchen des Handels und des Hotel- und Gaststättengewerbes, der Elektro- und Automobilindustrie, die Bauindustrie im weitesten Sinne und die kleineren Industrien (Textil u.a.) versammelt. Das mittlere Segment schließlich enthält den Maschinenbau, die Grundstoffindustrie (einschließlich der Chemischen Industrie) und das große und sehr heterogene Feld der sonstigen Dienstleistungen (Energie-, Wasserwirtschaft, Entsorgung; Sport, Freizeit; Gebäudereinigung; Sicherheitsdienste; Zeitungen, Medien). Bezogen auf die Segmentierung nach den beruflichen Entfaltungsmöglichkeiten im Betrieb finden wir in der Tendenz die gleiche Branchenstruktur (vgl. Abb. 5.2).

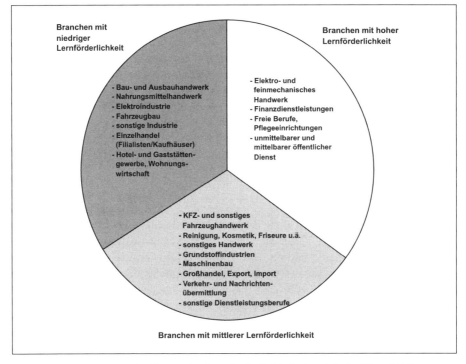

Abb. 5.1: Branchen nach Niveau der Lernförderlichkeit der Arbeit (N = 2517)

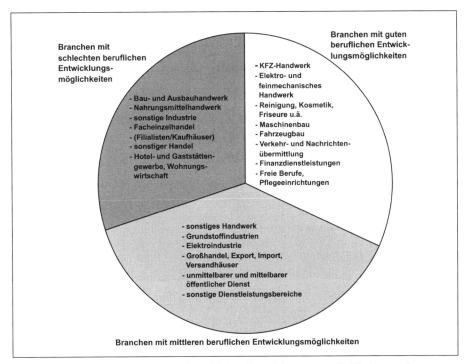

Abb. 5.2: Branchen nach Niveau beruflicher Entwicklungsmöglichkeiten und Beschäftigtenanteil (N = 2447)

Angesichts des sozioökonomischen Entwicklungsprozesse, der sich in den letzten 40 Jahren als Übergang von einer industriellen zu einer Dienstleistungs- und Wissens- oder Informationsgesellschaft vollzogen hat (Baethge 2001c) und im letzten Jahrzehnt zu einem beträchtlichen Wachstum wissensintensiver Dienstleistungen und Industrien geführt hat (Dostal 2001), könnte man meinen, das Problem lernförderlicher Arbeit würde sich schnell von selbst erledigen bzw. schon weitgehend erledigt haben. Dem ist jedoch offenbar nicht so. Differenziert man die Branchen – analog der Systematisierung der Berichterstattung zur technologischen Leistungsfähigkeit in Deutschland (vgl. BMBF 2003) – entlang ihrer Wissensintensität, so zeigt sich folgendes:

- Sowohl in den wenig wissensintensiven Branchen von Handwerk, Industrie und Dienstleistungen gibt es einen erheblichen Anteil von lernförderlicher Arbeit (24%) als auch umgekehrt in den wissensintensiven privaten Dienstleistungen und den Industrien mit Spitzentechnologien (z.B. Luft- und Raumfahrttechnik, EDV-Technik) nennenswerte Anteile (21% bzw. 25%) von Arbeit mit niedriger Lernförderlichkeit. Wachstum wissensintensiver Branchen bedeutet demnach keineswegs, dass man dort nur Arbeitsplätze mit hoher Lernförderlichkeit findet.
- Aber die Chancen, in beiden Bereichen eine Tätigkeit zu erlangen, die lernförderlich ist, sind – wie die Daten zeigen – ungleich größer als in den wenig

wissensintensiven Branchen und immer noch ausgeprägter als in den Industrien mit hochwertigen Technologien (Maschinen- und Fahrzeugbau, Chemische Industrie), in denen das Risiko, einen wenig lernintensiven Arbeitsplatz zu erhalten, fast jeden dritten der dort Erwerbstätigen getroffen hat (vgl. Abb. 5.3).

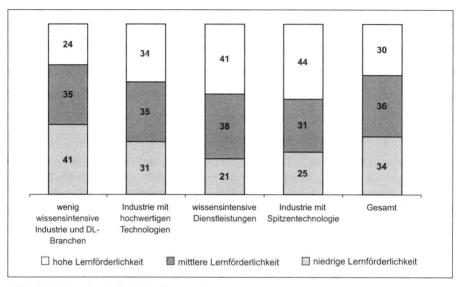

Abb. 5.3: Lernförderlichkeit der Arbeit nach Wissensintensität von Branchen (Erwerbstätige) (N = 1565; Angaben in %)

Wir können unsere Branchenanalysen nicht auf die Gesamtheit der Erwerbstätigen hochrechnen, da die Repräsentativität der Stichprobe sich – wie wir im Methodenteil dargestellt haben – auf die relevanten soziodemographischen Merkmale der Bevölkerung erstreckt, in Bezug auf die Verteilung nach Branchen ungesichert ist und Daten aus den amtlichen Statistiken in der hier nötigen Tiefengliederung nicht zur Verfügung stehen. Eine grobe Schätzung, der wir die Beschäftigtenstatistik zu Grunde gelegt haben, kommt zu dem Ergebnis, dass heute weniger als ein Drittel (etwa 29%) der abhängig Beschäftigten außerhalb des öffentlichen Dienstes in dem Segment mit eher hoher, mehr als ein Drittel (etwa 35%) in dem mit eher niedriger Lernförderlichkeit tätig ist. Die Größenordnung deckt sich in etwa mit den Verteilungen zwischen Kreativarbeitern und Routinearbeitern bei der von Volkholz & Köchling vorgenommenen Sekundärauswertung der Berufsverlaufsuntersuchungen von BiBB/IAB (Volkholz & Köchling 2001, S. 389; Volkholz 2003, S. 4).[42] Da diese eine Längsschnittperspektive

---

42 Kreativarbeiter sind in diesem Verständnis alle diejenigen, die praktisch immer, häufig oder gelegentlich Verfahren verbessern oder Neues in der Arbeit ausprobieren, also auch diejenigen, die sich häufig in neue Aufgaben hineindenken (Aufgabenflexible) und gelegentlich kreativ werden (vgl. Volkholz & Köchling, 2001 S. 386).

erlaubt, ließe sich der Befund, dass sich zwischen Mitte der 1980er und Ende der 1990er Jahre die Anteile von etwa 30% Kreativ- und 30% Routinearbeitern kaum verschoben haben, als Indiz dafür interpretieren, dass sich die Lernförderlichkeit der Arbeitsplätze in den letzten beiden Jahrzehnten nicht sehr stark verändert hat. (Die methodische Einschränkung dieser Aussage liegt in dem Sachverhalt, dass es sich um subjektive Daten handelt, die uns keine Auskunft darüber geben, ob sich in der Zwischenzeit die Beurteilungskriterien für Lernförderlichkeit von Arbeit verändert haben oder gleich geblieben sind.)

5.2 Arbeit in wissensintensiven Dienstleistungen als Quelle der Kompetenz zu lebenslangem Lernen – Dienstleister in Multi-Media-, IT- und Beratungsberufen

Die Entwicklung in den wissensintensiven Dienstleistungen und Industrien hat – nicht zuletzt wegen der Beschäftigungsdynamik der 1980er Jahre – immer wieder das Augenmerk der politischen und wissenschaftlichen Betrachter auf sich gezogen. Der Niedergang der „new economy" in den letzten Jahren hat zwar die Beschäftigungsdynamik in den wissensintensiven Dienstleistungen abgeschwächt, jedoch nicht zum Stillstand gebracht.[43] Dementsprechend gelten die Bedingungen dort immer noch als wegweisend für den Weg in die Wissensgesellschaft und muss dieses Segment häufig auch als Beleg dafür herhalten, wie es künftig um die Kompetenzentwicklungskultur insgesamt und die Lernförderlichkeit der Arbeit im Speziellen in Deutschland bestellt sein wird.

Insofern wollte die Untersuchung nicht nur klären, wie es um das Weiterbildungsbewusstsein und die Kompetenz zu lebenslangem Lernen bei jenem Gros der erwerbstätigen Bevölkerung bestellt ist, das in den traditionellen Branchen und Zweigen unserer Volkswirtschaft arbeitet bzw. gearbeitet hat. Es ging auch darum, herauszufinden, wie die Lernkompetenzen und das Lern- respektive Weiterbildungsverhalten derjenigen ausgeprägt sind, die in den modernen Wissens-Berufen und -Tätigkeiten einer Erwerbstätigkeit nachgehen. Das Erkenntnisinteresse war darauf gerichtet, die Wirkung der neuen Arbeitsverhältnisse im IT-Sektor in ihrer Bedeutung für lebenslanges Lernen zu klären und herauszufinden, ob hier neue Bedingungen, Motive und lernförderliche Verhaltensweisen entstehen, die gleichsam als Vorboten einer zukünftigen Kompetenzkultur in der Arbeit gelten können.

Im Rahmen der Untersuchung wurde daher eine IuK-Sonderstichprobe gezogen, die aus insgesamt 307 Personen besteht, welche fast ausschließlich in Multi-

---

43 In einer Modellrechnung, bei der die informationsbezogenen Tätigkeiten aus den traditionellen Sektoren Landwirtschaft, Industrie und Dienstleistungen herausgelöst und zu einem eigenen, vierten Sektor aggregiert wurden, kommt Dostal für die letzten 10 Jahre auf einen Anstieg des Anteils von „Informationsarbeit" von etwas über 40% auf deutlich über 50% (Dostal 2001:55).

Media-, informationstechnologischen und Beratungsberufen bzw. -branchen erwerbstätig sind. Diese „IT- und Mediendienstleister" (wie wir sie von nun etwas verkürzt nennen wollen) wurden auf die gleiche Weise befragt wie die Personen des Repräsentativsamples. Die Befragten stammen zu mehr als zwei Dritteln aus den alten Bundesländern; weniger als ein Drittel stammt aus ostdeutschen Regionen (einschließlich Berlin). Das IuK-Sample kann nicht in gleicher Weise als repräsentativ gelten wie das Hauptsample, aber es ist für die gegenwärtige Situation ein typisches Sample.

Die Personen dieses Samples unterscheiden sich in ihrer Gesamtheit von denen des Repräsentativsamples nicht nur durch den hohen Anteil Selbstständiger (ca. ein Drittel), sondern auch durch die Tatsache, dass sie alle einer Erwerbstätigkeit nachgehen. Wir haben dem in der Auswertung dadurch Rechnung getragen, dass wir zu Vergleichen ebenfalls nur die Erwerbstätigen des Repräsentativsamples herangezogen haben bzw. (wie im Fall der Arbeitsbedingungen) nur die abhängig Beschäftigten des IuK-Samples betrachten.

5.2.1 Höhere Bildung, bessere Arbeit und ausgeprägtere Kompetenzen für lebenslanges Lernen – Die IT- und Mediendienstleister im Vergleich zum Durchschnitt der Erwerbstätigen in Deutschland

Die IT- und Mediendienstleister unterscheiden sich in praktisch allen Merkmalen von Bildung, Arbeit, Biographie und subjektiven Orientierungen, deren Einfluss auf die Lernkompetenz für das Repräsentativsample nachgewiesen wurde, von den Erwerbstätigen des Hauptsamples. Dies beginnt damit, dass die Personen des IuK-Samples nicht nur ein deutlich höheres schulisches Bildungsniveau repräsentieren, sondern sich auch im Ausbildungsniveau positiv von den Erwerbstätigen des Repräsentativsamples abheben:

- 60% der IT- und Mediendienstleister haben das Abitur; gerade mal 5% besitzen einen Hauptschul- und ebenfalls nur 28% einen Realschulabschluss. Demgegenüber sind die niedrigeren Schulabschlüsse bei den Erwerbstätigen des Hauptsamples mit 32% (Hauptschule) bzw. 45% deutlich stärker vertreten, während Personen mit Abitur nur 18% ausmachen (Tab. 5.1).
- Während im Repräsentativsample die Erwerbstätigen mit einer qualifizierten Ausbildung auf mittlerem Niveau (Anteil: 65%) dominieren und Hochschulabsolventen (16%) eine Minderheit darstellen, sieht es bei den IT- und Mediendienstleistern anders aus: Hochschulabsolventen stellen hier mit 43% die größte Gruppe und sind damit häufiger vertreten als Personen mit einer abgeschlossenen Berufsausbildung, die gut zwei Fünftel (41%) des Samples stellen (Tab. 5.1).

Tab. 5.1: Schul- und Ausbildungsniveau der Erwerbstätigen und IT- und Repräsentativsample (Angaben in %)

	IT-Sample	Repräsentativsample
Hauptschule	5	32
Mittlere Reife	28	45
Fachhochschulreife	7	5
Hochschulreife	60	18
ohne qualifizierten Ausbildungsabschluss	15	12
qualifizierter Ausbildungsabschluss	41	65
Meister, Techniker u.a.	1	7
Hochschulabschluss	43	16

Insgesamt repräsentieren die Erwerbstätigen des IuK-Samples damit insgesamt einen schulisch und beruflich besonders gut qualifizierten Teil der erwerbstätigen Bevölkerung.[44] Auch was die Organisationsbedingungen der Arbeit im engeren Sinne anbelangt, scheinen die IT- und Mediendienstleister in einer vergleichsweise privilegierten Situation zu sein:

- Während nur 58% der Erwerbstätigen des Hauptsamples an technisch modernen d.h. mit IT-Technologie ausgestatteten Arbeitplätzen ihrer Beschäftigung nachgehen, sind es (was nimmt es Wunder) 99% der Personen des IuK-Samples.
- Darüber hinaus bescheinigen unter den abhängig Beschäftigten des IT-Samples 84% der Arbeit eine ausgeprägte Lernförderlichkeit und Ganzheitlichkeit der Aufgabenstellung, und nehmen jeweils über 70% ausgeprägte betriebliche Entwicklungsmöglichkeiten sowie eine hohe Kommunikations- und Kooperationsintensität der Arbeit wahr. Im Repräsentativsample liegen die entsprechenden Werte für die Erwerbstätigen zwischen 47% und 63% und damit deutlich niedriger (Abb. 5.4).

Schließlich scheint es sich auf den ersten Blick bei den Personen des IuK-Samples um Erwerbstätige zu handeln, die etwas häufiger auf erfolgreiche Berufsbiographien zurückblicken können und sich im hohen Maße durch Ansprüche an Arbeit und Beruf auszeichnen, die sich weniger auf günstige Bedingungen der materiellen Reproduktion richten als auf Selbstverwirklichung und -bestätigung zielen.

---

44 Hinter dem im IuK-Sample – zunächst etwas überraschenden – hohen Anteil von Personen ohne zertifizierten Abschluss einer Erstausbildung verbergen sich vor allem (zu 76%!) Studienabbrecher bzw. Abbrecher einer einschlägigen IuK-Ausbildung.

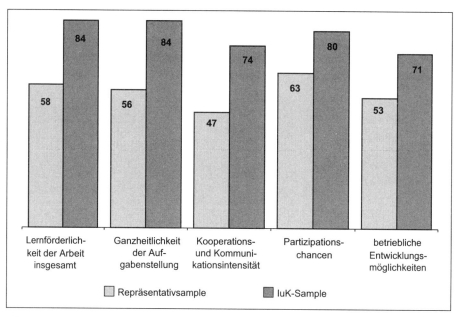

Abb. 5.4: Anteil Erwerbstätiger mit deutlich ausgeprägten lernförderlichen Arbeits- und Beschäftigungsbedingungen in Repräsentativ- und IuK-Sample nach Dimensionen der Lernförderlichkeit (Angaben in %)

Im Großen und Ganzen liegen die Differenzen zwischen den Erwerbstätigen beider Samples in der Wahrnehmung der eigenen Erwerbsbiographie nicht so sehr in der grundsätzlichen Differenz zwischen (eher) positiver und (eher) negativer Deutung: Ein gutes Viertel beider Populationen empfindet die eigene Biographie als diskontinuierlich oder gar als Abstieg. Die Differenz liegt eher innerhalb der knapp drei Viertel, die ihre Biographie positiv deuten: Während nur 26% der Erwerbstätigen des Hauptsamples für sich einen Aufstieg reklamieren, sind es bei den Medien- und IT-Dienstleistern immerhin 42% (Abb. 5 im Anhang).

Gegenüber diesen mehr in Nuancen bestehenden Unterschieden der Erwerbstätigen aus beiden Stichproben stechen die Differenzen in den Arbeitsorientierungen sehr klar hervor: Fast zwei Drittel (63 %) der erwerbstätigen Medien- und IT-Dienstleister zeichnen sich durch eine inhaltlich-expressive Arbeitorientierung aus; auf die anderen Orientierungen entfallen jeweils etwa 10%. Im Hauptsample dominieren hingegen die Erwerbstätigen mit einer materiell-reproduktiven Arbeitorientierung (40%), gefolgt von jeweils etwa einem Viertel an „Familienorientierten" und „Expressiven" (Abb. 5.5).

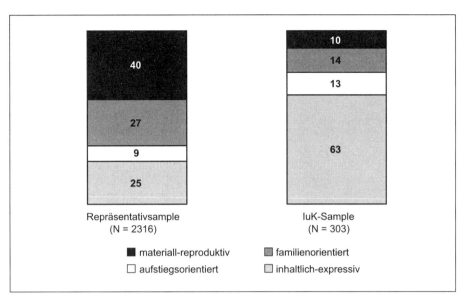

Abb. 5.5: Arbeitsorientierungen der Erwerbstätigen in Repräsentativ- und IuK-Sample (Angaben in %)

Auf Basis der vorgestellten Ergebnisse ist es – nach den an früherer Stelle erörterten Zusammenhängen – dann auch kaum erstaunlich, dass sich die Erwerbstätigen des IuK-Samples sowohl in der Einschätzung des für sie beruflich wichtigsten Lernkontextes als auch in den Lernkompetenzen von denen des Repräsentativsamples unterscheiden. Gerade für den wichtigsten Lernkontext stellen wir fest, dass das im Hauptsample eindeutig dominierende arbeitsbegleitende und private Lernen (Anteil 67%) bei der Mehrheit der Medien- und IT-Dienstleister nicht die Lernform darstellt, in der man am meisten für den Beruf gelernt zu haben glaubt. Zwar wird auch von ihnen am häufigsten (zu 48%) das arbeitsbegleitende und private Lernen als wichtigster Lernkontext benannt, doch gilt einem fast ebenso großen Teil unter ihnen (44%) das mediale Lernen als beruflich wichtigster Kontext. So bedeutsam ist das mediale Lernen bei den Erwerbstätigen des Hauptsamples nicht; nur ein knappes Fünftel hält dies für den wichtigsten Lernkontext (Abb. 5.6). Man wird diese Differenz sicherlich nicht überbewerten dürfen, da mit der Informationstechnologie ein spezifisches Mittel medialen Lernens quasi in die Arbeit inkorporiert ist. Gleichwohl wird sich noch zeigen, dass in dieser Differenz letztlich auch mehr steckt als nur ein vergleichsweise leichter Zugang zu einer bestimmten Lernressource, nämlich auch ein deutlich höherer Grad an Kompetenz für lebenslanges Lernen, den wir bei dieser Gruppe ausmachen können. Dies beginnt beim Antizipationsniveau, setzt sich über die Selbststeuerungsdisposition fort und endet bei der an den Tag gelegten Kompetenzentwicklungsaktivität:

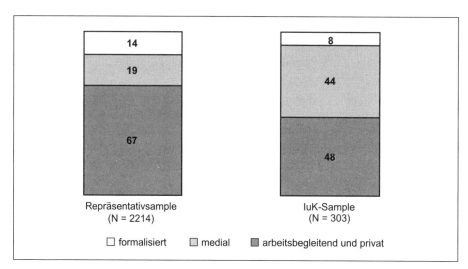

Abb. 5.6: Wichtigster Lernkontext der Erwerbstätigen in Repräsentativ- und IuK-Sample (Angaben in %)

- Im IuK-Sample weisen etwa zwei Drittel ein hohes Antizipationsniveau auf; bei den Erwerbstätigen des Repräsentativsamples ist hingegen nur ein gutes Drittel auf diesem Niveau zu verorten.
- Während 86% der Medien- und IT-Dienstleister eine ausgeprägte Selbststeuerungsdisposition aufweisen, sind es im Hauptsample mit 58% deutlich weniger.
- Schließlich zeigt fast die Hälfte (46%) des IuK-Samples eine hohe und immerhin noch 33% eine mittlere Kompetenzentwicklungsaktivität. Diese Werte liegen für die Erwerbstätigen des Repräsentativsamples mit 33% bzw. 24% deutlich niedriger (Tab. 5.2).

Man kann die hier beschriebenen Differenzen zunächst als Beleg für die Annahme gelten lassen, dass es sich bei den Personen des IuK-Samples um eine doppelt privilegierte Gruppe in der Bevölkerung handelt. Sie repräsentieren nicht nur ein höheres Schul- und Ausbildungsniveau, sondern bewegen sich offenbar in einem Tätigkeits- und Berufsfeld, dass vergleichsweise günstige Beschäftigungs- und Lernbedingungen bietet – und darüber in besonderem Maße die Herausbildung von Lernkompetenzen begünstigt – und offenbar zugleich erlaubt, sich aus den Grenzen herauszubewegen, die das (im engeren Sinn verstandene) „informelle Lernen" für die berufliche Entwicklung bislang hat – und möglicherweise auch zukünftig haben wird.

Jedoch ergeben sich bei genauerer Analyse der Daten des IuK-Samples Befunde, die nicht so recht in die von uns gewählte Interpretationsperspektive passen wollen, nach der vorberufliche Sozialisations- und Bildungserfahrungen und die lernförderliche Gestaltung der Arbeitsorganisation die beiden zentralen Einfluss-

Tab. 5.2: Antizipationsniveau, Selbststeuerungsdisposition und Kompetenzentwicklungsaktivität der Erwerbstätigen in Repräsentativ- und IuK-Sample (Angaben in %)

	Repräsentativsample	IuK-Sample
Antizipation	(N = 2285)	(N = 307)
- hoch	37	66
- mittel	32	29
- niedrig	31	5
Selbststeuerungsdisposition	(N = 2304)	(N = 306)
- ausgeprägt	58	86
- wenig ausgeprägt	42	14
Kompetenzentwicklungsaktivität	(N = 2347)	(N = 307)
- hoch	33	46
- mittel	24	33
- niedrig	43	21

größen für die Lernkompetenzen wie auch für die Bedeutung sind, die unterschiedlichen Lernkontexten in der eigenen Berufsbiographie zugewiesen werden.

5.2.2 Lernkompetenzen als Ausdruck doppelter Privilegierung und subjektiver Dispositionen von IT- und Mediendienstleistern

Für die Erwerbstätigen des IuK-Samples lässt sich – das kann man vorab festhalten – ein Zusammenhang zwischen unterschiedlichen, frühen Sozialisations- und Bildungserfahrungen und den Lernkompetenzen nicht nachweisen – zumindest nicht in dem Sinne, dass fehlende schulische und familiale Förderung und mangelnder Schul- und Ausbildungserfolg (im Sinne zertifizierter Leistungsnachweise) eine negative Rolle spielen. Im Gegenteil deuten unsere Ergebnisse an, dass Unterschiede in Sozialisations- und Bildungsverläufen nur begrenzten Einfluss auf die Lernkompetenzen haben. Dies gilt für den Aspekt der Antizipation genauso wie für die Selbststeuerungsdisposition und die Kompetenzentwicklungsaktivität. Noch am ehesten deutet sich ein Einfluss von Sozialisation und Bildung auf die Antizipation an; doch auch hier haben wir es entweder mit geringen Spannen zwischen Bildungsniveaus zu tun oder aber diese Spannen existieren gar nicht:

- So weisen zwar 70% der mit einem Reifezeugnis ausgestatteten IT- und Mediendienstleister ein hohes Antizipationsniveau auf; dieses Niveau wird jedoch auch von 57% der Hauptschulabsolventen, 60% derjenigen mit mittlerer sowie 62% derjenigen mit Fachhochschulreife erreicht (vgl. Tab. 5.3). Die Unterschiede liegen damit in einer Spanne von nur 13% zwischen höchstem und niedrigstem Schulabschluss und sind nicht signifikant.

- Der direkt nach der Schule erreichte zertifizierte Ausbildungsstand spielt für die Antizipation eine ebenfalls geringe Rolle. Die Spanne beträgt hier nur 11%, und Personen ohne abgeschlossene Ausbildung (d.h. vor allem: Studien- und Ausbildungsabbrecher) sind mindestens so häufig auf hohem Antizipationsniveau (Anteil: 74%) angesiedelt wie andere Qualifikationsgruppen (vgl. Tab. 5.3).

Tab. 5.3: Selbststeuerungsdisposition der IT- und Mediendienstleister nach Schulbildungsniveau (N = 305) und Ausbildungsniveau (N = 303; Angaben in %)

	Antizipationsniveau			Gesamt
	hoch	mittel	niedrig	
Hauptschulabschluss	57	29	14	100
Mittlere Reife	60	36	3	100
Fachhochschulreife	62	29	10	100
Hochschulreife	70	25	5	100
ohne beruflichen Abschluss	73	18	9	100
Berufsabschluss	62	34	4	100
(Fach) Hochschulabschluss	67	28	5	100

Schon fast als konträr zur These eines erheblichen Einflusses der frühen biographischen Erfahrungen von Lernunterstützung und institutionellem Lernerfolg auf die Kompetenz zu lebenslangem Lernen muss der Befund gewertet werden, dass unter den IT- und Mediendienstleistern weder Schul- noch Ausbildungsabschlüsse deutliche Unterschiede in der Disposition zu selbstgesteuertem Lernen bewirken, sondern praktisch alle Niveaus mit einem gleich oder doch zumindest ähnlich hohen Grad an ausgeprägter Selbststeuerungsdisposition einhergehen – vollkommen anders als bei den Erwerbstätigen im Hauptsample:

- Von den Personen mit Hauptschulabschluss aus dem IT-Sample weisen 93% und von denen mit mittlerer Reife 87% eine eher stark ausgeprägte Selbststeuerungsdisposition auf; unter denen mit Fachhochschulreife beträgt dieser Anteil 71%, bei den Abiturienten 87%. Solche Größenordnungen erreichen im Hauptsample nur Abiturienten (vgl. Tab. 5.4).
- Eine ausgeprägte Selbststeuerungsdisposition kennzeichnet 86% der Personen ohne qualifizierten Ausbildungsabschluss aus dem IT-Sample; ihr Anteil liegt damit genau so hoch wie der der Akademiker und der IT- und Mediendienstleister mit abgeschlossener Berufsausbildung aus dem gleichen Sample. Eine derartige Quote weisen im Hauptsample nur Akademiker auf; die anderen liegen weit darunter (vgl. Tab. 5.4).

Tab. 5.4: Selbststeuerungsdisposition der IT- und Mediendienstleister und der Erwerbstätigen des Repräsentativsamples (N = 2347) nach Schulbildungsniveau und Ausbildungsniveau (N = 304; Angaben in %)

	Selbstssteuerungsdisposition				Gesamt
	eher stark ausgeprägt		eher schwach ausgeprägt		
	IT-Sample	Erwerbstätige Reprasentativsample	IT-Sample	Erwerbstätige Reprasentativsample	
Hauptschulabschluss	93	38	7	62	100
Mittlere Reife	87	62	13	38	100
Fachhochschulreife	71	75	29	25	100
Hochschulreife	87	80	13	20	100
ohne beruflichen Abschluss	86	32	14	68	100
Berufsabschluss	86	54	14	46	100
(Fach-) Hochschulabschluss	86	82	14	18	100

Diese Befunde weisen tendenziell in die Richtung, dass im IuK-Sample auch diese Dimension der Lernkompetenz vom Bildungsniveau, das man vor Eintritt ins Erwerbsleben erworben hat, unabhängig ist. Schließlich lässt sich im Hinblick auf die dritte Variable der Lernkompetenz, die Kompetenzentwicklungsaktivität, ebenso feststellen, dass sich Unterschiede im Bildungs- und Ausbildungsniveau kaum auswirken:

- So sind die lernaktivsten unter den IT- und Mediendienstleistern Personen mit Hauptschulabschluss (50% mit hoher Aktivität). Die Abiturienten (49%), Realschulabsolventen (41%) und Personen mit Fachabitur (38%) fallen demgegenüber (und nicht signifikant) kaum ab (vgl. Tab. 5.5).
- Noch geringer als das Schulniveau erscheint die Bedeutung des im Anschluss an die Schule nachweisbar erreichten Ausbildungsstandes: Von denen, die noch keinen qualifizierten Ausbildungsabschluss haben, weisen immerhin noch 42% eine hohe Kompetenzentwicklungsaktivität auf; für auf mittlerem Level Qualifizierte wie auch für Akademiker liegen die entsprechenden Anteile mit 44% bzw. 47% nur unwesentlich höher (vgl. Tab. 5.5).

Ziehen wir an dieser Stelle ein kurzes Zwischenresümee: Es gibt keinen einzigen Hinweis darauf, dass die Lernkompetenzen innerhalb dieser Population von IT- und Mediendienstleistern wesentlich nach dem Niveau der Bildungsabschlüsse differieren, das der Einzelne vor Einstieg in seine Erwerbskarriere erreicht hat. Auch die Sozialisation in Schule und Familie spielt eine zu vernachlässigende Rolle – wie die Prüfung der von uns erfassten Sozialisationsvariablen (schulisches Lernklima, familiale Förderung) ergab. Offenbar müssen die Gründe dafür, dass die bildungsniveauspezifischen Differenzen, die im Hauptsample wirksam

Tab. 5.5: Aktivität der Kompetenzentwicklung von IT- und Mediendienstleistern nach Schulbildungsniveau (N = 305) und Ausbildungsniveau (N = 303; Angaben in %)

	Kompetenzentwicklungsaktivität			Gesamt
	hohe Aktivität	mittlere Aktivität	niedrige/keine Aktivität	
Hauptschulabschluss	50	36	14	100
Mittlere Reife	41	34	25	100
Fachhochschulreife	38	29	33	100
Hochschulreife	49	32	19	100
ohne beruflichen Abschluss	42	38	20	100
Berufsabschluss	44	34	22	100
(Fach-) Hochschulabschluss	47	31	22	100

sind, im IuK-Sample nicht auftreten, in anderen Zusammenhängen liegen. Gleichwohl bleibt zunächst weiter zu klären, worauf die auch im IuK-Sample vorhandenen Differenzen in den Lernkompetenzen zurückzuführen sind.

Bei den berufsbiographischen Erfahrungen wird man nur begrenzt fündig. Zwar zeigen sich bei den erwerbsbiographischen Mobilitäts- und Diskontinuitätserfahrungen teilweise leichte Zusammenhänge, die sich jedoch weitestgehend auf die Selbststeuerungsdisposition beschränken: Personen mit vollzogenem Berufswechsel haben zu 90% (ohne: nur zu 82%), mit vollzogenem Firmenwechsel zu 88% (ohne: zu 77%) sowie ohne Arbeitslosigkeitserfahrung zu 89% (mit: 81%) eine stark ausgeprägte Disposition zu selbstgesteuertem Lernen.

Die Kombination dieser Merkmale (Berufs- und Firmenwechsel, fehlende Arbeitslosigkeitserfahrung) entspricht einer eher positiven Mobilitätserfahrung. Immerhin 93% der Erwerbstätigen aus dem IuK-Sample mit einer solchen Erfahrung weisen eine eher stark ausgeprägte Selbststeuerungsdisposition auf; im Repräsentativsample sind es mit 61% deutlich weniger (vgl. Tab. 5.6). Ohne die Aussagefähigkeit dieser Daten zu sehr strapazieren zu wollen, könnte dies heißen, dass Mobilität, die weniger aus den Zwängen des Arbeitsmarktes herrührt als in den subjektiven Interessen an beruflicher Veränderung und „Karriere" sowie in der Offenheit gegenüber Neuem (dass die IuK-Tätigkeiten sicherlich alle verkörpern) begründet liegt, durchaus ein eigenständiges Motiv der Entfaltung von Lerninteressen und -aktivitäten darstellt. In dieses Bild passt, dass vor allem diejenigen IT- und Mediendienstleister, die ihre Biographie rückblickend als Aufstieg deuten, eine ausgeprägtere Selbststeuerungsdisposition aufweisen als die Übrigen.[45]

---
45 Gleichwohl ist auch der Zusammenhang zwischen Wahrnehmung der eigenen Erwerbsbiographie und Selbststeuerungsdisposition allenfalls als moderat (K - T = 0,112) zu bezeichnen.

Tab. 5.6: Selbststeuerungsdisposition der Erwerbstätigen in IuK- sowie Repräsentativsample nach Art der Mobilitätserfahrungen (Angaben in %)

	tendenziell positive Mobilitätserfahrungen[1]		tendenziell negative Mobilitätserfahrungen[2]	
	IUK-Sample	Repräsentativsample	IUK-Sample	Repräsentativsample
Selbststeuerungsdisposition				
- eher stark ausgeprägt	93	61	81	50
- eher schwach ausgeprägt	7	39	19	50
Gesamt	100	100	100	100

1) Nie arbeitslos, Berufs- und Firmenwechsel vollzogen.
2) Mindestens einmal arbeitslos, Berufs- und Firmenwechsel vollzogen.

Angesichts der geringen Stärke der Korrelationen – auch diejenigen mit tendenziell negativen Mobilitätserfahrungen haben häufig (IT- und Mediendienstleister zu 81%) eine ausgeprägte Selbststeuerungsdisposition (vgl. Tab. 5.6) – können jedoch auch diese erwerbsbiographischen Differenzen nicht als wesentlich für die Ausprägung der Lernkompetenzen angesehen werden. Die Suchstrategie der Auswertung richtete sich deswegen im Weiteren auf jene Bedingungen der Erwerbstätigkeit bzw. des Beschäftigungsverhältnisses, die bei den Personen im Repräsentativsample eine wichtige Rolle gespielt haben. Das heißt: Es war zu prüfen, ob denn wenigstens die erfahrenen Formen der Arbeit, vor allem eine lernförderliche Organisation der Arbeit, Einfluss auf die Kompetenz zu lebenslangem Lernen nehmen, die wir bei diesen Wissensarbeitern so ausgeprägt gefunden haben. Diese Frage ist schon deshalb nicht abschließend zu beantworten, weil eine der wesentlichen Variablen – der informationstechnische Modernisierungsgrad der Arbeit – in diesem Sample praktisch eine Konstante darstellt (zur Erinnerung: 99% arbeiten mit Informationstechnologie). Insofern fehlt uns hier eine wichtig Variable.

Dennoch zeigt sich bei Beschäftigungsstatus und Tätigkeitsniveau, dass beiden Merkmalen, die jeweils die Statusseite der Arbeit reflektieren, ein gewisser, wenngleich moderater Einfluss auf die Lernkompetenzen zuzukommen scheint:

Dieser Einfluss zeigt sich zum einen darin, dass Selbstständige (und Freie Mitarbeiter) gegenüber Angestellten ein deutlich höheres Antizipationsniveau und eine etwas ausgeprägtere Disposition zu selbstgesteuertem Lernen aufweisen. Auf der anderen Seite zeigen Selbstständige eine deutlich geringere Kompetenzentwicklungsaktivität (hohe Aktivität: 29%) als Angestellte und vor allem Freie Mitarbeiter (Tab. 10 im Anhang). In der Tendenz spiegelt sich hier das gleiche Bild wider, welches wir schon im Repräsentativsample gefunden hatten; gerade bei den Selbstständigen besteht eine gewisse Diskrepanz zwischen ausgeprägter Antizipation und Selbststeuerungsdisposition auf der einen und der Lernaktivität auf der anderen Seite. Die Ursachen dafür liegen vermutlich vor allem darin, Zeit und Raum für die als notwendig erkannten Lernaktivitäten zu finden und sich nicht ausschließlich auf das von ihnen als wichtigste Lernform bezeichnete mediale Lernen[46] zu beschränken.

Der Einfluss des Erwerbsstatus zeigt sich auch darin, dass sich mit steigendem Tätigkeitsniveau sowohl das Antizipationsniveau erhöht als auch die Disposition zu selbstgesteuertem Lernen zunimmt: Führungskräfte/Akademiker unter den IT- und Mediendienstleistern weisen zu fast drei Vierteln ein hohes Antizipationsniveau und zu 92% eine ausgeprägte Selbststeuerungsdisposition auf. Bei den auf mittlerem Niveau Tätigen liegen die entsprechenden Anteile bei 39% bzw. 84% (vgl. Tab. 5.7). Auch diese Ergebnisse liegen in der Tendenz so wie im Hauptsample.

Tab. 5.7: Antizipation und Selbststeuerungsdisposition der IT- und Mediendienstleister nach Komplexitätsniveau der Tätigkeit (N = 294; Angaben in %)

	aktuelle Tätigkeit nach Komplexitätsniveau		
	Führungskräfte und akademische Berufe	semi-akdemische Berufe	(dual) qualifizierte Berufe auf mittlerem Level
Antizipationsniveau			
hoch	74	66	39
mittel	19	31	52
niedrig	7	3	10
Gesamt	100	100	100
Selbststeuerungsdisposition			
eher stark ausgeprägt	92	81	84
eher schwach ausgeprägt	8	19	16
Gesamt	100	100	100

Wer erwartet, dass die betrieblichen Organisationsbedingungen der Arbeit, die wir als Unterschiede in der Lernförderlichkeit des Arbeitsverhältnisses erfasst haben, bei der Gruppe der IT- und Mediendienstleister einen nachhaltigen Einfluss auf die Ausprägung der Lernkompetenzen haben, der wird weitgehend enttäuscht. Dies gilt vor allem mit Blick auf die Antizipation – die allerdings auch schon im Repräsentativsample die Dimension war, die am wenigsten durch die Arbeitsbedingungen beeinflussbar erschien. Für die abhängig Beschäftigten IT- und Mediendienstleister gilt das in besonderem Maße. Nirgendwo lassen sich signifikante Differenzen erkennen, nach denen die Lernförderlichkeit der Arbeit insgesamt bzw. die Ausgestaltung einzelner Aspekte nennenswerten Einfluss auf

---

46 Dies tun 52% aller Selbstständigen aus dem IuK-Sample.

die Antizipation nimmt. Noch am ehesten – aber auch hier liegen die Differenzen außerhalb des Toleranzbereichs der Signifikanzprüfung – scheinen sich Unterschiede in den Partizipationschancen und den betrieblichen Entwicklungsmöglichkeiten auszuwirken:

- Diejenigen, die eher ausgeprägte Partizipationschancen wahrnehmen, haben zu 63% ein hohes Antizipationsniveau. Personen, die eine schwache betriebliche Partizipation diagnostizieren, weisen nur zu 56% eine hohe Antizipation auf. Bei den betrieblichen Entwicklungsmöglichkeiten gibt es fast haargenau gleiche Entsprechungsverhältnisse (vgl. Tab. 5.8).

Tab. 5.8: Antizipationsniveau der abhängig beschäftigten IT- und Mediendienstleister nach Partizipationschancen der Arbeit und betrieblichen Entwicklungsmöglichkeiten (Angaben in %)

	Antizipationsniveau			
	hoch	mittel	niedrig	Gesamt
Partizipationschancen eher stark ausgeprägt eher schwach ausgeprägt	63 56	33 39	4 5	100 100
betriebliche Entwicklungsmöglichkeiten eher stark ausgeprägt eher schwach ausgeprägt	65 56	31 39	4 5	100 100

Deutlich anders sieht es im Hinblick auf die Selbststeuerungsdisposition der IT- und Mediendienstleiter aus. Zwar lassen sich nicht – wie beim Hauptsample – durchgängig markante bis hochgradige Zusammenhänge zwischen Lernförderlichkeit und der Disposition zu selbstorganisiertem Lernen nachweisen, zumindest aber spielen die Lernförderlichkeit der Arbeit insgesamt wie auch insbesondere die betrieblichen Entwicklungsmöglichkeiten eine deutliche Rolle:

- So ist der Einfluss der Lernförderlichkeit der Arbeit immerhin markant (K - T = 0,182). Diejenigen, die in lernförderlicher Arbeit sind, weisen zu 87% eine stark ausgeprägte Disposition zu selbstgesteuertem Lernen auf. Von den IT- und Mediendienstleistern in eher schwach ausgeprägter Lernförderlichkeit der Arbeit sind es hingegen nur 70%, die eine solche Disposition zu erkennen geben (vgl. Abb. 5.7).
- Am deutlichsten jedoch ist der Zusammenhang zwischen betrieblichen Entwicklungsmöglichkeiten und der Selbststeuerungsdisposition (K - T = 0,230). 90% derjenigen, die eher ausgeprägte Entwicklungsmöglichkeiten sehen, weisen eine ausgeprägte Disposition zu selbstorganisiertem Lernen auf. Bei denen, die solche Entwicklungsmöglichkeiten eher nicht sehen, liegt der Anteil mit starker Selbststeuerungsdisposition bei „nur" 71% (vgl. Abb. 5.7).

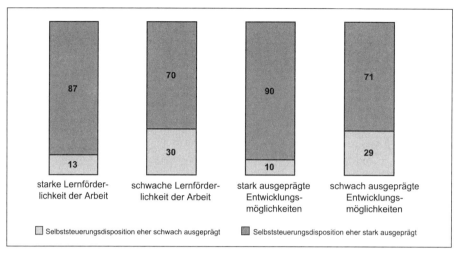

Abb. 5.7: Selbststeuerungsdisposition der abhängigen IT- und Mediendienstleister nach Lernförderlichkeit der Arbeit (N = 200) und betrieblichen Entwicklungsmöglichkeiten (N = 204, Angaben in %)

Man wird die im Vergleich zum Hauptsample deutlich geringere Stärke des Zusammenhangs schon jetzt so interpretieren dürfen, dass die lernförderliche Gestaltung der Arbeit bei den IT- und Mediendienstleistern zwar einen gewissen Einfluss auf die Selbststeuerungsdisposition hat, dass dieser Einfluss jedoch nicht so groß ist wie im Hauptsample, da die Differenzen bei der Lernförderlichkeit in der Arbeit bei den IT- und Mediendienstleistern insgesamt geringer sind. Gleichwohl ist damit die Bedeutung lernförderlicher Arbeitsgestaltung für diese Dimension der Lernkompetenz auch hier nachgewiesen – und das ist weit mehr als das, was wir in Bezug auf die Kompetenzentwicklungsaktivität feststellen können: In dieser Hinsicht ist nicht zu erkennen, dass die Lernförderlichkeit der Arbeit die Aktivität wesentlich fördert oder umgekehrt schwache Lernförderlichkeit die Aktivität entscheidend hemmt.[47]

Man könnte mit Blick auf den hohen Anteil, der auf Personen mit einer inhaltlich-expressiven Arbeitsorientierung im IuK-Sample entfällt, vermuten, dass der Schlüssel für die Lernkompetenzen in den subjektiven Dispositionen der IT- und Mediendienstleister liegt. Auch diese Vermutung wurde überprüft. Aber auch hier zeigt sich, dass die Aspirationen in der Arbeit nur begrenzt als Schlüssel zur Dechiffrierung von Differenzen in den Lernkompetenzen der Personen dieses Samples taugen. Weder bei der Selbststeuerungsdisposition noch bei der Kompetenzentwicklungsaktivität macht es einen großen Unterschied, welche Arbeitsorientierung beim einzelnen IT- und Mediendienstleister vorliegt.

---

47 Eher könnte man Umgekehrtes vermuten, wenn Beschäftigte in eher schwacher Lernförderlichkeit zu immerhin 64%, die in eher starker Lernförderlichkeit aber nur zu 53% eine hohe Aktivität aufweisen (vgl. Abb. 6 im Anhang).

Mit Abstrichen gilt dies auch für das Antizipationsniveau: Personen mit einer inhaltlich expressiven Arbeitsorientierung weisen zwar häufiger (zu 71%) als andere ein hohes Antizipationsniveau auf; doch selbst bei denen mit einer materiell-reproduktiven Arbeitsorientierung beträgt der Anteil mit hoher Antizipation 61% (vgl. Abb. 5.8).

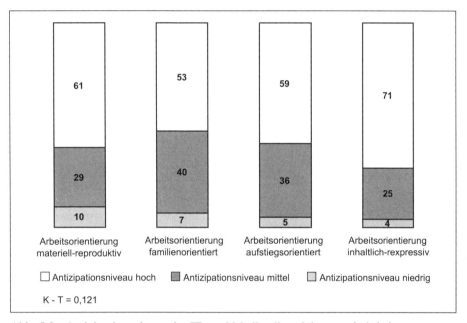

Abb. 5.8: Antizipationsniveau der IT- und Mediendienstleister nach Arbeitsorientierung (N = 303; Angaben in %)

5.3 IT- und Medienarbeit: eine spezifische Kompetenz„kultur" zeichnet sich ab

Wir haben im letzten Abschnitt geprüft, inwieweit die Variablen, denen im Repräsentativsample ein starker Einfluss auf die Lernkompetenzen der erwerbstätigen Bevölkerung nachgewiesen wurde, auch im IuK-Sample wesentliche Unterschiede in den Kompetenzen für lebenslanges Lernen bedingen. Dieses Vorgehen war vor allem darin begründet, dass sich die IT- und Mediendienstleister nicht nur in Bezug auf die Lernkompetenzen, sondern auch in praktisch allen Sozialisations-, Bildungs- und Arbeitsvariablen sowie den subjektiven Orientierungen als Positivauswahl der Erwerbsbevölkerung entpuppten: höhere Bildung, bessere Arbeit, stärker inhaltlich-expressive Arbeitsorientierungen und höhere Lernkompetenzen.

Die Annahme war, dass sich – unterstellt, der für das Repräsentativsample festgestellte Zusammenhang zwischen Bildung und Arbeit auf der einen und den Lernkompetenzen auf der anderen Seite gelte grundsätzlich und nicht nur für eine durch traditionelle Bildungsverläufe, Übergange, Beschäftigungsverhältnisse und Gegenstände der Arbeit geprägte Population – Differenzen in den unabhängigen Variablen in ähnlicher oder gleicher Weise in den Lernkompetenzen niederschlagen müssten.

Diese Annahme ließ sich nicht verifizieren: Formales Bildungsniveau vor Entritt ins Erwerbsleben, Lernförderlichkeit der Arbeit und subjektive Orientierungen haben durchaus Einfluss auf die Lernkompetenzen auch der Erwerbstätigen des IuK-Samples – dies gilt vor allem für lernförderliche Gestaltung der Arbeit und die Aspirationen in der Arbeit. Zugleich ist jedoch feststellbar, dass alle genannten Variablen – wie durchgeführte multiple Regressionen nachweisen – sehr wenig an Varianz in den Lernkompetenzen aufklären. Mit anderen Worten: Das von uns bislang vorgestellte Set an Variablen – das weitgehend identisch ist mit dem, das im Repräsentativsample die Lernkompetenzen so stark bestimmt hatte – wirkt sich bei den IT- und Mediendienstleistern sehr viel weniger stark aus als im Hauptsample. Die Variablen klären damit aber – dieser Umkehrschluss scheint ebenfalls zulässig – auch nicht, weshalb die IT- und Mediendienstleister in den Lernkompetenzen derart hoch liegen. Des Rätsels Lösung liegt wahrscheinlich in der Verbindung eines spezifischen Lerntypus, den die IT-Dienstleister bis heute repräsentieren, und in der spezifischen Kompetenzkultur, d.h. den in diesem Wirtschaftsbereich lange Zeit geltenden und vielleicht auch heute noch gültigen Zugangs-, Beschäftigungs- und Lernbedingungen:

- IT- und Medienarbeit ist als in hohem Maße durch technologische Entwicklungsdynamik geprägte Beschäftigung/Erwerbstätigkeit in einem vergleichsweise wenig professionalisierten Feld anzusehen. Sie ist damit in besonderem Maße anschlussfähig an durch technisches Interesse geprägte individuelle Motivlagen des Lernens und der Weiterbildung. Diese können im Einzelfall nicht realisierte formale Bildungsabschlüsse kompensieren. So lässt es sich erklären, dass sowohl die wenigen Hauptschulabsolventen im Sample (5%) gleiche Werte im Kompetenzniveau für lebenslanges Lernen erreichen wie Abiturienten, und auch Personen, die ihre Ausbildung nicht abgeschlossen haben, nicht schlechter dastehen als die Erwerbstätigen mit Abschluss. Es sind die Verhältnisse in einem Beschäftigungsbereich, der hochdynamisch ist und in dem fehlende Professionalisierungsmuster das Lernengagement des Einzelnen noch in hohem Maße mit beruflichem Fortkommen honorieren.
- IT- und Medienarbeit birgt vermutlich per se ein hohes Maß an Lernzwängen wie auch Lernchancen – und zwar durchaus unabhängig davon, wie stark die betriebliche Arbeitsorganisation auf „Lernförderlichkeit" getrimmt ist. Dem „Lernzwang" bei den Selbstständigen (sich auf dem Laufenden halten bei technischen Neuerungen) korrespondieren Lernerfordernis und -intensität bei abhängig Beschäftigten, die überwiegend in Kleinst- und Kleinbetrieben (vgl. Abb. 5.9) tätig sind und in diesen „vergemeinschafteten" Betrieben (Boes & Baukrowitz 2002) ein hohes Maß von Eigenverantwortung dafür haben, „auf dem Laufenden" zu sein und sich die wechselnden Skills für ihre Arbeit en

passant zu verschaffen; zudem stehen sie im ständigen Kontakt mit Leuten anderer Ausbildung und anderer Ideen (vgl. Reichwald & Baethge u.a. 2004).
- IT- und Medienarbeit ist (zumindest in unserem Sample) überwiegend die Arbeit von jungen, hochmotivierten und flexiblen Beschäftigten beiderlei Geschlechts. Fast 90% des IuK-Samples sind jünger als 50 Jahre (vgl. Tab. 11 im Anhang – eine ähnliche Altersstruktur zeigt die Studie von Reichwald & Baethge u.a. 2004)). Dies dürfte die hohe Quote von Personen mit einer expressiven Arbeitorientierung erklären und zugleich der Grund dafür sein, dass Lerninteressen nicht nur in hohem Maße bekundet, sondern auch faktisch ausgelebt werden.

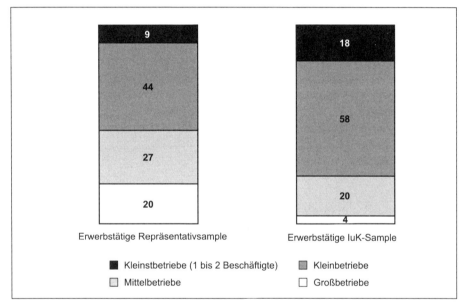

Abb. 5.9: Erwerbstätige nach Betriebsgröße in Repräsentativ- (N = 2231) und IuK-Sample (N = 303; Angaben in %)

Nicht nur angesichts der hohen Männerquote in diesem Sample – nur 30% sind Frauen – war nicht auszuschließen, dass die ausgeprägten Lernkompetenzen der IT- und Mediendienstleister auf soziodemographische Einflüsse zurückzuführen sind. Wir haben deshalb in beiden Stichproben Vergleichsgruppen aus erwerbstätigen Männern derselben Altergruppe gebildet, die mit IT-Technologie arbeiten. In der Gegenüberstellung lassen die erwerbstätigen Männer des IuK-Samples ein deutlich höheres Niveau der Antizipation (hoch: 65%) und fast durchgehend eine starke Disposition zu selbstgesteuerten Lernen (ausgeprägt: 91%) erkennen; nur in der Aktivität heben sie sich nicht positiv von den mit IT-Technologie arbeitenden Männern des Repräsentativsamples ab (vgl. Tab. 5.9). Dieses Ergebnis deutet in der Tat auf so etwas wie eine spezifische Kompetenz„kultur" der Arbeit in der IT- und Medienbranche hin.

Tab. 5.9: Lernkompetenzen erwerbstätiger Männer mit IT-Bezug der Arbeit im Alter von 35 bis 49 Jahren – Repräsentativ- und IuK-Sample im Vergleich

	Repräsentativsample (N = 348)	IuK-Sample (N = 114)
Antizipation		
- hoch	47	65
- mittel	35	26
- niedrig	18	9
Selbststeuerungsdisposition		
- ausgeprägt	76	91
- wenig ausgeprägt	24	9
Kompetenzentwicklungsaktivität		
- hoch	50	43
- mittel	26	32
- niedrig	24	15

6. Fazit: Arbeit als zweite Chance

Vom institutionellen zum „eingebetteten" Lernen: zurück zum theoretischen Kontext

Wir haben die Untersuchung zum lebenslangen Lernen in der Bundesrepublik in den Zusammenhang eines gesellschaftlichen Strukturwandels gestellt, der unter der Perspektive vom Fordismus zum Postfordismus in den Sozialwissenschaften seit längerem verhandelt wird. Dieser Strukturwandel betrifft nicht allein die Ökonomie, sondern stellt das institutionelle Ensemble des Wohlfahrtsstaates vor grundlegende Herausforderungen. Für unser Thema ist an diesem Wandel die Entstehung eines neuen Bildungsverständnisses und eines neuen Typus von Weiterbildung relevant.

Unter dem Druck einer erlahmenden Wachstumsdynamik, beschleunigten technisch-organisatorischen Wandels und erhöhter Unsicherheiten in der Marktentwicklung gerät das institutionalistische Bildungskonzept des Fordismus, nach dem es die institutionalisierte Bildung – von der Grundschule bis zu den Einrichtungen der Erwachsenenbildung – ist, welche für die Sicherstellung der in Wirtschaft und Gesellschaft benötigten Bildungsleistungen Sorge zu tragen hat, ins Wanken: Nicht in dem Sinne, dass man nicht weiterhin der Bildungsinstitutionen bedürfe; dies steht für alle Ebenen – auch für die Erwachsenenbildung – außer Frage. Aber doch so, dass der für die Bildungsinstitutionen konstitutive Primat der Angebotsseite in seiner Leistungsfähigkeit in Zweifel gezogen und der Blick dafür geöffnet wird, dass Bildungsinstitutionen in soziale Umfelder eingebettet sind, in denen nicht organisierte Lernprozesse stattfinden, die ihrerseits die Leistungsfähigkeit institutioneller Bildung beeinflussen.

Für die Erwachsenenbildung – insbesondere für die berufliche Weiterbildung – gehört in diesen Zusammenhang die Einsicht, dass in Zeiten erhöhter Unsicherheit und Unvorherbestimmtheit des künftigen Qualifikationsbedarfs die inhaltliche Planung institutioneller Angebote im Sinne von „Vorratsbildung" an Passgenauigkeit gegenüber dem Bedarf einbüßen muss und neue Verbindungen zwischen Nachfrage und Angeboten angesagt sind. Hierbei kommt den Individuen eine zentrale Rolle zu, da ohne ihr Mitspielen die Anforderungen an lebenslanges Lernen in dieser postindustriellen Phase nicht zu bewältigen sind (wenn sie es denn je waren!). Diese Prämisse, über die es in der einschlägigen Literatur zur beruflichen Weiterbildung kaum Dissens gibt, ist für die Anlage der Untersuchung in folgender Richtung weiter präzisiert worden: Die Beschäftigungsfähigkeit von Arbeitskräften wird in Zukunft nicht nur allgemein von ihren Chancen, ihrer Fähigkeit und ihrer Bereitschaft zu lebenslangem Lernen abhängig sein – das hat bis zu einem gewissen Grade immer gegolten –, sondern von einem bestimmten Typus von Lernen im Erwachsenenalter. Dieser zeichnet sich durch eine hohe Fähigkeit zur Selbstorganisation und -steuerung von Lernaktivitäten und zur Antizipation von Lernerfordernissen aus.

Auch dieser neue Typus von Weiterbildung basiert auf allgemeinen Lernvoraussetzungen, die bereits in Kindheit und Jugend gelegt werden. Die Untersuchung zeigt aber, dass diese, auch wenn ihr Einfluss groß ist, nicht als deterministisch angesehen werden müssen. Sie verschmelzen im Laufe der Biographie mit beruflichen und anderen Alltagserfahrungen, die man als vielfältige Formen informellen Lernens bezeichnen kann. Auch diese sind gesellschaftlich vermittelt und streuen in ihren Möglichkeiten nach sozialem und beruflichem Status und den Formen der Arbeit und der Arbeitsmarktprozesse, die jemand erfährt. Die Zusammenhänge zwischen den unterschiedlichen und unterschiedlich dimensionierten Lernerfahrungen in ihrer Bedeutung für die Kompetenz zu lebenslangem Lernen herauszuarbeiten, ist die zentrale Perspektive der Untersuchung.

Im Lichte dieser Prämisse sind die Ergebnisse abschließend zu interpretieren. Wir konzentrieren uns dabei auf zwei Aspekte: zum einen auf den Zusammenhang von informellem Lernen und den Kompetenzen für lebenslanges Lernen; zum anderen, da es in der Studie im Wesentlichen um berufliche Weiterbildung geht, auf den Zusammenhang zwischen Lernen und Arbeiten.

Die Ambivalenz des informellen Lernens

Das in der Diskussion so nachdrücklich betonte informelle Lernen findet sich in unserer Untersuchung insofern in relevanter Weise wieder, als informelle Lernkontexte in Arbeit und Privatleben für die Mehrheit der einzige bzw. der Hauptlernkontext sind, in dem sie als Erwachsene das Meiste gelernt zu haben meinen. Was dieses Meiste inhaltlich und lernstrukturell ist, welche Qualitäten von Lernen sich hinter dieser Meinungsbekundung verbergen, ist schwer zu sagen. Im Rahmen dieser Untersuchung, die auf einer standardisierten Repräsentativbefragung basiert, war eine Prüfung der Qualität informellen Lernens im lerntheoretischen Sinne nicht möglich; dazu bedarf es anderer Verfahren. Gleichwohl deutet sich in der Analyse der Zusammenhänge zwischen zentralen Variablen des Lernbewusstseins die ganze Ambivalenz dieser in der weiterbildungspolitischen Diskussion so hoch gehandelten Kategorie an:

- Auf der einen Seite stellt sie im Selbstbild quer über alle Bevölkerungsgruppen, wenn auch mit deutlichen Differenzen in der Verteilung nach sozialstrukturellen Merkmalen, den zentralen Lernkontext dar, der für die Weiterbildung, insbesondere für die berufliche, als Anknüpfungspunkt für Weiterbildungsangebote und -aktivitäten zu nutzen ist, zumal sie gute Anknüpfungspunkte an die Erfordernisse einer nachfrage- und prozessorientierten Weiterbildungskonzeption bietet.
- Auf der anderen Seite ist nicht zu übersehen, dass gerade die für ein zukunftsgerichtetes Konzept lebenslangen Lernens als unabdingbar angesehenen Kompetenzen der Selbststeuerung und -organisation der eigenen Lernaktivitäten und Berufsbiographie, der Antizipationsfähigkeit hinsichtlich Ent-

wicklungen und der Initiative und Aktivität sich mit informellen Lernkontexten offensichtlich sehr viel weniger verbinden als mit formalisierten oder medialen oder mit kombinierten Lernerfahrungskonstellationen. Dies ist eigentlich wenig verwunderlich, weil für informelles Lernen in der Regel ja typisch ist, dass es strategischer Planung und Reflexivität entbehrt, die für die Kompetenz für lebenslanges Lernen aber bedeutsam sind.

Die soziale Ungleichheit von Lernkontexten

Die hier konstatierte Ambivalenz der Kategorie führt zu der Frage, ob das informelle Lernen so transformierbar ist, dass seine problematischen Seiten behoben würden. Die Frage ist schwer und hier nicht angemessen zu beantworten, aber ihre Beantwortung hat eine hohe Relevanz für die zukünftige Gesellschaftsstruktur und für die Aktivierung eines höheren beruflichen Qualifikationspotenzials in der Bevölkerung. Denn in unseren Ergebnissen spiegeln sich – jetzt unter der Fragestellung informeller und formalisierter Lernkontexte – die sozialstrukturellen Problemkonstellationen der traditionellen beruflichen Weiterbildung. Man kann die Wertschätzung unterschiedlicher Lernkontexte – stark pointiert und stilisiert – tendenziell zwei unterschiedlichen soziologischen (nicht psychologischen!) „Lernertypen" zuordnen. Die Mehrheitsgruppe (67% im Durchschnitt), die informellen Lernkontexten ihre wichtigsten beruflichen Lernerfahrungen zu verdanken meint, setzt sich überproportional stark aus den schulisch und beruflich weniger qualifizierten Beschäftigten, aus Gewerblichen, insbesondere Un- und Angelernten und in Kleinbetrieben Tätigen und Personen an wenig lernförderlichen Arbeitsplätzen zusammen, während diejenigen, die überdurchschnittlich häufig mediale oder formalisierte Lernkontexte angeben, eher einen höheren allgemeinbildenden und beruflichen Schulabschluss aufweisen, eher Positionen als Beamte, Führungskräfte, Akademiker oder Angestellte aus Großbetrieben innehaben und an modernen und stärker lernförderlichen Arbeitsplätzen arbeiten. Die Gegenüberstellung dieser „soziologischen Lernertypen" macht deutlich, dass die „wichtigsten Lernkontexte" weniger Lernpräferenzen der Individuen als vielmehr Gelegenheitsstrukturen für den Zugang zu unterschiedlichen Lernkontexten, der jeweils in der Berufsbiographie und im beruflichen Status geboten wird, repräsentieren.

Stehen wir also an der gleichen Stelle, an der die bisherige Weiterbildungsforschung auch stand? Das wäre der Fall, wenn die Untersuchung an dieser Stelle geendet hätte. Da sie dies nicht tut, sondern über Berufs- und Arbeitsmarkterfahrungen hinausgeht und die Bedeutung der konkreten Arbeitssituationen für die Kompetenzentwicklung mit einbezieht, fällt die Antwort nicht nur differenzierter, sondern auch anders aus. Man könnte sie unter den Titel stellen „Arbeit als zweite (und sich wiederholende) Chance".

Arbeit als zweite Chance

Unsere Analyse des Zusammenhangs von Arbeitsorganisation und Lernkompetenzen zeigt die starke und durchgängige Bedeutung der Arbeitserfahrung für die Entwicklung und Stabilisierung der Kompetenzen für lebenslanges Lernen auf, und zwar in allen von uns geprüften Dimensionen lernförderlicher Arbeit; bezogen auf die Kompetenzdimensionen ist dieser Zusammenhang besonders stark bei der Selbststeuerungsdisposition und dem Aktivitätsniveau. Nicht die Tatsache selbst, dass es diese Zusammenhänge zwischen Formen der Erwerbsarbeit und Lernkompetenzen gibt, ist das eigentlich Interessante an unseren Ergebnissen – dies deckt sich auch mit anderen arbeitspsychologischen Studien. Vielmehr ist es der über multivariate Regression geführte Nachweis, dass diese Zusammenhänge offensichtlich auch unabhängig von frühen Sozialisationserfahrungen wirksam sind und ein stärkeres Gewicht für die Selbststeuerung und das Aktivitätsniveau haben. Dies heißt nicht, dass nicht Sozialisation und bestimmte andere biographische Erfahrungen, insbesondere der Erwerbsstatus und das Bildungs- und Ausbildungsniveau, Einfluss auf die Kompetenz für lebenslanges Lernen hätten. Aber es deutet sich an, wie viel eine lernförderliche Arbeitsorganisation zu diesen Kompetenzen beitragen kann, entweder indem sie frühere Einflüsse verstärkt oder – in welchem Ausmaß auch immer – korrigiert oder aber konterkariert (was auch möglich ist).

Das Ergebnis gewinnt mit Blick auf die Arbeitsmarkterfahrungen noch einmal an Gewicht. Wer nicht an Erwerbsarbeit partizipiert oder partizipieren kann – sei er arbeitslos, sei er nicht erwerbstätig –, hat offensichtlich weniger Möglichkeiten, sich die Kompetenzen für lebenslanges Lernen anzueignen, als Erwerbstätige. Dies gilt sowohl für Arbeitslose als auch für nicht im Erwerbsleben stehende Frauen. Auch dieser Sachverhalt ist alles andere als trivial. Bedeutet er doch, dass – entgegen möglicher Erwartungen – Zeiten ohne aktive Erwerbsarbeit weniger dazu angetan sind, seine Lernkompetenz als Erwachsener zu erweitern, als wenn man einer Arbeit nachgeht. Mobilitätsfähigkeit im Sinne von Lernkompetenzen wird weniger auf dem Arbeitsmarkt oder fern von Erwerbstätigkeit als vielmehr im aktiven Arbeitsverhältnis erworben.

Die relative Eigenständigkeit des Faktors Arbeitsorganisation in der Kompetenzentwicklung als Basis für die Sicherung der subjektiven Voraussetzungen von Beschäftigungsfähigkeit markiert aber auch *materiale Grenzen für Subjekte und Staat* und stellt Rückfragen an die aktive Arbeitsmarktpolitik, insbesondere an ihre Instrumente Fortbildung und Umschulung. Unsere Befunde zum Verhältnis von Weiterbildungsteilnahme und (noch mehr) von Arbeitslosigkeitsbetroffenheit und individueller Kompetenzentwicklung legen den Schluss nahe, dass die Beschäftigungsfähigkeit weniger von externen (Weiterbildungs-)Angeboten als von betriebsinternen Möglichkeiten des Lernens in und durch Arbeit abhängig ist. Diese Abhängigkeit wird – mit Blick auf die Zukunft – noch einmal durch die technologische Entwicklung verstärkt, wie sich am IT-Sample und am technologischen Modernisierungsgrad der Arbeitsplätze des Hauptsamples eindrucksvoll zeigen lässt.

Doppelte Privilegierung – doppelte Depravierung

Viele unserer Ergebnisse liegen im Erwartungshorizont. Sie sind mit Blick auf die weiterbildungs- und weiterbildungspolitische Diskussion gleichwohl von weitreichender Bedeutung: Wenn es richtig ist, dass ein neues Kompetenzprofil für lebenslanges Lernen im von uns operationalisierten Sinn zentrale Bedeutung für die Platzierung der Individuen im Beschäftigungssystem und für ihre Beweglichkeit auf dem Arbeitsmarkt hat, dann deuten unsere Ergebnisse auf der einen Seite Chancen, auf der anderen Seite Gefährdungen an.

Die Chancen liegen darin, dass eine lernförderliche Arbeitsorganisation die latenten Potenziale „informeller Lernkontexte" im Bereich des arbeitsintegrativen Lernens besser wirksam werden lassen könnte als in der Vergangenheit, bis zu einem gewissen Grad kompensatorisch gegenüber Versäumnissen in Kindheit und Jugend wirken und damit auch formale Weiterbildung für Gruppen stützen könnte, die ihr heute fern stehen.

Die Gefährdungen liegen darin, dass sich Segmentierungen zwischen unterschiedlichen Qualifikations- und Beschäftigungsgruppen verstärken und Einschränkungen in der interindustriellen (z.B. moderne versus traditionelle Beschäftigungskonstellationen) und zwischenprofessionellen Mobilität verfestigen könnten. Der Zusammenhang wechselseitiger Verstärkung von Erwerbsstatus und Arbeitserfahrungen im Sinne des Zugangs zu lernförderlichen Arbeitsarrangements deutet die Schärfe des Problems an. Es könnte zu einer doppelten Privilegierung der Gruppen mit guter Ausbildung *und* lernförderlichen Arbeitsplätzen und einer doppelten Depravierung derjenigen kommen, die auf der Basis schlechter Ausbildung und wenig lernförderlicher Arbeitsumgebung die notwendigen Kompetenzen für lebenslanges Lernen nicht entwickeln bzw. nachholen können. Nach sozialisations- und bildungsbedingten Differenzen liegt hier der neue Kern der Ungleichheit im Kampf der Individuen um lebenslanges Lernen als zentrale subjektive Basis für die langfristige Beschäftigungsfähigkeit.

Handlungsperspektiven

Mit Blick auf die wissenschaftlichen und politischen Weiterbildungsdiskurse lassen sich aus unserer Untersuchung vier Schlussfolgerungen ziehen:

1. Die aufgeführten Zusammenhänge zwischen Arbeit und Lernen sind nicht dahingehend zu interpretieren, dass formalisierte Weiterbildung keine Wirkungen zeitigte und man sich nur noch auf arbeitsintegrierte informelle

Lernprozesse verlassen sollte. Unsere Befunde zeigen, dass die Teilnahme an formalisierter Weiterbildung, insbesondere auch die an der vielgeschmähten der Bundesanstalt für Arbeit (vgl. Staudt & Kriegesmann 1999), sich mit einem sehr viel höheren Selbststeuerungs- und Antizipationsniveau verbindet, als der Verzicht auf eine solche Teilnahme – dies ist besonders stark in den neuen Bundesländern ausgeprägt (vgl. den Beitrag von Woderich u.a. in diesem Buch). Dahinter steht der Sachverhalt, dass die Erfahrung lernförderlicher Arbeit oft auch mit formalisierter Weiterbildung verbunden ist und umgekehrt diejenigen, die nur informelle Lerngelegenheiten nutzen, oft an wenig lernförderlichen Arbeitsplätzen tätig sind.

2. Eine engere Kopplung von Arbeiten und Lernen ist – entgegen großen Hoffnungen der Diskussionen über die nachindustrielle Gesellschaft – kein automatisches Beiprodukt der Entwicklung zur Wissensgesellschaft, sondern muss in weiten Bereichen der Erwerbstätigkeit arbeits-, arbeitsmarkt- und weiterbildungspolitisch immer wieder hergestellt werden. Es bleiben auch in der Wissensgesellschaft offensichtlich große Areale unqualifizierter und wenig lernförderlicher Arbeit, welche die Fähigkeiten zu selbstorganisiertem Lernen eher destruieren als befördern. Weil das so ist, kommen wir aus dem Dilemma von lernferner Arbeit und arbeitsfernem Lernen nicht einfach heraus und deswegen behalten die betriebsexternen Institutionen des lebenslangen Lernens ihre Funktion. Effizient erfüllen freilich können sie diese nur, wenn es zu anderen Brücken zwischen Lern- und Arbeitsorganisation kommt und wenn in den Betrieben gezielt die Lernmöglichkeiten der Arbeit verbessert werden. Auf jeden Fall bleiben die politischen Akteure auf den unterschiedlichen Ebenen von Arbeitsmarkt, Arbeits- und Lernorganisation gefordert und in der Verantwortung.

3. Die dargestellten Abhängigkeiten zwischen Arbeit und Kompetenzen für lebenslanges Lernen lassen sich auch dahingehend interpretieren, dass dem Subjekt auch in einer mit dem Übergang zur Wissensgesellschaft zunehmend subjektivierten Arbeit Grenzen für autonomes Handeln gesetzt sind. Das Individuum, dem für die Sicherung der eigenen Beschäftigungsfähigkeit Autonomie, Kompetenz, Selbststeuerungsfähigkeit abverlangt wird, kann sich bei deren Erwerb und Aufrechterhaltung weniger von der Bindung an die betriebliche Arbeit emanzipieren, als die These von der zunehmenden Subjektivierung der Arbeit annehmen lässt. Die Hervorbringung eines neuen Arbeitskrafttypus, der die Organisation nicht nur seiner Arbeit, sondern auch seiner Erwerbsbiographie (einschließlich der dafür erforderlichen Lernprozesse) in die eigene Hand nimmt, hängt damit auch wesentlich mit von der betrieblichen Arbeitsorganisation ab.

4. Das ganze Problem des Zusammenhangs von Arbeiten und lebenslangem Lernen hat nicht zuletzt eine eminent sozialstrukturelle Seite. Wenn es nicht gelingt, die Lernförderlichkeit in den niedrig oder unqualifizierten Bereichen

der Arbeit zu erhöhen und zugleich neue Formen eines engeren Zusammenhangs von Lernen und Arbeiten zu finden, droht eine Vertiefung und Verfestigung der gesellschaftlichen Spaltung. Wenn die „zweite Chance" Arbeit im Segment gering qualifizierter Arbeit nicht systematisch ausgebaut wird, werden die Beschäftigten dieses Segments stärker von Ausgrenzung bedroht sein als je zuvor, wird die Ungleichheit zunehmen. Unter den Bedingungen beschleunigten und wenig kalkulierbaren Strukturwandels und verstärkter Innovationsdynamik verläuft die Demarkationslinie zwischen beruflicher Privilegierung und Depravierung auf dem Arbeitsmarkt nicht erst zwischen denen, die drin, und denen, die draußen sind, sondern bereits im Betrieb zwischen denen, die an lernförderlichen Arbeitsplätzen tätig sind, und denen, die diesen Vorzug nicht genießen. Der Kampf gegen die Arbeitslosigkeit, insbesondere gegen die Langzeitarbeitslosigkeit beginnt nicht erst auf dem Arbeitsmarkt, sondern bereits in der Arbeit, im Betrieb.

Literatur

Achatz, M. & Tippelt, R. (2001). Wandel von Erwerbsarbeit und Begründungen kompetenzorientierten Lernens im internationalen Kontext. In: Bolder, A., Heinz, W.R. & Kutscha, G. (Hrsg.): Deregulierung der Arbeit – Pluralisierung der Bildung. Jahrbuch Bildung und Arbeit 99/00, Opladen. S. 111–127.

Achtenhagen, F. (2000). Lebenslanges Lernen aus der Sicht des Mastery Leaning. In: Achtenhagen, F. & Lempert, W., 2000d, S. 123–140.

Achtenhagen, F. & Lempert, W. (2000a). Lebenslanges Lernen im Beruf – seine Grundlagen im Kindes- und Jugendalter (I) Forschungs- und Reformprogramm, Opladen.

Achtenhagen, F. & Lempert, W. (2000b). Lebenslanges Lernen im Beruf – seine Grundlagen im Kindes- und Jugendalter (II) Gewerbliche Wirtschaft, Gewerkschaft und soziologische Forschung, Opladen.

Achtenhagen, F. & Lempert, W. (2000c). Lebenslanges Lernen im Beruf – seine Grundlagen im Kindes- und Jugendalter (III) Psychologische Theorie, Empirie und Therapie, Opladen.

Achtenhagen, F. & Lempert, W. (2000d). Lebenslanges Lernen im Beruf – seine Grundlagen im Kindes- und Jugendalter (IV) Formen und Inhalte von Lernprozessen, Opladen.

Achtenhagen, F. & Lempert, W. (2000e). Lebenslanges Lernen im Beruf – seine Grundlagen im Kindes- und Jugendalter (V) Erziehungstheorie- und Bildungsforschung, Opladen.

Aglietta, M. (2000). Ein neues Akkumulationsregime. Die Regulationstheorie auf dem Prüfstand, Hamburg.

Aichner, R. & Kannheiser, W. (1999). Planung. In: Arbeits- und Organisationspsychologie. Ein Lehrbuch. Band I. Hrsg. v. Carl Graf Hoyos und Dieter Frey, Weinheim, S. 75–90.

Allmendinger, J. & Hinz, Th. (1997). Mobilität und Lebensverlauf: Deutschland, Großbritannien und Schweden im Vergleich. In: Hradil, St. & Immerfall, St. (Hrsg.): Die westeuropäischen Gesellschaften im Vergleich, Opladen, S. 247–285.

Andretta, G. (1995). Das Mobilitätsdilemma. Arbeitsmarktpolitische Lehren aus dem Transformationsprozess. In: Soziologisches Forschungsinstitut Göttingen (Hrsg.): Im Zeichen des Umbruchs, Opladen, S. 59–77.

Andretta, G. & Baethge, M. (1996). Neue Formen der Erwerbsarbeit und zukünftige Anforderungen des Beschäftigungssystems an die berufliche Bildung, Friedrich-Ebert-Stiftung, Bonn.

Arnold, R. & Schiersmann, Ch. (2004). Entwicklungstrends im Weiterbildungsbereich. Kurzexpertise. In: Baethge, Buss & Lanfer, 2004, Anhang.

Baethge, M., Bauer, W., Mohr, W., Münch, J., Schöll-Schwinghammer, I. & Schumann, M. (1976). Sozialpolitik und Arbeiterinteresse. Eine empirische Untersuchung der Bedingungen und Grenzen staatlicher Arbeitsförderungspolitik und ihrer Verarbeitung durch die betroffenen Arbeitskräfte – am Beispiel Umschulung, Frankfurt.

Baethge, M. u.a. (1988). Jugend: Arbeit und Identität: Lebensperspektiven und Interessenorientierungen von Jugendlichen, Opladen.

Baethge, M. (1991). Arbeit, Vergesellschaftung, Identität – Zur zunehmenden normativen Subjektivierung der Arbeit. In: Soziale Welt, 42, 1, S. 6–19.

Baethge, M. (2001a). Paradigmenwechsel in der beruflichen Weiterbildung. In: Lernen – ein Leben lang. Vorläufige Empfehlungen und Expertenbericht. Hrsg. v. Arbeitsstab Forum Bildung, Bonn, S. 61–71.

Baethge, M. (2001b). Qualifikationsentwicklung im Dienstleistungssektor. In: Baethge, M. & Wilkens, I. (Hrsg.): Die große Hoffnung für das 21. Jahrhundert? Perspektiven und Strategien für die Entwicklung der Dienstleistungsbeschäftigung, Opladen, S. 85–106.

Baethge, M. (2001c). Abschied vom Industrialismus. In: Baethge, M. & Wilkens, I. (Hrsg.): Die große Hoffnung für das 21. Jahrhundert? Perspektiven und Strategien für die Entwicklung der Dienstleistungsbeschäftigung, Opladen, S. 85–106.

Baethge, M. & Baethge-Kinsky, V. (1998a). Jenseits von Beruf und Beruflichkeit? – Neue Formen von Arbeitsorganisation und Beschäftigung und ihre Bedeutung für eine zentrale Kategorie gesellschaftlicher Integration. In: Mitteilungen aus der Arbeitsmarkt- und Berufsforschung 3, S. 461–472.

Baethge, M. & Baethge-Kinsky, V. (1998b). Der implizite Innovationsmodus. Zum Zusammenhang von betrieblicher Arbeitsorganisation, human ressources development und Innovation. In: Beschäftigung durch Innovation. Eine Literaturstudie. Hrsg. v. Institut für Arbeit und Technik. Wissenschaftszentrum Nordrhein-Westfalen, München, S. 99–148.

Baethge, M. & Baethge-Kinsky, V. (2002b). Arbeit – die zweite Chance. In: Kompetenzentwicklung 2002. Auf dem Weg zu einer neuen Lernkultur. Rückblick – Stand – Ausblick. Hrsg. v. der Arbeitsgemeinschaft Qualifikations-Entwicklungs-Management Berlin, Münster, S. 69–140.

Baethge, M. & Bartelheimer, P. (2004). Sozio-ökonomische Entwicklung in Deutschland – Konzept für einen neuen Berichtsansatz. In: SOFI, IAB, INIFES & ISF (Hrsg.): Berichterstattung zur sozio-ökonomischen Entwicklung in Deutschland – Arbeit und Lebensweisen, Göttingen (Ms.)

Baethge, M., Buss, K.-P. & Lanfer, C. (2004). Konzept für eine nationale Bildungsberichterstattung für den Bereich berufliche Bildung und Weiterbildung/lebenslanges Lernen, Göttingen (Ms.).

Baethge, M. & Schiersmann, Ch. (1998). Prozeßorientierte Weiterbildung – Perspektiven und Probleme eines neuen Paradigmas der Kompetenzentwicklung für die neue Arbeitswelt der Zukunft. In: Kompetenzentwicklung '98. Forschungsstand und Forschungsperspektiven. Hrsg. v. der Arbeitsgemeinschaft Qualifikations-Entwicklungs-Management Berlin. Münster, S. 15–87.

Baethge, M. & Wilkens, I. (2001). Die große Hoffnung für das 21. Jahrhundert? Perspektiven und Strategien für die Entwicklung der Dienstleistungsbeschäftigung, Opladen.

Baethge-Kinsky, V. & Hardwig, Th (2000). Kompetenzentwicklung als Transformation der betrieblichen Sozialorganisation. In: Kompetenzen entwickeln – Veränderun-

gen gestalten. Edition QUEM, Band 13. Hrsg. v. der Arbeitsgemeinschaft Qualifikations-Entwicklungs-Management Berlin. Münster, S. 19–100.
Baitsch, Ch. (1998). Lernen im Prozeß der Arbeit – zum Stand der internationalen Forschung. In: Kompetenzentwicklung '98. Forschungsstand und Forschungsperspektiven. Hrsg. v. der Arbeitsgemeinschaft Qualifikations-Entwicklungs-Management Berlin. Münster, S. 269–337.
Bell, D. (1975). Die nachindustrielle Gesellschaft, Frankfurt.
Bellmann, L. (2004): Der Stand der Aus- und Weiterbildungsstatistik in Deutschland. Kurzexpertise. In: Baethge, Buss & Lanfer, 2004, Anhang.
Bergmann, B. (1994). Zur Lernförderung im Arbeitsprozeß aus psychologischer Sicht. In: Die Handlungsregulationstheorie – Von der Praxis einer Theorie. Hrsg. v. Bergmann, B. & Richter, P., Göttingen, S. 117–135.
Bergmann, B. & Wilczek, S. (2000). Zusammenhänge zwischen Alter und dem Selbstkonzept beruflicher Kompetenz bei Facharbeitern. In: Zeitschrift für Arbeitswissenschaft, Heft 3–4/2000, S. 191–198.
Berichtssystem Weiterbildung (BSW) VIII (2003). Integrierter Gesamtbericht zur Weiterbildungssituation in Deutschland. Hrsg. vom Bundesministerium für Bildung und Forschung, Bonn.
Boes, A. & Baukrowitz, A. (2002). Arbeitsbeziehungen in der IT-Industrie. Erosion oder Innovation der Mitbestimmung? Berlin.
Bortz, J. (1999). Statistik für Sozialwissenschaftler. 5. Auflage. Berlin/Heidelberg/New York.
Bosch, G. (2000). Entgrenzung der Erwerbsarbeit: Lösen sich die Grenzen zwischen Erwerbs- und Nichterwerbsarbeit auf? In: Begrenzte Entgrenzungen. Wandlungen von Organisation und Arbeit, S. 249–268.
Boyer, R. & Saillard, Y. (Hrsg.) (2002). Regulation Theory. The State of the Art, London.
Brinkmann, Ch. (1972). Die berufliche Fortbildung männlicher Erwerbspersonen. In: Mitteilungen aus der Arbeitsmarkt- und Berufsforschung 2.
Brödel, R. (2003). Lebenslanges Lernen im Spannungsfeld von Bildungsgeschichte, Politik und Erziehungswissenschaft. In: Nittel, D. & Seitter, W. (Hrsg.) Die Bildung der Erwachsenen – Erziehungs- und sozialwissenschaftliche Zugänge. Festschrift für Jochen Kade. Bielefeld, S. 114–139.
Bullinger, H.-J. & Gidion, G. (Hrsg.) (2000). Spurensuche in der Arbeit: ein Verfahren zur Erkundung künftiger Qualifikationserfordernisse, Bielefeld.
Bundesministerium für Bildung und Forschung (2000). Berichtssystem Weiterbildung VII. Integrierter Gesamtbericht zur Weiterbildungssituation in Deutschland, Bonn.
Bundesministerium für Bildung und Forschung (2003). Berichterstattung zur technologischen Leistungsfähigkeit in Deutschland, Bonn.
Castells, M. (1996). The Rise of the Network-Society. Vol. I of the Information Age. Economy, Society and Culture. Cambridge/Oxford.
Dahrendorf, R. (1965). Bildung ist Bürgerrecht. Plädoyer für eine aktive Bildungspolitik, Hamburg.
Dehnbostel, P. & Rohs, M. (2003). Die Integration von Lernen und Arbeiten im Prozess der Arbeit – Entwicklungsmöglichkeiten arbeitsprozessorientierter Weiterbildung. In: Mattauch, W. & Caumanns, J. (Hrsg.): Innovationen der IT-Weiterbildung, Bielefeld, S. 103–114.
Deml, J. & Struck-Möbbeck, O. (1998). Formen flexibler Beschäftigung. Umfang und Regulierungserfordernisse. Supplement der Zeitschrift Sozialismus 3/98.
Deutscher Bildungsrat (1972). Empfehlungen der Bildungskommission – Strukturplan für das Bildungswesen, Stuttgart.
Deutsche Shell (Hrsg.) (2000). Jugend 2000, Band. 1, Opladen.

Dietrich, H. (1996). Empirische Befunde zur „Scheinselbständigkeit". IAB-Werkstattbericht Nr. 7 vom 25.11.1996, Nürnberg.
Dombois, R. (1999). Der schwierige Abschied vom Normalarbeitsverhältnis. In: Aus Politik und Zeitgeschichte, 37, S. 13–20.
Dostal, W. (2001). Quantitative Entwicklungen und neue Beschäftigungsformen im Dienstleistungsbereich. Baethge, M. & Wilkens, I. (Hrsg.): Die große Hoffnung für das 21. Jahrhundert? Perspektiven und Strategien für die Entwicklung der Dienstleistungsbeschäftigung, Opladen, S. 45-69.
Dostal, W. (2004). Qualifikation und Arbeitsmarktdynamik. In: IAB, INIFES & ISF (Hrsg.): Berichterstattung zur sozio-ökonomischen Entwicklung in Deutschland – Arbeit und Lebensweisen, Göttingen (Ms.).
Egbringhoff, J., Kleemann, F., Matuschek, I. & Voß, G. G. (2003). Subjektivierung von Bildung. Bildungspolitische und bildungspraktische Konsequenzen der Subjektivierung von Arbeit. Institut Arbeit und Gesellschaft. Arbeitsbericht Nr. 233, Chemnitz/München.
Ehrke, M. (2000). Zur Rolle lebensbegleitenden Lernens und zur Verbesserung seiner Bedingungen. In: Achtenhagen, F. & Lempert, W., 2000b.
Faulstich, P. (2003). Weiterbildung. München/Wien
Faust, M. & Holm, R. (2001). Formalisierte und nicht-formalisierte (informelle) Lernprozesse in Betrieben. Abschlußbericht Teil I, Göttingen.
Faust, M.; Jauch, P. & Notz, P. (2000). Befreit und entwurzelt: Führungskräfte auf dem Weg zum „internen Unternehmer", München.
Fischer, L. & Wiswede, G. (1997). Grundlagen der Sozialpsychologie, München.
Forum Bildung (2001). Lernen – ein Leben lang. Vorläufige Empfehlungen und Expertenbericht, Bonn.
Fricling, E. (1999). Unternehmensflexibilität und Kompetenzerwerb. In: Kompetenzentwicklung '99: Aspekte einer neuen Lernkultur. Argumente, Erfahrungen, Konsequenzen. Hrsg. v. der Arbeitsgemeinschaft Qualifikations-Entwicklungs-Management Berlin. Münster, S. 147–203.
Fuchs-Heinritz, W., Lautmann, R., Rammstedt, O. & Wienhold, H. (1995): Lexikon zur Soziologie, 3. Auflage, Opladen.
Glaubitz, J. (2001). Hoffnungsträger oder Sorgenkind. Konzentration und Beschäftigung im Einzelhandel. In: Baethge, M. & Wilkens, I., a.a.O., S. 181–205.
Hacker, W. & Skell, W. (1993). Lernen in der Arbeit. Bundesinstitut für Berufsbildung, Berlin.
Hasselhorn, M. (2000). Lebenslanges Lernen aus der Sicht der Metakognitionsforschung. In: Achtenhagen, F. & Lempert, W., 2000c, S 41–53.
Hecker, U. (2000). Berufliche Mobilität und Wechselprozesse, In: Beiträge aus der Arbeitsmarkt- und Berufsforschung 231, Nürnberg, S. 67–97.
Hirsch-Kreinsen, H., Schultz-Wild, R., Köhler, C. & Behr, M. von (1990). Einstieg in die rechnerintegrierte Produktion – Alternative Entwicklungspfade der Industriearbeit im Maschinenbau, Frankfurt.
Hobsbawm, E. (1995). Das Zeitalter der Extreme, Weltgeschichte des 20. Jahrhunderts. München/Wien.
Hoffman, E. & Walwei, U. (1998). Normalarbeitsverhältnis – ein Auslaufmodell? In: Mitteilungen aus der Arbeitsmarkt- und Berufsforschung. Heft 3, Nürnberg, S. 409–425.
Jerusalem, F. & Schwarzer, R. (1995): Generalized Self-Efficacy scale. In: Weinmann, J., Wright, S. & Johnston, M.: Measures in health psychology: A user´s portfolio. Causal and control beliefs, Windsor, S. 35–37.

Karr, W. (1999). Kann der harte Kern der Arbeitslosigkeit durch einen Niedriglohnsektor aufgelöst werden? Eine Analyse der Arbeitslosen nach Verweildauer und Reintegration. IAB-Kurzbericht 3, Nürnberg.

Kauffeld, S. & Grote, S. (2000). Arbeitsgestaltung und Kompetenz. In: Flexibilität und Kompetenz. Schaffen flexible Unternehmen kompetente und flexible Mitarbeiter? Hrsg. v. Ekkehart Frieling, Simone Kauffeld u.a., Münster, S. 141–159.

Kern, H. & Schumann, M. (1970). Industriearbeit und Arbeiterbewusstsein, Frankfurt am Main.

Kern, H. & Schumann, M. (1984). Das Ende der Arbeitsteilung? München.

Kern, H. & Schumann, M. (1996). Vorwärts in die Vergangenheit? Zustand der Arbeit – Zukunft der Arbeit. In: Gewerkschaftliche Monatshefte 11–12.

Klein, Th. (1990). Arbeitslosigkeit und Wiederbeschäftigung im Erwerbsverlauf. Theorieansätze und empirische Befunde. In: KZfSS 42, S. 688–705.

Knuth, M., Schräpler, J.-P. & Schumann, D. (2001). Die Neuverteilung von Beschäftigungschancen und -risiken in der Dienstleistungsgesellschaft. Graue Reihe des Instituts für Arbeit und Technik, Gelsenkirchen.

Köhler, H. (1992). Bildungsbeteiligung und Sozialstruktur in der Bundesrepublik. Zu Stabilität und Wandel der Ungleichheit von Bildungschancen, Berlin.

Kohli, M. (1984). Erwachsenensozialisation. In: Schmitz, E. & Tietgens, H. (Hrsg.) Erwachsenenbildung (Enzyklopädie Erziehungswissenschaft Bd. 11), Stuttgart.

Kommission der Europäischen Gemeinschaften (2000). Arbeitsdokument der Kommissionsdienststellen. Memorandum über Lebenslanges Lernen, Brüssel.

Kraft, S. (1999). Selbstgesteuertes Lernen. Problembereiche in Theorie und Praxis. In: Zeitschrift für Pädagogik 45, S. 833–845.

Kratzer, N. (2003). Arbeitskraft und Entgrenzung. Grenzenlose Anforderungen, erweiterte Spielräume, begrenzte Ressourcen. Hrsg. von der Hans-Böckler-Stiftung Düsseldorf/Berlin.

Kronauer, M., Vogel. B. & Gerlach, F. (1993). Im Schatten der Arbeitsgesellschaft – Arbeitslose und die Dynamik sozialer Ausgrenzung, Frankfurt.

Krumm, V. (2000). Der Einfluss der Familie auf Dispositionen für lebenslanges Lernen. In: Achtenhagen, F. & Lempert, W., 2000e, S. 128–150.

Kühnel, St.-M. & Krebs, D. (2001). Statistik für die Sozialwissenschaften. Grundlagen, Methoden, Anwendungen, Hamburg.

Kuhlmann, M., Sperling, H.-J. & Balzert, S. (2004). Konzepte innovativer Arbeitspolitik. Good-Practice-Beispiele aus dem Maschinenbau, der Automobil-, Elektro- und Chemischen Industrie, Berlin.

Kuwan, H. (2004). „Berufsbildungsforschung/Weiterbildungsforschung". Kurzexpertise. In: Baethge, Buss & Lanfer, 2004, Anhang.

Lempert, W. (2000). Lebenslanges Lernen und Persönlichkeitsentwicklung nach Untersuchungen von Berufsverläufen und beruflichen Biografien. In: Achtenhagen, F. & Lempert, W., 2000b, S. 128–154.

Livingstone, D.W. (1999). Informelles Lernen in der Wissensgesellschaft. QUEM-Report 60, Berlin, S. 65–91.

Locke, E. & Latham, G. (1990). A theory of goal setting and task performance. Englewood Cliffs.

Lutz, B. (1984). Der kurze Traum immerwährender Prosperität, Frankfurt.

Meulemann, H. (1990). Schullaufbahn, Ausnahmekarrieren und die Folgen im Lebenslauf. Ein Beitrag zur Lebenslaufforschung und Bildungssoziologie. In: Mayer, K.-U. (Hrsg.): Lebensverläufe und sozialer Wandel (KZfSS, Sonderheft 31), Opladen, S. 89–117.

Mutz, G. (1995). Erwerbsbiographische Diskontinuitäten in West- und Ostdeutschland. In: Berger, P.A. & Sopp, P. (Hrsg.): Sozialstruktur und Lebenslauf (Sozialstrukturanalyse 5), Opladen, S. 205–233.

Rauschenbach, Th., Leu, H.-R., Lingenauber, S., Mach, W., Schilling, M., Schneider, K. & Züchner, I. (2004). Non-formale und informelle Bildung im Kindes- und Jugendalter. Hrsg. vom Bundesministerium für Bildung und Forschung, Reihe Bildungsreform, Bd. 6, Bonn.

Reetz, L. & Tramm, T. (2000). Lebenslanges Lernen aus der Sicht einer berufspädagogisch und wirtschaftspädagogisch akzentuierten Curriculumforschung. In: Achtenhagen, F. & Lempert, W., 2000e, S. 69–120.

Reichwald, R., Baethge, M., Brakel, O., Fischer, B. & Paul, G. (2004). Die neue Welt der Mikrounternehmen (Ms.).

Reinmann-Rothemaier, G. & Mandl, H. (2000). Lebenslanges Lernen unter Berücksichtigung des Themas Wissensmanagement. In: Achtenhagen, F. & Lempert, W., 2000c, S. 25–40.

Richter, F. & Wardanjan, B. (2000). Die Lernhaltigkeit der Arbeitsaufgabe – Entwicklung und Erprobung eines Fragebogens zu lernrelevanten Merkmalen der Arbeitsaufgabe. In: Zeitschrift für Arbeitswissenschaft 3–4, S. 175–183.

Roßbach, H-G. (2000). Lebenslanges Lernen aus der Sicht der Grundschulforschung. In: Achtenhagen, F. & Lempert, W., 2000d, S. 141–163.

Sauter, E. (2000). Berufskonzept und Employability. www.bibb.de/bwp/1_00/kommentar.htm.

Schmal, A. (1994). Ungleichheiten auf dem Arbeitsmarkt zwischen Bevölkerungsgruppen und Regionen. In: Montada, L.: Arbeitslosigkeit und soziale Gerechtigkeit, Frankfurt/New York, S. 87–106.

Schmitz, E. (1984). Erwachsenenbildung als lebensweltbezogener Erkenntnisprozess. In: Ders. & Tietgens, H. (Hrsg.) Erwachsenenbildung (Enzyklopädie Erziehungswissenschaft Bd. 11), Stuttgart.

Schnell, R., Hill, P.B. & Esser, E. (1996). Methoden der empirischen Sozialforschung, München/Wien.

Schulenberg, W., Loeber, H.-D., Loeber-Pautsch, U. & Pühler, S. (1978). Soziale Faktoren der Bildungsbereitschaft Erwachsener, Stuttgart.

Schumann, M., Baethge-Kinsky, V., Curz, C., Kuhlmann, M. & Neumann, U. (1994). Trendreport Rationalisierung. Automobilindustrie, Werkzeugmaschinenbau, Chemische Industrie, Berlin.

SOFI, IAB, INIFES & ISF (Hrsg.) (2004). Berichterstattung zur sozio-ökonomischen Entwicklung in Deutschland – Arbeit und Lebensweisen, Göttingen (Ms.)

Sorge, A. & Streeck, W. (1988). Industrial Relations and Technological Change: the case for an extended perspective. In: Hyman, R. & Streeck, W. (Hrsg.): New Technology and Industrial Relations, Oxford, S. 317–335.

Skell, W. (1994). Eigenaktives handlungsorientiertes Lernen im Prozeß beruflicher Bildung. In: Die Handlungsregulationstheorie. Von der Praxis einer Theorie. Hrsg. v. Bärbel Bergmann u. Peter Richter, Göttingen, S. 136–150.

Staudinger, U. (2000). Eine Expertise zum Thema „lebenslanges Lernen" aus der Sicht der Lebensspannen-Psychologie. In: Achtenhagen & Lempert 2000c, S. 90–110.

Staudt, E. & Kriegesmann, B. (1999). Weiterbildung: Ein Mythos zerbricht. Der Widerspruch zwischen überzogenen Erwartungen und Misserfolgen der Weiterbildung. In: Arbeitsgemeinschaft Qualifikations-Entwicklungs-Management (Hrsg.): Kompetenzentwicklung '99. Aspekte einer neuen Lernkultur. Argumente, Erfahrungen, Konsequenzen, Berlin, S. 17–59.

Statistisches Bundesamt (2000). Leben und Arbeiten in Deutschland. Ergebnisse des Mikrozensus, Wiesbaden.

Strzelewicz, W., Raapke, H.-D. & Schulenberg, W. (1966). Bildung und gesellschaftliches Bewußtsein. Eine mehrstufige soziologische Untersuchung in Westdeutschland, Stuttgart.

Ulrich, G. J. (2000). Sind wir ausreichend für unsere Arbeit gerüstet? Besondere Kenntnisanforderungen am Arbeitsplatz und Weiterbildungsbedarf der Erwerbstätigen in Deutschland. In: Beiträge zur Arbeitsmarkt- und Berufsforschung, 231. Hrsg. v. Institut für Arbeitsmarkt- und Berufsforschung der Bundesanstalt für Arbeit, Nürnberg, S. 99–125.

Vogel, B. (2001). Wege an den Rand der Arbeitsgesellschaft – der Verlust der Erwerbsarbeit und die Gefahr sozialer Ausgrenzung. In: Barlösius, E. & Ludwig-Mayerhofer, W. (Hrsg.): Arme Gesellschaft. Schriftenreihe der Sektion „Soziale Ungleichheit und Sozialstrukturanalyse", Opladen.

Volkholz, V. (2003). Die Arbeitskräfte-Einsatz-Bilanz. Vortrag vom 11.02.2003 in Bremen (Ms.).

Volkholz, V. & Köchling, A. (2001). Lernen und Arbeiten. In: Kompetenzentwicklung 2001. Tätigsein – Lernen – Innovation. Hrsg. v. der Arbeitsgemeinschaft Qualifikations-Entwicklungs-Management Berlin/Münster, S. 375–415.

Wardanjan, B., Richter, F. & Uhlemann, K. (2000). Lernförderung durch die Organisation – Erfassung mit dem Fragebogen zum Lernen in der Arbeit (LIDA). In: Zeitschrift für Arbeitswissenschaft 3–4/2000, S. 184–198.

Wenger, E. (1998). Communities of Practice. Learning, Meaning and Identity. Cambridge/ New York.

Wittke, V. (1996). Wie entstand industrielle Massenproduktion? Die diskontinuierliche Entwicklung der deutschen Elektroindustrie von den Anfängen der „großen Industrie" bis zur Entfaltung des Fordismus, Berlin.

Anhang

Tabellen und Abbildungen

Tab. 1:   Ausfälle und realisierte Stichproben

	Anzahl	in % von Bruttoansatz	in % von Bruttostichprobe
Bruttoansatz gelistete Adressen	9153	100,0	
Stichprobenneutrale Ausfälle keine Zielperson im Haushalt	1553	-17,0	
Bruttostichprobe niemand angetroffen Ausfälle davon: - Zielperson nicht erreichbar - Zielperson krank/nicht i.d. Lage - Zielperson verweigert - Zielperson spricht nicht Deutsch	7600 1347 2194 296 73 1731 94	 -14,7 -24,0 3,2 0,8 18,9 1,0	100,0 -17,7 -28,9
realisierte Interviews nicht bearbeitet	4059 7	44,3 0,1	53,4 0,1
Nettostichprobe	4052	44,3	53,3
Ausfallquote		55,7	46,7

Tab. 2:   Schulisches Lernklima nach höchstem Schulabschluss Mutter
           (N = 3821; Angaben in %)

		höchster Schulabschluss Mutter				
		kein Schulabschluss	Hauptschulabschluss	Mittlere Reife	Hochschulreife	Gesamt
Schulisches Lernklima	eher förderlich	37	54	61	63	55
	eher wenig förderlich	63	46	39	37	45
Gesamt		100	100	100	100	100

K - T = 0,095.

Tab. 3: Schulisches Lernklima nach höchstem Schulabschluss Vater
(N = 3740; Angaben in %)

		höchster Schulabschluss Vater				
		kein Schul-abschluss	Hauptschul-abschluss	Mittlere Reife	Hochschul-reife	Gesamt
Schulisches Lernklima	eher förderlich	34	53	60	62	55
	eher wenig förderlich	66	47	40	38	45
Gesamt		100	100	100	100	100

K - T = 0,101.

Tab. 4: Wichtigster Lernkontext nach Arbeitslosigkeitserfahrung
(N = 2948; Angaben in %)

		Arbeitslosigkeitserfahrung			
		keine Arbeits-losigkeits-erfahrung	einmal arbeitslos	mehrfach arbeitslos	Gesamt
wichtigster Lernkontext	formalisiert	15	13	13	14
	medial	19	20	17	19
	arbeitsbe-gleitend und privat	66	67	70	67
Gesamt		100	100	100	100

K - T = 0,034

Tab. 5: Wichtigster Lernkontext nach Häufigkeit Berufswechsel
(N = 2948; Angaben in %)

		Berufswechsel nach Häufigkeit			
		kein Berufs-wechsel	ein Berufs-wechsel	zwei und mehr Berufswechsel	Gesamt
wichtigster Lernkontext	formalisiert	13	16	16	14
	medial	19	19	18	19
	arbeitsbe-gleitend und privat	66	65	66	67
Gesamt		100	100	100	100

Korrelation nicht signifikant

Tab. 6: Wichtigster Lernkontext nach Häufigkeit Firmenwechsel
(N = 3470; Angaben in %)

		Firmenwechsel nach Häufigkeit			
		kein Firmenwechsel	ein bis zwei Firmenwechsel	drei und mehr Firmenwechsel	Gesamt
wichtigster Lernkontext	formalisiert	13	15	15	14
	medial	22	18	17	19
	arbeitsbegleitend und privat	65	67	68	67
Gesamt		100	100	100	100

Korrelation nicht signifikant.

Tab. 7: Selbststeuerungsdisposition nach Häufigkeit von Berufs- und Firmenwechseln (N = 3631; Angaben in %)

	Aktivitätsgrad der Kompetenzentwicklung			
	hohe Aktivität	mittlere Aktivität	niedrige Aktivität	Gesamt
keine Arbeitslosigkeitserfahrung	28	21	51	100
einmal arbeitslos	21	25	54	100
mehrfach arbeitslos	21	21	58	100
kein Berufswechsel	25	21	54	100
ein Berufswechsel	25	24	51	100
zwei und mehr Berufswechsel	24	22	54	100
kein Firmenwechsel	27	20	53	100
ein bis zwei Firmenwechsel	24	22	54	100
drei und mehr Firmenwechsel	23	24	53	100

Tab. 8: Kompetenzentwicklungsaktivität nach Häufigkeit von Arbeitslosigkeitserfahrungen, Berufs- und Firmenwechsel (N = 3747; Angaben in %)

	Selbststeuerungsdisposition eher stark ausgeprägt	Selbststeuerungsdisposition eher schwach ausgeprägt	Gesamt
kein Berufswechsel	50	50	100
ein Berufswechsel	53	47	100
zwei und mehr Berufswechsel	48	52	100
kein Firmenwechsel	54	46	100
ein bis zwei Firmenwechsel	49	51	100
drei und mehr Firmenwechsel	47	53	100

Tab. 9: Erwerbsstatus nach Ausbildungsniveau und Selbststeuerungsdisposition (Angaben in %)

Erwerbsstatus		Selbststeuerungsdisposition - dreistufig empirisch			Gesamt
		überdurchschnittliche Selbststeuerung	mittlere Selbststeuerung	unterdurchschnittliche Selbststeuerung	
erwerbstätig	akademische Qualifikation	22	9	3	13
	semi-akademische Qualifikation	7	7	3	6
	qualifizierte (duale Ausbildung)	59	68	65	64
	keine oder Anlernausbildung	12	16	29	17
(N = 2304)	Gesamt	100	100	100	100
arbeitslos	akademische Qualifikation	11	6	2	5
	semi-akademische Qualifikation	1	3	3	2
	qualifizierte (duale Ausbildung)	63	67	65	66
	keine oder Anlernausbildung	24	23	31	27
(N = 444)	Gesamt	100	100	100	100
Nicht-Erwerbsperson	akademische Qualifikation	10	7	4	6
	semi-akademische Qualifikation	4	6	4	5
	qualifizierte (duale Ausbildung)	67	68	58	63
	keine oder Anlernausbildung	19	19	34	25
(N = 421)	Gesamt	100	100	100	100

Tab. 10: Lernkompetenzen nach Beschäftigungsstatus der IT- und Mediendienstleister (Angaben in %)

	Selbständige	freie Mitarbeiter	Angestellte
Antizipationsniveau			
hoch	75	78	60
mittel	19	17	36
niedrig	7	6	4
Gesamt	100	100	100
Selbststeuerungsdisposition			
eher stark ausgeprägt	90	83	84
eher schwach ausgeprägt	10	17	16
Gesamt	100	100	100
Kompetenzentwicklungsaktivität			
hoch	29	61	53
mittel	45	11	28
niedrig	26	28	19
Gesamt	100	100	100

Tab. 11: Erwerbstätige nach Alter und Geschlecht in Repräsentativ- (N = 2347) und IuK-Sample (N = 307; Angaben in %)

	Repräsentativsample	IuK-Sample
Altergruppe		
19-34 Jahre	32	40
35-49 Jahre	45	48
50-64 Jahre	23	12
Gesamt	100	100
Geschlecht		
-männlich	53	70
-weiblich	47	30
Gesamt	100	100

Abb. 1: Struktur der Stichprobe im Vergleich mit ALLBUS und Mikrozensus
(Geschlecht, Alter, alte und neue Bundesländer; Angaben in %)

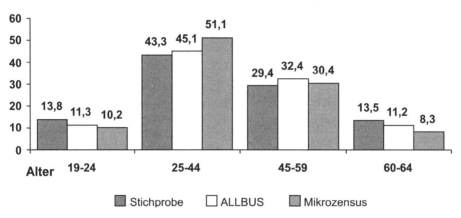

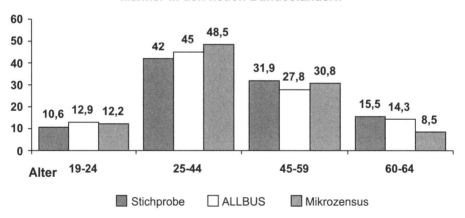

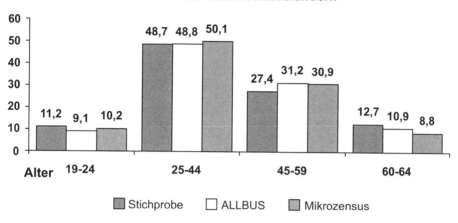

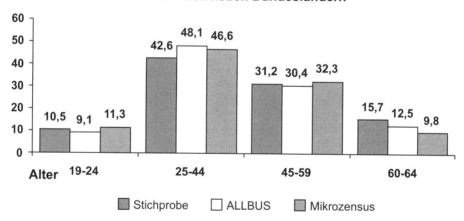

Abb. 2: Struktur der Stichprobe im Vergleich zum ALLBUS nach Familienstand
(alte und neue Bundesländer; Angaben in %)

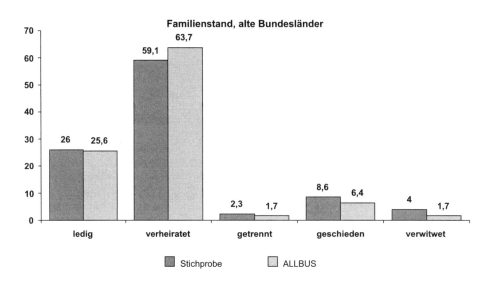

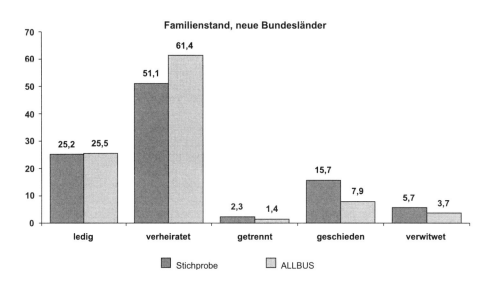

Abb. 3: Struktur der Stichprobe im Vergleich zum ALLBUS nach Schulabschluss (alte und neue Bundesländer; Angaben in %)

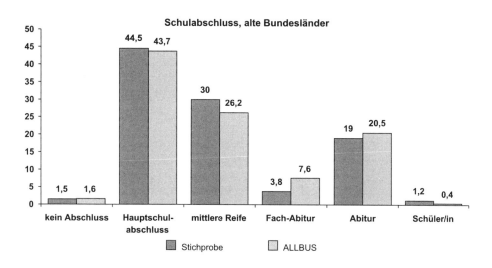

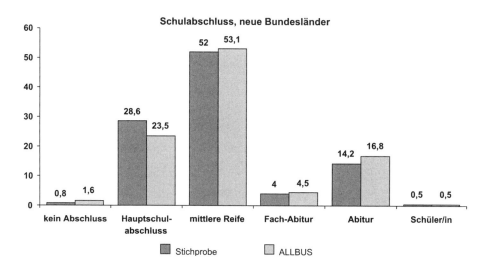

Abb. 4: Struktur der Stichprobe im Vergleich zum ALLBUS nach Berufsausbildung (alte und neue Bundesländer; Angaben in %)

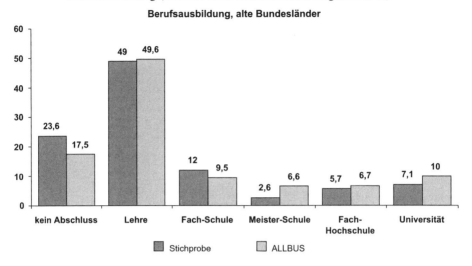

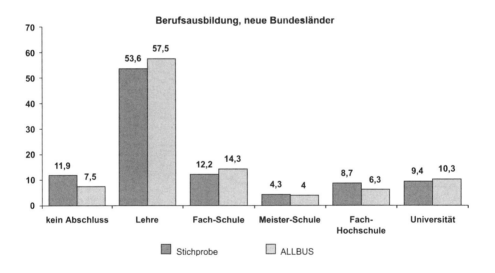

Abb. 5: Wahrnehmung der eigenen Erwerbsbiografie von Erwerbstätigen in Repräsentativ- und IuK-Sample (Angaben in %)

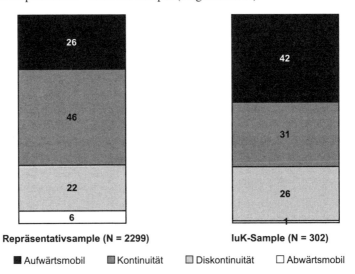

Abb. 6: Kompetenzentwicklungsaktivität der abhängigen IT- und Mediendienstleister nach Lernförderlichkeit der Arbeit (N = 200; Angaben in %)

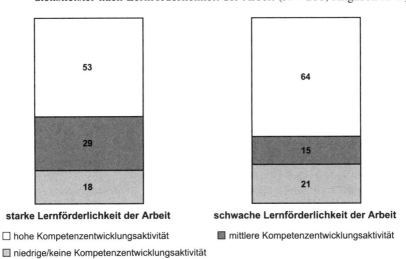

Fragebogen

Infratest Burke Sozialforschung*
AN NFO WORLDWIDE COMPANY

0. Infratest führt im Auftrag des Bundesministeriums für Bildung und Forschung eine bundesweite Befragung durch, deren Teilnehmer zufällig ausgewählt wurden. Es geht dabei um Lernen und Arbeiten und um Ihre Erfahrungen damit. Dazu möchten wir Sie um ihre Unterstützung bitten. Das Gespräch wird gut eine halbe Stunde dauern. Die Teilnahme ist freiwillig. Alle Angaben werden streng vertraulich behandelt.

Beginn des Interviews: _____ Uhrzeit

I. Bildungsbiographie und vorberufliche Sozialisation

Als erstes möchte ich mit Ihnen über Ihre Schul- und Ausbildungszeit reden.

1. Bitte erinnern Sie sich zunächst an die Zeit in der Schule: Hat Ihnen das Lernen dort eigentlich eher viel Spaß gemacht, eher wenig oder überhaupt keinen Spaß gemacht?

   A Eher viel Spaß .... ☐
   B Eher wenig Spaß .... ☐
   C Überhaupt keinen Spaß .... ☐

   D Teils/teils .... ☐
   E Kann mich nicht erinnern .... ☐
   F Weiß nicht .... ☐

2. Im Folgenden lese ich Ihnen Aussagen über die Schule vor. Bitte sagen Sie mir zu jeder, ob die Aussage auf Ihre Schulzeit völlig, eher, eher nicht oder gar nicht zutrifft.
   ☞ Liste 2 vorlegen und Vorgaben vorlesen

	Trifft völlig zu	Trifft eher zu	Trifft eher nicht zu	Trifft gar nicht zu
In der Schule gab es viel Interessantes und Spannendes zu lernen.	☐	☐	☐	☐
Wir Schüler waren vielen Lehrern oft ziemlich gleichgültig.	☐	☐	☐	☐
Im Unterricht haben wir viel diskutiert.	☐	☐	☐	☐
Für eigene Ideen der Schüler gab es zu wenig Raum.	☐	☐	☐	☐
Mit den Mitschülern konnte man richtig was unternehmen.	☐	☐	☐	☐

---

* Der Fragebogen wurde im Wesentlichen von M. Baethge und V. Baethge-Kinsky vom SOFI entwickelt – in Zusammenarbeit mit C. Schiersmann (Lehrstuhl für Erwachsenenbildung, Universität Heidelberg) und S. Kühnel (Methodenzentrum Sozialwissenschaften, Universität Göttingen).

3. Lassen Sie uns jetzt einen Moment über die Familie sprechen, aus der Sie kommen: Eltern nehmen ja in ganz unterschiedlicher Weise Einfluss auf die Entwicklung ihrer Kinder. Inwieweit sind die folgenden Aussagen für das Verhältnis zwischen Ihnen und Ihren eigenen Eltern völlig, eher, eher nicht oder gar nicht zutreffend?

☞ Liste 3 vorlegen und Aussagen vorlesen

	Trifft völlig zu	Trifft eher zu	Trifft eher nicht zu	Trifft gar nicht zu
Meine Eltern ließen mich immer tun, was ich für richtig hielt.	☐	☐	☐	☐
Meine Eltern hatten immer Angst davor, dass ich in schlechte Gesellschaft geraten könnte.	☐	☐	☐	☐
Ich habe von meinen Eltern viele Anregungen erhalten.	☐	☐	☐	☐
Meine Eltern waren schon immer sehr stolz auf mich.	☐	☐	☐	☐
Bei Problemen in der Schule haben mir meine Eltern wenig helfen können.	☐	☐	☐	☐
Bei uns zu Hause wurde viel diskutiert.	☐	☐	☐	☐
Meine Eltern haben immer darauf geachtet, was ich mache.	☐	☐	☐	☐
Auf gute Leistungen in der Schule wurde bei uns zu Hause viel Wert gelegt.	☐	☐	☐	☐

4. Mit welchem Abschluss haben Sie die Schule das erste Mal verlassen?

   ☞ Liste 4 vorlegen

   A Volks-/Hauptschulabschluss; DDR: Abschluss 8. Klasse POS .... ☐ ⇨ Frage 5b
   B Erweiterter/Qualifizierter Hauptschulabschluss .... ☐ ⇨ Frage 5b
   C Mittlere Reife, Realschulabschluss; DDR: Abschluss 10. Klasse POS ...... ☐ ⇨ Frage 5b
   D Fachhochschulreife (Abschluss einer Fachoberschule, Abschluss 12. Klasse Gymnasium) .... ☐ ⇨ Frage 5a
   E Abitur/Hochschulreife .... ☐ ⇨ Frage 5a
   F Berufsausbildung mit Abitur .... ☐ ⇨ Frage 5a
   G Anderer Abschluss .... ☐ ⇨ Frage 5a
   H Kein Abschluss .... ☐ ⇨ Frage 5b
   I Zur Zeit noch auf der Schule .... ☐ ⇨ Frage 40
   K.A. .... ☐ ⇨ Frage 5a

5a. Was haben Sie im Anschluss an die Schule gemacht: Haben Sie eine Ausbildung begonnen, ein Studium begonnen, direkt angefangen zu arbeiten, oder haben Sie etwas anderes ganz anderes gemacht?

   A Eine Ausbildung begonnen .... ☐ ⇨ Frage 6a
   B Ein Studium begonnen .... ☐ ⇨ Frage 6b
   C Gleich gearbeitet .... ☐ ⇨ Frage 6c
   D Etwas ganz anderes gemacht .... ☐ ⇨ Frage 5c
   E Einen Hausstand/eine Familie gegründet .... ☐ ⇨ Frage 5e
   K.A. .... ☐ ⇨ Frage 5e

5b. Was haben Sie im Anschluss an die Schule gemacht: Haben Sie eine Ausbildung begonnen, haben Sie direkt angefangen zu arbeiten, oder haben Sie etwas ganz anderes gemacht?

A	Eine Ausbildung begonnen	☐	⇨ Frage 6a
B	Gleich gearbeitet	☐	⇨ Frage 6c
C	Etwas ganz anderes gemacht	☐	⇨ Frage 5c
D	Einen Hausstand/eine Familie gegründet	☐	⇨ Frage 5e
K.A.		☐	⇨ Frage 5e

5c. Was haben Sie gemacht?
☞ Vorgaben nicht vorlesen, Angabe notieren bzw. zuordnen

Wehr- oder Zivildienst	☐
Freiwilliges Soziales Jahr	☐
Berufsfindungsphasen	☐
Herumjobben	☐
Reisen	☐
Sonstiges, und zwar:	☐

5d. Und danach: Haben Sie eine Ausbildung begonnen, ein Studium begonnen, angefangen zu arbeiten oder haben Sie etwas ganz anderes gemacht?

A	Eine Ausbildung begonnen	☐	⇨ Frage 6a
B	Ein Studium begonnen	☐	⇨ Frage 6b
C	Gleich gearbeitet	☐	⇨ Frage 6c
D	Etwas ganz anderes gemacht	☐	⇨ Frage 5e
E	Einen Hausstand/eine Familie gegründet	☐	⇨ Frage 5e
K.A.		☐	⇨ Frage 5e

5e. Haben Sie irgendwann später noch einmal eine Arbeit aufgenommen?
Ja	☐	⇨ Frage 6d
Nein	☐	
⇩		
K.A.	☐	⇨ Frage 6d

5f. Haben Sie einmal daran gedacht zu arbeiten, oder haben solche Überlegungen nie eine ernsthafte Rolle gespielt?

Ja, einmal dran gedacht	☐	⇨ Frage 6d
Nein, nie ernsthaft eine Rolle gespielt	☐	⇨ Frage 6d
K.A.	☐	⇨ Frage 6d

6a. Warum haben Sie eine Ausbildung aufgenommen?
    ☞ Liste 6a vorlegen, Vorgaben vorlesen, Mehrfachnennungen möglich
    Was war der entscheidende Grund?

		Ja	Nein	entschei-dender Grund	
A	Ich wollte eigenes Geld verdienen/auf eigenen Füßen stehen	☐	☐	☐	
B	Ich hatte ein persönliches Interesse/eine Neigung/eine Begabung für den speziellen Beruf	☐	☐	☐	
C	Ich wollte auf jeden Fall etwas Praktisches/Handfestes lernen	☐	☐	☐	
D	Ich wollte auf keinen Fall weiter zur Schule oder Uni gehen	☐	☐	☐	⇨ Frage 7a
E	Für einen weiteren Schulbesuch/für ein Studium war kein Geld da	☐	☐	☐	
F	Ich wollte vor dem Studium erst einmal etwas Handfestes lernen	☐	☐	☐	
G	Meine Eltern haben mich dazu angehalten				
I	Sonstiges und zwar	☐	☐	☐	

K.A. ....☐ ⇨ Frage 7a

6b. Warum haben Sie ein Studium aufgenommen?
    ☞ Liste 6b vorlegen, Vorgaben vorlesen; Mehrfachnennungen möglich.
    Was war der entscheidende Grund?

		Ja	Nein	entschei-dender Grund	
A	Ich wollte auf eigenen Füßen stehen/unabhängig von zu Hause sein	☐	☐	☐	
B	Ich habe mich persönlich für das Fachgebiet/Fach interessiert/ich hatte eine besondere Begabung/Neigung für das Fach	☐	☐	☐	
C	Ich wollte auf jeden Fall studieren, etwas anders als Studieren kam gar nicht in Frage	☐	☐	☐	⇨ Frage 7b
D	Die Ausbildung, die ich wollte, war nicht zu kriegen/es gab keine interessanten Ausbildungsstellen	☐	☐	☐	
E	Das Leben als Student habe ich mir immer toll vorgestellt	☐	☐	☐	
F	Meine Eltern haben mich dazu angehalten				
G	Sonstiges, und zwar	☐		☐	

K.A. ....☐ ⇨ Frage 7b

6c. Warum haben Sie gleich gearbeitet?
☞ Liste 6c vorlegen, Vorgaben vorlesen; Mehrfachnennungen möglich.
Was war der entscheidende Grund?

		Ja	Nein	entschei-dender Grund	
A	Ich wollte auf eigenen Füßen stehen	☐	☐	☐	
B	Ich musste gleich Geld verdienen	☐	☐	☐	
C	Es gab zu wenig Ausbildungsplätze	☐	☐	☐	⇨ Frage 6d
D	Ich hatte vom Lernen die Nase voll	☐	☐	☐	
E	Meine Eltern haben mich dazu angehalten			☐	
F	Sonstiges, und zwar	☐		☐	

K.A. .... ☐ ⇨ Frage 6d

6d. Haben Sie im Verlauf Ihres Berufslebens eine Ausbildung oder ein Studium nachgeholt und abgeschlossen?

Ja, eine Ausbildung .... ☐ ⇨ Frage 7a
Ja, ein Studium .... ☐ ⇨ Frage 7b
Nein .... ☐ ⇨ Frage 17/19b
K.A. .... ☐ ⇨ Frage 17

7a. Was für eine Art von Ausbildung war oder ist das?
☞ Liste 7a vorlegen und vorlesen.

A	(Betriebliche) Lehre	☐ ⇨ Frage 8a
B	Schulische Ausbildung an einer Berufsfach- oder Fachschule	☐ ⇨ Frage 8a
C	Außerbetriebliche Ausbildung (z.B. an einer Bildungsstätte der Kammern, Gewerkschaften oder eines freien oder privaten Trägers)	☐ ⇨ Frage 8a
D	Vorbereitungsdienst für Beamtenlaufbahn (nicht DDR)	☐ ⇨ Frage 8a
E	Berufs-(Betriebs-)akademie	☐ ⇨ Frage 8a
F	Technikerschule	☐ ⇨ Frage 8a
G	Sonstiges, und zwar	☐ ⇨ Frage 8a

K.A. .... ☐ ⇨ Frage 8a

7b. Was für eine Art von Studium war oder ist das?
☞ Liste 7b vorlegen und vorlesen.

A	Studium an einer Fachhochschule/Besuch von Ingenieurschule/Polytechnikum	☐ ⇨ Frage 8b
B	Studium an einer Universität oder technischen Hochschule	☐ ⇨ Frage 8b
C	Sonstiges, und zwar	☐ ⇨ Frage 8b

K.A. .... ☐ ⇨ Frage 8b

8a. Bitte nennen Sie mir die genaue Bezeichnung des Ausbildungsberufs, wie sie im Ausbildungsvertrag oder -zeugnis angegeben ist.

_____

☞ Weiter mit Frage 9

8b. Bitte nennen Sie mir den genauen Studiengang

_____

☞ wenn unklar bleibt, um was für einen Studiengang es sich handelt, Nachfrage stellen:

8c. Können Sie mir die Hauptfachrichtung noch etwas genauer benennen?

_____

9. War das die Ausbildung/das Studium, die bzw. das Sie sich gewünscht haben?

Ja .... ☐
Nein .... ☐
K.A. .... ☐ ⇨ Frage 10

10. Haben Sie diese Ausbildung/dieses Studium abgeschlossen oder nicht? Oder sind Sie noch dabei?

Ja, abgeschlossen .... ☐ ⇨ Frage 12
Nein, nicht abgeschlossen .... ☐ ⇨ Frage 11
Bin noch dabei .... ☐ ⇨ Frage 19
K.A. .... ☐ ⇨ Frage 12

11. Aus welchen Gründen haben Sie diese Ausbildung/dieses Studium nicht abgeschlossen?
☞ Liste 11 vorlegen und vorlesen, Mehrfachnennungen möglich.

A Probleme mit den Ausbildern, Lehrern oder Dozenten .... ☐
B Prüfung nicht bestanden .... ☐
C Ausbildung/Studium war zu schwierig, Prüfungsangst .... ☐
D Die Ausbildung/das Studium entsprach nicht meinen Vorstellungen .... ☐
E Auf Veranlassung der Ausbildungseinrichtung .... ☐
F Konkurs/Schließung des Betriebs, der Ausbildungseinrichtung .... ☐
G Finanzielle Gründe (auch Auslaufen einer Förderung) .... ☐
H Habe eine Erwerbstätigkeit gefunden, für die ein Abschluss der
   Ausbildung/des Studiums nicht nötig war .... ☐
I Familiäre Gründe (Heirat, Kind, langwierige Krankheit/Pflegebedürftigkeit
   von Angehörigen) .... ☐
K Gesundheitliche Gründe .... ☐
L Andere Gründe und zwar .... ☐

_____

K.A. .... ☐ ⇨ Frage 12

12. Was haben Sie nach Abschluss bzw. Abbruch Ihrer Ausbildung/Ihres Studiums gemacht?
☞ Liste 12 vorlegen, Vorgaben vorlesen.

A Gleich angefangen, zu arbeiten .... ☐ ⇨ Frage 16
B Eine weitere Ausbildung/ein weiteres Studium angeschlossen .... ☐ ⇨ Frage 13
C Arbeitslos gewesen .... ☐ ⇨ Frage 12a
D Längere Zeit nach einer angemessenen Beschäftigung gesucht .... ☐ ⇨ Frage 12a
E Habe einen eigenen Hausstand/eine eigene Familie gegründet .... ☐ ⇨ Frage 12a
F Erst einmal eine längere Auszeit aus privaten Gründen genommen
   (Reisen eingeschlossen) .... ☐ ⇨ Frage 12a
G Sonstiges, und zwar .... ☐ ⇨ Frage 12a

_____

K.A. .... ☐ ⇨ Frage 12a

12a. Haben Sie irgendwann später noch einmal eine Arbeit aufgenommen?

Ja .... ☐ ⇨ Frage 17
Nein .... ☐ ⇨ Frage 12b
⇩
K.A. .... ☐ ⇨ Frage 17

12b. Nachfrage: Haben Sie einmal daran gedacht zu arbeiten oder haben solche Überlegungen nie eine ernsthafte Rolle gespielt?

Ja, einmal dran gedacht .... ☐ ⇨ Frage 19b
Nein, nie ernsthaft eine Rolle gespielt .... ☐ ⇨ Frage 19b
K.A. .... ☐ ⇨ Frage 19b

13. Was für eine Art von Ausbildung oder Studium war oder ist das?
☞ Liste 7 vorlegen und Vorgaben vorlesen.

A (Betriebliche) Lehre .... ☐ ⇨ Frage 14a
B Schulische Ausbildung an einer Berufsfach- oder Fachschule .... ☐ ⇨ Frage 14a
C Außerbetriebliche Ausbildung (z.B. an einer Bildungsstätte der Kammern,
   Gewerkschaften oder eines freien oder privaten Trägers) .... ☐ ⇨ Frage 14a
D Vorbereitungsdienst für Beamtenlaufbahn (nicht DDR) .... ☐ ⇨ Frage 14a
E Berufs-(Betriebs)akademie .... ☐ ⇨ Frage 14a
F Technikerschule .... ☐ ⇨ Frage 14a
G Studium an einer Fachhochschule/Besuch von Ingenieurschule/
   Polytechnikum .... ☐ ⇨ Frage 14b
H Studium an einer Universität oder technischen Hochschule .... ☐ ⇨ Frage 14b
I Sonstiges (z.B. Volontariat), und zwar .... ☐ ⇨ Frage 14a

_____

K.A. .... ☐ ⇨ Frage 14a

14a. Bitte nennen Sie mir die genaue Bezeichnung des Ausbildungsberufs, wie sie im Ausbildungsvertrag oder -zeugnis angegeben ist.

☞ Weiter mit Frage 15

_____

K.A. .... ☐ ⇨ Frage 15

14b. Bitte nennen Sie mir den genauen Studiengang.

_____

☞ wenn unklar bleibt, um was für einen Studiengang es sich handelt, Nachfrage stellen:

14c. Können Sie mir die Hauptfachrichtung noch etwas genauer benennen?

_____

15. Haben Sie diese Ausbildung/dieses Studium abgeschlossen oder nicht? Oder sind sind Sie noch dabei?

Ja, abgeschlossen .... ☐ ⇨ Frage 16
Nein, nicht abgeschlossen .... ☐ ⇨ Frage 16
Bin noch dabei .... ☐ ⇨ Frage 19
K.A. .... ☐ ⇨ Frage 19

II. Erwerbsbiographie

Nun zu Ihrem Berufsverlauf:

16. Wie lange hat die Zeit zwischen Abschluss/Abbruch der Ausbildung und der Aufnahme einer Berufstätigkeit gedauert bzw. dauert sie schon?
    ☞ Vorgaben vorlesen

A	Weniger als 3 Monate	☐
B	3 bis unter 7 Monate	☐
C	7 bis unter 12 Monate	☐
D	Über 1 Jahr	☐

E	War noch nie erwerbstätig	☐	⇨ Frage 19b
K.A.		☐	⇨ Frage 17

17. Was war Ihre erste längere (Berufs-)Tätigkeit? Bitten nennen Sie mir eine möglichst genaue Bezeichnung.
    ☞ Wenn Begriff/Angaben sehr allgemein, bitte nachfragen:
    Können Sie mir diese berufliche Tätigkeit noch konkreter benennen. Hat das, was Sie machen (gemacht haben) noch eine genauere Bezeichnung?

    _____

    K.A. .... ☐ ⇨ Frage 18

18. Entsprach diese Berufstätigkeit Ihrer Ausbildung oder war sie eher ausbildungsfremd?

A	Entsprach der Ausbildung	☐
B	Teils/teils	☐
C	Ausbildungsfremd	☐
K.A.		☐ ⇨ Frage 19

19. Wie sieht denn Ihre gegenwärtige Situation aus? Sind Sie erwerbstätig?
    ☞ Als Erwerbstätigkeit zählt auch eine betriebliche Ausbildung sowie ABM-Maßnahmen.

    Ja .... ☐ ⇨ Frage 19a
    Nein .... ☐ ⇨ Frage 19b
    K.A. .... ☐ ⇨ Frage 19a

19a. Arbeiten Sie in Vollzeit, Teilzeit oder nur geringfügig d.h. weniger als 15 Stunden die Woche?
    ☞ Als Erwerbstätigkeit zählt auch eine betriebliche Ausbildung sowie ABM-Maßnahmen.

    Vollzeit .... ☐ ⇨ Frage 20a
    Teilzeit .... ☐ ⇨ Frage 20a
    Geringfügig (weniger als 15 Stunden) .... ☐ ⇨ Frage 20a

19b. Welche der folgenden Aussagen beschreibt Ihre derzeitige Situation am besten?
☞ Liste 19b vorlegen und Vorgaben vorlesen

A   Bin momentan in einer Fortbildung (z.B. Technikerausbildung, Umschulung) .... ☐
B   Bin arbeitslos .... ☐
C   Bin Rentner/Pensionär; im Vorruhestand .... ☐
D   Bin Hausfrau/-mann .... ☐
    ⇩
    19c Vorübergehend wegen Erziehungsurlaub?
         Ja .... ☐
         Nein .... ☐
E   Bin aus anderen Gründen nicht erwerbstätig (z.B. in Ausbildung, Studium) .... ☐
K.A. .... ☐ ⇨ Frage 19d

Frage 19d wird nicht gestellt und auf ‚3' (nie erwerbstätig) gesetzt, wenn Frage 5e = 2 (nein, keine Arbeit aufgenommen) **und** Frage 6d = 3 (nein, keine Ausbildung oder Studium)
Oder wenn Frage 12a = 2 (nein, keine Arbeit aufgenommen)
Oder wenn Frage 16d = 3 (noch nie erwerbstätig)

19d. Haben Sie Ihre letzte berufliche Tätigkeit vor oder nach 1996 beendet? (siehe 24)
Nach 1996 beendet .... ☐ ⇨Frage 20–20a
Vor 1996 beendet .... ☐ ⇨Frage 20–20a

Noch nie erwerbstätig gewesen .... ☐ ⇨Frage 40
K.A. .... ☐ ⇨Frage 20–20a

20. Jedes Erwerbsleben hat bestimmte Einschnitte und Ereignisse. Bitte sehen Sie sich doch folgende Übersicht an und sagen mir für jeden dieser Punkte, welche Bedeutung er in Ihrem Berufsleben hatte. Können wir das mal durchgehen?

20a. Waren sie schon einmal arbeitslos? (Für aktuell Nicht-Erwerbstätige = Frage 19 Nein: Waren Sie früher schon einmal arbeitslos?)

Nein .... ☐ ⇨ Frage 20b
Ja .... ☐
K.A. .... ☐ ⇨ Frage 20b
⇩
Nur einmal, mehrmals oder saisonbedingt immer mal wieder regelmäßig?
Einmal .... ☐
Mehrmals .... ☐
Saisonbedingt regelmäßig .... ☐
⇩
Lag (lagen) diese Ereignisse eher vor oder eher nach 1990?
Eher vor 1990 .... ☐
Eher nach 1990 .... ☐
Zu gleichen Teilen vor und nach 1990 .... ☐

20b. Haben Sie schon einmal den Beruf gewechselt, d.h. eine ganz neue Tätigkeit oder Aufgabe übernommen?

Nein .... ☐ ⇨ Frage 20c
Ja .... ☐
K.A. .... ☐ ⇨ Frage 20c
⇩
Wie häufig? Einmal, 2 bis 3 mal oder mehr als 3 mal?
Einmal .... ☐
2 bis 3 mal .... ☐
Mehr als 3 mal .... ☐
⇩
Lag (lagen) diese Berufswechsel eher vor oder eher nach 1990?
Eher vor 1990 .... ☐
Eher nach 1990 .... ☐
Zu gleichen Teilen vor und nach 1990 .... ☐
⇩
Haben Sie diesen Wechsel aus persönlichen Gründen vollzogen, oder weil die Situation in Ihrer Arbeit es erforderlich machte?
Persönliche Gründe .... ☐
Arbeitsbezogene Gründe .... ☐

20c. Haben Sie in ihrem Berufsleben schon einmal die Firma gewechselt?

Nein .... ☐ ⇨ Frage 20d
Ja .... ☐
K.A. .... ☐ ⇨ Frage 20d
⇩
Wie häufig?
1 bis 2mal, ... ☐
3 bis 5mal .... ☐
Mehr als 5mal .... ☐
⇩
Lag (lagen) diese(r) Firmenwechsel eher vor oder eher nach 1990?
Eher vor 1990 .... ☐
Eher nach 1990 .... ☐
Zu gleichen Teilen vor und nach 1990 .... ☐
⇩
Haben Sie diesen Wechsel aus persönlichen Gründen vollzogen, oder weil die Situation in Ihrer Arbeit es erforderlich machte?
Persönliche Gründe .... ☐
Arbeitsbezogene Gründe .... ☐

20d. Haben Sie für Ihre Arbeit schon einmal die Gegend, in der sie gerade lebten, verlassen, und sind dafür umgezogen?

Nein .... ☐ ⇨ Frage 20e
Ja .... ☐
K.A. .... ☐ ⇨ Frage 20e

⇩

Wie häufig?
Einmal .... ☐
2 bis 3 mal .... ☐
Mehr als 3 mal .... ☐

⇩

Lag (lagen) diese Umzüge/Regionswechsel eher vor oder eher nach 1990?
Eher vor 1990 .... ☐
Eher nach 1990 .... ☐
Zu gleichen Teilen vor und nach 1990 .... ☐

⇩

Haben Sie im Zusammenhang mit dem Wechsel des Arbeitsorts auch schon große Entfernungen zwischen Arbeitsstelle und Wohnort in Kauf genommen?
Ja .... ☐
Nein .... ☐

20e. Haben Sie Ihr Berufsleben schon einmal oder mehrmals für persönliche oder familiäre Belange (z.B. Erziehungsurlaub, häusliche Pflege, längerer Bildungsurlaub) unterbrochen?

Nein .... ☐ ⇨ Frage 21
Ja .... ☐
K.A. .... ☐ ⇨ Frage 21

⇩

Lag (lagen) diese Pause(n) eher vor oder eher nach 1990?
Eher vor 1990 .... ☐
Eher nach 1990 .... ☐
Zu gleichen Teilen vor und nach 1990 .... ☐

⇩

Wie lange hat die längste Pause gedauert: weniger als 1 Jahr, zwischen 1 und 3 Jahren oder darüber?
Weniger als 1 Jahr .... ☐
Zwischen 1 und 3 Jahren .... ☐
Über 3 Jahre .... ☐

21. Haben Sie in ihrem Berufsleben schon an einer oder mehreren Fortbildung- oder Umschulungsmaßnahmen teilgenommen, die länger, d.h. über ein halbes Jahr gedauert haben?

Ja .... ☐ ⇨ Frage 22
Nein .... ☐ ⇨ Frage 23
K.A. .... ☐ ⇨ Frage 23

22. Was war der Hauptgrund dafür, dass Sie diese Weiterbildung(en) gemacht haben?
    ☞ Liste 22 vorlegen und Angaben vorlesen

    A   Deutliche Aufforderung des Arbeitsamtes/des Arbeitgebers .... ☐
    B   Nach Arbeitslosigkeit oder langer Krankheit wieder Anschluss ans
        Berufsleben finden .... ☐
    C   Im Betrieb interessantere Aufgaben übernehmen zu können .... ☐
    D   Nach langjähriger, persönlich oder familiär bedingter Pause
        (Familienarbeit, Pflege naher Verwandter, persönliche Auszeit) den
        Einstieg in den Beruf vorbereiten .... ☐
    E   Die eigenen Aufstiegschancen zu verbessern .... ☐
    F   Mit neuen Entwicklungen in meinem Aufgabenbereich schritthalten .... ☐
    G   Sonstiges und zwar .... ☐

23. Wenn Sie auf Ihr Berufsleben zurückblicken: Welches der folgenden Bilder trifft aus Ihrer heutigen Sicht seinen Verlauf am ehesten?
    ☞ Graphiken auf Liste 23 vorlegen und Kennbuchstaben notieren.

    A   Graphik mit durchgezogener horizontaler Linie (Kontinuität) .... ☐
    B   Graphik mit aufsteigender gerader Linie (Aufstieg) .... ☐
    C   Graphik mit absteigender gerader Linie (Abstieg) .... ☐
    D   Graphik mit langgezogener Sinuskurve (Auf und Ab) .... ☐
    E   Graphik mit anfänglich gerader, dann am Ende scharf abfallender Linie
        (Karriereknick) .... ☐
    F   Graphik mit anfänglichem Anstieg, dann horizontalem Verlauf („gläserne
        Decke") .... ☐
    G   Graphik mit anfänglich horizontalem Verlauf, dann auf und ab .... ☐
    H   Graphik zunächst ansteigend, dann horizontal, dann absteigend ..... ☐
    K.A. .... ☐ ⇨ Frage 25

ERSCHEINT NICHT MEHR – SIEHE C, Gesetzt

24. Haben Sie Ihre letzte berufliche Tätigkeit vor oder nach 1996 beendet?
    Nach 1996 beendet .... ☐
    Vor 1996 beendet .... ☐

25. Arbeiten Sie derzeit regelmäßig nebenbei? (ehrenamtliche Tätigkeit eingeschlossen)

    Ja .... ☐
    .... Frage 24 vor 1996 beendet und ja, dann Filter auf Frage 40
    .... Frage 24 nach 1996 beendet und ja, dann weiter mit Frage 26b
    Nein .... ☐
    .... Frage 24 vor 1996 beendet und nein, dann Filter auf Frage 40
    .... Frage 24 nach 1996 beendet und nein, dann weiter mit Frage 26b

    ☞ Nur an derzeit Erwerbstätige= alle, die in Frage 19 mit Code1= Ja geantwortet haben

26a. Kommen wir nun auf Ihre jetzige Beschäftigung zu sprechen: Sind Sie verbeamtet, fest angestellt, befristet angestellt, selbstständig oder als freier Mitarbeiter beschäftigt?

Verbeamtet.. ☐
Fest angestellt.. ☐
Befristet angestellt
Selbstständig... ☐
Freier Mitarbeiter... ☐
K.A. .... ☐ ⇨ Frage 27

☞ Nur an früher Erwerbstätige = Alle, die in Frage 24 mit Code 1 = nach 1996 geantwortet haben

26b. Kommen wir nun auf Ihre frühere Beschäftigung zu sprechen: Waren Sie verbeamtet, fest angestellt, befristet angestellt, selbstständig oder als freier Mitarbeiter beschäftigt?

Verbeamtet.. ☐
Fest angestellt.. ☐
Befristet angestellt
Selbstständig... ☐
Freier Mitarbeiter... ☐

27a. Welche berufliche Tätigkeit üben Sie gegenwärtig aus / Haben Sie zuletzt ausgeübt?
Bitte nennen Sie mir die genaue Bezeichnung.

_____

☞ wenn unklar bleibt, um was für eine Tätigkeit es sich handelt, Nachfrage stellen:

27b. Können Sie es mir noch etwas genauer benennen?

_____

28. Gehört der Betrieb, in dem Sie arbeiten (zuletzt gearbeitet haben) (bei Selbstständigen: Gehören Sie mit Ihrem Beruf) ...

Alle Frage 19 = Code 1 = erwerbstätig
Frage: Gehört der Betrieb, in dem Sie arbeiten ...

Alle Frage 24 = Code 1 = früher erwerbstätig
Frage: Gehört der Betrieb, in dem Sie zuletzt gearbeitet haben ...

Alle 26a = Code 4 = selbstständig
Gehören Sie mit Ihrem Beruf ...

Alle 26b = Code 4 = früher selbstständig
Gehörten Sie mit Ihrem Beruf ...

☞ Vorgaben bitte vorlesen

Zum Handwerk	☐	⇨ Frage 29a
Zur Industrie	☐	⇨ Frage 29a
Zum Handel	☐	⇨ Frage 29b
Zum öffentlichen Dienst	☐	⇨ Frage 29c
Zu einem anderen Dienstleistungsbereich einschl. freie Berufe	☐	⇨ Frage 29c
Zu Landwirtschaft, Tierzucht, Gartenbau, Forstwirtschaft	☐	⇨ Frage 30
Oder ist (war) das ein Privathaushalt?	☐	⇨ Frage 31a
K.A.	☐	⇨ Frage 30

29a. In welcher Branche ist oder war der Betrieb (Selbstständige: sind / waren Sie) tätig?
☞ Liste 29a vorlegen.

Alle Frage 19 = Code 1 = erwerbstätig
Frage: In welcher Branche ist der Betrieb tätig?

Alle Frage 24 = Code 1 = früher erwerbstätig
Frage: In welcher Branche war der Betrieb tätig?

Alle 26a = Code 4 = selbstständig
Frage: In welcher Branche sind sie tätig?

Alle 26b = Code 4 = früher selbstständig
Frage: In welcher Branche waren Sie tätig?

	Industrie und Handwerk	
10	Bergbau (auch Erdölförderung, Torfabbau)	☐
11	Chemische Industrie, Gummi- und Kunststoffherstellung/-verarbeitung	☐
12	Gewinnung/Verarbeitung von Steinen und Erden, Glas und Keramik	☐
13	Eisen- und Stahlerzeugung, Gießerei, Zieherei und (Kalt-)Walzwerk	☐
14	Stahl- und Leichtmetallbau, Waggonbau	☐
15	Maschinenbau	☐
16	Automobilindustrie und Kraftfahrzeughandwerk, Herstellung und Reparatur von Motor- und Fahrrädern	☐
17	Schiffs- und Flugzeugbau, Raumfahrtindustrie	☐
18	Herstellung/Reparatur von Datenverarbeitungsanlagen, Büromaschinen, Kopiergeräten	☐
19	Elektrotechnik	☐
20	Feinmechanik, Optik, Uhren	☐
21	Herstellung von Eisen-, Blech-, Metallwaren, Musikinstrumenten, Spielwaren, Sportgeräten und Schmuck	☐
22	Baugewerbe (auch Ausbau- und Bauhilfsgewerbe, Zimmerei)	☐
23	Holzindustrie, Möbelherstellung, Tischlerei und sonstige Holzverarbeitung	☐
24	Papiererzeugung und -verarbeitung	☐
25	Druckerei und Vervielfältigung	☐
26	Ledererzeugung und -verarbeitung, Schuhfabrik	☐
27	Textilindustrie, Faserverarbeitung, Bekleidungsindustrie, Näherei und Polsterei	☐
28	Herstellung von Nahrungsmitteln, Süßwaren und Getränken, Tabakverarbeitung, Schlachterei	☐
29	Wäscherei und Reinigung	☐
30	Friseurhandwerk, Kosmetikstudio u.ä.	☐
31	Sonstiges, und zwar: (bitte nennen)	☐

⇨ Frage 30

29b. In welcher Branche ist oder war der Betrieb (Selbstständige: sind / waren Sie) tätig?
☞ Liste 29b vorlegen.

Alle Frage 19 = Code 1 = erwerbstätig
Frage: In welcher Branche ist der Betrieb tätig?

Alle Frage 24 = Code 1 = früher erwerbstätig
Frage: In welcher Branche war der Betrieb tätig?

Alle 26a = Code 4 = selbstständig
Frage: In welcher Branche sind sie tätig?

Alle 26b = Code 4 = früher selbstständig
Frage: In welcher Branche waren Sie tätig?

Handel		
40	Facheinzelhandel (Fachgeschäft, Einkaufsgemeinschaft) auch Apotheken	☐
41	Filialunternehmen, Warenhaus, Kaufhaus	☐
42	Tankstelle, Kiosk, Trinkhalle, Verkaufsstand (Markt u.ä.)	☐
43	Versandhaus	☐
44	Großhandel, Importhandel, Exporthandel	☐
45	Handelsvermittlung und -vertretung	☐
46	Sonstiges, und zwar: (bitte nennen)	☐

⇨ Frage 30

29c. In welcher Branche ist oder war der Betrieb (Selbstständige: sind / waren Sie) tätig?
☞ Liste 29c vorlegen.

Alle Frage 19 = Code 1 = erwerbstätig
Frage: In welcher Branche ist der Betrieb tätig?

Alle Frage 24 = Code 1 = früher erwerbstätig
Frage: In welcher Branche war der Betrieb tätig?

Alle 26a = Code 4 = selbstständig
Frage: In welcher Branche sind sie tätig?

Alle 26b = Code 4 = früher selbstständig
Frage: In welcher Branche waren Sie tätig?

Dienstleistungen und andere Wirtschaftsbereiche		
50	Post, Fernmeldedienste, private Paket- und Kurierdienste	☐
51	Deutsche Bahn AG	☐
52	Personenverkehr, Reisebüros, Reiseveranstalter	☐
53	Güterverkehr, Spedition, Lager, sonstige Verkehrsvermittlung	☐
54	Kreditgewerbe, Banken, Sparkassen	☐
55	Versicherungen (ohne Sozialversicherung = 61)	☐
56	Hotel, Gaststätte	☐
57	Krankenhaus, Alters- und Pflegeheim, Kur- und Kinderheim, Behinderteneinrichtung	☐
58	Freie Praxis von Ärzten, Therapeuten, Heilpraktikern, Masseuren, Hebammen u.ä.	☐
59	Freie Praxis von Anwälten, Steuerberatern, Architekten, Ingenieurbüros	☐
60	Schule, Fachschule, Hochschule, Kindergarten, Kinderkrippe, sonst. Bildungs- und Forschungseinrichtungen	☐
61	Öffentliche Verwaltung (Staat, Gemeinden), Sozialversicherung, Gericht, Polizei	☐
62	Verband, Kirche, Partei, Wohlfahrtsverband, Verein	☐
63	Rundfunk, Fernsehen, Verlag, Kunst, Theater, Museum	☐
64	Sport, Fitness, Freizeitsektor	☐
65	Energiewirtschaft, Gas- und Elektrizitätsversorgung, Wasserwirtschaft	☐
66	Müll- und Abfallbeseitigung, Wiederaufbereitung	☐
67	Softwarehäuser, Multimedia-Agenturen u.ä.	☐
68	Sonstiges, und zwar: (bitte nennen)	☐

30. Vorgaben nicht vorlesen, Zutreffendes notieren
Alle Frage 19 = Code 1 = erwerbstätig
Frage: Wie viele Beschäftigte hat der Betrieb in etwa?

Alle Frage 24 = Code 1 = früher erwerbstätig
Frage: Wie viele Beschäftigte hatte der Betrieb in etwa?

Alle 26a = Code 4 selbstständig
Frage: Wie viele Leute sind bei Ihnen beschäftigt, Sie eingerechnet?

Alle 26b = Code 4
Frage: Wie viele Leute waren bei Ihnen beschäftigt, Sie eingerechnet?

- A 1–2 ☐
- B 3–9 ☐
- C 10–49 ☐
- D 50–99 ☐
- E 100–499 ☐
- F 500–999 ☐
- G 1000 und mehr ☐

31. Ist (war) die wirtschaftliche Lage des Unternehmens momentan (damals) eher sehr gut, gut, weniger gut oder schlecht?

Alle Frage 19 = Code 1 = erwerbstätig

Ist die wirtschaftliche Lage des Unternehmens momentan eher sehr gut, gut, weniger gut oder schlecht?

Alle Frage 24 Code 1

War die wirtschaftliche Lage des Unternehmens damals eher sehr gut, gut, weniger gut oder schlecht?

Sehr gut .... ☐
Gut .... ☐
Weniger gut .... ☐
Schlecht .... ☐

31a. Ich nenne Ihnen jetzt einige ausgewählte Tätigkeiten. Bitte geben Sie jeweils an, ob diese Aufgaben eher häufig, eher selten oder nie bei ihrer Arbeit auftreten.
☞ Liste 31 vorlegen und Angaben vorlesen

Alle mit Frage 19 Code 1
Ich nenne Ihnen jetzt einige ausgewählte Tätigkeiten. Bitte geben Sie jeweils an, ob diese Aufgaben eher häufig, eher selten oder nie bei ihrer Arbeit auftreten?

Alle mit Frage 24 Code 1
Ich nenne Ihnen jetzt einige ausgewählte Tätigkeiten. Bitte geben Sie jeweils an, ob diese Aufgaben eher häufig, eher selten oder nie bei ihrer Arbeit auftraten?

	Eher Häufig	Eher Selten	Nie
A Herstellen, Produzieren von Waren und Gütern	☐	☐	☐
B Überwachen, Steuern von Maschinen, Anlagen, technischen Prozessen	☐	☐	☐
C Reparieren, Instandsetzen	☐	☐	☐
D Messen, Prüfen, Qualitätskontrolle	☐	☐	☐
E Andere Beraten, Informieren	☐	☐	☐
F Versorgen, Bedienen, Betreuen von Menschen	☐	☐	☐
G Einkaufen, Beschaffen, Verkaufen	☐	☐	☐
H Organisieren, Planen (über die unmittelbare Vorbereitung der eigenen Arbeit hinaus)	☐	☐	☐
I Werben, Öffentlichkeitsarbeit/PR, Marketing, Akquirieren	☐	☐	☐
J Informationen sammeln und auswerten	☐	☐	☐
K Verhandlungen führen	☐	☐	☐
L Entwickeln, Forschen	☐	☐	☐
M Ausbilden, Lehren, Unterrichten	☐	☐	☐

31b. Und welche von diesen Tätigkeiten bildet den Schwerpunkt ihrer Arbeit?
☞ Vorlesen der als häufig bezeichneten Aufgaben; Notieren der Antwort.

Alle mit Frage 19 Code 1
Und welche von diesen Tätigkeiten bildet den Schwerpunkt ihrer Arbeit?

Alle mit Frage 24 Code 1
Und welche von diesen Tätigkeiten bildete den Schwerpunkt ihrer Arbeit?

Kennbuchstabe der Tätigkeit: _____

32. Jeder braucht für seine Arbeit unterschiedliche Fähigkeiten, wovon einige besonders wichtig, andere weniger wichtig sind. Welche der hier genannten Fähigkeiten (Karten vorlegen) ist bei Ihrer Arbeit die wichtigste, welche die zweitwichtigste?

Alle mit Frage 19 Code 1

Jeder braucht für seine Arbeit unterschiedliche Fähigkeiten, wovon einige besonders wichtig, andere weniger wichtig sind. Welche der hier genannten Fähigkeiten (Karten vorlegen) ist bei Ihrer Arbeit die wichtigste, welche die zweitwichtigste?

Alle mit Frage 24 Code 1

Jeder braucht für seine Arbeit unterschiedliche Fähigkeiten, wovon einige besonders wichtig, andere weniger wichtig sind. Welche der hier genannten Fähigkeiten (Karten vorlegen) war bei Ihrer Arbeit die wichtigste, welche die zweitwichtigste?

Pro Kategorie nur eine Nennung möglich

		Wichtigste	Zweit-wichtigste
A	Handwerkliche/manuelle Geschicklichkeit	☐	☐
B	Mit Zeichnungen, Symbolen und Codes umgehen können	☐	☐
C	Sich schnell in neuen Situationen zurechtfinden können	☐	☐
D	Gute Kenntnisse über das eigene fachliche Aufgabengebiet haben und erhalten	☐	☐
E	Sich mit anderen Personen (Kunden/Kollegen) auseinandersetzen und verständigen können	☐	☐
F	Selbstständig und vorausschauend die eigene Arbeit organisieren können	☐	☐

33. Insgesamt gesehen: Fühlen Sie sich in Ihrer Arbeit ...

Alle mit Frage 19 Code 1
Insgesamt gesehen: Fühlen Sie sich in Ihrer Arbeit ...

Alle mit Frage 24 Code 1
Insgesamt gesehen: Fühlten Sie sich in Ihrer Arbeit ...

Deutlich überfordert ☐
Eher überfordert ☐
Weder noch („genau richtig") ☐
Eher unterfordert ☐
Deutlich unterfordert ☐

34. Wie ist das in Ihrem Beruf: Haben Sie das Gefühl, dass diese Arbeit Ihnen viel, etwas, wenig oder gar keine Gelegenheit gibt, sich auf etwas Neues einzustellen?

Alle mit Frage 19 Code 1
Wie ist das in Ihrem Beruf: Haben Sie das Gefühl, dass diese Arbeit Ihnen viel, etwas, wenig oder gar keine Gelegenheit gibt, sich auf etwas Neues einzustellen?

Alle mit Frage 24 Code 1
Wie war das in Ihrem Beruf: Hatten Sie das Gefühl, dass diese Arbeit Ihnen viel, etwas, wenig oder gar keine Gelegenheit gibt, sich auf etwas Neues einzustellen?

    Viel Gelegenheit .... ☐
    Etwas Gelegenheit .... ☐
    Wenig Gelegenheit .... ☐
    Gar keine Gelegenheit .... ☐

35. Was ist für Sie besonders wichtig, wenn Sie sich nach neuer Arbeit umsehen? Suchen Sie die Kärtchen mit den beiden wichtigsten Gesichtspunkten heraus und sagen Sie mir, was für Sie der wichtigste und was der zweitwichtigste ist.

    ☞ Kärtchen vorlegen

	Wichtigster	Zweit- wichtigster
Ein sicherer Arbeitsplatz	☐	☐
Ein hohes Einkommen	☐	☐
Gesunde Arbeitsbedingungen	☐	☐
Eine mit dem Privatleben gut vereinbare Arbeitssituation	☐	☐
Gute Möglichkeiten für beruflichen Aufstieg	☐	☐
Anregende und interessante Aufgabenstellungen	☐	☐
Gute Chancen zum Lernen und zur Weiterbildung	☐	☐

    Weiß nicht .... ☐

☞ Die Frage 36 wird nicht an Selbstständige (lt. Frage 26a) gestellt!

36a. Ich würde jetzt gern einen genaueren Eindruck von Ihrer gegenwärtigen (letzten) Arbeit gewinnen. Bitte sagen Sie mir, inwieweit die aufgeführten Aussagen für Ihre eigene Arbeit völlig, eher, eher nicht oder gar nicht zutreffen.
    ☞ Liste 36a vorlegen, Aussagen vorlesen

Alle mit Frage 19 Code 1 und nicht Frage 26a Code 4 (selbstständig)

Ich würde jetzt gern einen genaueren Eindruck von Ihrer gegenwärtigen Arbeit gewinnen. Bitte sagen Sie mir, inwieweit die aufgeführten Aussagen für Ihre eigene Arbeit völlig, eher, eher nicht oder gar nicht zutreffen.

Alle mit Frage 24 Code 1 und nicht Frage 26 b Code 4 (selbstständig)

Ich würde jetzt gern einen genaueren Eindruck von Ihrer letzten Arbeit gewinnen. Bitte sagen Sie mir, inwieweit die aufgeführten Aussagen für Ihre eigene Arbeit völlig, eher, eher nicht oder gar nicht zutrafen.

		Trifft völlig zu	Trifft eher zu	Trifft eher nicht zu	Trifft gar nicht zu
1.	Ich kann mir meine Arbeit selbstständig einteilen.	☐	☐	☐	☐
2.	Meine Arbeit ist anregend und abwechslungsreich.	☐	☐	☐	☐
3.	Meine Arbeit führe ich nicht nur aus, sondern plane, korrigiere und überprüfe sie auch selbst.	☐	☐	☐	☐
4.	Meine Aufgaben werden mir bis ins Einzelne vorgegeben.	☐	☐	☐	☐
5.	Meine Arbeit erfordert enge Zusammenarbeit mit Experten und Kollegen anderer Bereiche.	☐	☐	☐	☐
6.	Meine Arbeit erfordert vielfältige Fähigkeiten und Fertigkeiten.	☐	☐	☐	☐
7.	Ich bin darüber im Bild, was in anderen Bereichen des Betriebs getan wird.	☐	☐	☐	☐
8.	Ich weiß, wie die Arbeit in meiner Abteilung abläuft.	☐	☐	☐	☐
9.	Über wichtige Dinge und Vorgänge in unserem Betrieb wird man ausreichend informiert.	☐	☐	☐	☐
10.	Bei Veränderungsmaßnahmen wird auf Ideen der Mitarbeiter zurückgegriffen.	☐	☐	☐	☐
11.	Ich habe häufig Gelegenheit, mir während der Arbeit neue Dinge anzueignen.	☐	☐	☐	☐
12.	In unserem Betrieb ist in letzter Zeit viel umorganisiert worden.	☐	☐	☐	☐
13.	In letzter Zeit ist durch Gruppen-/Projektarbeit meine Verantwortung gestiegen.	☐	☐	☐	☐
14.	Das Verhältnis von Lohn und Leistung stimmt.	☐	☐	☐	☐
15.	Bei uns gibt es gute berufliche Entwicklungsmöglichkeiten.	☐	☐	☐	☐
16.	Ich treffe häufig selbstständige Entscheidungen.	☐	☐	☐	☐
17.	Lernen und Weiterbildung wird bei uns groß geschrieben.	☐	☐	☐	☐
18.	Die Mitarbeiter werden in Entscheidungen des Unternehmens einbezogen.	☐	☐	☐	☐
19.	Viele Absprachen können heute ohne Einschaltung von Vorgesetzten getroffen werden.	☐	☐	☐	☐

36b. Hat es bei den in dieser Liste aufgeführten Punkten in den letzten 5 Jahren eher negative, eher positive oder gar keine Veränderungen gegeben?

☞ Liste 36b vorlegen

	Eher negativ	Eher positiv	Gar keine
1. Anregende und abwechslungsreiche Aufgaben.	☐	☐	☐
2. Zusammenarbeit mit Experten und Kollegen aus anderen Arbeitsbereichen.	☐	☐	☐
3. Die Vielfalt an erforderlichen Fähigkeiten und Fertigkeiten in der eigenen Arbeit.	☐	☐	☐
4. Über wichtige Dinge und Vorgänge für die eigene Arbeit informiert werden.	☐	☐	☐
5. Berücksichtigung von Ideen der Mitarbeiter bei Veränderungsmaßnahmen.	☐	☐	☐
6. Sich während der Arbeit neue Dinge aneignen.	☐	☐	☐
7. Das Verhältnis von Lohn und Leistung.	☐	☐	☐
8. Berufliche Entwicklungsmöglichkeiten.	☐	☐	☐
9. Die Arbeit selbstständig erledigen können.	☐	☐	☐
10. Lernen und Weiterbildung im Betrieb.	☐	☐	☐
11. Die Beteiligung von Mitarbeitern an Entscheidungen des Unternehmens.	☐	☐	☐
12. Absprachen ohne Einschaltung von Vorgesetzten treffen können.	☐	☐	☐

37. Bitte sagen Sie mir, ob Sie regelmäßig mit einem PC, einem Laptop bzw. Notebook oder an einer computergesteuerten Anlage bzw. Maschine arbeiten?

Alle mit Frage 19 Code 1

Bitte sagen Sie mir, ob Sie regelmäßig mit einem PC, einem Laptop bzw. Notebook oder an einer computergesteuerten Anlage bzw. Maschine arbeiten?

Alle mit Frage 24 Code 1

Bitte sagen Sie mir, ob Sie regelmäßig mit einem PC, einem Laptop bzw. Notebook oder an einer computergesteuerten Anlage bzw. Maschine arbeiteten?

	ja	nein
Personal-/Bürocomputer	☐	☐
Tragbarer Computer (Laptop, Notebook)	☐	☐
Computergesteuerte Anlage/Maschine	☐	☐

(☞ dreimal „nein" ⇨ weiter mit Frage 40)

38. Haben Sie mit diesem Gerät/dieser Anlage/Maschine Anschluss an ein betriebliches, betriebsübergreifendes oder externes Netzwerk?

☞ Mehrfachnennungen möglich

Alle mit Frage 19 Code 1

Haben Sie mit diesem Gerät/dieser Anlage/Maschine Anschluss an ein betriebliches, betriebsübergreifendes oder externes Netzwerk?

Alle mit Frage 24 Code 1

Hatten Sie mit diesem Gerät/dieser Anlage/Maschine Anschluss an ein betriebliches, betriebsübergreifendes oder externes Netzwerk?

    Betriebliches Netzwerk (Intranet, Zentralrechner) .... ☐
    Betriebsübergreifendes Netzwerk.. ☐
    Externes Netzwerk (Internet) .... ☐

    Weiß nicht .... ☐ ⇨ Frage 40

39a. Wie häufig arbeiten Sie mit den im Netzwerk gespeicherten Informationen und Programmen in folgender Weise? Benutzen Sie bitte die Vorgaben „praktisch immer", „häufig", „selten" oder „praktisch nie".
    ☞ Liste 39 vorlegen und Vorgaben vorlesen

Alle mit Frage 19 Code 1
Wie häufig arbeiten Sie mit den im Netzwerk gespeicherten Informationen und Programmen in folgender Weise? Benutzen Sie bitte die Vorgaben „praktisch immer", „häufig", „selten" oder „praktisch nie".

Alle mit Frage 24 Code 1

Wie häufig arbeiteten Sie mit den im Netzwerk gespeicherten Informationen und Programmen in folgender Weise? Benutzen Sie bitte die Vorgaben „praktisch immer", „häufig", „selten" oder „praktisch nie".

	Praktisch immer	Häufig	Selten	Nie
Abruf von Informationen	☐	☐	☐	☐
Dokumentation eigener Arbeitsergebnisse	☐	☐	☐	☐
Übermittlung eigener Arbeitsergebnisse zur Weiterbearbeitung an Kollegen/Geschäftspartner	☐	☐	☐	☐
Weiterbearbeitung von Ergebnissen anderer	☐	☐	☐	☐
Bis ins einzelne vorgegebene Bearbeitung von Aufträgen und Anfragen	☐	☐	☐	☐

40. Lassen Sie uns kurz über das sprechen, was Sie in ihrer freien Zeit machen. Bitte sagen Sie mir für die folgendenden Aktivitäten, ob sie Ihnen jede Woche, jeden Monat, seltener als jeden Monat oder nie nachgehen

☞ Liste 40 vorlegen und Angaben vorlesen

	Mindestens 1x pro Woche	Mindestens 1x pro Monat	Seltener als jeden Monat	Nie
Geselligkeit mit Freunden, Verwandten oder Nachbarn	☐	☐	☐	☐
Kinobesuch, Besuch von Popkonzerten, Tanzveranstaltungen, Discos, Sportveranstaltungen	☐	☐	☐	☐
Aktiver Sport	☐	☐	☐	☐
Eigene künstlerische und musische Tätigkeiten (Malen, Fotographie, Musizieren, Tanz- oder Theatergruppen)	☐	☐	☐	☐
Mithelfen, wenn bei Freunden, Verwandten oder Nachbarn etwas zu tun ist	☐	☐	☐	☐
Beteiligung in Bürgerinitiativen, in Parteien, in der Kommunalpolitik	☐	☐	☐	☐
Ehrenamtliche Tätigkeit in Vereinen, Verbänden oder sozialen Diensten	☐	☐	☐	☐
Besuch von klassischen Konzerten, Theater, Vorträge	☐	☐	☐	☐
Kirchgang, Besuch religiöser Veranstaltungen	☐	☐	☐	☐

IV. Sozioökonomischer Wandel, Selbstwahrnehmung sowie Arbeits- und Lebenskonzepte

41. Die Welt hat sich in den letzten Jahren stark verändert. Inwieweit treffen die folgenden Aussagen Ihre eigene Einschätzung von dem, was in der Welt um uns herum passiert?

    ☞ Liste 41 vorlegen, Aussagen vorlesen

	Stimme völlig zu	Stimme eher zu	Stimme eher nicht zu	Stimme gar nicht zu
Die Welt ist heute so kompliziert geworden, dass man sich kaum mehr zurechtfindet.	☐	☐	☐	☐
Der Einzelne kann heute viel mehr Einfluss auf seine berufliche Zukunft nehmen als früher.	☐	☐	☐	☐
Heute ändert sich alles so schnell, dass man oft nicht weiß, ob man noch mitkommt.	☐	☐	☐	☐
Die Globalisierung der Wirtschaft verunsichert immer mehr Menschen in ihren Zukunftsperspektiven.	☐	☐	☐	☐
Man muss heute Angst davor haben, dass man sich in der ungeheuren Informationsflut nicht mehr zurechtfindet.	☐	☐	☐	☐
Der Einzelne ist heute damit überfordert, seine berufliche Zukunft selbst zu planen.	☐	☐	☐	☐
Es lohnt sich nicht, ständig etwas Neues zu lernen, weil das Meiste schon bald wieder veraltet ist.	☐	☐	☐	☐

42. Empfinden Sie den Wandel, der sich heute in Wirtschaft und Gesellschaft vollzieht, für die beruflichen Zukunftsperspektiven eher als Chance oder eher als Gefährdung?

    Eher als Chance .... ☐
    Eher als Gefährdung.. ☐

    Weiß nicht/schwer zu sagen .... ☐
    K.A. .... ☐

43. Welche der folgenden Punkte ist für die Sicherung Ihrer eigenen beruflichen Zukunft der wichtigste und welches der zweitwichtigste?

☞ Liste 43 vorlegen

In diese Frage sollen **nicht** hinein,
Nieerwerbstätige = Frage 5e = 2 oder Frage 12a = 2 oder Frage 16 = 5 oder Frage 19c = 3
oder die vor 1996 letzte Tätigkeit beendeten = Frage 24 = 2 (gesetzt)

(gestellt wird die Frage an alle derzeit Erwerbstätigen + seit 1996 letztmals Erwerbstätigen)

	Wichtigste	Zweit-wichtigste
sich im Betrieb einsetzen und seine Aufgaben ordentlich erfüllen	☐	☐
sich ständig weiterzubilden	☐	☐
ein gutes Verhältnis zu Vorgesetzten haben	☐	☐
immer am Ball bleiben, flexibel und mobil sein	☐	☐
Kann mich nicht entscheiden	☐	
K.A.	☐	

Weiterbildung

Ich möchte Ihnen jetzt noch ein paar Fragen zum Lernen im Erwachsenenalter stellen.

44. Als Erwachsener lernt man bei ganz unterschiedlichen Gelegenheiten. Was meinen Sie, wie viel Sie bei folgenden Aktivitäten lernen oder bereits gelernt haben? Benutzen Sie für Ihre Einschätzung bitte die Werte 1 bis 7 für sehr viel bis sehr wenig.

☞ Liste 44 vorlegen und Vorgaben vorlesen

Nennen Sie mir nun die beiden Bereiche, in denen Sie persönlich für Ihre berufliche Entwicklung am meisten und am zweitmeisten gelernt haben.

☞ Zutreffendes notieren

	1 Sehr viel	2	3	4	5	6	7 Sehr wenig	Am meisten = 1 zweitmeisten = 2 gelernt
Lesen von Fachbüchern und Fachzeitschriften	☐	☐	☐	☐	☐	☐	☐	_____
Erfahrungsaustausch mit Berufskollegen	☐	☐	☐	☐	☐	☐	☐	_____
Besuch von betrieblichen Weiterbildungskursen	☐	☐	☐	☐	☐	☐	☐	_____
Besuch von Kursen und Seminaren in Bildungseinrichtungen	☐	☐	☐	☐	☐	☐	☐	_____
Durch Einweisung/Einarbeitung am Arbeitsplatz	☐	☐	☐	☐	☐	☐	☐	_____
Durch eigenes Experimentieren am PC	☐	☐	☐	☐	☐	☐	☐	_____
Beim Surfen im Internet	☐	☐	☐	☐	☐	☐	☐	_____
Bei der Mitarbeit in Vereinen, Verbänden und Selbsthilfegruppen	☐	☐	☐	☐	☐	☐	☐	_____
Anschauen von Magazinen/ Informationssendungen im Fernsehen	☐	☐	☐	☐	☐	☐	☐	_____
Bei Beschäftigung mit Haus und Garten	☐	☐	☐	☐	☐	☐	☐	_____
Umgang mit Kindern in der Familie	☐	☐	☐	☐	☐	☐	☐	_____
Erfahrungsaustausch mit Freunden, Partner	☐	☐	☐	☐	☐	☐	☐	_____
Durch Reisen	☐	☐	☐	☐	☐	☐	☐	_____
Durch meine alltägliche Arbeit	☐	☐	☐	☐	☐	☐	☐	_____

1. Bei dieser Frage soll bitte bei jedem Item die Antwortmöglichkeit „Trifft nicht zu" eingefügt werden.
Die Items 1-5 und Item 14 sollen ausgeblendet werden für
Alle, die in Frage 24 Code 2 angegeben haben (vor 96 Beendeten) **oder** in
Frage 5e = 2 oder Frage 12a = 2 oder Frage 16 = 5 oder Frage 19c = 3
oder die vor 1996 letzte Tätigkeit beendeten = Frage 24 = 2 (gesetzt)
(Nieerwerbstätige)

45. Kommen wir zu Ihren Vorstellungen zum Lernen. Bitte sagen Sie mir, inwieweit die folgenden Aussagen auf Sie zutreffen. Bitte benutzen Sie die Skala von 1 bis 7, wobei 1 für „vollständig zutreffend" und die 7 für „gar nicht zutreffend" steht.

☞ Liste 45 vorlegen; Aussagen vorlesen

	Trifft vollständig zu 1	2	3	4	5	6	Trifft gar nicht zu 7
Ich eigne mir lieber neue Kenntnisse an, als mich mit Dingen zu beschäftigen, die ich schon beherrsche.	☐	☐	☐	☐	☐	☐	☐
Ich habe Schwierigkeiten allein einzuschätzen, ob ich genug gelernt habe.	☐	☐	☐	☐	☐	☐	☐
Beim Lernen bin ich in der Regel sehr erfolgreich.	☐	☐	☐	☐	☐	☐	☐
Einen großen Teil meiner Zeit verbringe ich damit, Neues zu lernen.	☐	☐	☐	☐	☐	☐	☐
Bei Prüfungen spielt das Glück oft die zentrale Rolle.	☐	☐	☐	☐	☐	☐	☐
Seine Freizeit sollte man verwenden, um sich zu erholen, und nicht, um noch etwas dazuzulernen.	☐	☐	☐	☐	☐	☐	☐
Ich kann eine Vielzahl von Weiterbildungen nachweisen, zu denen mich niemand verpflichtet hat.	☐	☐	☐	☐	☐	☐	☐
Ich bin beim Lernen auch dann bei der Sache, wenn ich wenig Anerkennung von anderen dafür bekomme.	☐	☐	☐	☐	☐	☐	☐
Ich verfolge regelmäßig die Fachzeitschriften in meinem Arbeitsgebiet.	☐	☐	☐	☐	☐	☐	☐
Wenn ich beim Lernen nicht weiterkomme, besorge ich mir so viel Hilfe wie ich brauche.	☐	☐	☐	☐	☐	☐	☐
Im Fernsehen schaue ich mir besonders gern Informationssendungen an.	☐	☐	☐	☐	☐	☐	☐

46. Wie schätzen Sie gegenwärtig Ihre eigene Lernaktivität ein? Benutzen Sie bitte die folgende Skala von „sehr groß" bis „sehr klein" und markieren Sie die entsprechende Stelle.

☞ Bitte Stift und Fragebogen der befragten Person überreichen! Befragte Person soll selbst auf der Skala ankreuzen!

sehr klein ☐ ----- ☐ ----- ☐ ----- ☐ ----- ☐ ---- ☐ ----- ☐ sehr groß

47. Haben Sie eine der folgenden Gelegenheiten in den letzten drei Jahren genutzt, um etwas zu lernen und sich weiterzubilden?

☞ Liste 47 vorlegen und Vorgaben vorlesen

47b. Bitte sagen Sie, welche der von Ihnen genannten Gelegenheiten der Weiterbildung die häufigste Form war.

	Ja	Nein	Häufigste Form
A Teilnahme an einer mehrmonatigen Fördermaßnahme des Arbeitsamtes (Umschulung, fachspezifische Qualifizierungen)	☐	☐	☐
B Besuch eines Kurses oder Seminars im Betrieb oder in Bildungseinrichtungen	☐	☐	☐
C Besuch einer Fachmesse/ eines Fachkongresses	☐	☐	☐
D Teilnahme an einer Unterweisung am Arbeitsplatz	☐	☐	☐
E Beim Lösen von Problemen der alltäglichen Arbeit	☐	☐	☐
F Beim Lernen mit Computerprogrammen und Videos	☐	☐	☐
G Austausch und Kooperation mit anderen Betriebsabteilungen oder anderen Firmen	☐	☐	☐
H Teilnahme an Qualitätszirkeln, Beteiligungsgruppen, Werkstattzirkeln und KVP-Workshops	☐	☐	☐
J Teilnahme an Fernunterricht	☐	☐	☐
K Regelmäßiges Lesen von Fachbüchern und Fachzeitschriften	☐	☐	☐
L Nachholen eines Schulabschlusses	☐	☐	☐

Wenn kein Ja angekreuzt wurde, dann Filter auf Frage 50

Frage 47a. Was war der Hauptgrund dafür, dass Sie folgende Gelegenheit für Weiterbildung außerhalb des Arbeitsalltags genutzt haben?
    Einblendung der Items A,B,F,J, die lt. Frage 47 mit ‚Ja' angegeben wurden.

A   Ich wollte im Betrieb neue Aufgaben übernehmen. .... ☐
B   Ich wollte die eigenen Aufstiegschancen verbessern. .... ☐
C   Ich wollte mit neuen beruflichen Anforderungen besser zurechtkommen. .... ☐
D   Ich wollte eine sich bietende Gelegenheit zur Fortbildung nicht ungenutzt lassen. .... ☐
E   Andere Kollegen haben an Weiterbildung teilgenommen und ich wollte mich dann nicht ausschließen. .... ☐
F   Ich wollte etwas für die Sicherheit meines Arbeitsplatzes tun. .... ☐
G   Mich hat das Thema interessiert. .... ☐
H   Sonstiger Grund, und zwar

_____

Wenn in Frage 47 eines oder mehrere der folgenden Items angegeben wurden: A, B, F, J
Dann wird die neue Frage 47a für alle genannten Items (als Schleife) gestellt

48.   Woher kam der hauptsächliche Anstoß für Ihre Weiterbildungsaktivität?
    ☞ Vorgaben vorlesen

Von Berufskollegen .... ☐
Von Vorgesetzten .... ☐
Von meiner Familie/meinen Freunden .... ☐
Vom Arbeitsamt oder anderen Beratungsstellen .... ☐
Aus eigenem Antrieb .... ☐

49. Um welche Themen ging es dabei?
    ☞ Liste 49 vorlegen und Vorgaben vorlesen
    Und was war das Thema, mit dem Sie sich am stärksten beschäftigt haben (das für Sie am wichtigsten war)?

	Thema benannt	Wichtigstes Thema
EDV	☐	☐
Kaufmännische und Verwaltungsfragen	☐	☐
Fremdsprachen	☐	☐
Medizin, Gesundheitsfragen	☐	☐
Gewerblich-technische Weiterbildung (z.B. Schweißen und sonstige Fertigungstechnik, Prüf- und Messtechnik)	☐	☐
Sonstiger Umgang mit Technik	☐	☐
Kommunikationstraining, Managementtraining, Selbstmanagement	☐	☐
Versicherungs-, Renten-, Steuer- und Rechtsfragen	☐	☐
Naturwissenschaft	☐	☐
Umweltschutz, Ökologie	☐	☐
Sonstiges, und zwar:	☐	☐

50. Treffen die folgenden Aussagen auf Ihre Erfahrungen mit Weiterbildung völlig, eher, eher nicht oder gar nicht zu?
    ☞ Vorgaben einzeln vorlesen

	Trifft völlig zu	Trifft eher zu	Trifft eher nicht zu	Trifft gar nicht zu
Die Inhalte sind immer vorgegeben gewesen.	☐	☐	☐	☐
Wie und womit gelernt wird, konnte ich selbst bestimmen.	☐	☐	☐	☐
Mir wurde gezeigt, ob ich Fortschritte beim Lernen gemacht habe.	☐	☐	☐	☐
Diskussionen waren selten.	☐	☐	☐	☐

Frage 51–55:
In diese Fragen sollen **nicht** rein,
Nieerwerbstätige = Frage 5e = 2 oder Frage 12a = 2 oder Frage 16 = 5 oder Frage 19c = 3 oder die vor 1996 letzte Tätigkeit beendeten = Frage 24 = 2 (gesetzt)

(gestellt werden die Frage an alle derzeit Erwerbstätigen + seit 1996 letztmals Erwerbstätigen)

51. Haben Sie schon einmal mit einem Computerlernprogramm gearbeitet?
    Ja .... ☐ ⇨ Frage 52
    Nein .... ☐ ⇨ Frage 53c

52. Beschreiben die folgenden Aussagen die von Ihnen genutzten Computerlernprogramme völlig, eher, eher nicht oder gar nicht zutreffend?

☞ Vorgaben vorlesen

	völlig zutreffend	eher zutreffend	eher nicht zutreffend	gar nicht zutreffend
Das Computerlernprogramm gibt/gab/ jeden Arbeitsschritt vor.	☐	☐	☐	☐
Ich konnte im Computerlernprogramm immer auswählen, wie es weitergeht.	☐	☐	☐	☐
Das Programm simulierte Abläufe, in die ich eingreifen konnte.	☐	☐	☐	☐

53. Ich lege Ihnen ein paar Aussagen mit möglichen Gründen dafür vor, weshalb man gern mit einem Computerlernprogramm lernt. Sagen Sie mir bitte, welche Gründe auf Sie zutreffen.

   ☞ Liste 53 vorlegen.

   Und welcher davon ist für Sie der wichtigste Grund?

		Trifft zu	Wichtigster Grund (nur 1 Nennung)
A	Ich kann eher selbst bestimmen, wann und wo ich lerne.	☐	☐
B	In so einer Umgebung macht Lernen gleich viel mehr Spaß.	☐	☐
C	Ich werde beim Lernen gut angeleitet.	☐	☐
D	Ich kann mein Tempo selbst bestimmen.	☐	☐
E	Ich kann meine Schwerpunkte frei auswählen.	☐	☐
F	Ich bekomme eine unmittelbare Rückmeldung.	☐	☐
Kein Grund trifft zu		☐	

53c. Ich lege Ihnen ein paar Aussagen mit möglichen Gründen dafür vor, weshalb mancher gern in Kursen lernt. Sagen Sie mir bitte, welche Gründe auf Sie zutreffen.

   ☞ Liste 53c vorlegen.

   Und welcher davon ist für Sie der wichtigste Grund?

		Trifft zu	Wichtigster Grund (nur 1 Nennung)
A	Ich kann eher selbst bestimmen, wann und wo ich lerne.	☐	☐
B	In so einer Umgebung macht Lernen gleich viel mehr Spaß.	☐	☐
C	Ich werde beim Lernen gut angeleitet.	☐	☐
D	Ich kann mein Tempo selbst bestimmen.	☐	☐
E	Ich kann meine Schwerpunkte frei auswählen.	☐	☐
F	Ich bekomme eine unmittelbare Rückmeldung.	☐	☐
Kein Grund trifft zu		☐	

53d. Ich lege Ihnen ein paar Aussagen mit möglichen Gründen dafür vor, weshalb mancher lieber im Arbeitsalltag lernt. Sagen Sie mir bitte, welche Gründe auf Sie zutreffen.

   ☞ Liste 53d vorlegen.

   Und welcher davon ist für Sie der wichtigste Grund?

		Trifft zu	Wichtigster Grund (nur 1 Nennung)
A	Ich kann eher selbst bestimmen, wann und wo ich lerne.	☐	☐
B	In so einer Umgebung macht Lernen gleich viel mehr Spaß.	☐	☐
C	Ich werde beim Lernen gut angeleitet.	☐	☐
D	Ich kann mein Tempo selbst bestimmen.	☐	☐
E	Ich kann meine Schwerpunkte frei auswählen.	☐	☐
F	Ich bekomme eine unmittelbare Rückmeldung.	☐	☐
Kein Grund trifft zu		☐	

Wenn Frage 51 = 1

53a. Wie lernen Sie am liebsten, mit einem Computerlernprogramm, in Kursen und Seminaren oder im Arbeitsalltag?

A	Computerlernprogramme .... □	⇨ Frage 54
B	In Kursen und Seminaren .... □	⇨ Frage 54
C	Im Arbeitsalltag... □	⇨ Frage 54

Wenn Frage 51 = 2

53b. Wie lernen Sie am liebsten, in Kursen und Seminaren oder im Arbeitsalltag?

A	In Kursen und Seminaren .... □	⇨ Frage 54
B	Im Arbeitsalltag... □	⇨ Frage 54

54. Sehen Sie für sich in den nächsten Jahren Bedarf an beruflicher Weiterbildung?

Ja	□	⇨ Frage 54a
Nein	□	⇨ Frage 55
Weiß nicht	□	⇨ Frage 55
K.A.	□	⇨ Frage 55a

54a. Auf welchen der folgenden Themengebiete liegt der Bedarf vor allem? ☞ Liste 54 vorlegen und vorlesen; Mehrfachnennungen erlaubt
Bei welchem Thema sehen Sie den größten, bei welchem den zweitgrößten Bedarf?

	Thema benannt	Wichtigstes Thema	Zweit- wichtigstes Thema
EDV	□	□	□
Kaufmännische und Verwaltungsfragen	□	□	□
Fremdsprachen	□	□	□
Medizin, Gesundheitsfragen	□	□	□
Gewerblich-technische Weiterbildung (z.B. Schweißen und sonstige Fertigungstechnik, Prüf- und Messtechnik)	□	□	□
Sonstiger Umgang mit Technik	□	□	□
Kommunikationstraining, Managementtraining, Selbstmanagement	□	□	□
Versicherungs-, Renten-, Steuer- und Rechtsfragen	□	□	□
Naturwissenschaft	□	□	□
Umweltschutz, Ökologie	□	□	□
Sonstiges, und zwar:	□	□	□

55. Es kann gute Gründe dafür geben, dass man keine berufliche Weiterbildung macht. Was wären für Sie persönlich wichtige Gründe, nicht an Weiterbildung teilzunehmen?
☞ Liste 55 vorlegen und Aussagen vorlesen
Und was ist für Sie persönlich der wichtigste und was ist der zweitwichtigste Grund?

	Persönlich wichtiger Grund	Persönlich wichtigster Grund	Persönlich zweit- wichtigster Grund
Die Weiterbildung ist zu teuer.	☐	☐	☐
Es fehlt an Informationen über das Angebot.	☐	☐	☐
Die Belastung durch meine Arbeit ist zu groß.	☐	☐	☐
Meine familiären Verpflichtungen hindern mich daran.	☐	☐	☐
Ich sehe für mich keine beruflichen Vorteile.	☐	☐	☐
Meine freie Zeit ist jetzt schon knapp bemessen.	☐	☐	☐
Ich finde für meine Bedürfnisse kein Angebot in erreichbarer Entfernung.	☐	☐	☐
Die Art, wie Weiterbildung abläuft, spricht mich nicht an.	☐	☐	☐
In meinem Alter lohnt sich Weiterbildung nicht mehr.	☐	☐	☐
Die Veranstaltungen finden häufig dann statt, wenn ich nicht kann.	☐	☐	☐
Weiterbildung bringt mich persönlich nicht weiter.	☐	☐	☐
Ich selbst habe keinen Zugang zu betrieblicher Weiterbildung.	☐	☐	☐

56a. Inwieweit treffen Ihrer Meinung nach die folgenden Aussagen zur Veränderung von beruflicher Weiterbildung in Deutschland in den letzten 10 Jahren zu?

Liste vorlegen, Vorgaben vorlesen.

	Trifft völlig zu	Trifft eher zu	Trifft eher nicht zu	Trifft gar nicht zu	Weiß nicht
A	Im Unterschied zu früher wird heute erwartet, dass jeder selbst entscheidet, ob und wie er sich weiterbildet. ☐ ☐ ☐ ☐ ☐
B	Früher wusste man viel besser, welche Weiterbildung etwas für die eigene berufliche Entwicklung bringt. ☐ ☐ ☐ ☐ ☐
C	Anders als früher denkt man heute viel positiver über Menschen, die sich beruflich weiterbilden. ☐ ☐ ☐ ☐ ☐
D	Ohne Nachweis von Weiterbildungsaktivitäten sieht man heute bei einer Stellenbewerbung schlechter aus. ☐ ☐ ☐ ☐ ☐
E	Früher haben die Arbeitgeber mehr Verantwortung für die Weiterbildung ihrer Mitarbeiter gezeigt. ☐ ☐ ☐ ☐ ☐
F	Heute ist es viel wichtiger als früher, sich beruflich weiterzubilden. ☐ ☐ ☐ ☐ ☐

56b: Inwieweit treffen Ihren Erfahrungen aus der Arbeit nach folgende Veränderungen völlig, eher, eher nicht oder gar nicht zu?

Liste vorlegen, Vorgaben vorlesen.

		Trifft völlig zu	Trifft eher zu	Trifft eher nicht zu	Trifft gar nicht zu	Weiß nicht
A	Heute findet viel mehr Weiterbildung direkt am Arbeitsplatz statt als früher.	☐	☐	☐	☐	☐
B	Ich gebe heute viel mehr Geld für berufliche Weiterbildung aus als früher.	☐	☐	☐	☐	☐
C	Ich wende heute mehr freie Zeit für berufliche Weiterbildung auf als früher.	☐	☐	☐	☐	☐
D	Heute ist es leichter, an beruflicher Weiterbildung teilzunehmen.	☐	☐	☐	☐	☐
E	Heute gehen die Betriebe stärker als früher auf die Weiterbildungswünsche von Frauen ein.	☐	☐	☐	☐	☐
F	Heute spielt der Umgang mit Kollegen und Vorgesetzten als Thema der Weiterbildung eine sehr viel größere Rolle als früher.	☐	☐	☐	☐	☐

56c. Zum Abschluss sehr persönlich gefragt: Wenn Sie das Wort „Weiterbildung" hören, was ist dann Ihre erste Empfindung?

☞ Vorgaben vorlesen.

A	Bringt ja doch nichts	☐
B	Endlich mal etwas für mich selbst	☐
C	Muss ich machen, um beruflich fit zu bleiben und weiterzukommen..................	☐
D	Es reicht, eigentlich habe ich genug gelernt	☐
E	Schön, das macht Spaß	☐
F	Ganz andere Empfindung, und zwar:	☐

Statistik

Zum Schluss möchten wir Sie noch um ein paar statistische Angaben bitten:

57. Welchen höchsten Schulabschluss haben ihre Eltern?

	Mutter:	Vater:
Volks-/Hauptschulabschluss; DDR: Abschluss 8. Klasse POS	☐	☐
Mittlere Reife, Realschulabschluss; DDR: Abschluss 10. Klasse POS	☐	☐
Fachhochschulreife (Abschluss einer Fachoberschule, Abschluss 12. Klasse Gymnasium)	☐	☐
Abitur/Hochschulreife; DDR: auch Berufsausbildung mit Abitur	☐	☐
Abschluss Fachhochschulstudium	☐	☐
Abschluss Hochschulstudium	☐	☐
Anderer Abschluss		
Kein Abschluss	☐	☐
Weiß nicht		
K.A.	☐	

58a. Wie ist das bei Ihnen: Welchen höchsten Schulabschluss haben Sie heute?

- Volks-/Hauptschulabschluss ☐
- Mittlere Reife, Realschulabschluss ☐
- Fachhochschulreife ☐
- Abitur ☐
- Fachgebundene Hochschulreife (Immaturenprüfung) ☐
- Sonstiger, und zwar: ☐

58b ☞ Wenn dieser höher liegt als die Angabe unter Frage 4, dann Nachfrage:
Wie lang ist es etwa her, dass Sie diesen Abschluss erworben haben?

Anzahl der Jahre _____

58c Welchen höchsten Ausbildungsabschluss haben Sie heute?
➔ Liste 58c vorlegen und Vorgaben vorlesen.

A (Betriebliche) Lehre ☐
B Schulische Ausbildung an einer Berufsfach- oder Fachschule ☐
C Außerbetriebliche Ausbildung (z.B. an einer Bildungsstätte der Kammern, Gewerkschaften oder eines freien oder privaten Trägers) ☐
D Vorbereitungsdienst für Beamtenlaufbahn (nicht DDR) ☐
E Berufs-(Betriebs)akademie ☐
F Technikerschule ☐
G Studium an einer Fachhochschule/Besuch von Ingenieurschule / Polytechnikum ☐
H Studium an einer Universität oder technischen Hochschule ☐
I Sonstiges und zwar: ☐ ⇨

60. (☞ nicht vorlesen) Geschlecht der befragten Person:

   Männlich .... ☐
   Weiblich .... ☐

61. Darf ich fragen, wie alt Sie sind?

   _____ Alter von Zielperson genannt

   Wird am Ende gestellt:
   ☞ Wenn keine Antwort, bitte schätzen

   _____ Alter geschätzt

62. Welchen Familienstand haben Sie?

   Verheiratet, mit Ehepartner zusammenlebend .... ☐ ⇨ Frage 63
   Verheiratet, vom Ehepartner getrennt lebend .... ☐ ⇨ Frage 62a
   Ledig .... ☐ ⇨ Frage 62a
   Geschieden .... ☐ ⇨ Frage 62a
   Verwitwet .... ☐ ⇨ Frage 62a

62a. Leben Sie fest mit einem Partner zusammen?

   Ja .... ☐
   Nein .... ☐

63. Haben Sie Kinder?

   Nein .... ☐ ⇨ Frage 64
   Ja .... ☐
   ⇩
   Wie viele Kinder haben Sie? Und wie viele davon sind unter 14 Jahre alt?

   Anzahl _____ über 14 Jahre   Anzahl _____ unter 14 Jahre
   ⇩
   Wie viele Kinder leben noch bei Ihnen zu Hause?

   Anzahl: _____

64. Sind Sie Mitglied ...
☞ Vorgaben vorlesen
Wenn ja
⇩
Sind Sie dort auch aktives oder eher ein „zahlendes" Mitglied?

	Nein	Ja	⇨	aktiv	eher „zahlendes Mitglied"
eines Vereins	☐	☐	⇨	☐	☐
einer Partei /einer Gewerkschaft	☐	☐	⇨	☐	☐
einer kirchlichen oder privaten Wohlfahrtsorganisation	☐	☐	⇨	☐	☐
einer Umweltorganisation	☐	☐	⇨	☐	☐
einer Selbsthilfegruppe	☐	☐	⇨	☐	☐

65. Können Sie mir bitte sagen, wie hoch in etwa das monatliche Nettoeinkommen Ihres Haushalts ist? Ich meine also das gesamte Einkommen aller Mitglieder, nach Abzug von Steuern und Sozialversicherungsabgaben, aber eingeschlossen Kindergeld, Wohngeld, Renten und mögliche andere ständige Geldquellen. Bitte gehen Sie doch die Liste durch und sagen Sie mir, unter welchem Buchstaben Sie sich mit Ihrem Haushalt einordnen würden.

☞ Liste 65 vorlegen; bei keiner Angabe: Schätzung des Interviewers

				Angabe von Zielperson	Schätzung des Interviewers
A		unter	1.000 DM	☐	☐
B	1.000	bis unter	1.500 DM	☐	☐
C	1.500	bis unter	2.000 DM	☐	☐
D	2.000	bis unter	2.500 DM	☐	☐
D	2.500	bis unter	3.000 DM	☐	☐
E	3.000	bis unter	3.500 DM	☐ ⇨	☐
D	3.500	bis unter	4.000 DM	☐	☐
D	4.000	bis unter	5.000 DM	☐	☐
F	5.000	bis unter	6.000 DM	☐	☐
G	6.000 DM und mehr			☐	☐

Wird am Ende gestellt:
| H | Keine Angabe | | | ☐ | ☐ |

66. Wie viele Einwohner hat der Ort, in dem sie wohnen?

A		unter	1.000	☐ ⇨ Frage 66a
B	1.000	bis unter	2.500	☐ ⇨ Frage 66a
C	2.500	bis unter	5.000	☐ ⇨ Frage 66a
D	5.000	bis unter	10.000	☐ ⇨ Frage 66a
E	10.000	bis unter	25.000	☐ ⇨ ENDE
F	25.000	bis unter	50.000	☐ ⇨ ENDE
G	50.000	bis unter	100.000	☐ ⇨ ENDE
H	100.000	bis unter	250.000	☐ ⇨ ENDE
I	250.000	bis unter	500.000	☐ ⇨ ENDE
K		über	500.000	☐ ⇨ ENDE

66a. Wie viel km ist die nächste größere Stadt entfernt?

Entfernung: _____

☞ Ende des Interviews _____ Uhrzeit

| Vielen Dank für Ihre freundliche Auskunft. |
| Das Interview ist nun beendet. |

| _____ | _____ | _____ | _____ |
| Datum | Listennummer | lfd. Nummer | Unterschrift des Interviewers |

Rudolf Woderich, Thomas Koch, Rainer Ferchland

Weiterbildungserfahrungen und Lernkompetenzen der ostdeutschen Erwerbsbevölkerung in komparativer Perspektive

Einleitung

Grundlagen und Voraussetzungen der vergleichenden Analyse

In den einführenden Bemerkungen der Untersuchung zum beruflichen Weiterbildungsbewusstsein der deutschen Bevölkerung (Martin Baethge und Volker Baethge-Kinsky in diesem Band) wird darauf verwiesen, dass die Erhebung auch auf die Erfassung von Daten zu Weiterbildungserfahrungen und Lernkompetenzen der ostdeutschen Bevölkerung im erwerbsfähigen Alter ausgerichtet war. Nachfolgende Abschnitte (6 Kapitel) befassen sich in ost-west-vergleichender Perspektive mit ausgewählten Problemlagen des Weiterbildungsverhaltens und deren sozialstrukturellen, erwerbsbiographischen wie sozioökonomischen Rahmenbedingungen in Ostdeutschland.

Die vergleichende Analyseperspektive sollte insbesondere deshalb interessante Aufschlüsse ermöglichen, da Erwerbspersonen in den neuen Bundesländern im zurückliegenden Jahrzehnt Chancen und Risiken eines „doppelten" Wandlungsprozesses zu verarbeiten hatten: Die Transformation der Institutionen des Erwerbssystems und der beruflichen Weiterbildung koinzidierte mit einer neuen Dynamik des Strukturwandels in Wirtschaft und Gesellschaft, dem Übergang zu einer Ökonomie der „nachindustriellen" Gesellschaft, die immer stärker von wissensbasierten Informationen und Dienstleistungen bestimmt wird. Nicht nur neues berufsfachliches Wissen und entsprechende Qualifikationen waren gefragt, sondern auch eine neue *soziale Kompetenz* als Arbeitnehmer, die wiederum in enger Verbindung steht mit Eigenaktivität und Flexibilität in vorrangig selbstgesteuerten Lernprozessen.

Fragestellungen der Analyseperspektive

(1) Verfügbare Befunde verschiedener Erhebungen hatten gezeigt, dass in den neuen Bundesländern allgemeine Einstellungen zur *beruflichen* Weiterbildung in den neunziger Jahren eine positive Entwicklung nahmen. Eine knappe Mehrheit der Befragten (mehr als in den alten Bundesländern) antizipierte, auch künftig Weiterbildungsanstrengungen verstärken zu wollen. Diese Tendenz zur „aktiven Situationsbewältigung" galt es aufgrund der Daten der repräsentativen Befragung genauer zu erkunden und zu hinterfragen:

Wie stellt sich in diesem Zusammenhang und in ost-westdeutscher Vergleichsperspektive die schrittweise Annäherung an das Leitbild des selbstgesteuerten Lernens dar? Welche Intensität und Initiative der Weiterbildungsaktivität, welche Erfahrungen im Umgang mit (neuen) Lernformen und Lernkontexten stützen diese Orientierungen? Lassen sich relativ eigenständige ostdeutsche „Lernwelten" (Lernformen, -erfahrungen und -präferenzen) erkennen? Von welchen sozialen und demographischen Gruppen mit je spezifischen erwerbsbiographischen Erfahrungen und differenten aktuellen Arbeits- und Lebensverhältnissen werden zukunftsfähige Einstellungen und Wertschätzungen in Bezug auf Weiterbildung getragen?

(2) Erwerbsbiographische Erfahrungen der Diskontinuität, die den Strukturwandel von Arbeit und Beschäftigung in den Formen einer bisher unbekannten Dynamik von Wechselprozessen begleiten, gehören in Ostdeutschland zu den einschneidendsten, oftmals folgenreichsten Effekten des Transformationsgeschehens. Insbesondere der Wechsel von Erwerbsphasen und Phasen der Erwerbslosigkeit erweist sich als verstetigte Alltagserfahrung sozialer Gruppen und Schichten. Mobilitätserfahrungen insgesamt (inkl. Firmen- und Berufswechsel), häufig ausgelöst durch die Prekarität von Beschäftigungsverhältnissen, können mit unterschiedlichen Strategien und Aktivitäten beruflichen Lernens verbunden sein. Empirische Analysen zeigten, dass die Verstetigung erwerbsbiographischer Diskontinuität auch Lern- und Handlungspotenziale freizusetzen vermag (vgl. Mutz 1997), die zu gesteigerter Lernaktivität und Lernkompetenzentwicklung führen können.

Welches Niveau der Selbststeuerung im Lern- und Weiterbildungsverhalten bildete sich im Zusammenhang mit beruflicher Mobilität heraus? Welche Lebensereignisse, Brüche und Wechselprozesse haben Einstellungen zur Weiterbildung und zum beruflichen Lernen besonders geprägt? Welche gravierenden Gemeinsamkeiten und Unterschiede sind diesbezüglich zwischen Ost und West festzustellen? Welche Mobilitätserfahrungen erweisen sich als lernfördernd und welche schränken die Kompetenzentwicklung ein? Wie stark ist der Einfluss beruflicher Mobilität generell auf die Entwicklung von Lernkompetenz, und welche Unterschiede zwischen den Vergleichpopulationen sind diesbezüglich festzustellen?

(3) In den neuen Bundesländern setzte sich ein hoher Sockel an Unterbeschäftigung und Arbeitslosigkeit bei gleich bleibend hoher Erwerbsneigung der erwerbsfähigen Bevölkerung über das Jahr 2000 hinaus fort. Die verbreitete Unsicherheit und Prekarität als ein Grundzug ostdeutscher Erwerbsexistenz hält im neuen Jahrzehnt an. – Zu fragen ist, wie die Verstetigung erlebter Unsicherheit individuelle Ansprüche an Weiterbildung, insbesondere bei *Erwerbslosen*, geprägt hat. Beobachtungen und empirische Befunde legen die Annahme nahe, dass Eingrenzungen auf Angebote erfolgen, die Erwerbschancen versprechen. Demgegenüber scheint ein Verfügungs- und Orientierungswissen weniger nachgefragt zu werden, welches die selbstständige Urteilsfähigkeit stärken und die Erkenntnis des eigenen Standortes fördern könnte.

Wie unterscheiden sich Distanz und Zurückhaltung gegenüber Weiterbildungserfordernissen auf der Ost-West-Ebene, welche sozialen Gruppen, Lebensverläufe und Situationsdeutungen stehen jeweils markant für derartige Strategien und Verhaltensmuster? Und welche sozial-demographischen Merkmale repräsentieren demgegenüber trotz gleicher Arbeitsmarkterfahrungen anhaltend hohe Lernbereitschaft und Lernaktivitäten, die auf Potenzialerhalt und anhaltende Erwerbsorientierung schließen lassen?

(4) Die Lernbedingungen und die *Lernförderlichkeit* der Arbeitsverhältnisse unterlagen im vergangenen Jahrzehnt dynamischen Veränderungen, von denen angenommen werden konnte, dass sie stärker als zuvor berufliches Lernverhalten und berufliche Kompetenzentwicklung beeinflusst haben.

Welche Unterschiede in der Reflexion lernförderlicher Arbeitsbedingungen sind im Ost-West-Vergleich festzustellen? Wie wirkt sich die höhere formale Qualifikation der ostdeutschen Erwerbsbevölkerung auf die Wahrnehmung der Lernpotenziale der Arbeit aus? Und welche Unterschiede bei der Bewertung einzelner Dimensionen lernförderlicher Arbeitsorganisation sind zu erkennen. Welche Effekte struktureller und sektoraler Unterschiede in der ökonomischen Struktur der beiden Bundesgebiete (Wirtschaftsbereiche, Betriebsgrößen) sind in den Reflexionen der Befragten zur Lernförderlichkeit der Arbeit und zur Lernkompetenzentwicklung zu erkennen?

(5) Der sich beschleunigende demographische Wandel der Erwerbsbevölkerung, insbesondere in Ostdeutschland, wirft eine Reihe neuer Fragen auf, wie das Humanpotenzial, fachliche Qualifikationen und Lernkompetenzen der Älteren (in unserem Analyse-Sample weit gefasst: Altersgruppe der 45-64-Jährigen) erhalten und erweitert, insbesondere jedoch gesellschaftlich und auf dem Arbeitsmarkt besser genutzt werden können:

Welche sozialstrukturellen und erwerbsbiographischen Unterschiede zwischen ostdeutschen und westdeutschen „Älteren" lassen sich mit den Daten der Repräsentativerhebung nachweisen? Welche Unterschiede in zentralen Indikatoren zwischen Ost und West sind zu erkennen? Kann die größere Erwerbsnähe ostdeutscher Älterer auch in den Daten von 2001 (Erhebungsjahr) bestätigt werden, oder haben sich in der Zwischenzeit neue Orientierungsmuster herausgebildet? Lassen sich spezifische Lernpräferenzen und Aspirationen gegenüber der Arbeit und dem Privatleben zwischen den Älteren beider Populationen unterscheiden, und welche spezifischen (evtl. neuen) Ansatzpunkte für die Unterstützung und Förderung der Lernpotenziale ostdeutscher Älterer lassen sich gegebenenfalls ableiten?

(6) In verschiedenen Diskussionszusammenhängen war in den vergangenen Jahren gegenüber Ost-West-Vergleichen geltend gemacht worden, dass Ost-Ost-Unterschiede bereits größer seien als die Ost-West-Unterschiede. Wenngleich nach den Forschungserfahrungen der Autoren mit wichtigen Differenzierungen des Weiterbildungsbewusstseins der Erwerbsbevölkerung der Bundesrepublik auf dieser *regionalen* Ebene zu rechnen war, so sind die Bundesgebiete West und Ost in mancher Hinsicht doch zu große und zu heterogene Einheiten, wenn es darum geht, den Handlungsbedarf für weiterbildungspolitische Interventionen abzustecken. Daher erschien es sinnvoll zu sein, die leitende Vergleichsperspektive punktuell zu ergänzen durch die Einbeziehung kleiner dimensionierter sozialräumlicher Einheiten, um Differenzierungen innerhalb der Bundesgebiete Ost bzw. West zu identifizieren. Die erhobenen Daten boten die Möglichkeit, Konturen des Weiterbildungsbewusstseins nach Bundesländern und nach Ortsgrößenklassen abzubilden:

Lassen sich Differenzierungen in der Ausbildung des Weiterbildungsbewusstseins zwischen den Bundesländern und nach der Ortsgröße erkennen? Differieren die Zusammenhänge und Muster zwischen Ost und West? Sind die regionalen Ost-Ost-Unterschiede im Weiterbildungsbewusstsein größer als die regionalen West-West-Unterschiede, oder verhält es sich gerade umgekehrt?

Aufbau und Struktur der Darstellung

Die Darstellung der Befunde zum Weiterbildungsbewusstsein und -verhalten der deutschen Bevölkerung in ost-west-vergleichender Perspektive gliedert sich insgesamt in sechs Abschnitte (Kapitel[1]). Das *erste Kapitel* präsentiert einen Überblick über zentrale Indizes der Lernkompetenz, die zunächst mit sozialdemographischen Variablen konfrontiert werden. Sodann werden, wiederum ost-west-vergleichend, Variablen der vorberuflichen wie der beruflichen Sozialisation eingeführt und auf ihren Zusammenhang zu den Dimensionen der Lernkompetenz geprüft. Schließlich soll eine vergleichende Regressionsanalyse den eigenständigen Einfluss von Variablen (und deren Effektstärke) auf die Lernkompetenzentwicklung erhellen, sodass eine gewisse Orientierung und Führung

---

1 Autoren der einzelnen Kapitel: Rudolf Woderich (1, 3, 4), Thomas Koch (2, 6); Rainer Ferchland (5).

für die nachstehend behandelten Themenfelder ermöglicht werden. Das *zweite Kapitel* erfasst insbesondere Lernorte, Lernkontexte und Zugänge zur Weiterbildung in vergleichender Perspektive und geht der Frage nach, ob mit komparativer Blickrichtung relativ eigenständig ausgeformte ostdeutsche „Lernwelten" auszumachen sind. Im *dritten Kapitel* wird das Verhältnis von beruflichen Mobilitätserfahrungen und Lernkompetenzen, insbesondere auf der Ebene sozialdemographischer Merkmale behandelt und zu klären versucht, ob unter Bedingungen radikalen sektoralen Wandels in Ostdeutschland bestimmte Diskontinuitätsprozesse zu erfassen sind, die stärker als berufliche Kontinuität mit hohen Lernkompetenzwerten korrespondieren. Der Zusammenhang von Lernförderlichkeit der Arbeitsverhältnisse und beruflicher Kompetenzentwicklung wird im *vierten Kapitel* thematisiert; gefragt wird insbesondere nach Einflüssen der Dynamik des sektoralen Strukturwandels in der ostdeutschen Wirtschaft auf die Bewertung lernförderlicher Arbeitsbedingungen und auf das Niveau der Lernkompetenz Beschäftigter wie (aktuell) Arbeitsloser. Das *fünfte Kapitel* wendet sich explizit Problemen des Weiterbildungsverhaltens und des Weiterbildungsbewusstseins der „älteren Generation" im erwerbsfähigen Alter (45–64 Jahre) zu; die Analyse zielt dabei auf der Grundlage des Datenmaterials der Erhebung und in der Vergleichsperspektive (Ost-West) vorrangig auf die Extraktion jener Bedingungen, die eine möglichst lange und aktive Integration der Älteren in das Erwerbsleben ermöglichen. Im *sechsten* und abschließenden Kapitel der ost-west-vergleichenden Analyse wird die „Zentralperspektive" der Untersuchung ergänzt und durch Fragen nach spezifisch sozialräumlichen Einflussfaktoren (insbesondere Ebene der Bundesländer) auf das Weiterbildungsbewusstsein der Bevölkerung angereichert.

1. Lernkompetenzen im vergleichenden Überblick: maßgebliche Ausprägungen und Einflussfaktoren

Im ersten Abschnitt der vergleichenden Darstellung und Diskussion von Ergebnissen der Repräsentativerhebung zum beruflichen Weiterbildungsbewusstsein werden die zentralen Variablen der Lernkompetenz eingeführt und mit sozialdemographischen Merkmalen der beiden Teilpopulationen konfrontiert. Sodann werden die wichtigsten Variablen der Sozialisation (vorberufliche wie berufliche), der Ansprüche, die Erwerbspersonen an das berufliche wie an das private Leben stellen (Aspirationen), ferner Indikatoren der Erwerbs- und Beschäftigungsstrukturen sowie der Arbeitsorganisation (Lernförderlichkeit der Arbeitsbedingungen) im Ost-West-Vergleich vorgestellt und deren Einfluss auf die Kompetenzentwicklung untersucht:

Ungeachtet der Komplexität der Darstellung, die der orientierende und informierende Überblick erfordert, können im ersten Abschnitt nicht alle wichtigen Variablen bzw. Reflexionsbereiche, zu denen die Befragten sich äußerten, erfasst werden. Erst im anschließenden zweiten Abschnitt, der insbesondere dem Zusammenhang von (ostdeutschen) „Lernwelten" und Lernkompetenzen nachgeht, werden die Lernkontexte, also die Vielfalt der Lernformen und Lerngelegenheiten, eingeführt und die entsprechenden Befunde kommentierend präsentiert.

1.1 Hypothesen

Lernaktivität und Lerninitiative (Kompetenzentwicklungsaktivität)

In generalisierender Perspektive schien die Dynamik erwerbsbiographischer Erfahrungen der ostdeutschen Erwerbsbevölkerung mit Weiterbildung im vergangenen Jahrzehnt auch für höhere Werte der Lernaktivität und -initiative zu sprechen, die sich in der Erhebung von 2001 nachweisen lassen sollten. Allerdings sind die Schübe veränderter betrieblicher Bedingungen der Arbeit, einer höheren Innovationsdynamik sowie die informationstechnische Modernisierung der Arbeit insbesondere in den westdeutschen Zentren von Industrie und Dienstleistung nicht zu unterschätzen, die gleichfalls eine Steigerung beruflichen Wissens- und Kompetenzerwerbs hervorgebracht haben werden.

Differenzen zugunsten der ostdeutschen Population sollten zwar erkennbar sein, sich aber demzufolge in begrenztem Rahmen halten und insgesamt eher moderat ausfallen. In Rechnung zu stellen waren zudem die in den vergangenen Jahren deutlich abgeflaute Dynamik der Weiterbildungsbeteiligung der ostdeutschen Bevölkerung sowie deren insgesamt weiter reduzierte Verwertungschancen auf dem Arbeitsmarkt. Auf der Ebene sozialdemographischer Strukturen werden einerseits Qualifikationen, Erwerbsbeteiligung und erwerbsbiographische Erfahrungen der ostdeutschen *Frauen* als differenzierende Faktoren positiv erkennbar bleiben; andererseits sollte die höhere Rate unfreiwilliger Unterbrechungen der Erwerbstätigkeit durch Arbeitslosigkeit in einigen Strukturen (z.B. Personen mit abgeschlossener Berufsausbildung) nivellierende Effekte im Vergleich der Lernaktivitäten bewirken. Offen bleiben musste nach unserer Auffassung, ob das differente Sozial- und Qualifikationsprofil der ostdeutschen Erwerbslosen mit vergleichsweise höheren Lernaktivitätswerten korrespondieren würde.

Antizipation

Die Antizipation beruflicher Kompetenzentwicklung zielt auf die strategische Fähigkeit von Personen und Gruppen, die am Erwerbsprozess beteiligt sind, sich mit den perspektivisch erwartbaren Anforderungen, die an die berufliche Tätigkeit gestellt werden, eigenständig auseinander zu setzen. Da die Thematisierung neuer Anforderungen beim Übergang von der Industrie- zur Dienstleistungs- oder „Wissens"gesellschaft den Expertendiskurs verlassen hat und in der Öffentlichkeit breit thematisiert wird (lebenslanges Lernen), sollte sich dieser Trend in einem relativ hohen Niveau der Antizipation beruflicher Lernerfordernisse widerspiegeln, das auch mittlere und Teile niederer Qualifikationsstufen erfasst hat.

Dabei ist wiederum die Konstruktionsweise des Indexes der Antizipation von Lernerfordernissen zu beachten: Beide konstitutiven Items („sich ständig weiterbilden"; „immer am Ball bleiben"), drücken unterschiedliche Grade der Bestimmtheit aus. Letzteres wird eine größere Akzeptanz und breitere Zustimmung gefunden haben als die erste Antwortvorgabe, die ja auf die Verstetigung nicht nur beruflichen Alltagslernens, sondern auf die gezielte Verbesserung beruflicher Lernkompetenz gerichtet ist.

Ungeachtet differenzierter und partiell gegenläufiger Erfahrungen hinsichtlich der Verwertungschancen von Weiterbildung auf dem Arbeitsmarkt und im Arbeitsprozess, die Einstellungen der Resignation und Weiterbildungsabstinenz erzeugt haben werden, rechneten wir mit einem vergleichsweise höheren Antizipationsniveau im Sample der ostdeutschen Population insgesamt sowie in den meisten sozialdemographischen Gruppen; zumal davon auszugehen war, dass Mehrheiten kein alternatives *Lebensmodell* jenseits von Erwerbsarbeit und beruflicher Weiterbildung gefunden haben werden.

So dürfte sich die noch in der Mitte der neunziger Jahre diagnostizierte defizitäre Qualität vieler betrieblicher Weiterbildungsaktivitäten (Baethge et al. 1996: „Qualifizierung am unteren Limit") eher als Impuls für ein höheres Antizipationsniveau niedergeschlagen haben, denn die *inhaltlichen* Anforderungen der Arbeit werden in der Zwischenzeit zumeist erheblich gestiegen sein. – Gerade in diesem Zusammenhang dürfte die Frage interessant sein, ob (und in welchen sozialen Kategorien) das Antizipationsniveau im Vergleich zur Lernaktivität eher kumulativ oder kompensatorisch wirksam geworden ist. Wir rechneten zumindest in der ostdeutschen Erwerbsbevölkerung auch mit kompensierenden Effekten.

In Bezug auf das Antizipationsniveau können auch Effekte „sozialer Erwünschtheit" grundsätzlich nicht ausgeschlossen werden. Ob mentalitätsspezifische Relikte der Herkunftsgesellschaft in der ostdeutschen Population diesbezüglich wirksam werden, muss zumindest als eine relevante Frage erscheinen, die sich in der Relation zum *Aktivitätsniveau* beruflicher Kompetenzentwicklung (Lernaktivität) beantworten lassen sollte.

Selbststeuerung

Bei der Hypothesenbildung, bezogen auf die Disposition zur Selbststeuerung von Lernprozessen, ließen wir uns von der Überlegung leiten, dass nicht bestimmte Differenzen, die aus sozialisatorischen Herkunftsbedingungen resultieren, entscheidend sein werden, sondern die *Anschlussfähigkeit* von Qualifikation und Kompetenz an aktuelle Maßgaben und Erfordernisse des Arbeitsmarktes. Denn graduell nachweisbare Defizite, unterschiedliche Ausprägungsgrade werden in Lernprozessen auszugleichen sein, wenn neue Herausforderungen entstehen, die größere Eigenaktivität, Individualität und Selbststeuerung erzwingen. Entscheidend ist das empirisch nachprüfbare Argument, dass nahezu alle Wertstrukturen der Ostdeutschen im Wertehorizont der europäischen Moderne gründen (Gensicke 1998), demzufolge Bedingungen der Möglichkeit für Lernprozesse kulturell fundiert sind.

Unsere Erwartungen in der Vergleichsperspektive waren schließlich darauf gerichtet, dass erhebliche *Angleichungsprozesse* im Niveau der Disposition zur Selbststeuerung von Lernprozessen nachweisbar sein sollten. Zwar war davon auszugehen, dass institutionelle Arrangements und paternalistische Strukturen der Herkunftsgesellschaft nur geringe *Anreize* boten, selbstgesteuerte Lerndispositionen auszubilden. Auf Grund der Dynamik von Transformationsprozessen konnte jedoch erwartet werden, dass der allgemeine „Individualisierungsschub" im Rahmen der Beschleunigung institutionellen und wirtschaftlichen Wandels neue erwerbsbiographische Erfahrungen auf dem Arbeitsmarkt hervorgebracht hat, die individuell wie gruppenspezifisch differenziert und ambivalent wahrgenommen wurden. In der *Bilanz* sollten diese Prozesse die Ausformung selbstgesteuerten Lernhandelns beschleunigt haben und sich in ost-west-vergleichender Perspektive vorrangig als Angleichung, Ähnlichkeiten darstellen, wobei diverse *graduelle* Unterschiede auf verschiedenen Ebenen nicht auszuschließen waren.

1.2 Empirische Befunde: Indizes der Lernaktivität, der Antizipation und Selbststeuerung von Lernprozessen im Ost-West-Vergleich

Im Anschluss an den ersten Gesamtüberblick werden soziodemographische Strukturvariablen (Alter, Geschlecht) sowie relevante Statusmerkmale (Qualifikationsniveau, Erwerbsstatus) mit den zentralen Indizes der Lernkompetenz konfrontiert und in themenspezifischer Perspektive (Ost-West-Vergleich) analysiert. Da die Konstruktionsweise der konstitutiven Indizes der Untersuchung von Martin Baethge und Volker Baethge-Kinsky (in diesem Band) vorgestellt und erläutert wurde, kann darauf verzichtet werden, diese methodischen Gesichtspunkte erneut zu thematisieren.

Nachstehende Darstellungen beziehen sich auf das Sample, das jene Personen im erwerbsfähigen Alter umfasst, die am Erwerbsleben beteiligt sind (Erwerbstätige, Erwerbslose sowie die Stille Reserve). Sofern von dieser Gesamtheit abgewichen wird und Nichterwerbspersonen in die Analysen einbezogen sind, wird dies gesondert angemerkt.

Die erste Übersicht (Tab. 1) lässt bereits erkennen, dass beim Vergleich der Indizes, welche das Niveau der Lernkompetenz ausweisen, ein hohes Maß an Übereinstimmung in den Häufigkeiten und der Besetzung einzelner Stufen von Kompetenz-Dimensionen zwischen Ost und West festzustellen ist. Allerdings werden auch beachtliche, nicht zu unterschätzende graduelle Unterschiede deutlich, deren Signifikanz durch statistische Messwerte bestätigt wurde. Sie verlau-

Tab. 1: Indizes der Lernkompetenz im Überblick (N = 3169)

Indizes der Lernkompetenz – Spaltenprozente –	WEST	OST	GESAMT
Aktivitätsgrad der Kompetenzentwicklung*			
Hohe Aktivität	28	27	28
Mittlere Aktivität	21	29	24
Niedrige/keine Aktivität	51	44	48
Antizipationsniveau von Lernerfordernissen*			
Hoch	35	41	37
Mittel	32	31	32
Niedrig	33	27	31
Disposition zur Selbststeuerung des Lernens			
Überdurchschnittlich	34	37	37
Mittleres Niveau	36	37	37
Unterdurchschnittlich	30	27	26
Aggregation der drei Indizes: **Lernkompetenz***			
Hohe Kompetenz	42	46	43
Mittlere Kompetenz	20	21	20
Niedrige Kompetenz	39	33	37

*** = hochgradig; ** = markant; * = moderat ausgeprägte Signifikanz der Ost-West-Differenzen
Abweichung von 100% durch Rundungsfehler

fen in hypothesenkonformer Richtung und treten bei den Kompetenz-Dimensionen des Antizipationsniveaus und der Lernaktivität dezidiert hervor.

Auf deren sozialdemographische Performanz und Verankerung, auf spezifische Formate, Ausprägungen und Gestalten wird in nachfolgenden Abschnitten des Kapitels näher einzugehen sein. Anzumerken ist bereits an dieser Stelle, dass die ostdeutsche Population der repräsentativen Erhebung zum Weiterbildungsbewusstsein in der Vergleichsperspektive keine klaren Defizite erkennen lässt. In Bezug auf Lernaktivität und -initiative sowie das Antizipationsniveau, das den Grad der Verankerung von Lernperspektiven im Bewusstsein der Befragten widerspiegelt, können sogar höhere Werte ausgewiesen werden. Diese Befunde sind zwar beachtlich und keineswegs zu unterschätzen, dürfen jedoch angesichts der *Konstruktionsweise* der Variablen, insbesondere deren Stufenbildung, auch nicht überbewertet werden. Die recht moderate Zurechnung von Antwortwerten auf die jeweils höchsten Stufen der einzelnen Kompetenz-Dimensionen (vgl. Martin Baethge und Volker Baethge-Kinsky in diesem Band), insbesondere aber der Sachverhalt, dass auch 44 Prozent der ostdeutschen Befragten (West: jeder Zweite) im Zeitraum der letzten drei Jahre aus einer Vielfalt vorgegebener Lernformen nahezu *keine* Aktivität sanktionierten, scheint zunächst eher dafür zu sprechen, dass offenkundige Lernkompetenz-Defizite der deutschen Erwerbsbevölkerung in den neuen Bundesländern nur etwas weniger verbreitet sind.

Die Tabelle 2 bezieht sich auf den Vergleich der *Lernaktivitäten*. Wie die tabellarische Darstellung zeigt, sind signifikante Ost-West-Differenzen auf unterschiedlichem Niveau in fast allen aufgeführten Kategorien zu erkennen. Die prozentualen Distanzen auf der Aktivitätsstufe „hoch" indes scheinen eher gering zu sein; sie erreichen nur in einem Falle mehr als 5 Prozentpunkte, wenn man von der „stillen Reserve" absieht, die im ostdeutschen Sample nur sehr kleine Fallzahlen ausweist (N = 59). Auf der Ebene des sozialstrukturellen Vergleichs wird bestätigt, dass das Gesamtniveau der Lernaktivitäten der Erwerbsbevölkerung, gemessen an den Anforderungen des strukturellen Wandels, eher als ernüchternd bis besorgniserregend einzuschätzen ist. So haben 45 Prozent der westdeutschen und 39 Prozent der ostdeutschen *Erwerbstätigen* für den Zeitraum der vergangenen 3 Jahre aus dem Spektrum vorgegebener Lernkontexte überhaupt keine berufsbezogenen Lernerfahrungen benannt.

Ost-West-Differenzen resultieren nicht vorrangig aus der Verteilung der Prozentwerte auf der oberen Stufe des Aktivitätsniveaus, sondern in nahezu allen Kategorien (außer bei Ausbildungsabschlüssen) aus Unterschieden auf mittlerem oder sehr niedrigem Niveau. Wohl sind signifikante (abgestuft), also durchaus qualitative Differenzen festzustellen, die jedoch nicht vorrangig aus höheren Aktivitätswerten der Ostdeutschen resultieren, sondern sich eher einer geringeren Abstinenz gegenüber Lerngelegenheiten und Angeboten verdanken. Hier treten

Tab. 2: Lernaktivität und soziale Strukturen

Lernaktivität	WEST			OST		
Angaben in Zeilenprozent	Hohe Aktivität	Mittlere Aktivität	Niedrig/k. Aktivität	Hohe Aktivität	Mittlere Aktivität	Niedrig/k. Aktivität
Geschlecht						
Männlich**	33	23	**44**	26	29	**45**
Weiblich***	24	19	**56**	28	29	**43**
Alter						
19–25 Jahre	25	29	**47**	23	38	**39**
26–44 Jahre**	31	21	**49**	32	26	**41**
45–64 Jahre***	26	20	**55**	21	31	**48**
Qualifikationen						
Kein Abschluss***	12	17	**71**	20[1]	43	**37**[1]
Berufsausbildung*	27	22	**51**	24	27	**49**
Hochschulbildung	52	25	**23**	43	34	**23**
Erwerbsstatus						
Erwerbstätige***	34	22	**45**	32	29	**39**
Erwerbslose*	12	19	**69**	14	29	**57**
Stille Reserve***	13	18	**69**	37[1]	23	**40**[1]

[1] Geringe Fallzahlen: N jeweils = 60; Abweichungen von 100% durch Rundungsfehler

Abstände in den Punktwerten hervor, die in einigen Kategorien die Zehnprozent-Marke deutlich überschreiten (Frauen, Erwerbslose). Vorerst wird festzuhalten sein: Gegebene Bedingungen erwerbsbiographischer Erfahrungen in Prozessen der Transformation, die in ihrer Gesamtheit höchst ambivalente Effekte zeitigten und keineswegs ausschließlich kompetenzförderliche Rahmenbedingungen hervorbrachten, bewirkten zum einen eine stärkere Sensibilisierung der Wahrnehmung von Lernprozessen und ließen zum anderen weniger Optionen zu, berufsbezogenen Lernprozessen auszuweichen.

Für den Index, der sich auf die *Antizipation* beruflicher Kompetenzentwicklung bezieht, also auf den Stellenwert von Weiterbildung im Rahmen der künftigen beruflichen Lebensplanung (vgl. Tab. 3), waren im Ost-West-Vergleich deutliche Differenzen zugunsten der ostdeutschen Population erwartet worden. Zwar fallen die Distanzen insgesamt hypothesenkonform aus, allerdings halten sich die Unterschiede in Grenzen, denn es ist davon auszugehen, dass auch das Antizipationsniveau der westdeutschen Erwerbsbevölkerung in den 1990er Jahren angestiegen war. Dennoch trifft insgesamt erst für 37 Prozent der am Erwerbsprozess beteiligten Personen der gesamten Republik zu, dass beruflicher Weiterbildung in der künftigen Lebensplanung ein hoher Rang zugebilligt wird. Im Ost-West-Vergleich der einzelnen Kategorien sind die *signifikanten* Differenzierungen etwas geringer ausgeprägt als beim Index, der die Lernaktivität abbildet. Jedoch sind einige sehr markante, statistisch ausgewiesene Unterschiede erkennbar, die in diesem Kontext aus Unterschieden auf der Stufe „hoch" resultieren.

Tab. 3: Antizipationsniveau von Lernerfordernissen

Antizipation dreistufig/ Zeilenprozente	WEST		OST	
	Hoch	Niedrig	Hoch	Niedrig
Geschlecht				
Männlich	**35**	31	**39**	27
Weiblich***	**34**	36	**43**	28
Alter				
19–25 Jahre	**36**	25	**45**	17
26–44 Jahre	**38**	30	**42**	26
45–64 Jahre***	**29**	42	**39**	32
Qualifikationen				
Ohne Abschluss*	**26**	47	**36**	23[1]
Berufsausbildung	**32**	34	**37**	30
Hochschulbildung	**55**	16	**62**	13
Erwerbsstatus				
Erwerbstätige*	**35**	33	**40**	28
Erwerbslose**	**23**	43	**41**	28
Stille Reserve*	**38**	32	**63**[1]	**17**[1]

[1] Geringe Fallzahlen: siehe oben Tab. 2

Insofern handelt es sich um positive resp. „echte" Differenzen, die nach den statistischen Messungen in einzelnen Kategorien wiederum unterschiedlich ausgeprägt sind.

Immerhin ein Drittel (Durchschnittswert aller Kategorien) im Westen und 27 Prozent der Befragten mit Wohnsitz in den neuen Bundesländern (und Ostberlin) dementierten die Antwortvorgaben, sich künftig „ständig weiter bilden" zu wollen bzw. „immer am Ball, flexibel und mobil" zu sein (Items des Indexes Antizipation). Überdurchschnittlich finden sich in den Kategorien der Älteren und der Personen mit abgeschlossener Berufsausbildung ablehnende Antworten auf die Frage nach dem Platz der Weiterbildung in der künftigen Biographieplanung (32 bzw. 30 Prozent). Im Westen lassen sich vier Kategorien nachweisen, in denen der Anteil von Personen, für die berufliche Weiterbildung in der Lebensplanung nur eine geringfügige Rolle spielt, überdurchschnittlich hoch ausfällt: Frauen, Ältere, Personen ohne berufliche Abschlüsse (47 Prozent) sowie Erwerbslose. Bemerkenswert ist, dass alle aufgeführten ostdeutschen Kategorien mit *überdurchschnittlich hohen* Antizipationswerten nicht schlechthin besser abschneiden als westdeutsche Vergleichsgruppen, sondern die Distanzen immerhin so groß sind, dass die gemessenen Punktwerte relativ deutlich über dem gesamtdeutschen Durchschnittswert liegen, während das im Westen markant nur für Personen mit höheren beruflichen Abschlüssen zutrifft.

Die größten Ost-West Differenzen auf dem Niveau hoher Antizipationswerte (Stufe „hoch"), also bei denen, die der Weiterbildung künftig einen erheblichen strategischen Stellenwert einräumen, beziehen sich wiederum auf die weiblichen Probanden, die Jungen, die Älteren und – exorbitant – auf die Erwerbslosen. Deutlicher noch als beim Vergleich der Lernaktivitäten verweisen die Befunde auf den „Gleichstellungsvorsprung" der ostdeutschen Frauen, der sich in der bildungsbezogenen Lebensplanung nicht nur schlechthin fortschreibt, sondern auch für die Zukunft keine Alternative zu einem auf Erwerbsarbeit orientierten Lebensmodell erwarten lässt.

Als aufschlussreich dürfte sich auch die Frage erweisen, ob in bestimmten sozialdemographischen Kategorien Reflexionsprozesse (Lern- und Erfahrungseffekte) beobachtet werden können, die dadurch gekennzeichnet sind, dass niedrige Aktivitätswerte mit einem deutlich höheren Antizipationsniveau „beantwortet" werden. In der ostdeutschen Population trifft diese Konstellation erwerbsbiographischer Reflexion offenbar für die Altersgruppe der 19-24-Jährigen zu, insbesondere jedoch für die Erwerbslosen, aber auch und wohl überraschend für die Älteren (45-64 J.), deren Aktivitätswerte zwar deutlich unter dem Schnitt der anderen Altersgruppen liegen, deren *Antizipationswerte* sich jedoch kaum von der mittleren Altersgruppe unterscheiden: Nur 21% der Älteren weisen eine hohe Lernaktivität aus, aber 39% der Älteren geben an, sich ständig weiterbilden und „immer am Ball bleiben" zu wollen (Items der Antizipation).

Insbesondere die Erwerbslosen in der ostdeutschen Population zeichnen sich dadurch aus, dass einem relational deutlich niedrigeren Aktivitätsniveau Antizipationswerte gegenüberstehen, die sich von den Erwerbstätigen nicht unterscheiden. Hier deutet sich ein Lern- oder *Kompensationseffekt* an, der im westdeutschen Untersuchungssample ansatzweise nur auf die weiblichen Probanden und die stille Reserve bezogen werden kann. – Da die gemessenen Antizipationswerte insgesamt eher unterhalb realistischer Erwartungen liegen und die Ost-West-Differenzen in ihrer Gesamtheit etwas geringer als bei der Lernaktivität ausfallen, können spezifische Effekte *sozialer Erwünschtheit* in der ostdeutschen Erwerbsbevölkerung in diesem Zusammenhang nicht bestätigt werden.

Die quantitative Erfassung von Kompetenzen, die auf Dispositionen der *Selbststeuerung und Selbstorganisation* von Lernprozessen gerichtet ist, wird insgesamt umstrittener sein und als schwerer identifizierbar gelten als die Konstituierung anderer Variablen der Lernkompetenz. Erfasst worden war immerhin eine Palette von insgesamt sieben einzelnen Fragen, die sowohl *kognitive* wie *motivationale* Aspekte abbilden. Zudem waren die meisten Items zuvor in anderen Untersuchungskontexten erprobt worden, und die Überprüfung hatte eine gute interne Konsistenz der Skala ergeben (vgl. Baethge & Baethge-Kinsky 2002 sowie in diesem Band). So zeigen auch Verteilung und Grade der Ausprägung bei einzelnen sozialdemographischen Kategorien keine exorbitanten Abweichungen von anderen Indizes des Lernens, sondern plausibilisieren die Konstruktionsweise der Variable (vgl. Tab. 5).

Auffallend erscheint zunächst das hohe Maß der Gleichheit der Werte, wie sie die tabellarische Darstellung auf der Ebene des Ost-West-Vergleichs dokumentiert. Waren insgesamt auch nur graduelle, also kaum qualitative Unterschiede erwartet worden, so überrascht doch die nachgerade punktgenaue Parität der Verteilung im Rahmen der dreistufigen Skalierung: Jeweils einem Drittel (33%; gerundet) der Ostdeutschen wie der Westdeutschen kann ein hohes Niveau der individuellen Selbststeuerung von Lernprozessen, 31 Prozent der westdeutschen und 30 Prozent der ostdeutschen Probanden hingegen ein niedriges Niveau attestiert werden. – Um zu prüfen, ob dieses Resultat ein Effekt des internen Ausgleichs bei *einzelnen* konstitutiven Faktoren ist, wurde nachstehende tabellarische Darstellung herangezogen (Tab. 4).

Die vergleichende Übersicht über die einzelnen Items, die den Index der Selbststeuerungsdisposition konstituieren, birgt keine starken internen Varianzen, die auf differente, aber gleichwertige *lernkulturelle* Unterschiede schließen ließen. Mit Ausnahme des Items, das die regelmäßige Lektüre von Fachzeitschriften erfasst, wurden insgesamt etwas günstigere Werte für die ostdeutsche Population gemessen. Immerhin sind einige auch statistisch relevante (signifikante) Unterschiede erkennbar, die sich insbesondere auf das Item „Neues lernen" und die *intrinsische* Lernmotivation (Lernerfolg auch ohne Anerkennung anderer) beziehen. Bei der wichtigsten *kognitiven* Komponente des Indixes der Selbststeuerung

Tab. 4: Items des Indexes der Disposition zur Selbststeuerung von Lernprozessen

Items: Disposition der Selbststeuerung	Mittelwerte nach siebenstufiger Skala: trifft zu – trifft nicht zu		
	WEST	OST	Gesamt
1 Lieber neue Kenntnisse aneignen***	3,18	2,95	3,11
2 Beim Lernen in der Regel sehr erfolgreich*	3,04	2,92	3,00
3 Großteil der Zeitverwendung, Neues zu lernen	4,16	4,07	4,13
4 Nachweis für Vielzahl freiwilliger Weiterbildungen*	4,41	4,25	4,36
5 Beim Lernen erfolgreich auch ohne Anerkennung***	2,96	2,72	2,88
6 Regelmäßige Lektüre von Fachzeitschriften	4,13	4,16	4,14
7 Suche nach Hilfe beim Lernen so viel, wie benötigt wird	2,96	2,87	2,93

wurden also signifikante Unterschiede mit Vorteilen für die ostdeutschen Probanden gemessen. Am schwächsten fallen auf beiden Seiten die Mittelwerte für die etwas „härteren" faktologischen Items aus, die bereits auf Momente der Lernaktivität bzw. -intensität verweisen (regelmäßige Lektüre ...).

Nach diesem knappen Exkurs verdienen die Befunde der Tab. 5 weitere Aufmerksamkeit. Wie die Darstellung ausweist, ist auch beim Index der Disposition zur Selbststeuerung von Lernprozessen die Signifikanz der Differenzen zwischen einzelnen soziodemographischen Kategorien der Populationen geringer ausgeprägt als bei jenen Kompetenzvariablen, welche Lernaktivität und Antizipationsniveau erfassen. Allerdings platzieren sich im Analyse-Sample der Ostdeutschen immerhin acht der in der Tabelle aufgeführten Kategorien oberhalb des Gesamtdurchschnitts (Stufe: hoch), während das auf Seiten der Westdeutschen nur für vier Kategorien zutrifft.

Als ausgeprägt signifikant erweisen sich nur die Unterschiede auf der Ebene des *Geschlechts*; darüber hinaus verdienen jedoch auch die Differenzen zwischen den *Erwerbstätigen* Beachtung, deren Effekt beim Index der Selbststeuerung immerhin das gleiche Signifikanzniveau erreicht wie bei der Antizipation von Lernerfordernissen. Auch die Kompetenz zur Selbststeuerung ist bei ostdeutschen *Erwerbstätigen* relational eben keinesfalls geringer, sondern in einem statistisch messbaren Bereich etwas stärker ausgebildet.

Werden bei der Gruppe der *Älteren* im Unterschied zu den Indizes der Lernaktivität und dem Antizipationsniveau keine statistisch bedeutsamen Unterschiede ausgewiesen, so bestätigen doch die unterschiedlichen Prozentwerte (Differenz: 5 Punkte) der Disposition zu selbstgesteuertem Lernen das höhere Kompetenzniveau der ostdeutschen Kategorie, deren ausgeprägte Erwerbsneigung und

Tab. 5: Selbststeuerung von Lernprozessen im Ost-West-Vergleich

In Prozent	WEST		OST	
	Überdurchschnittlich	Unterdurchschnittlich	Überdurchschnittlich	Unterdurchschnittlich
Geschlecht				
Männlich	40	26	35	27
Weiblich***	29	33	38	26
Alter				
19–25 Jahre	32	26	30	23
26–44 Jahre	35	29	37	27
45–64 Jahre	33	32	38	27
Qualifikationen				
Ohne Abschluss**	19	55	36	32[1]
Berufsausbildung	31	28	30	32
Hochschulbildung	64	8	65	5
Erwerbsstatus				
Erwerbstätige*	38	25	42	20
Erwerbslose	18	46	22	42
Stille Reserve*	22	45	41	27[1]

[1] Geringe Fallzahlen, siehe oben Tab. 2

den hohen Rang, den „Ältere" berufsbezogenem Lernen in ihrer Lebensplanung beimessen. Dem stehen weitaus geringere Arbeitsmarktchancen gegenüber, die in der Zwischenzeit weiter abgesunken sein dürften (siehe dazu insbesondere das Kapitel 5 der ost-west-vergleichenden Darstellung).

Bemerkenswert auf der Ebene der *Qualifikationen* (höchste erreichte Ausbildungsabschlüsse) erscheint nicht nur die Parität, also die nahezu punktgenaue Gleichheit der Werte zwischen westdeutschen und ostdeutschen Personen mit *Hochschulbildung*, sondern auch die gleiche Distanz zur Kategorie der *abgeschlossenen Berufsausbildung*, deren Werte auf der Stufe „überdurchschnittlich" in Ost und West jeweils nur 50 Prozent des Niveaus der Hochschulabsolventen (resp. Akademiker) erreichen. Zum einen bestätigt gerade diese Differenz das enorme Gewicht der Ausbildungsabschlüsse im Strukturwandel von Wirtschaft und Gesellschaft für die breitere Verankerung der Disposition zur Selbststeuerung von Lernprozessen in der Erwerbsbevölkerung; zum anderen wird deutlich, wie stark sich gerade in diesem Vergleichskontext (Ausbildungsabschlüsse) die kognitive Dimension der Variable „Selbststeuerung", vermittelt über das Niveau der Ausbildungsabschlüsse, geltend macht.

Auf der Ebene des *Erwerbsstatus* sind die Distanzen zwischen Erwerbstätigen und Erwerbslosen ähnlich dimensioniert wie beim Index, der Lernaktivität und Lerninitiative abbildet. Die höheren Prozentwerte der ostdeutschen Erwerbstätigen gegenüber der Vergleichsgruppe verbleiben auf einem moderaten Niveau. Im Vergleich der Erwerbslosen beider Populationen (West-Ost) zeigt sich in der Zusammenschau ebenfalls annähernd das gleiche Bild: *Qualitativ* unterscheiden sich ostdeutsche Erwerbslose von der westdeutschen Vergleichsgruppe offensichtlich nur durch das hohe *Antizipationsniveau*; hier allerdings liegen die Werte der ostdeutschen Arbeitslosen (Stufe: „hoch") in einem anderen Bereich. Gerade das Antizipationsniveau lässt relativ eindeutig auf die ungebrochene und sehr hohe Erwerbsneigung der Arbeitslosen schließen, auf deren Drängen, vermittelt über die Erweiterung von Lernkompetenzen, erneut einen Arbeitsplatz zu erlangen. Dieses spezifische ostdeutsche Humanpotenzial bleibt erkennbar, obwohl es in den vergangenen Jahren immer weniger abgerufen werden konnte.

Im Gesamtüberblick wird die enge Verbindung zwischen den Variablen der Lernaktivität und der Selbststeuerung sichtbar, während das Antizipationsniveau, was zugleich für die Konsistenz der Variablen spricht, als eine relativ eigenständige Dimension der Kompetenzentwicklung hervortritt. Auf der Ebene des Ost-West-Vergleichs bildet die Strukturkategorie des Geschlechts diesbezüglich eine gewisse Ausnahme. Die Ost-West-Differenzen sind beim Index der Selbststeuerung deutlich stärker ausgeprägt als beim Index der Lernaktivität. Insbesondere aus der Perspektive der Disposition zur Selbststeuerung von Lernprozessen, wenngleich nicht ausschließlich, erweist sich das Geschlecht wohl als die interessanteste Kategorie des Vergleichs: Während sich der fortwirkende Gleichstellungs*vorsprung* der ostdeutschen Frauen gegenüber den westdeutschen Geschlechtsgenossinnen beim Index der Selbststeuerung ebenso wie bei den anderen Indizes der Lernkompetenz zugleich als Vorsprung gegenüber den ostdeutschen Männern geltend macht (trotz eines höheren Arbeitslosenanteils der ostdeutschen Frauen), zeigt sich gerade im Kompetenzfeld selbstgesteuerten Lernens die anhaltende strukturelle Differenz bei der faktischen Gleichstellung der westdeutschen Frauen: Die Werte liegen um 11 Punkte tiefer als die der westdeutschen Männer.

1.3 Vorberufliche und berufliche Sozialisation

1.3.1 Vorberufliche Sozialisation

Dass der „vorberuflichen" Sozialisation, insbesondere in der Phase des frühen Kindesalters, eine enorme Bedeutung zukommt für die Ausbildung kognitiver Fähigkeiten, für das später erreichbare Qualifikationsniveau sowie für Aspirationen im beruflichen und im privaten Leben, gehört zu den gesicherten Erkenntnissen der Kognitionsforschung ebenso wie der empirischen Sozialforschung. Im thematisierten Zusammenhang *berufsbezogener* Lernkompetenzentwicklung ist die Fragestellung jedoch sehr spezifisch ausgerichtet: Es geht letztlich um das erwerbsbiographische Gewicht und den Einfluss, der Arbeitsverhältnissen und -anforderungen, erwerbsstrukturellen Bedingungen sowie Aspirationen (gegenüber Arbeits- und Privatleben) im Vergleich zu Faktoren der *Sozialisation* beizumessen ist. Diese Problemstellung lotet ja u.a. gerade die Potenziale aus, die lernförderlichen Erwerbs-, Beschäftigungs- und insbesondere Arbeitsbedingungen zuzuschreiben sind, um Benachteiligungen im Sozialisationsprozess auszugleichen und Beiträge zur Chancengleichheit bei der Lernkompetenz zu leisten. – Der eigentliche Skandal der PISA-Studie – in der Öffentlichkeit nur wenig thematisiert – besteht nämlich darin, dass in keinem der 31 Vergleichsländer die Abhängigkeit der schulischen Lernkompetenzen vom Elternhaus (insbesondere Leseleistungen) so stark ausgeprägt ist wie in Deutschland (Szydlik 2003).

Es ist evident, dass dem Ost-West-Vergleich beruflicher Kompetenzentwicklung gerade vor dem Hintergrund unterschiedlicher Sozialisationsbedingungen in differenten gesellschaftlichen Kontexten eine besondere Bedeutung zukommt. Die in der Tabelle 6 hervortretenden Reflexionen *hochgradig* unterschiedlicher Bewertungen des schulischen Lernklimas und der familialen Förderung stimmen mit einschlägigen Befunden der Jugendforschung überein. So waren z.B. insbesondere die sozio-emotionalen Bindungen der Kinder (und Jugendlichen) an das Elternhaus in der DDR stark ausgeprägt und hatten sich nach 1990 nicht grundlegend geändert (vgl. Pinther 1999, S. 422). Zugleich konnte für die Herkunftsgesellschaft nachgewiesen werden, dass sich die soziale Herkunft der Schüler

Tab. 6: Indizes vorberuflicher Sozialisation

In Prozent[1]	WEST	OST
Ausprägungsgrade*** familialer Förderung		
Überdurchschnittlich	32	43
Durchschnittlich	34	30
Unterdurchschnittlich	35	27
Schul. Lernklima***		
Überdurchschnittlich	36	51
Durchschnittlich	31	31
Unterdurchschnittlich	33	19
Schulbildung Eltern***		
Unteres Niveau	66	58
Höheres Niveau	22	27
Oberes Niveau	13	15
Eigener Schulabschluss***		
Ohne Abschluss	1	1
Hauptschule/8. Klasse	40	22
Mittlere Reife	34	54
Hochschulreife	26	24

[1] Abweichungen von 100% durch Rundungsfehler

Tab. 7: Indikatoren beruflicher Sozialisation

Berufliche Sozialisation	WEST %	OST %
Ausbildungsniveau (Personen mit Erwerbsbiographie)		
Ohne Ausbildungsabschluss	18	10
Qualifizierter Abschluss	65	66
Meister/Techniker o. ä.	5	7
Hochschulabschluss	12	17
Höchster Ausbildungsabschluss ("heute")		
Ohne/Sonstige	13	6
Berufsausbildung	72	74
Fachhochschule/Ing.Schule	7	10
Universität, TH	8	11

Abweichungen von 100% durch Rundungsfehler

als eine stark leistungsdifferenzierende Variable darstellte, und das in der Schulforschung vielfach belegte „kumulative Handicap der Unterschicht" galt auch für die Schulen der DDR (vgl. Hoffmann 1991, S. 50).

1.3.2 Berufliche Sozialisation

Die etwas größeren Anteile von Personen mit höherer formaler Qualifikation im Sample der Ostdeutschen bestätigen die Befunde anderer Erhebungen. Wie die Tabelle 7 zeigt, führten Qualifizierungen und Weiterbildungsaktivitäten in beiden Populationen zur Reduzierung des Anteils von Personen ohne qualifizierte Abschlüsse. Die Differenz zwischen erstem und höchstem Abschluss beträgt auf der Ebene „qualifizierter Abschlüsse" (bzw. Berufsausbildung jeweils 7 bis 8 Prozent. Die Daten bestätigen die eindeutige Dominanz der *abgeschlossenen Berufsausbildung* als Standardqualifikation, die jeweils fast drei Viertel derjenigen umfasst, die in der Befragung eine Erwerbsbiographie ausweisen. Der Anteil von Abschlüssen oberhalb der Berufsausbildung, der künftig weiter ansteigen wird, beträgt im Westen 15 und im Osten bereits 21 Prozent.

In der Tabelle 8 werden Korrelationsbeziehungen zwischen Variablen der vorberuflichen bzw. beruflichen Sozialisation und den Indizes der Lernkompetenz erfasst (je größer der numerische Wert desto stärker die Zusammenhänge). Abgebildet wird also das Maß der Wahrscheinlichkeit des gemeinsamen Auftretens der jeweils miteinander konfrontierten Variablen. Das Forschungsinteresse war in diesem Kontext des Ost-West-Vergleichs insbesondere auf die zwei Fragen gerichtet: Zum einen sollte erkundet werden, welche Dimensionen der Lernkompetenz mit Variablen der Sozialisation am stärksten korrelieren; zum anderen ging es um die aus erwerbsbiographischer Perspektive gewichtige Frage, ob

Tab. 8: Zusammenhänge zwischen Indikatoren der Sozialisation und der Lernkompetenz

	Lernaktivität		Antizipation		Selbststeuerung	
	WEST	OST	WEST	OST	WEST	OST
Vorberufliche Sozialisation						
Familiale Förderung	,132	**,164**	,090	**,112**	,214	**,303**
Schulisches Lernklima	,104	**,133**	,084	**,070***	,157,	**,230**
Schulbildung der Eltern	,172	**,116**	,189	**,173**	,201	**,157**
Eigener Schulabschluss	,328	**,248**	,254	**,259**	338	**,348**
Berufliche Sozialisation						
Ausbildungsniveau (m. Erwerbsbiogr.)	,289	**-,218**	,202	**,196**	,311	**,263**
Höchste Ausbildungsabschlüsse	,251	**-,167**	,184	**,175**	,287	**,259**

Bedingungen der vorberuflichen oder der beruflichen Sozialisation einen stärkeren Einfluss auf die Ausbildung beruflicher Lernkompetenzen ausüben werden. Generell sind die Zusammenhänge zwischen Variablen der beruflichen Sozialisation und Lernkompetenzvariablen in beiden Populationen stärker ausgeprägt als zwischen vorberuflichen Sozialisationserfahrungen und Lernkompetenz, wie die tabellarische Darstellung zeigt. Der Befund kann nicht besonders überraschen, da sich die Indizes des Lernkompetenz auf das *berufsbezogene* Bildungs- und Reflexionsverhalten der erwerbsbeteiligten Bevölkerung beziehen. Besonders straff fallen die Korrelationsbeziehungen zwischen Variablen der Lernkompetenz und der Sozialisation beim Index der Selbststeuerung aus, und als weniger intensiv erweisen sich folgerichtig die Zusammenhänge zwischen bildungsbiographischer Zukunftsplanung (Antizipation) und bisherigen Sozialisationserfahrungen.

Allerdings trifft der *strukturelle* Sachverhalt nicht für alle einzelnen Variablen der Sozialisation zu. So erweist sich der eigene *Schulabschluss* mit relativ deutlichen Distanzen gegenüber anderen Variablen der vorberuflichen Sozialisation nicht nur als ein besonders gewichtiger Faktor für die Kompetenzentwicklung, sondern er tritt insgesamt als jene erwerbsbiographische Position hervor, die mit den Lernindizes am stärksten korreliert. In der ostdeutschen Population erreicht der Zusammenhang zwischen der Disposition zur Selbststeuerung von Lernprozessen und dem eigenem Schulabschluss die größte Stärke aller in der Tabelle ausgewiesenen Korrelationsbeziehungen.

Dieser Befund signalisiert erneut, dass entsprechende Weichenstellungen für die Lernkompetenzentwicklung, die mit dem Schulabschluss erfolgt sind, durch nachfolgende Bildungsanstrengungen (zertifizierte Ausbildungsabschlüsse) oder

Weiterbildungsaktivitäten nur schwer aufzubrechen sind. Es deutet sich an, welches Gewicht dieser Variable (Schulabschluss) generell zukommt, und der Befund dürfte jene bestärken, die auf das Gebot höherer Schulabschlüsse im strukturellen Wandel verweisen, und gedämpft werden jene Erwartungen, die demgegenüber auf Faktoren der *beruflichen* Sozialisation setzen, gleichsam als Chancenausgleich der Kompetenzbildung und Platzierung auf dem Arbeitsmarkt.

Aber auch auf der Ebene *beruflicher* Sozialisation scheint dem jeweiligen erwerbs-*biographischen* Erfahrungshintergrund (erste Abschlüsse) ein größerer Einfluss auf die Kompetenzentwicklung zuzukommen als dem höchsten Ausbildungsstatus: Bei allen Indizes der Lernkompetenz zeigen die Zusammenhangsmaße ein relativ deutliches Gefälle in Richtung der jeweils höchsten Abschlüsse, das in der ostdeutschen Population noch etwas stärker ausgeprägt ist.

Die wichtigste *strukturelle* Ost-West-Differenz bezieht sich auf den Zusammenhang von vorberuflicher Sozialisation und beruflicher Kompetenzentwicklung. Wie die in der Tabelle 8 dargestellten Werte für die jeweiligen Korrelationseffekte (je höher der nominelle Wert, desto stärker das Maß der Zusammenhänge) zeigen, scheint die Disposition zur Selbststeuerung in Ostdeutschland generell stärker von Einflussfaktoren der vorberuflichen als der beruflichen Sozialisation geprägt zu sein. – Es dürfte sich als spannende Frage im Rahmen multipler *Regressionsanalysen* erweisen, ob auch im Ausschlussverfahren, der Zurückführung von Zusammenhängen auf eigenständige Einflussfaktoren, besondere Effektstärken zwischen Variablen *vorberuflicher* Sozialisation und Lernkompetenzentwicklung nachzuweisen sind.

1.4 Aspirationen gegenüber Arbeit und Privatleben

Nachfolgende Darstellungen sind von der empirisch gegründeten Überlegung geleitet, dass neben erwerbsstrukturellen Bedingungen auch die Ansprüche und Erwartungen, die Erwerbspersonen an die berufliche Arbeit wie den Privatbereich ihres Lebens stellen, erheblichen Einfluss haben können auf die Ausbildung von Lernkompetenzen.

Insbesondere von Ansprüchen an *Expressivität* und Selbstentfaltung wird im Strukturwandel zur Informations- und Dienstleistungsgesellschaft erwartet, jene Lernkompetenzen zu vermitteln und zu fördern, die durch Selbststeuerung von Lernprozessen, eigener Initiative und vorausschauender Bildungsplanung ausgezeichnet sind. Der Kern der Überlegung besteht darin, dass *expressive* Motive und Präferenzen in der Arbeit wie im Privatbereich als ein Ausdruck für allgemeine Aktivität, für Neugierde und Aufgeschlossenheit zu bewerten sind, die Lernkompetenzen positiv beeinflussen können. Diesem Aspekt ist im hier zu behandelnden Kontext eine besondere Bedeutung zuzumessen, weil Expressivität als entscheidende Ressource fungieren kann, um Lernkompetenz tatsächlich und gleichsam intrinsisch zu verstetigen. Die instrumentelle Disposition der Lernmotivation allein und für sich genommen, wird auf Dauer nicht unbegrenzt belastbar sein und expandieren können. Es stellt sich zunehmend die Frage, wie unter veränderten Bedingungen raschen Wandels und der Zunahme wissensbasierter Dienstleistungstätigkeiten die Potenziale monetärer Anreize und redlicher Pflichterfüllung ergänzt oder überlagert werden durch expressive Motive und Orientierungen. Hier geht es gleichsam um jene *Offenheit* der Einstellung gegenüber Neuem (Neugierde), Fremdem, Ungewohntem, die zunächst nicht pragmatisch nach Zweck und Nutzen fragt, sondern jene „ludische" Komponente enthält (Gordon 1999), die Lernpotenziale und -optionen von Sachverhalten oftmals überhaupt erst wahrzunehmen vermag. – Der Index expressiver Freizeittätigkeiten erfasst die Intensität bzw. Häufigkeit der Teilnahme an kulturellen Veranstaltungen wie Kino-, Disco-, Konzert- und Theaterbesuchen sowie sportliche, künstlerische Aktivitäten und die Geselligkeit mit Freunden.

Angesichts aktueller Restriktionen der Beschäftigungssituation, der Erfahrungen beim Umbau des Beschäftigungssystems ebenso wie der anhaltenden Wirksamkeit spezifisch sozialstruktureller wie soziokultureller Prägungen der ostdeutschen Gesellschaft erwarteten wir in vergleichender Perspektive eine stärkere Gewichtung materiell-reproduktiver Orientierungen auf die Frage nach den Arbeitsorientierungen (Kriterien der Arbeitssuche) und geringere Werte bei den Freizeitaktivitäten, die explizit auf Selbstentfaltung und Expressivität ausgerichtet sind.

Wie Tabelle 9 zeigt, konnten auf der Gesamtebene des Vergleichs die Erwartungen nur bei dem Index bestätigt werden, der die Expressivität der Freizeitaktivitäten repräsentiert, nicht jedoch beim Vergleich jener Präferenzen, welche die Befragten bei der Arbeitssuche geltend machten.

Beim Vergleich der Freizeitaktivitäten fallen die Ost-West-Differenzen hochgradig signifikant aus; in der ostdeutschen Bevölkerung werden offensichtlich jene

Tab. 9: Arbeitsorientierungen und expressive Freizeittätigkeiten

In Prozent	WEST	OST
Arbeitsorientierungen		
Materiell-reproduktiv	40	**44**
Familienorientiert	**28**	23
Aufstiegsorientiert	8	8
Inhaltlich expressiv	24	25
Expressive Freizeittätigkeiten***		
Hohe Aktivität	**39**	25
Mittlere Aktivität	32	32
Niedrige Aktivität	29	**43**

Tendenzen fortgeschrieben, die bereits in den ersten Jahren des Wandels der Arbeits- und Beschäftigungsverhältnisse empirisch beobachtet worden waren: Aktivitäten der Beteiligung am öffentlichen Kulturleben waren deutlich eingeschränkt worden, und diese Tendenz zur „Verhäuslichung" des alltäglichen Lebens scheint sich offenbar verstetigt zu haben (vgl. Gysi 1994).

In der Konfrontation mit zentralen Komponenten der Lernkompetenz (Stufe „hoch" bzw. „überdurchschnittlich") konnten bei den *Arbeitsorientierungen* (Kriterien bei Arbeitsuche) keine signifikanten Ost-West-Unterschiede festgestellt werden. Bei hohen Kompetenzwerten der Lernaktivität, der Antizipation wie der Disposition zur Selbststeuerung sind in Ost und West jeweils materiell reproduktive Dispositionen deutlich unterrepräsentiert, Personen mit stärker aufstiegsorientierten und expressiven Einstellungen klar überrepräsentiert. Diese Strukturen des Zusammenhangs bestätigen die Sinnhaftigkeit und Relevanz der oben skizzierten Fragestellung, der im Verlaufe der ost-west-vergleichenden Darstellung weiter nachgegangen wird.

1.5 Erwerbsstrukturelle Bedingungen und Lernförderlichkeit der Arbeit

Die erwerbsstrukturellen Bedingungen, von denen angenommen wird, dass sie die Entwicklung der Lernkompetenzen erheblich beeinflussen, umfassen den Erwerbsstatus (vgl. Abschnitt 1.2), das Qualifikations- bzw. Komplexitätsniveau der Tätigkeit sowie den Beschäftigungsstatus.

Erheblichen Veränderungen unterlagen im Transformationsprozess insbesondere die *Beschäftigungsverhältnisse* von Erwerbspersonen im Rahmen des dynamischen Strukturwandels, die auch als prekäre Anforderungen einer sich wandelnden Arbeitswelt wahrgenommen und erlebt worden waren, da sie vielfach mit neuen Formen erwerbsbiographischer Flexibilität und Mobilität auf dem Arbeitsmarkt verbunden waren. Mit dem Blick auf Erwerbspersonen in den neuen Bundesländern handelt es sich dabei für viele Menschen entweder um völlig neue Arbeitsverhältnisse, denen keine erwerbsbiographischen Erfahrungen zugrunde lagen, oder aber um Beschäftigungsverhältnisse, denen in der Herkunftsgesellschaft nur eine marginale Bedeutung zukam. Nachfolgend präsentierte Übersichten konzentrieren sich in ost-west-vergleichender Perspektive auf diese Komponente erwerbsstruktureller Bedingungen (Beschäftigungsstatus).

Die Erwartungen waren zum einen darauf gerichtet, dass gravierende Ost-West-Differenzen beim *Beschäftigungsstatus* auftreten, da neue Schübe der Ausfächerungen jenseits von Festanstellungen auch in den prozentualen Verteilungen nachweisbar sein werden, die zugleich mit Effekten für die Ausdifferenzierung von Lernkompetenzen verbunden sein sollten.

Die in der Befragung erhobene Vielfalt der Daten zur *Lernförderlichkeit* der Arbeitsverhältnisse war zu mehreren hochkomplexen Indizes verdichtet worden, die in der Konfrontation mit den Variablen der Lernkompetenz in einem eigenen Abschnitt vorgestellt und diskutiert werden (Kapitel 4). Aufgrund der vermuteten Bedeutung für die Ausbildung von Lernkompetenzen und dem relativen Eigengewicht im Rahmen betrieblicher Organisationsstrukturen waren darüber hinaus explizite Fragen zur informationstechnischen Ausstattung gestellt worden, deren Ergebnisse der Index für den i*nformationstechnischen Modernitätsgrad* der Arbeit widerspiegelt.

Bei der *Lernförderlichkeit der Arbeit* war vermutet worden, dass *interne Differenzen* auf der Ebene von Wirtschaftsbereichen und Betriebsgrößen stärker ausgeprägt sein werden als auf der Gesamtebene. Denn generalisierend waren bestimmte Ausgleichseffekte zu erwarten, welche die Unterschiede in den betrieblichen Strukturen, der Intensität neuer Erlebnisse und Eindrücke, der jeweiligen „Nähe" zur Erwerbsarbeit in beiden Teilsamples weitgehend einebnen. Aus diesen Gründen kann auch die „Zentralperspektive" nur erste einführende und orientierende Informationen liefern, die in den jeweiligen Teilabschnitten differenzierter aufzufächern und zu interpretieren sind (vgl. Kapitel 4).

Beschäftigungsstatus

Die in der Tabelle 10 erfassten Kompetenzwerte auf der Ebene des Beschäftigungsstatus differieren erheblich und sind hochgradig signifikant (Cr ‚169***). Zunächst zeigt die Übersicht, dass relevante Ost-West-Unterschiede bei den Anteilen der fest angestellten und befristeten Erwerbspersonen auftreten. Befristet Beschäftigte (und freie Mitarbeiter) bilden zwar noch immer eine vergleichsweise kleine Minderheit, in Ostdeutschland liegt der Anteil dieser Statuskategorie jedoch fast doppelt so hoch. Die Differenzen in der Lernkompetenz erreichen immerhin 10 Prozentpunkte; damit übertrifft die ostdeutsche Statuskategorie bereits das Kompetenzniveau der fest Angestellten. Die vergleichsweise hohen Kompetenzwerte, die für die Selbstständigen gemessen wurden, sind bemerkenswert und waren in

Tab. 10: Beschäftigungsstatus im Ost-West-Vergleich

	WEST		OST	
Beschäftigungsstatus	Verteilungen	**Lernkompetenz** (dreistufig/Stufe: hoch)	Verteilungen	**Lernkompetenz** (dreistufig/Stufe: hoch)
Verbeamtet	8	**71**	2	**91**
Fest angestellt	73	**37**	68	**43**
Befristet/Freie Mitarbeiter	11	**36**	18	**46**
Selbstständige	9	**62**	12	**60**
Summe	100%	Zeilenprozente	100%	Zeilenprozente

dieser Größenordnung nicht erwartet worden. Fragen nach den *Lernwelten* und Lernkompetenzen der neuen „Arbeitskraftunternehmer" (Selbstständige wie Befristete und freie Mitarbeiter) sollen im Kapitel 2 Gegenstand vergleichender Analyse sein).

Lernförderlichkeit und modernisierungstechnischer Ausstattungsgrad der Arbeit

Erstaunlich stark ist die Gleichheit zwischen Ost und West bei der Wahrnehmung und Bewertung der Lernförderlichkeit von Arbeitsverhältnissen (Tab. 11). Auf welche Effekte die hochgradig ausgeprägte Parität zurückgeführt werden kann, wird in einem eigenständigen Abschnitt des Bandes untersucht.

Tab. 11: Ausprägungen der Lernförderlichkeit der Arbeitsverhältnisse

	WEST	OST
Lernförderlichkeit der Arbeit		
Überdurchschnittlich	32	30
Mittlere Ausprägung	36	35
Unterdurchschnittlich	32	35
(dreistufig)	ges. 100%	ges. 100%

Beim informationstechnischen Ausstattungsgrad der Arbeit beträgt die Ost-West-Differenz 11 Prozent, ein noch immer beachtlicher Unterschied. Auch in diesem Kontext sollten maßgebliche Strukturdifferenzen zwischen Ost und West Aufschluss über die Quellen unterschiedlicher Ausstattungsgrade geben. Differenzen wie Betriebsgrößen sowie Verteilung nach Wirtschaftsbereichen, aber auch nach der Ertragslage der Unternehmen können dabei eine Rolle spielen (Tab. 12).

Tab. 12: Lernförderlichkeit der Arbeit und Lernkompetenzen

	WEST		OST	
In Prozentwerten	Hohe Lernkompetenz	Niedrige Lernkompetenz	Hohe Lernkompetenz	Niedrige Lernkompetenz
Lernförderlichkeit d. Arbeitsverhältnisse				
Überdurchschnittlich	**52**	15	**44**	16
Mittlere Ausprägung	37	35	35	35
Unterdurchschnittlich	**11**	50	**21**	49
Ausstattung der Arbeit mit Computer/CGA (ja)	80	39	64	28

1.6 Eigenständige Einflussfaktoren auf die Entwicklung der Lernkompetenz (Regressionsanalyse)

In der Regressionsanalyse (Tab. 13) wurden nach dem Ausschlussverfahren zunächst jene Faktoren bzw. Variablen ermittelt, denen letztlich ein eigenständiger Einfluss auf die Lernkompetenz zugeschrieben werden kann. Zugleich wurden die jeweiligen Effektstärken dieses Einflusses erfasst (Beta-Werte), sodass auch Wertigkeiten und Rangfolgen der einzelnen Einflussfaktoren erkennbar sind und interpretiert werden können.

Die Regressionsanalyse besagt jedoch nicht, dass in Abhängigkeit von spezifischen Fragestellungen und Konstellationen anderen Variablen im Zusammenhang mit den Indizes der Lernkompetenz kein relevanter Informationswert zukommen kann. Ein derartiges Vorgehen wäre allzu reduktionistisch und würde die Vielfalt relevanter Zusammenhänge und spezifischer Korrelationsbeziehungen, insbesondere zwischen Variablen des Lernens und den Variablen der Sozialisation, der sozialdemographischen Strukturen sowie der erwerbsstrukturellen Bedingungen unzulässig ausblenden.

Die komparative Darstellung der eigenständigen Einflussfaktoren gibt einen guten Überblick über essenzielle Beziehungen und entscheidende Abhängigkeiten, mit denen die Entwicklung der Lernkompetenz *unhintergehbar* verbunden ist. Mithin sind zugleich Implikationen eingeschlossen, die nicht zu ignorieren sein werden, wenn die weitere funktionale Entfaltung und soziale Verbreiterung des Kompetenzniveaus der erwachsenen Erwerbsbevölkerung angestrebt wird.

Im Kontext der ost-west-vergleichenden Analyse bieten Daten der Regressionsanalyse auch eine Orientierung und Gewichtung für die Strukturierung der einzelnen Themen- und Problemfelder und können dem Leser einen Leitfaden bzw. Anhaltspunkte geben für die weitere Lektüre nachfolgender Abschnitte der Untersuchung. (Das gemessene Bestimmtheitsmaß der Lernkompetenz wird durch den Faktor R^2 ausgedrückt, die Effektstärke einzelner Dimensionen gegenüber der abhängigen Variable der Lernkompetenz durch die Beta-Werte.)

Die Lernkompetenz wird auch in Ostdeutschland auf gleichem Niveau erstrangig von der Lernförderlichkeit der Arbeitsorganisation beeinflusst (vgl. Baethge & Baethge-Kinsky 2002 und in diesem Band). Aufgrund des noch immer niedrigeren informationstechnischen Ausstattungsgrades der Arbeitssphäre fallen die gemessenen Effektstärken dieses Einflussfaktors auf die Lernkompetenzen der ostdeutschen Bevölkerung etwas deutlicher aus.

Wie die tabellarische Darstellung ausweist, sind im Osten insgesamt weniger eigenständige Einflussfaktoren auf die Lernkompetenz zu verzeichnen als im Westen. Auch dieser Sachverhalt spiegelt eine Gesellschaft mit beschleunigten

Tab. 13: Multiple Regressionsanalyse: Lern-Kompetenz und Variablen diverser Reflexionsbereiche

Multiple Regression: Bestimmtheit der Lernkompetenz und Effektstärken Beta-Werte	WEST	OST	Gesamt
Vorberufliche Sozialisation			
Familiale Förderung	,070		,066
Schulbildung der Eltern		,093	
Erwerbsbiographischer Hintergrund			
Höchster Ausbildungsabschluss	-,102	-,110	,097
Teilnahme an Fortbild./Umschul. (<1/2 J.)	,130	**,201**	,151
Häufigkeit arbeitsbedingter Umzüge	-,044		,049
Berufsverlauf horizontal	,062		,057
Persönlich motivierte Erwerbspausen	,046		
Wahrnehmung des Wandels/ sozialökonomische Struktur			
Wandel als "Chance oder Gefährdung?"	,070		,061
Index Soziale Schicht	-,068		,066
Aspirationen gegenüber Arbeit und Privatleben			
Materiell reprodukt. Arbeitsorientierung	,119	**,099**	,112
Weiterbildung als notwendiger Zwang			,154
Weiterbildung als persönl. Bereicherung			,145
Weiterbildung als Zumutung	,209	**,141**	,064
Weiterbildungsbarriere berufl. Nutzen	,085		,072
Weiterbildungsbarriere nicht benannt	,039	**,071**	
Expressivität der Freizeitgestaltung	,097	**,165**	,117
Erwerbsstrukturelle Merkmale			
Erwerbsstatus: erwerbstätig			,052
Erwerbsstatus: stille Reserve		**-,088**	
Beschäftigungsstatus: fest angestellt	-,044		,049
Wirtschaftsbereich Handwerk		,077	
Wirtschaftsbereich: öffentlicher Dienst	,058		,072
Wirtschaftsbereich: sonst. Dienste/FB			
Betriebe nach Betriebsgröße	-,089		,057
Organisationsverhältnisse der Arbeit			
Lernförderlichkeit der Arbeit	**,246**	**,244**	**,236**
Ausstattungsgrad mit Computer/CGA	,061	,089	,070
R²	,516	,410	,478

Umbrucherfahrungen, da weniger eindeutig festgelegte Einflussfaktoren auf die Lernkompetenzentwicklung nachzuweisen sind.

Die *Rangfolge* jener Einflussfaktoren, die der Lernförderlichkeit der Arbeit *nachgeordnet* sind (Tab. 14), unterscheidet sich zwischen den Vergleichspopulationen auf den ersten Blick erheblich. Das Ranking dieser sechs Einflussfaktoren, deren Beta-Werte jeweils größer als 0,08 sind, ergibt das folgende Bild:

Tab. 14: Rangfolge eigenständiger Einflussfaktoren auf die Lernkompetenz

Ranking nachgeordneter eigenständiger Einfluss-Faktoren auf Lernkompetenz (Effektstärken: Beta >,08)	
WEST	**OST**
1. Weiterbildung als Zumutung	1. Teilnahme an Fortbildung/Umschulung
2. Teilnahme an Fortbildung/Umschulung	2. Expressivität der Freizeitgestaltung
3. Materiell-reproduktive Arbeitsorientierung	3. Weiterbildung als Zumutung
4. Höchster Ausbildungsabschluss	4. Höchster Ausbildungsabschluss
5. Expressivität der Freizeitgestaltung	5. Materiell-reproduktive Arbeitsorientierung
6. Betriebe nach Betriebsgröße	6. Schulbildung der Eltern

Bei der selektiven Erfassung der Rangfolge wichtigster *eigenständiger* Einflussfaktoren auf die Lernkompetenz, die den Organisationsverhältnissen der Arbeit nachgelagert sind, können nur zwei Positionen ausgemacht werden, denen in beiden Populationen annähernd die *gleiche* Bedeutung (Effektstärke) zukommt: die materiell-reproduktive Arbeitsorientierung sowie die jeweils erreichten höchsten Ausbildungsabschlüsse. Jedoch finden sich unter den im Ranking selektierten sechs Faktoren fünf Variablen, denen sowohl in der ostdeutschen wie in der westdeutschen Population gleichermaßen ein erheblicher Einfluss auf die Lernkompetenz zugeschrieben werden kann. Nur die Schulbildung der Eltern (im Osten) und die Betriebsgröße (im Westen) treten in der jeweiligen Vergleichspopulation singulär auf und finden keine wechselseitige Entsprechung. Die Effektstärke von *drei* der fünf im Ranking gemeinsam aufgeführten Einflussfaktoren, die der Lernförderlichkeit der Arbeitsverhältnisse nachgeordnet sind, ist in Ostdeutschland jedoch straffer ausgebildet: Das betrifft die unabhängigen Variablen der Teilnahme an Fortbildungen/Umschulungen und der Expressivität der Freizeitgestaltung in relativ starkem Maße, die jeweils höchsten Ausbildungsabschlüsse nur geringfügig.

Dass die „Schulbildung der Eltern" als *eigenständiger* Einflussfaktor auf die Lernkompetenz in der ostdeutschen, nicht aber in der westdeutschen Erwerbsbevölkerung auftritt und dort eine beachtliche Effektstärke erreicht, mag zunächst überraschen. Denn nur für die ostdeutsche Population gilt, dass ein statistisch relevantes Maß an Wahrscheinlichkeit besteht, dass Personen mit dem Merkmal „hohe Schulbildung der Eltern" einem hohen Niveau der Lernkompetenz zugeordnet werden können (vice versa).

Grundsätzlich und für sich genommen vermitteln die Befunde, ausgedrückt über unterschiedliche Effektstärken sozialstruktureller Faktoren in Bezug auf Lernkompetenz, keine neuen Einsichten. Faktoren sozialer Ungleichheit beeinflussen auch weiterhin nicht nur die Schulbildung erheblich, sondern auch die berufliche Weiterbildung bzw. das Lernkompetenzniveau Erwachsener. Dass im konkreten Fall die Abhängigkeit der Lernkompetenz vom Merkmal „Schulbildung der Eltern" in der ostdeutschen Gesellschaft stärker ausgeprägt ist, kann durch Ergebnisse der Sozialstrukturforschung ebenso wie der Bildungs- und Jugendforschung empirisch gestützt werden (Solga 1995; Friedrich & Griese 1991). Offensichtlich gilt für vertikal stark stratifizierte ebenso wie für tendenziell egalitäre und zugleich weniger dynamische Gesellschaften (Hintergrund DDR) der gleiche Sachverhalt, dass nämlich Faktoren der soziobiographischen Herkunft stärkeres Gewicht erlangen als in modernen und grundsätzlich „offeneren" Gesellschaften des Westens.

Für den hier thematisierten Sachverhalt bleibt entscheidend, dass sowohl für die ostdeutsche wie für die westdeutsche Gesellschaft zutrifft, dass die *Lernförderlichkeit der Arbeitsverhältnisse* gegenüber biographischen und erwerbsstrukturellen Bedingungen eindeutig den stärksten Einflussfaktor auf das *Lernkompetenzniveau* darstellt, der in der ostdeutschen wie in der westdeutschen Erwerbsbevölkerung gleichermaßen straff ausgeprägt ist. Dass diese Konstellation keineswegs nur Chancen bietet, Benachteiligungen der vorberuflichen und beruflichen Sozialisation *auszugleichen*, sondern mit erheblichen Risiken für eine Gesellschaft verbunden ist, die wie kaum eine andere „aus der Arbeit kommt", der aber die (Erwerbs-) Arbeit immer mehr „auszugehen" droht, ohne neue akzeptable Alternativen zu finden, wird in nachfolgenden Abschnitten des Beitrages problembezogen und detaillierter zu thematisieren sein.

2. Ostdeutsche „Lernwelten" und Lernkompetenzen

Das erste Kapitel zeigte eines: Hinsichtlich der zentralen Indizes, welche die Bereitschaft und Verankerung der Kompetenz zu selbstorganisiertem lebensbegleitendem Lernen messen, bestehen auf der Makroebene keine signifikanten Ost-West-Unterschiede. Ähnlich und strukturgleich sind auch die Abstufungen und Ausprägungsgrade in beiden Teilgesellschaften der Bundesrepublik gelagert. Dieses hohe Maß an Gemeinsamkeiten im Weiterbildungsbewusstsein stellt sich ein, obwohl wesentliche Strukturen und Rahmenbedingungen zwischen Ost und West (meist zum Nachteil des Ostens) differieren.

Das nachfolgende Kapitel – es hebt auf einen Ost-West-Vergleich von „Lernwelten" ab, eine Bezeichnung, die noch einzuführen ist – prüft einen möglichen Erklärungsansatz für das hohe Maß an Gemeinsamkeiten im Weiterbildungsbewusstsein und im Niveau der Lernkompetenz. Die Leitfrage lautet: Sind die „Lernwelten" in Ost und West ebenfalls ähnlich verfasst und ausdifferenziert, oder gründet sich die Ost-West-Parität in der Kompetenzentwicklung gerade auf divergierende „Lernwelten" mit unterschiedlichen sozialen Codes, Bewertungshorizonten und bildungs- wie erwerbsbiographischen Erfahrungsräumen?

Unsere zu überprüfende Leithypothese in dieser Hinsicht besagt: Es liegt wesentlich an der Divergenz der „Lernwelten" zwischen Ost und West, wenn das Bundesgebiet Ost in der Lage ist, gegenläufige Struktureffekte und widrige Rahmenbedingungen zu neutralisieren und ein dem Bundesgebiet West struktur- und niveaugleiches Weiterbildungsbewusstsein auszubilden.

Um die Bezeichnung „Lernwelten" einzuführen, ist es sinnvoll, daran zu erinnern, dass das Postulat vom selbstgesteuerten, selbstorganisierten Lernen eingelassen ist in eine im Ansatz *konstruktivistische Lerntheorie* (vgl. Arnold 1996; Arnold 1997, S. 32f; Gerstenmaier & Madl 1999, S. 184-192; Hinz 2003, S. 83; Siebert 1996, S. 19; Salazar 2003). Diese Lerntheorie betont ja nicht nur, dass die Hoheit für die Steuerung von Lernprozessen mehr und mehr auf die Lernenden übergeht, sondern hebt auch heraus, welche prominente Rolle dabei die (auf Bildung und Weiterbildung bezogenen) Motive, Interessen, Erfahrungen, Wahrnehmungen, Gewohnheiten, Konventionen, Deutungsmuster, Selbstkonzepte der Lerner selbst spielen. Diese mannigfaltigen Einflussgrößen werden hier gebündelt und als „Lernwelt(en)" bezeichnet. Der Abschnitt bietet zum einem empirische Aufschlüsse über ausgewählte „Lernwelten", zum anderen sollen die beigebrachten Befunde zu Positionen im (Weiter-) Bildungs- wie zum Transformationsdiskurs in Beziehung gesetzt und in ihrer Bedeutung erschlossen werden.

Folgende Ausschnitte subjektiver „Lernwelten" rücken in den Blick:

• Lernorte und Lernkontexte (2.1)
Zum Grundkonsens im (Weiter-) Bildungsdiskurs gehört die Position von der Vielfalt der Lernkontexte und Lerngelegenheiten (vgl. Hölder-Cladders, in: Schiersmann/Busse/Krause 2002, S. 73, zit. n. QUEM Report 78, S. 25). Doch stellt sich die Frage, ob und inwieweit diese Zukunft bereits in der Gegenwart begonnen hat, *wie* verschiedene Lernorte von den Befragten als Lerngelegenheiten wahrgenommen und gewichtet werden, welche Gemeinsamkeiten und Unterschiede bei der Zuerkennung von Orten als Lernorten im Ost-West-Vergleich zutage treten. Und: Bieten unterschiedliche Lernorte unterschiedliche Chancen für (Lern-) Kompetenzentwicklung?

• Zugangsmöglichkeiten zu Weiterbildung und wichtigste Lernbarrieren (2.2)
In den ersten Jahren nach 1990 sind mit einer ungleichen, das Bundesgebiet Ost privilegierenden Förderpraxis und -intensität große Teile der Erwerbsbevölkerung qualifiziert, fortgebildet und umgeschult worden. Diese Praxis hat bald unterschiedlich motivierte Kritik ausgelöst. Die intendierten, offiziell proklamierten arbeitsmarkt- und beschäftigungspolitischen Effekte jener Qualifizierungsoffensive haben sich nicht eingestellt. Doch auch unter dem Aspekt des Lernens und der

Kompetenzentwicklung hat es an der forcierten Expansion der Weiterbildung in der ersten Hälfte der 1990er Jahre in den neuen Bundesländern berechtigte Kritik gegeben (vgl. stellvertretend Meier 1993; Müller-Dohm 2002, S. 17; Alheit 2003). Ob aber diese zurückliegende, expansive Weiterbildungsphase für die Lern-Kompetenzentwicklung der involvierten Menschen tatsächlich folgenlos gewesen ist oder nicht, kann nunmehr mit einiger Sicherheit beantwortet werden. Über die mittelfristigen Effekte liegen einige bemerkenswerte Befunde vor.

Zum Grundkonsens des (Weiter-) Bildungsdiskurses gehört ebenso die Einsicht in die sozial ungleiche Verteilung der Lernchancen und Lerngelegenheiten wie die Suche nach Wegen, die mehr Chancengleichheit verheißen. Die Zahlen des Berichtsystems Weiterbildung stützen diese Einsicht immer wieder neu. Von daher rücken die ungleich gegebenen Zugangsmöglichkeiten bzw. Lernbarrieren in den Blick. Im Weiterbildungsdiskurs der letzten Jahre wurden gleichermaßen Schranken thematisiert, die aus der Verfasstheit der Arbeits-, Lebens- und Beschäftigungsverhältnisse herrühren, wie auch solche, die aus Mängeln und Rahmungen des Weiterbildungssystems erwachsen. Was lässt sich im Lichte der Erhebung über die Relationen zwischen beiden Typen von Lernbarrieren festhalten? Welche Gemeinsamkeiten/Unterschiede bestehen zwischen Ost und West beim Identifizieren der wichtigsten Weiterbildungsbarrieren? Gibt es unter den Lernbarrieren solche, die weniger als andere Lernkompetenz und Lerninitiative verhindern?

• Die Wahrnehmung des Wandels in der Weiterbildungspraxis der letzten 10 Jahre (2.3)
Welche Veränderungen in der Weiterbildungspraxis der letzten 10 Jahre (Erhebungszeitraum war 2001) werden von den Befragten wie wahrgenommen? Sind die wahrgenommenen Veränderungen in der Weiterbildungslandschaft in Ost und West gleichgerichtet und verstärken sie die gemeinsam geteilten „Lernwelten", oder gehen in die Wahrnehmungen jeweils unterscheidbare Lerngeschichte(n) und Lernerfahrungen ein? Beeinflusst die jeweilige Wahrnehmung des Wandels in der Weiterbildungspraxis in Ost und West Lerninitiative und Lernkompetenz der Menschen?

• Besondere subjektive Zugänge zu Lernen und Weiterbildung (2.4)
Besondere subjektive Zugänge lassen jene Personen in Ost und West erkennen, die „keine Weiterbildungsbarrieren" benannt haben oder/und Weiterbildung als „persönliche Bereicherung" auffassen. Wie groß sind diese Sondergruppen? Allem Anschein nach werden Lerner mit diesen Merkmalen im Weiterbildungsdiskurs gelegentlich als (eigentlicher) idealer Adressat gefasst, dem gleichsam die Zukunft gehöre. Das klingt etwa an, wenn der Festcharakter des Lernens herausgestellt wird oder es heißt, „Lernen heute nimmt vorweg, was morgen sein wird" (Fischer 2003, S. 42). Findet die Erwartung „Die Kunden der Zukunft werden Lerndienstleistungen daran bewerten, dass diese relevant für ihre Lebenswelt und bedeutungsvoll sind..." (Hübner 2003, S. 109) in jener Sondergruppe ein empirisches Korrelat? Wie groß tatsächlich das Maß der lernweltlichen Gemeinsam-

keiten/Unterschiede im Ost-West-Vergleich bei jenen ist, die besondere subjektive Zugänge zu Lernen und Weiterbildung suchen, erschließt sich, wenn wir fragen: Gehen die definierten lernweltlichen Gemeinsamkeiten dieser Sondergruppe(n) mit sozialdemographischen Gemeinsamkeiten einher, oder färben nicht gerade sozialdemographische Unterschiede auch die auf den ersten Blick sich aufdrängenden lernweltlichen Gemeinsamkeiten ein und limitieren sie?

2.1 Pluralität der Lernkontexte und Ausbildung von Lernkompetenzen

Mit „Lernkontexten" sind zunächst einmal unterschiedliche Orte, Gelegenheiten und Formen gemeint, an denen man als Erwachsener lernt bzw. lernen kann. Wenn es darum geht, wie Erwachsene (berufsbezogene) Qualifikationen und Kompetenzen erwerben, rückt eine breite Palette möglicher Lernkontexte, Lernorte, Lerngelegenheiten in den Blick.

Lernorte	Gefasst als und subsumiert unter
Besuch von betrieblichen Weiterbildungskursen Besuch von Kursen und Seminaren in Bildungseinrichtungen	formalisiertes Lernen
Lesen von Fachbüchern und Fachzeitschriften Eigenes Experimentieren am PC Surfen im Internet Anschauen von Magazinen und Informationssendungen im Fernsehen	mediales Lernen
Erfahrungsaustausch mit Berufskollegen Einweisung/Einarbeitung am Arbeitsplatz Alltägliche Arbeit	arbeitsbegleitendes Lernen
Beschäftigung in Haus und Garten Umgang mit Kindern in der Familie Erfahrungsaustausch mit Freunden/mit dem Partner Reisen	Lernen im privaten Umfeld

Abb. 1: In die Untersuchung einbezogene Lernorte und Lerngelegenheiten

Auch die „Mitarbeit in Vereinen, Verbänden und Selbsthilfegruppen" wurde als Lernkontext in der Sache keineswegs (nur in der Abb. 1 aus Konstruktionsgründen) ausgeblendet.

Nur wenn die Pluralität der Bildungs- und Lernrealitäten anerkannt wird, ist es möglich, selbstgesteuertes lebensbegleitendes Lernen zu fordern und zu fördern. Die Vielfalt der Lernorte und Lerngelegenheiten wirft indes eine Reihe von Fragen auf, die eng mit dem Diskurs über Bedeutung, Stellenwert und Potenzen insbesondere des „informellen Lernens" verknüpft sind. Konsens besteht mittlerweile darin, dass Heranwachsende wie Erwachsene nicht allein in organisierten (Weiter-) Bildungsformen lernen. Daneben und unabhängig von organisierter (Weiter-) Bildung gibt es eine Vielzahl von Lernorten und Lernfeldern, an denen informelle und nicht formalisierte Lernprozesse stattfinden, im Rahmen derer wichtige Kompetenzen entwickelt werden.

„Formalisiertes Lernen" ist ein Lernen nach dem schulischen oder schulähnlichen Paradigma. „Informelles Lernen" hebt auf das Lernen im Alltag ab – am Arbeitsplatz, in Organisationen und Vereinen außerhalb der Sphäre der Erwerbsarbeit, in der Familie, in der Freizeit. Bestimmungsversuche des „nicht formalen Lernens" hingegen sehen dessen Spezifik darin, dass es sich um ein „Lernen im Rahmen einer zielgerichteten Aktivität" handelt, „die nicht ausdrücklich als Lernen bezeichnet wird, jedoch wichtige Elemente des Lernens beinhaltet" (International Encyclopaedia of Education zit. n. Sauer 2002, S. 438). Auch hier hält die Debatte an. Es geht um Begriffe und Begriffsinhalte (Unterscheidungen zwischen formalem, non-formalem und informellem Lernen), die Lernhaltigkeit, (Un-) Gleichwertigkeit der jeweiligen Lernformen, die Frage, inwieweit die einzelnen Lernformen die Ausbildung der Kompetenz zu lebensbegleitendem Lernen ermöglichen und stützen.

Die Lerngelegenheiten sind in Abb. 1 nach dem Grad ihrer Formalisierung geordnet. Dabei wird deutlich, dass zwischen Lernorten, die eher für „formalisierte" Weiterbildung stehen, und solchen, die eher „informelles" Lernen in der Arbeit und im privaten Umfeld repräsentieren, eine weitere eigenständige Lernform eingefügt wurde – das „mediale Lernen".

Für die relative Eigenständigkeit des medialen Lernens und seine Placierung in einem Kontinuum zwischen den Polen formell – informell sprechen folgende Erwägungen. Die aufgeführten Formen des medialen Lernens lassen sich nicht eindeutig unter eine der anderen subsumieren. Es handelt sich um vergleichsweise aktive, zweck- und zielgerichtete Lernformen, die deshalb nicht ohne Weiteres dem informellen Lernen zugerechnet werden können, aber auch nicht als formalisierte Lernprozesse zu klassifizieren sind. Zudem zeigte sich, dass Lerner, die mehr oder weniger regelmäßig Fachbücher und Fachzeitschriften lesen, verschiedene Formen des PC-Lernens praktizieren.

Mit der Erhebung sollten in Hinsicht auf Lernkontexte und Kompetenzentwicklung nicht zuletzt Aufschlüsse zu folgenden Fragen gewonnen werden:
- Welche Zusammenhänge bestehen zwischen verschiedenen Lernkontexten und den Kernkompetenzen der Selbststeuerung und Selbstorganisation gegenüber Lernprozessen? Sind die verschiedenen Lernkontexte gleichwertig oder sind manche von ihnen eher geeignet als andere, die Kompetenz zu lebensbegleitendem Lernen zu stützen?

- Bestehen Wahlverwandtschaften oder Zwangsbindungen zwischen jeweils bestimmten Lernkontexten und Trägern bestimmter sozial-demographsicher Merkmale?
- Sind die jeweils als „wichtigste berufliche Lernkontexte" ausgewiesenen als Ausdruck individueller Präferenzen zu fassen oder eher als Widerschein aktueller Gelegenheitsstrukturen zu nehmen oder sind sie durch die Maßgaben der jeweiligen Bildungs- und Berufsbiographie bereits vorprogrammiert?
- Welche Gemeinsamkeiten/Unterschiede bestehen im Hinblick auf Lernkontexte und Kompetenzentwicklung zwischen Ost und West?

Hypothesen

Hypothese 1: Wenn nach der Leithypothese Lernwelten zwischen Ost und West differieren, so sollte sich das in einer unterschiedlichen Gewichtung von Lernkontexten und/oder erfahrener Lernintensität in unterschiedlichen Lernkontexten zeigen.

Ein für unsere Hypothesenbildung nicht unwichtiger Punkt betrifft die Frage, was eigentlich Lernkontexte und aus der Sicht der Befragten „wichtigste Lernkontexte" sind. Sie „drücken offenbar weitaus weniger Lernpräferenzen der Individuen aus, als man vielleicht annehmen könnte. Sie sind von aktuellen Gelegenheitsstrukturen der Erwerbsarbeit und von Zugangsbedingungen zu unterschiedlichen Lerngelegenheiten mindestens ebenso abhängig wie von Schulerfahrungen und Ausbildungsniveaus" (Baethge & Baethge-Kinsky 2002, S. 117).

Wenn wir „wichtigste Lernkontexte" (zunächst einmal) als Ausdruck von aktuellen Gelegenheitsstrukturen fassen, die vom Individuum nur begrenzt beeinflussbar sind, so ergibt sich eine *zweite Hypothese*:

Schon die Chancen, überhaupt Lernerfahrungen in einigen der aufgeführten Lernkontexten zu machen, differieren erheblich zwischen Ost und West. Das betrifft: alle Formen des *arbeitsbegleitenden Lernens* im Osten (schon aufgrund der größeren Arbeitslosenquote), beim *formalisierten Lernen* die Gelegenheitsstrukturen für den Besuch von betrieblichen Weiterbildungskursen. Beim medialen Lernen differieren zwar nicht die Gelegenheiten zwischen Ost und West, wohl aber kann erwartet werden, dass das mediale Lernen im Osten etwas häufiger als „wichtigster Lernkontext" genannt wird. Diese Erwartung gründet sich auf die Annahme, dass mediales Lernen Begleiter und Bestandteil anderer Lernkontexte ist und zudem die Chance bietet, sich zu Entwicklungen in nicht zugänglichen Lernfeldern in Beziehung zu setzen. Bei den Gelegenheitsstrukturen hinsichtlich des Lernens im privaten Umfeld sind vor allem zwei Ost-West-Differenzen zu erwarten: Im Osten ist der prozentuale Anteil der Menschen, die über einen Kleingarten verfügen, deutlich größer. Genau umgekehrt verhält es sich bei den Lerngelegenheiten, welche die Mitarbeit in Vereinen, Verbänden und Selbsthilfegruppen bieten. Aus jüngsten, repräsentativen empirischen Erhebungen zum ehrenamtlichen Engagement in der Bundesrepublik ist bekannt, dass der Anteil freiwillig Engagierter, die Aufgaben und Arbeiten ohne Bezahlung oder gegen eine geringe Aufwandsentschädigung übernehmen, in den neuen Ländern geringer ist (vgl. Gensicke 2001, S. 105-113).

Die vorliegenden Analysen und Befunde zum ehrenamtlichen Engagement, mithin auch zum Lernkontext „Mitarbeit in Vereinen", lassen zudem eines erkennen, was im Grunde für alle Lernkontexte gilt: Lernformen und Lernorte definieren sich nicht allein und nicht einmal so sehr durch „objektive" Gelegenheitsstrukturen, die entweder gegeben oder nicht gegeben sind, sondern sie werden subjektiv wahrgenommen, ergriffen oder eben auch ausgeschlagen. Lernkontexte sind in diesem Sinne in subjektiven Lernwelten verortet.

Bei der Hypothesenbildung zur *Platzierung von Lernkontexten im Rahmen von Lernwelten* im Ost-West-Maßstab ist es sinnvoll, von einer Kluft auszugehen: zwischen einer westdeutschen „Spätkultur" mit einem nicht ganz unerheblichen Anteil an postmodernen und „postmaterialistischen" (Inglehart) Lebensstilen und einer ostdeutschen Mangelgesellschaft mit „materialistischer" Arbeitsorientierung, wachsenden Existenzängsten, hohen Sicherheitsbedürfnissen (vgl. Greiffenhagen 1993 u. 1997; Thumfart 2002, S. 107).

Wenn wir diese generalisierende Perspektive auf die Ebene des hier interessierenden Phänomens der Einbettung von Lernkontexten in Lernwelten beziehen, lassen sich folgende Erwartungen als Hypothesen formulieren:

Hypothese 3: Zu erwarten ist, dass zwar in Ost und West von Mehrheiten das informelle Lernen als wichtigster beruflicher Lernkontext hervorgehoben wird. Nur haben aber Baethge und Baethge-Kinsky auf der Basis der Daten der gleichen Erhebung, die auch hier ausgewertet wird, nachweisen können, dass die „hohe berufliche Bedeutung, die dem arbeitsbegleitenden und privaten informellen Lernen von der Mehrheit der Bevölkerung zugewiesen wird,(...) in einem krassen Missverhältnis zu den in diesen Feldern offenbar gegebenen unterdurchschnittlichen Möglichkeiten (steht), die Lernkompetenzen zu entwickeln, die für eine zukünftig selbst initiierte und gemanagte Weiterbildungsaktivität erforderlich sind" (Baethge & Baethge-Kinsky 2002, S. 99). Wenn aber gerade diejenigen sich in überdurchschnittlichen Maße durch ausgeprägte Lernkompetenzen auszeichnen, die das mediale oder das formalisierte Lernen als Felder bezeichnen, in denen sie am meisten gelernt haben, dann ist es angebracht, diese beiden Lernkontexte in den Blick des Ost-West-Vergleiches zu rücken.

Hypothese 4: Im Bundesgebiet Ost setzt ein vergleichsweise größerer Teil der Erwerbspersonen als im Bundesgebiet West in Hinsicht auf Lernen und Weiterbildung auf „sichere Bänke". Damit sind vor allem Lernformen/Bildungsgänge gemeint, die Qualifikationen attestieren und zertifizieren, die Lerner benötigen, um eine Erwerbstätigkeit ausüben zu dürfen bzw. um in ihrem Beruf voranzukommen. Dabei handelt es sich in der Regel um formalisierte und mediale Lernprozesse. Aus lernweltlicher Perspektive ist daher zu erwarten, dass im Osten formalisierte Lernprozesse und mediale Lernprozesse in stärkerem Maße als „wichtigste Lernkontexte" markiert werden. Für Angehörige einer „Spätkultur" mit postmodernen Lebensstilen werden dagegen formalisierte Lernprozesse schwer(er) zu ertragen sein.

Hypothese 5: Impulse für selbstgesteuerte Lernprozesse speis(t)en sich im Osten aus Quellen, für die es im Bundesgebiet West keine Entsprechung gibt. Wie die empirische Untersuchung „IU88" (vgl. Gensicke 1992) gezeigt hat, bestand im Vorfeld des Zusammenbruchs der DDR unter großen Teilen der Erwerbstätigen des Ostens ein klares Bewusstsein über den Rückstand der DDR in technischer und technologischer Hinsicht gegenüber dem „Westen". Die deutsche Einheit wurde von daher auch als Herausforderung, Chance und Gelegenheit gedeutet, solche Rückstände in Bezug auf die je eigene Arbeitswelt durch Lernprozesse aufzuholen. Dieses von breiten Kreisen der Erwerbsbevölkerung verinnerlichte Bewusstsein des Rückstandes setzte in großem Maßstab Lernimpulse bei sehr vielen Menschen frei. Zwar fand diese Lernbereitschaft mehr oder weniger in allen Lernkontexten ihren Nährboden, doch auch hier erwiesen sich insbesondere das formalisierte und das mediale Lernen als zielführend.

Hypothese 6: Im Hinblick auf die *Lernintensität* in verschiedenen Lernkontexten (eher viel/ eher wenig gelernt) nehmen wir an, dass man im Osten formalisierte und mediale Lernprozesse stärker goutiert als im Westen und ihnen eine etwas höhere Lernintensität zuspricht. Beim Lernen im privaten Umfeld hingegen sollte im Osten die Lernintensität auf Reisen (massenhafter Genuss der Reisefreiheit) sowie bei der Beschäftigung mit Haus und Garten deutlich höher veranschlagt werden als im Westen.

Empirische Befunde

Die Befunde zum wichtigsten beruflichen Lernkontext (Abb. 2) entsprechen in mancher Beziehung annähernd den in den Hypothesen formulierten Annahmen, in anderen nicht. In Ost (38%) und West (46%) entfallen auf das arbeitsbegleitende Lernen bei weitem die meisten Nennungen. Die immerhin nicht unbeträchtliche Differenz lässt sich sicher auf die ungünstigere Gelegenheitsstruktur für arbeitsbegleitendes Lernen im Bundesgebiet Ost zurückführen. Ob darüber hinaus (aufgrund der Wirtschafts- und Betriebsstättenstruktur und der wirtschaftlichen, ablauforganisatorischen und technischen Gegebenheiten in ihnen) im Osten ein stärkeres Bewusstsein für die Ambivalenz des arbeitsbegleitenden Lernens besteht, kann aus den Daten nicht abgeleitet werden. Jene Ambivalenz besteht darin, dass eine Integration von Arbeiten und Lernen nicht ohne Weiteres praktiziert werden kann. Es besteht stets „die Gefahr, dass die Notwendigkeiten des Lernens denen der Produktion untergeordnet werden" (Severing 2003, S. 197).

Im Osten wird tatsächlich das mediale Lernen, wie vorab erwartet, von mehr Menschen als wichtigster beruflicher Lernkontext ausgewiesen. Dagegen hätten aber die Ost-West-Unterschiede beim formalisierten Lernen deutlicher ausfallen müssen, als sie es tatsächlich sind.

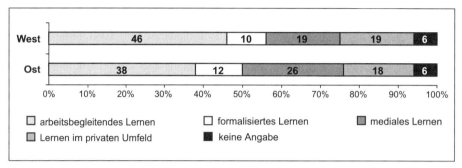

Abb. 2: Wichtigster beruflicher Lernkontext („am meisten gelernt")
N = 3999, davon 1335 Bundesgebiet Ost / 2664 Bundesgebiet West, Cr ,100***

Das Bild verändert sich kaum, wenn Nichterwerbspersonen ausgeklammert werden. Auf der Ebene der Lernkontexte findet die Leithypothese des 2. Kapitels – annähernd gleiche Lernkompetenz und ähnliche Ausprägungsgrade *gegründet auf unterschiedliche Lernwelten* – insgesamt keine überzeugende, sondern nur eine partielle empirische Deckung.

Bei der Gewichtung der Lernkontexte wie bei der Bestimmung der Lernintensität besteht zwischen Ost und West ein großer Sockel an Gemeinsamkeiten. Die oben formulierte hypothetische Annahme, dass in den Lernwelten des Ostens das formalisierte und das mediale Lernen eine größere Rolle spielen würden, trifft so nicht zu. Das wird vor allem deutlich, wenn wir uns den Befunden von Abb. 3 und Tab. 15 zuwenden.

Die Abb. 3 gibt die subjektiven Vorstellungen der Befragten über die Lernintensität (viel/wenig gelernt) für jeden einzelnen Lernkontext der Untersuchung über Mittelwerte wieder. Je kleiner der Mittelwert, desto mehr haben die Befragten in einem gegebenen Lernkontext gelernt.

Die Mittelwerte der Lernintensität liegen in den meisten Fällen dicht beieinander und sind in einigen identisch. Die Bewertung der Lernintensität nach Lernkontexten einer Hauptgruppe (z.B. bei den vier Items, die als mediales Lernen klassifiziert wurden) erfolgt in der Regel in Ost und West nach dem gleichen Muster, d.h. sie weist eine identische Struktur auf. Formalisiertes und mediales Lernen nehmen in den Lernwelten von Ost und West in etwa denselben Platz ein (siehe auch Tab. 15).

Lerngelegenheiten	Signifikanzen	Mittelwerte	
		Ost	West
	Formalisiertes Lernen		
Besuch von betrieblichen Weiterbildungskursen		3,95	3,81
Besuch von Kursen und Seminaren in Bildungseinrichtungen		4,07	3,99
	Mediales Lernen		
Lesen von Fachbüchern und Fachzeitschriften		3,51	3,45
Eigenes Experimentieren am PC		3,76	3,65
Surfen im Internet*		4,52	4,33
Anschauen von Magazinen und Informationssendungen im Fernsehen		3,91	4,00
	Arbeitsbegleitendes Lernen		
Erfahrungsaustausch mit Berufskollegen**		2,85	2,70
Einweisung/Einarbeitung am Arbeitsplatz*		3,17	3,02
Alltägliche Arbeit		2,54	2,54
	Lernen im privaten Umfeld		
Beschäftigung in Haus und Garten***		3,88	4,15
Umgang mit Kindern in der Familie		3,37	3,46
Erfahrungsaustausch mit Freunden/ mit dem Partner***		3,07	3,01
auf Reisen		4,18	3,93
	Lernen in Vereinen		
Aus der Mitarbeit in Vereinen, Verbänden, Selbsthilfegruppen		4,76	4,76

Signifikanz der Mittelwertdifferenzen (Cramers V***= hochgradig/** =ausgeprägt/* = moderat)

Abb. 3: Mittelwerte der Lernintensität im Vergleich
Skala: 1 = (beruflich) sehr viel gelernt; 7 = sehr wenig gelernt

Wenn die Lernintensität in Vereinen, Verbänden und Selbsthilfegruppen am geringsten ist, so ist zu bedenken, dass nur ein relativ geringer Teil der Befragten sich in Vereinen, Verbänden engagiert. Der Mittelwert für die Lernintensität in Vereinen liegt bei jenen deutlich höher, die einmal pro Monat und mehr in Vereinen mitwirken – bei 3,85 im Bundesgebiet West und 3,42 im Bundesgebiet Ost. Die Tab. 15 bündelt die einbezogenen Lernkontexte in die bekannten vier Hauptgruppen (formalisiert/medial/arbeitsbegleitend/privat) und weist für Ost und West jeweils aus, wie viel Prozent der Befragten in Bezug auf den jeweiligen Lernkontext eher viel bzw. wenig gelernt haben.

Tab. 15: Lernintensität (viel gelernt?) nach Lernkontexten (Häufigkeiten)

Index Signifikanzen	Eher viel gelernt (Wertebereich 1.00–3.99)		Eher wenig gelernt (Wertebereich 4.00–7.00)		Gesamt (N = 100%)	
	Ost	West	Ost	West	Ost	West
Formalisiertes Lernen	46%	50%	54%	50%	770	1538
Mediales Lernen	47%	50%	53%	50%	1026	2040
Arbeitsbegleitendes Lernen Cr ,056*	79%	84%	21%	16%	906	1814
Lernen im privaten Umfeld	59%	59%	41%	41%	920	1877

Immerhin in fünf Fällen hatte die Abb. 3 zwischen Ost und West signifikante Mittelwertdifferenzen ausgewiesen. Daher ist die These von unterscheidbaren Lernwelten mit Blick auf Lernkontexte nicht gänzlich widerlegt; zumindest partiell trifft sie zu.

Erwartungsgemäß wird im Osten eine deutlich höhere Lernintensität bei der Beschäftigung mit Haus und Garten zu Protokoll gegeben. Dagegen hat sich unsere Annahme nicht bestätigt, dass die von den Ostdeutschen seit 1989/90 gewonnene und auch massenhaft in Anspruch genommene Reisefreiheit zu einer höheren Lernintensität auf Reisen als im Westen führen würde.

Von einigem Interesse ist die Frage, ob und wie Betriebsgrößen mit „wichtigsten Lernkontexten" einhergehen (Tab. 16).

Tab. 16: Wichtigster Lernkontext nach Betriebsgrößen (ohne Nichterwerbspersonen)

West/Ost	Betriebsgröße	Wichtigster Lernkontext					Gesamt (=100%)
		Formalisier-tes Lernen	Mediales Lernen	Arbeitsbe-gleitendes Lernen	Lernen im privaten Umfeld	k.A.	
West Cr, 0,77***	Kleinstbetriebe (1–2 Beschäftigte)	14,5%	22,9%	46,6%	9,2%	6,9%	131
	Kleinbetriebe (3–49 Beschäftigte)	9,3%	14,8%	61,9%	9,3%	4,7%	784
	Mittelbetriebe (50–499 Beschäftigte)	15,8%	14,7%	58,6%	6,9%	4,0%	505
	Großbetriebe (ab 500 Beschäftigte)	16,4%	18,1%	53,9%	7,6%	4,0%	397
	Gesamt	13,0%	16,1%	58,1%	8,3%	4,5%	1817
Ost Cr, 108**	Kleinstbetriebe (1–2 Beschäftigte)	12,5%	31,7%	36,5%	5,8%	13,5%	104
	Kleinbetriebe (3–49 Beschäftigte)	13,7%	19,9%	52,1%	8,4%	5,9%	438
	Mittelbetriebe (50–499 Beschäftigte)	14,7%	24,1%	53,4%	4,7%	3,0%	232
	Großbetriebe (ab 500 Beschäftigte)	19,1%	23,4%	48,9%	5,3%	3,2%	94
	Gesamt	14,4%	22,8%	50,2%	6,8%	5,8%	868

Im Osten arbeiten 62% der Probanden in Kleinst- und Kleinbetrieben (im Westen 50%) und 10% in Großbetrieben (im Westen 22%). Zwischen der Betriebsgröße und der Bestimmung der wichtigsten Lernkontexte bestehen im Bundesgebiet West hochgradig signifikante, im Bundesgebiet Ost ausgeprägt signifikante Zusammenhänge.

Auffällig ist, dass im Osten mit der Betriebsgröße der prozentuale Anteil der Beschäftigten linear steigt, der formalisierte Lernprozesse als wichtigsten Lernkontext ausweist. Dies entspricht den Erwartungen. Im Westen hingegen wird (mit Ausnahme der Kleinbetriebe) über alle Betriebsgrößen hinweg von einem annähernd gleich großen Anteil der Befragten formalisiertes Lernen als wichtigster Lernkontext bestimmt. Die Großbetriebe heben sich im Westen weniger als im Osten von den übrigen Betriebsgrößenklassen als vergleichsweise exponierter Ort des formalisierten Lernens ab. Beschäftigte der Kleinstbetriebe heben in Ost und West in weitaus stärkerem Maße als Beschäftigte aller anderen Betriebsgrößenklassen das mediale Lernen als wichtigsten Lernkontext heraus. Während beim formalisierten Lernen der prozentuale Anteil der Befragten in Ost und West in den einzelnen Betriebsgrößenklassen jeweils annähernd gleich groß ist, der diese Lerngelegenheit als wichtigsten Lernkontext identifiziert, entfallen auf das mediale Lernen im Osten in allen Betriebsgrößen deutlich mehr Nennungen als im Westen. Aus der Besichtigung der wichtigsten Lernkontexte nach Betriebsgrößen geht hervor, dass es sich in Ost und West um partiell deutlich unterscheidbare Muster handelt.

2.2 Zugänge zur Weiterbildung und Weiterbildungsbarrieren

Die Frage, ob und wie sich lernweltliche Ost-West-Gemeinsamkeiten/Unterschiede auf die Genese von Lernkompetenzen auswirken, wird in diesem Abschnitt aus zwei Perspektiven verhandelt. Diese Perspektiven haben gemein, dass sie um die Öffnung und Wahrnehmung von Zugängen zu Lernen und Weiterbildung kreisen.

2.2.1 Unterscheidbare Kumulationseffekte?

Unsere *Hypothese* zur ersten Perspektive schließt an eine gesicherte Erkenntnis der empirischen (Weiter-) Bildungsforschung an: Weiterbildungsbeteiligung wirkt kumulativ (vgl. Becker 2000, S. 202). Das gilt für Individuen wie auch für mehr oder weniger große Menschengruppen.

Demnach sollten sich Lernwelten in Ost und West nicht zuletzt in der Stärke wie in der Intensität der in ihnen geronnenen und für das Ausbilden von Lernkompetenzen ins Spiel kommenden Kumulationseffekte unterscheiden. Gemäß der Leithypothese des Kapitels müssten sich in dieser Hinsicht deutlich höhere Kumulationseffekte im Bundesgebiet Ost nachweisen lassen.

Um diesen Nachweis zu erbringen, gilt es eine hinreichend große „Gruppe" mit folgenden Merkmalen einzukreisen und im Ost-West-Vergleich zu betrachten: Die Angehörigen dieser „Gruppe" verfügen über eine ausgeprägte Lernkompetenz und sie haben mehrmals an Weiterbildungsmaßnahmen teilgenommen. Diese Bedingungen erfüllen im Sample jene, die folgende Frage bejahten: „Haben Sie in Ihrem Berufsleben an Fortbildungen/Umschulungen teilgenommen, die länger als ein halbes Jahr dauerten?"

Befund

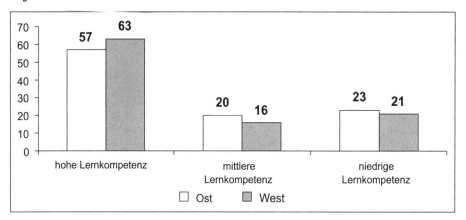

Abb. 4: Ausprägungsgrade der Lernkompetenz bei Personen, die in ihrem Berufsleben an einer Fortbildung/Umschulung von mehr als sechs Monaten Dauer teilgenommen haben (in Prozent)
N = 381 = 100% (Bundesgebiet Ost) / N = 400 = 100% (Bundesgebiet West)

Abb. 4 verdeutlicht, dass unter denen, die in Ost und West auf die Frage nach der Teilnahme an Fortbildungen/Umschulungen, die länger als ein halbes Jahr andauerten, mit „Ja" geantwortet haben, jene mit Abstand dominieren, die für eine hohe Lernkompetenz stehen. (Unter denen hingegen, die diese Frage verneinten, verfügen nur 38% im Osten und 35% im Westen über hohe Lernkompetenz.)

Auf der Basis einer Regressionsanalyse ist zudem geprüft worden, welche Bedeutung der Variable „Teilnahme an Fortbildung/Umschulung länger als 6 Monate" für die Ausbildung und Ausprägung von Lernkompetenz zukommt. Für den Westen gilt, dass nur zwei Variablen einen noch größeren Einfluss auf die Ausbildung der Lernkompetenz haben. Im Osten erzielt nur die Lernförderlichkeit der Arbeit eine größere Effektstärke. Mit Beta-Werten von 0,20 im Bundesgebiet Ost und 0,13 im Bundesgebiet West schlägt die „Teilnahme an Fortbildung/ Umschulung länger als 6 Monate" am zweit- bzw. drittstärksten auf die Lernkompetenz durch.

Damit ist zunächst jener Teil der Hypothese bestätigt worden, der unterstellte, dass unter den Teilnehmern an Weiterbildungsmaßnahmen von mehr als sechsmonatiger Dauer Träger hoher Lernkompetenz überdurchschnittlich vertreten sind und zwischen diesem Merkmal und der Ausbildung der Lernkompetenz ein enger Zusammenhang besteht. Schon vorab war ermittelt worden, dass Teilnehmer an Fortbildungs- und Umschulungsmaßnahmen von mehr als sechs Monaten Dauer in ihrem Berufsleben an weiteren (Weiter-) Bildungsmaßnahmen teilhatten. Mithin gilt für diese Personen, dass Weiterbildungsbeteiligung Lernkompetenzen steigert. – Doch wie verteilen sich solche Kumulationseffekte im Ost-West-Vergleich?

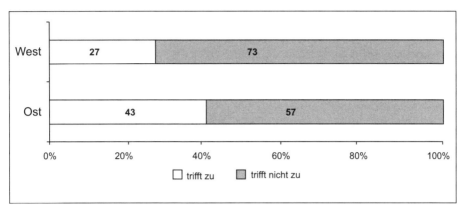

Abb. 5: Teilnahme (trifft zu) / Nichtteilnahme (trifft nicht zu) an Fortbildungen/ Umschulungen von mehr als sechsmonatiger Dauer im Verlaufe des Berufslebens im Ost-West-Vergleich
N = 2680, davon 883 Ost / 1797 West, Cr ,250***

Von allen Items der Untersuchung, die Lern- und Weiterbildungserfahrungen erfassen, rückt die Abb. 5 den deutlichsten qualitativen Ost-West-Unterschied in den Blick. Das Bild ändert sich auch nicht wesentlich, wenn die in der Abb. 5 ausgeklammerten Nichterwerbspersonen einbezogen werden: Im Osten steigt dann der Anteil der Personen, die in ihrem Berufsleben an Fortbildungen/Umschulungen von mehr als sechsmonatiger Dauer teilgenommen haben, auf 45%, und im Westen sinkt er auf 21%.

Die leitende Hypothese des Abschnittes, wonach sich die Lernwelten in Ost und West durch die Stärke und Intensität der in ihnen geronnenen (auf Lernen und Weiterbildung bezogenen) Kumulationseffekte unterscheiden, wird durch die Untersuchung bestätigt. Im Bundesgebiet Ost ist der prozentuale Anteil der Personen, für den sich solche Kumulationseffekte nachweisen lassen, erheblich größer als im Bundesgebiet West.

Worauf aber ist dieser bemerkenswerte Ost-West-Unterschied zurückzuführen? Berufsbezogenes Lernen von Erwachsenen erfolgt(e) offenbar vor wie nach 1989 in der DDR bzw. im Bundesgebiet Ost anderen Maßgaben als in der Alt-Bundesrepublik bzw. im Bundesgebiet West.

Bei der Einführung in die Untersuchung (vgl. Baethge & Baethge-Kinsky 2002, S. 72ff.) wurde der veränderte Bedingungsrahmen für berufliche Weiterbildung seit den 1980er/1990er Jahren gegenüber den 1960er/1970er Jahren primär aus der Perspektive der Alt-Länder der Bundesrepublik dargestellt. Diese Perspektive bedarf einer Ergänzung im Hinblick auf Weiterbildung in der DDR und in der ostdeutschen Transformationsgesellschaft, um die differenten Kumulationseffekte zu erklären.

Obwohl es manche Struktur- und Funktionsgemeinsamkeiten in der Weiterbildungspraxis der beiden deutschen Staaten gab, war Erwachsenenlernen in der DDR auf die Bedürfnisse und Entwicklungsprobleme der DDR als Staat, Gesellschaft und System ausgerichtet. Bildung und Qualifizierung sollten nicht zuletzt die enormen Wanderungsverluste bis zum Mauerbau 1961 ausgleichen. In der DDR war mit unterschiedlicher Intensität das Konzept eines Elitenwechsels deklariert worden (Arbeiter und Bauern sollten Führungspositionen einnehmen). Bildung und Qualifizierung wurden als Antwort auf systemisch wahrgenommene Herausforderungen der „wissenschaftlich-technischen Revolution" konzipiert. Um schließlich nahezu das gesamte weibliche Arbeitsvermögen der DDR zu mobilisieren und heranzuziehen, sind bis in die 1980er Jahre spezielle Lösungen und (Weiter-) Bildungsangebote für Frauen entwickelt worden (vgl. Langenbucher, Rytlewski & Weyergraf 1988; Zimmermann unter Mitarb. v. Ulrich & Fehlhauer 1985). All das hat dazu geführt, dass Erwachsenenlernen und Weiterbildung früher als in der Alt-Bundesrepublik und für vergleichsweise größere Teile der Bevölkerung zum organischen Bestandteil der Biographie und Biographieplanung werden konnten, und zwar im Sinne einer Gewöhnung und anschlussfähigen Heranführung an lebensbegleitendes Lernen im heutigen Verständnis. Nach 1989 wurde unter gänzlich anderen Maßgaben und Prämissen jene Praxis fortgeführt, die das Lernen von Erwachsenen im großen Stil und im großen Maßstab forderte und förderte.

Es geht uns an dieser Stelle weder darum, Leistungen und Grenzen der beruflichen Weiterbildung in der DDR differenziert auszuloten, noch darum, die expansive Qualifizierung in der ersten Hälfte der 1990er Jahre im Bundesgebiet Ost kritisch aufzuarbeiten. Vielmehr sind Erklärungen gefordert, warum sich die Lernwelten in Ost und West hinsichtlich der Stärke und Intensität der in ihnen erkennbaren Kumulationseffekte so deutlich voneinander abheben: Wenn Weiterbildungsbeteiligung kumulativ wirkt, dann konnte die nach 1989 begonnene Qualifizierungsoffensive auf Kumulationseffekten aufbauen, die in bedeutendem Maße verstärkt wurden. Aus dieser Perspektive war das weder umsonst noch sozial folgenlos, wie Abbildung 5 gezeigt hat.

2.2.2 Die Wahrnehmung von Lernbarrieren: Auf die Mischung kommt es an

Wenn Weiterbildungsplanung und Weiterbildungssteuerung – als Anforderung betrachtet – mehr und mehr auf die Individuen übergehen, dann wird auch die Identifizierung von Weiterbildungsbarrieren gleichsam subjektiviert. Als wichtige Aufgabe der Untersuchung erwies sich die Ermittlung der wichtigsten subjektiv wahrgenommenen Weiterbildungsbarrieren. Gegenstand der Untersuchung waren folgende Lern- oder Weiterbildungsbarrieren:

Lernbarrieren	Gefasst als bzw. subsumiert unter
Die Weiterbildung ist zu teuer	Zu hohe Weiterbildungskosten
Es fehlt an Informationen über das Angebot Ich finde für meine Bedürfnisse kein Angebot in entsprechender Entfernung Die Art, wie Weiterbildung abläuft, spricht mich nicht an Die Veranstaltungen finden häufig dann statt, wenn ich nicht kann Ich selbst habe keinen Zugang zu betrieblicher Weiterbildung	Informations-, Angebots-, Qualitätsdefizite
Die Belastung durch meine Arbeit ist zu groß Meine familiären Verpflichtungen hindern mich daran Meine freie Zeit ist schon jetzt knapp bemessen	Belastungen durch Familie/Arbeit/knappe freie Zeit
Ich sehe für mich keine beruflichen Vorteile In meinem Alter lohnt sich Weiterbildung nicht mehr Weiterbildung bringt mich persönlich nicht weiter	Fehlender persönlicher oder beruflicher Nutzen
Keine Weiterbildungsbarrieren benannt	Keine Weiterbildungsbarrieren benannt

Abb. 6: Items der wichtigsten subjektiv wahrgenommenen Weiterbildungsbarrieren

In der Weiterbildungsforschung ist früh auf die Barriere der angenommenen mangelnden persönlichen oder beruflichen Verwertbarkeit hingewiesen worden (vgl. Weltz 1973; Kuwan 1990). Individuelle Wahrnehmungen dieser Art sind freilich an Strukturen gebunden, die sie begünstigen. So gibt es eine Reihe von Erwerbstätigkeiten, die vergleichsweise wandlungsresistent sind und objektiv weniger berufliche Weiterbildung erfordern. Zudem hat die Praxis der Frühverrentung in der Wirtschaft dazu geführt, dass ältere Arbeitnehmer von der Weiterbildungsforderung ausgenommen bzw. ausgegrenzt wurden. Gesellschaftlich sanktionierte Altersnormen werden keineswegs immer auch von den Betroffenen akzeptiert. Wo sie aber gelten und im großen Maßstab umgesetzt werden, besteht immerhin die Wahrscheinlichkeit, dass Individuen solche Normen verinnerlichen und sich nach ihnen richten. Im Weiterbildungsdiskurs ist aber ebenso darauf verwiesen worden, dass Weiterbildungsbarrieren, die in fehlenden beruflichen oder persönlichen Verwertungsperspektiven gründen, mit Aussicht auf Erfolg nur überwunden werden können, wenn sich Angebote und Maßnahmen *am Lebenszusammenhang der Adressaten und an der Beeinflussung ihrer Gelegenheitsstrukturen* orientieren (vgl. Bolder 1993, S. 54).

Nicht zu unterschätzende Lernbarrieren gründen in Arbeitsbelastungen, familiären Verpflichtungen oder in der knapp bemessenen freien Zeit. Daher sollte auch das relative Gewicht dieser Lernbarrieren ausgelotet werden. Schließlich ist in den letzen Jahren immer wieder auf Barrieren hingewiesen worden, die aus der

Verfasstheit des Weiterbildungssystems selbst herrühren (von den Kosten bis zu Angebots- und Qualitätsmängeln). Wir erwarteten, dass die Barrieren, die aus der Verfasstheit der Lebens-, Arbeits- und Beschäftigungsverhältnisse resultieren und aus den angenommenen Verwertungschancen, in Ost und West höher veranschlagt werden als jene, die im Weiterbildungssystem gründen.

Der Leithypothese des Kapitels gemäß gingen wir ferner von der Annahme aus, dass die wahrgenommenen Weiterbildungsbarrieren im Bundesgebiet Ost eine deutlich andere Rang- und Reihenfolge erkennen lassen:

- Zwischen Rügen und Oelsnitz sind zwar die Belastungen aus der Arbeit und familiären Verpflichtungen keineswegs geringer als zwischen Flensburg und Konstanz. Wir gehen jedoch davon aus, dass es im Osten für breite Bevölkerungskreise von höchstem Wert geworden ist, in Arbeit zu kommen oder in Arbeit zu bleiben. Hier hat es gegenüber der Endphase der DDR eine Verschiebung der Relevanzstrukturen gegeben (vgl. Winkler 2001). Deshalb unterstellen wir, dass im Osten Belastungen durch Familie, Arbeit oder knappe freie Zeit weitaus weniger als Lernbarrieren angeführt werden.
- Dagegen rechneten wir nach gut elf Jahren Transformation in Ostdeutschland mit einem größeren prozentualen Anteil der Befragten, der mangelnde Verwertungsperspektiven als wichtigste Lernbarriere herausstellen würde. Der Zusammenhang von beruflicher Weiterbildung und Beschäftigungs- bzw. Berufschancen ist im Bundesgebiet Ost objektiv weitmaschiger als im Bundesgebiet West. Wolfgang Thierse hat in einem Diskussionspapier gemahnt, unter sonst gleichen Bedingungen sei der Weg eines Drittels der ostdeutschen Bevölkerung in eine klassische Unterschichtenposition vorprogrammiert (vgl. Thierse 2001).
- Wir nahmen schließlich an, dass Kostengründe einerseits und Informations-, Angebots- und Qualitätsdefizite des im Osten neu errichteten Weiterbildungssystems in pluraler Trägerschaft andererseits als Weiterbildungsbarrieren etwas höher veranschlagt werden als im Westen.

Aus der Abb. 7 geht zunächst hervor, dass Barrieren, die aus der Verfasstheit des Weiterbildungssystems resultieren (inklusive der Kosten für Weiterbildung), immerhin im Osten für ein Drittel, im Westen für ein Viertel der Befragten eine Rolle spielen. Insgesamt sind für die Befragten in Ost und West jedoch Barrieren, die aus ihren jeweiligen Lebens- und Beschäftigungsverhältnissen bzw. Beschäftigungsperspektiven erwachsen, noch gewichtiger. Damit werden indes nur die *Relationen* zwischen den beiden Hauptgruppen von Barrieren angemessen beschrieben. Die Barrieren, die aus der Sicht der Befragten das Weiterbildungssystem bereithält, erreichen ein beachtliches Maß. Wie angenommen, werden familiale Belastungen, Zeitknappheit und Arbeit im Osten als Bildungsbarrieren weniger stark ins Spiel gebracht als im Westen (Ost 21% gegenüber 33% im Bundesgebiet West).

Befunde

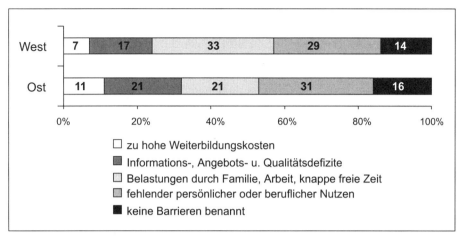

Abb. 7: Wahrgenommene wichtigste Weiterbildungsbarrieren (Cr ,130** ausgeprägt)

N = 3155 (ohne Nichterwerbspersonen), davon 1055 neue Bundesländer

Könnte das nicht daran liegen, dass im Osten ein geringerer Teil der Befragten familialen Belastungen ausgesetzt ist? Diese Lesart ist auszuschließen. Zwar ist im Osten der prozentuale Anteil der 2001 Befragten, der verheiratet ist und mit dem Ehepartner zusammenlebt, deutlich niedriger (49% gegenüber 59%) als im Westen, doch dafür ist der Anteil der in einer *nichtehelichen Lebensgemeinschaft* lebenden Paare im Osten deutlich höher als im Westen. Während mehr als die Hälfte der Paare in nichtehelicher Lebensgemeinschaft im Bundesgebiet Ost Kinder hat, ist für die nichteheliche Lebensgemeinschaft in den alten Bundesländern charakteristisch, dass in vier von fünf solcher Haushalten Kinder fehlen (vgl. Klein & Lauterbach 1999). Daher unterscheiden sich im Bundesgebiet Ost verheiratete Paare und Paare in nichtehelicher Lebensgemeinschaft hinsichtlich ihrer Belastungen und familienbezogenen Verhaltensweisen nicht. Das ist eher in den „Altländern" der Fall. – Insgesamt kann man davon ausgehen, dass der prozentuale Anteil der Personen, der familialen Belastungen unterliegt, im Osten nicht geringer ist, die objektive Belastungsintensität der Familien in Ost und West annähernd gleich ausfällt. Umso stärker tritt die unterschiedliche Gewichtung der Belastungen als Lernbarrieren im Ost-West-Vergleich hervor, und diese bemerkenswerte lernweltliche Differenz dürfte in erster Linie (wenngleich nicht ausschließlich) darauf zurückzuführen sein, dass im Osten nach 1989 die Platzierung im Beschäftigungssystem für viele oberste Priorität gewann. (Andere Faktoren wie unterschiedliche familiale Rollenverständnisse und Ansprüche an Zeitverwendungen lassen sich im Rahmen der erhobenen Daten nicht überprüfen.)

Von weit mehr Menschen, einem Drittel der Befragten, werden fehlende persönliche und berufliche Verwertungsperspektiven als wichtigste Weiterbildungsbarriere genannt. Lag dieser Befund auch im Rahmen der Erwartungen, so überraschte doch, dass der prozentuale Anteil jener in den neuen Ländern, der auf mangelnden persönlichen oder beruflichen Nutzen der Weiterbildung verweist, nicht größer ist als in den alten Ländern. Dies könnte zum einen daran liegen, dass die im Bundesgebiet West geltenden Konventionen, älteren Arbeitnehmern weniger Weiterbildung abzuverlangen, in den neuen Ländern nicht gleichermaßen akzeptiert und verinnerlicht worden sind (vgl. Engler 2002). In Anlehnung an ein von Bolder entwickeltes Schema, das die faktische Geltung der Weiterbildungsforderung für Erwerbspersonen systematisiert (vgl. Bolder 1993), lässt sich ferner festhalten, dass unter den Erwerbspersonen der neuen Länder bestimmte Personengruppen schwächer oder kaum vertreten sind, für die der Weiterbildungsanspruch bislang weniger galt (z.B. „klassische" Hausfrauen). Zum anderen sind von der Weiterbildungsforderung Betroffene, aber faktisch aus der betrieblichen Weiterbildung Ausgegrenzte im Osten schwächer vertreten. Das gilt für Analphabeten, Ungelernte und Migranten. Schließlich ist die Zahl der an Weiterbildung „Desinteressierten" teils geringer, teils verhalten sich die als „desinteressiert" klassifizierten Personengruppen anders als in den Altländern (z.B. vor dem Ruhestand Stehende).

Erwartungsgemäß werden zu hohe Kosten sowie Informations-, Angebots- und Qualitätsdefizite des Weiterbildungssystems im Osten stärker als Barrieren wahrgenommen als im Westen. Das relative Gewicht dieser Lernbarriere ist wohl auf Unterschiede im verfügbaren Einkommen ebenso zurückzuführen wie auf die Tatsache, dass ein größerer Anteil der ostdeutschen Bevölkerung im strukturschwachen ländlichen Raum lebt. Zudem spielt noch immer eine gewisse Rolle, dass nach 1989/90 eine neue, nicht immer für die Nutzer auch hinreichend überschaubare und transparente Weiterbildungslandschaft entstanden ist.

In der Bilanz findet die Leithypothese des Kapitels, wonach die Lernwelten zwischen Ost und West differieren, auf der Ebene der Weiterbildungsbarrieren eine weitere Bestätigung. Zwar sind alle aufgeführten Lernbarrieren Barrieren und keine Schneisen für die Ausbildung von Lernkompetenz. Doch unterscheiden sie sich schon in ihrer Sperrigkeit. Dies wird deutlich, wenn wir danach fragen, wie die von den Befragten wahrgenommenen wichtigsten Lernbarrieren mit der Ausbildung von Lernkompetenz einhergehen:

Personen, die keine Barrieren benannt haben, verfügen in Ost und West über die höchste Lernkompetenz. Dieser Befund wird durch die Regressionsanalyse insofern erhärtet, als das Item „keine Barriere benannt" in Ost und West als eigenständiger Einflussfaktor auf Lernkompetenzen auftritt.

Für die Ausbildung von Lernkompetenz insgesamt ist, wie die Tab. 17 ebenfalls verdeutlicht, die Barriere „fehlender persönlicher oder beruflicher Nutzen" wohl die schwerwiegendste, zumal ihre Überwindung den größten Aufwand erfordert. Als *eigenständiger* Einflussfaktor (Beta Wert: ,085), mithin als markante Schei-

Tab. 17: Mittelwert der Lernkompetenz nach Lernbarrieren (Wertebereich 1.00 (sehr hohe Lernkompetenz) bis 7.00 (sehr niedrige Lernkompetenz))

Weiterbildungsbarriere	Mittelwert der Lernkompetenz	
	Ost	West
Keine Barriere benannt	3,36	3,68
Belastungen durch Familie/Arbeit/knappe freie Zeit	3,67	3,89
Zu hohe Weiterbildungskosten	3,71	3,96
Informations-, Angebots- und Qualitätsdefizite	3,92	4,05
Fehlender persönlicher oder beruflicher Nutzen	4,66	4,93

N = 2668 (ohne übrige Nichterwerbspersonen)

delinie der Kompetenzentwicklung, tritt diese Bildungsschranke jedoch nur im Bundesgebiet West hervor. – Bezieht man sich hingegen resümierend auf die *entscheidende Ost-West-Differenz* (der Zeitfaktor als Barriere spielt im Osten eine deutliche geringe Rolle), dann kann festgehalten werden: Bei den Lernbarrieren besteht im Osten ein anderer, zugleich für die Entwicklung von Lernkompetenzen etwas „günstigerer Mix".

2.3 Wahrnehmung des Wandels in der Weiterbildungspraxis der letzten 10 Jahre

Fragestellung und Hypothesen

Unter (Weiter-) Bildungsakteuren und Organisatoren besteht Konsens darüber, dass die Weiterbildungslandschaft in Bewegung gekommen ist. Sie unterscheidet sich in mancher Hinsicht von dem System der Erwachsenenbildung, das vor 20 oder 30 Jahren in den alten bzw. vor 1990 in den neuen Bundesländern jeweils bestand. Doch welche Veränderungen der Weiterbildungspraxis nehmen die potenziellen Adressaten der Erwachsenenbildung wahr? Spiegeln sich in den Wahrnehmungen richtungskonstante Veränderungen, oder zeichnet sich ein eher uneinheitliches Bild ab?

Welche auf Bildung und Lernen bezogene Programme, Konzepte, Modelle haben Einzug in den Alltag halten können und welche sind eher Postulat geblieben? Im Rahmen der Erhebung zum Weiterbildungsbewusstsein der deutschen Bevölkerung konnten Aufschlüsse über wahrgenommene Veränderungen in der Weiterbildungspraxis vor allem über zwei Fragebatterien gewonnen werden (Abb. 8).

„Inwieweit treffen Ihrer Meinung nach folgende Aussagen zur Veränderung von beruflicher Weiterbildung in Deutschland in den letzten 10 Jahren zu?" (vierstufige Skala „Trifft völlig zu" bis „Trifft gar nicht zu" plus „Weiß nicht")

Während die Befragten hinsichtlich der in der Abb. 8 aufgeführten Items angeben sollten, inwieweit *in den letzen 10 Jahren in Deutschland* ihrer Meinung nach Veränderungen eingetreten sind, bezog sich eine zweite Frage auf den *Arbeitsbereich* der Befragten selbst: „Inwieweit treffen Ihren Erfahrungen aus der Arbeit nach folgende Veränderung völlig, eher, eher nicht oder gar nicht zu?" (Abb. 9). Um die Fragen zur Veränderung der Weiterbildung in Deutschland in den letzen 10 Jahren beantworten zu können, sind die Probanden im Grunde auf drei Kanäle verwiesen: eigenes Erleben, Informationen von Multiplikatoren (Medien) und unter Umständen auf ihnen bekannte Forschungsergebnisse (vgl. Dostal 2000, S. 33f.). Die zweite Frage zielt hingegen eher nur auf einen dieser drei Kanäle – auf das eigene Erleben. Wir nahmen an, dass die Veränderungen in der Weiterbildungspraxis, die sich auf das je eigene Arbeitsfeld beziehen, sicherer beurteilt werden können (weniger „Weiß nicht"-Antworten) als jene, die das Gesamtsystem der Bundesrepublik betreffen.

Ferner erwarteten wir aufgrund der Spaltungslinien im Weiterbildungsbewusstsein und Weiterbildungsverhalten sowie der Lage der verschiedenen Wirtschaftssektoren in der Bundesrepublik bei weitem kein einheitliches Antwortbild, aber

Item	Gefasst als	2-Skalierung in Grafiken (in Prozent)
Im Unterschied zu früher wird heute erwartet, dass jeder selbst entscheidet, ob und wie er sich weiterbildet	Wandel in der Weiterbildungspraxis: mehr Eigenverantwortung	Trifft eher zu Trifft eher nicht zu Weiß nicht
Früher wusste man viel besser, welche Weiterbildung etwas für die eigene berufliche Entwicklung bringt	Wandel in der Weiterbildungspraxis: Nutzen von Weiterbildung unklarer als früher	Trifft eher zu Trifft eher nicht zu Weiß nicht
Anders als früher denkt man heute viel positiver über Menschen, die sich beruflich weiterbilden	Wandel in der Weiterbildungspraxis: Man denkt positiver über Menschen, die sich weiterbilden	Trifft eher zu Trifft eher nicht zu Weiß nicht
Ohne Nachweis von Weiterbildungsaktivitäten sieht man heute bei einer Stellenbewerbung schlechter aus	Wandel in der Weiterbildungspraxis: Nachweis von Weiterbildung für Bewerbung wichtiger	Trifft eher zu Trifft eher nicht zu Weiß nicht
Früher haben die Arbeitgeber mehr Verantwortung für die Weiterbildung ihrer Mitarbeiter gezeigt	Wandel in der Weiterbildungspraxis: Arbeitgeber fühlten sich früher mehr verantwortlich für Weiterbildung ihrer Mitarbeiter	Trifft eher zu Trifft eher nicht zu Weiß nicht
Heute ist es viel wichtiger als früher, sich beruflich weiterzubilden	Wandel in der Weiterbildungspraxis: Heute ist es wichtiger, sich beruflich weiterzubilden	Trifft eher zu Trifft eher nicht zu Weiß nicht

Abb. 8: Items zur Erfassung von Veränderungen der beruflichen Weiterbildung in Deutschland in den letzten 10 Jahren

Items	Gefasst als	2-Skalierung in Grafiken (in Prozent)
Heute findet viel mehr Weiterbildung direkt am Arbeitsplatz statt	Mehr Weiterbildung am Arbeitsplatz	Trifft eher zu Trifft eher nicht zu Weiß nicht
Ich gebe heute viel mehr Geld für berufliche Weiterbildung aus	Gebe mehr Geld aus für Weiterbildung als früher	Trifft eher zu Trifft eher nicht zu Weiß nicht
Ich wende heute mehr freie Zeit auf für berufliche Weiterbildung als früher	Wende mehr freie Zeit auf für Weiterbildung als früher	Trifft eher zu Trifft eher nicht zu Weiß nicht
Heute ist es leichter, an beruflicher Weiterbildung teilzunehmen	Teilnahme an Weiterbildung heute leichter	Trifft eher zu Trifft eher nicht zu Weiß nicht
Heute gehen die Betriebe stärker als früher auf die Weiterbildungswünsche von Frauen ein	Betriebe berücksichtigen stärker Bildungs-Wünsche von Frauen	Trifft eher zu Trifft eher nicht zu Weiß nicht
Heute spielt der Umgang mit Kollegen und Vorgesetzten als Thema der Weiterbildung eine sehr viel größere Rolle als früher	Sozialkompetenz als Thema von Weiterbildung heute wichtiger	Trifft eher zu Trifft eher nicht zu Weiß nicht

Abb. 9: Items zur Erfassung von Veränderungen der Weiterbildungspraxis im je eigenen Erfahrungsbereich

immerhin in einigen Fällen klare, eindeutige Tendenzen und übergreifende Richtungskonstanten in Ost wie West. Insbesondere haben wir erwartet, dass Mehrheiten in Ost wie West zu Protokoll geben würden, eigene Beiträge zu leisten, mehr Geld auszugeben und/oder mehr freie Zeit aufzuwenden für Weiterbildung als früher.

Im Ost-West-Vergleich rechneten wir mit einer überzeugenden Bestätigung der Leithypothese des Kapitels: Die Wahrnehmung des Wandels *in der Weiterbildungspraxis der letzten 10 Jahre* und im eigenen Arbeitsbereich erfolgt in Ost und West von unterschiedlichen Bewertungshorizonten aus. Die divergierenden Bewertungshorizonte sind als genuiner Ausdruck unterscheidbarer Lernwelten zu werten. Vom Erhebungszeitpunkt 2001 aus gesehen zielten die Fragen nach wahrgenommenen Veränderungen in der Weiterbildungspraxis in Ost wie West auf Entwicklungen seit 1991. Für die Befragten West verband sich mit dem Jahr 1991 indes in der Regel kein markantes Datum, kein gesellschaftlicher Einschnitt. Sie standen vor der Aufgabe, Veränderungen in der beruflichen Weiterbildung in einer Gesellschaft im Wandel seit Beginn der 1990er Jahre zu reflektieren. Für die Befragten Ost war das etwas anders; für sie lief die Frage realiter auf eine Horizontverschmelzung beim Status quo ante hinaus, nämlich Veränderungen gegenüber der Anfangsphase der Transformation oder/und der Endphase der DDR in der Weiterbildungslandschaft zu reflektieren. Wenngleich die Weiterbildungspraxis in der Endphase der DDR mit der Initialphase der Transformation nicht in eins fiel, so wies sie doch eine gemeinsame Schnittmenge auf (vgl. Meier & Rabe-Kleberg 1993). Beide Ausgangspunkte unterschieden sich von jenen, die seinerzeit im Bundesgebiet West gegeben waren.

Unsicher war hingegen, welche Wertmaßstäbe im Osten zum Zeitpunkt der Erhebung 2001 tatsächlich gelten würden. Im Transformationsdiskurs wurden bzw. werden verschiedene Modelle gehandelt, die auf jeweils unterscheidbare Wahrnehmungsweisen des Wandels in der Weiterbildung schließen lassen:
- Modell 1: Aufgrund der „ostalgischen" Gestimmtheit ostdeutscher Mehrheiten werden die Veränderungen einheitlicher wahrgenommen und kritischer als im Westen beurteilt (vgl. stellvertretend Thumfart 2002).
- Modell 2: Im Bundesgebiet Ost lassen sich mehrere (gegenläufige) Bewertungshorizonte erkennen. Daher sind auch unterscheidbare Wahrnehmungen des Wandels in der Weiterbildungspraxis im Osten selbst und andere Verteilungen als im Westen zu erwarten (vgl. stellvertretend Koch 1999; Thierse 2001).
- Wir selbst (Modellannahme 3) rechneten damit, dass sich in den Urteilen der ostdcutschen Probanden die Bewertungshorizonte beider skizzierter Modellannahmen zeigen werden. Dabei gehen wir mit Dietrich Mühlberg (vgl. Mühlberg 1999) zusätzlich von der Annahme aus, dass es in Ostdeutschland keine eigene überregionale Öffentlichkeit gibt, die je individuelle Erfahrungen, Herausforderungen und Verhaltenszumutungen der Transformation einordnen und verarbeiten würde. Daher erwarteten wir ein breites Wahrnehmungsspektrum und zugleich einen beträchtlichen Orientierungsmangel (relativ viele „Weiß nicht"-Antworten).

Befunde

Alle Grafiken beziehen sich auf Erwerbtätige, Arbeitslose und „stille Reserve". Ausgeklammert werden die übrigen „Nichterwerbspersonen", weil sie weniger aussagefähig sind im Hinblick auf Veränderungen der Weiterbildungspraxis. Gemessen am prozentualen Anteil der „Weiß-nicht-Antworten" ist es den Probanden in Ost wie West insgesamt leichter gefallen, über Veränderungen in der beruflichen Weiterbildung in Deutschland in den letzten 10 Jahren zu urteilen als über Veränderungen der Weiterbildungspraxis im eigenen Arbeitsbereich. Mit einer Ausnahme schwanken die Weiß-nicht-Antworten zu den Items der ersten Frage um die Zehnprozentmarke. (Hingegen haben bei drei Items der Frage zu den wahrgenommenen Veränderungen im eigenen Erfahrungsbereich in Ost wie West zwischen 15% und 30% der Befragten mit „Weiß nicht" geantwortet!)
Bei vier von sechs Items zu wahrgenommenen Veränderungen in der Weiterbildungspraxis in der Bundesrepublik in den letzten 10 Jahren zeichnen sich in Ost und West übereinstimmende, gleichgerichtete Urteile bei Mehrheiten ab (Tab. 18).

Tab. 18: Wahrnehmung von Veränderungen in der Weiterbildungspraxis in Deutschland in den letzten 10 Jahren

Item / Signifikanz	Skala	Ost	West	Gesamt
Mehr Eigenverantwortung Cr ,109***	Trifft eher zu	76%	73%	N = 3246
	Trifft eher nicht zu	15%	17%	
	Weiß nicht	9%	10%	
	Gesamt (100%)	1067	2179	
Man denkt positiver über Menschen, die sich weiterbilden Cr 141***	Trifft eher zu	58%	71%	N = 3246
	Trifft eher nicht zu	29%	19%	
	Weiß nicht	12%	10%	
	Gesamt (100%)	1067	2179	
Nachweis von Weiterbildung für Bewerbung wichtiger Cr ,100***	Trifft eher zu	84%	81%	N = 3246
	Trifft eher nicht zu	8%	11%	
	Weiß nicht	8%	8%	
	Gesamt (100%)	1067	2179	
Heute ist es wichtiger, sich beruflich weiterzubilden Cr ,141***	Trifft eher zu	83%	83%	N = 3246
	Trifft eher nicht zu	11%	9%	
	Weiß nicht	6%	8%	
	Gesamt	1067	2179	

Die Befragten in Ost und West befinden sich nach den Befunden der Tab. 18 in einer ziemlich ähnlichen Lernwelt, die zwei Markenzeichen aufweist: Berufliche Weiterbildung und ihre Attribute haben für Mehrheiten in den letzen 10 Jahren an Alltagsrelevanz gewonnen. Zudem wird von Mehrheiten wahrgenommen, dass heute erwartet wird, dass jeder selbst entscheidet, ob und wie er sich weiterbildet. In zwei von sechs Items hingegen erweisen sich wahrgenommene Veränderungen der Weiterbildungspraxis zwischen Ost und West als gegenläufig:

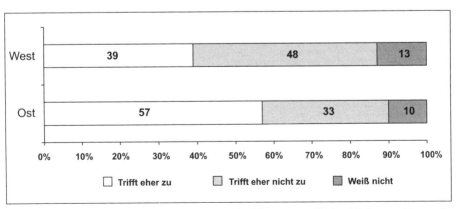

Abb. 10: Wandel in der Weiterbildungspraxis: Nutzen von Weiterbildung unklarer als früher
N = 3246. Cr ,220

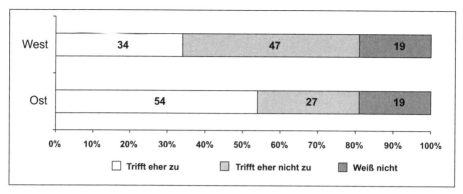

Abb. 11: Wandel in der Weiterbildungspraxis: Arbeitgeber fühlten sich früher mehr verantwortlich für Weiterbildung ihrer Mitarbeiter
N = 3246. Cr ,225***

In den beiden Fällen differenter Erfahrungen sind die Wahrnehmungen im Bundesgebiet West wie im Bundesgebiet Ost allerdings deutlich gespalten. Wenn dennoch Mehrheiten im Osten zu Protokoll geben, dass früher der Nutzen von Weiterbildung klarer zutage trat, die Arbeitgeber mehr Verantwortung für die Weiterbildung ihrer Mitarbeiter zeigten, so resultiert dies daraus, dass Weiterbildung in der DDR und in der Anfangsphase der Transformation anders institutionell eingebettet war (vgl. Siebert 1999).

Man sollte annehmen, dass der Trend zu mehr Eigenverantwortung für die eigene Weiterbildung sich am deutlichsten darin ausdrückt, dass große Teile der Erwerbsbevölkerung mehr Geld für Weiterbildung ausgeben als zuvor und mehr freie Zeit für Weiterbildung verwenden. Dies ist jedoch weniger der Fall als zu erwarten war (Abb. 12).

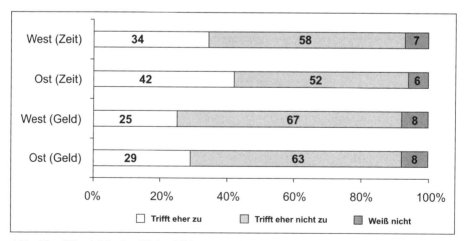

Abb. 12: Wandel in der Weiterbildungspraxis: Gebe heute mehr Geld für Weiterbildung aus als früher/wende mehr freie Zeit für Weiterbildung auf als früher
N jeweils 3246. Cr ,076***(Geld)/Cr ,080***(Zeit)

Möglicherweise liegt das daran, dass sich das Weiterbildungssystem der Bundesrepublik (aus guten Gründen) noch immer als gemischtwirtschaftliches System der Bereitstellung von Angeboten darstellt. Teile befinden sich in staatlicher Trägerschaft, Teile werden öffentlich subventioniert, erst ein relativ schmales Segment ist marktmäßig organisiert. Ein großer Bereich der Weiterbildung läuft intern in Firmen und Verwaltungen. Daher wird nur ein Teil der gesamtgesellschaftlichen Aufwändungen von den Teilnehmern (Kurs gegen Gebühr) kommerziell abgewickelt (vgl. Faulstich 1993).

In Ost und West tendenziell eher gegenläufig werden Veränderungen der Weiterbildungspraxis in folgenden Positionen wahrgenommen. Im Westen (63%) wird stärker als im Osten (43%) der Vorgabe zugestimmt, dass es mehr Weiterbildung am Arbeitsplatz gäbe als früher. Das gespaltene Votum im Bundesgebiet Ost in dieser Frage lässt sich mit Hortsch und Kersten erklären: „Lernen im Prozess der Arbeit" war zwar ein ausgefeiltes, relativ elaboriertes „bildungspolitisches Konstrukt im Rahmen des einheitlichen sozialistischen Bildungssystems". Mit zunehmender „Verelendung der DDR-Wirtschaft" sind jedoch die Spielräume für das Lernen im Prozess der Arbeit immer mehr eingeschränkt worden (Hortsch & Kersten 1996). In den alten Ländern gaben 62% der Befragten an: Heute ist es leichter, an beruflicher Weiterbildung teilzunehmen. Im Osten sahen das nur 32% der Probanden so.

Auch die Gegenläufigkeit der Wahrnehmungen hinsichtlich der Berücksichtigung der Weiterbildungswünsche von Frauen in den Betrieben ist deutlich. Hier hat es offensichtlich Fortschritte im Westen gegeben. Die Daten für den Osten scheinen dagegen eher die These von der Erosion des „Gleichstellungsvorsprungs" der Frauen im Osten nach 1990 zu belegen (vgl. Geißler 2001). Allerdings ist die Unsicherheit der Wahrnehmung von Veränderungen in der Weiterbildungspraxis in Ost und West sehr groß. Bei keiner anderen Frage in diesem Kontext entschieden sich so viele Probanden für „Weiß nicht".

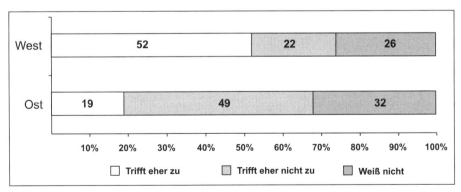

Abb. 13: Wandel in der Weiterbildungspraxis: Heute gehen Betriebe stärker auf Weiterbildungswünsche von Frauen ein – Fortschritte im Westen, Regression im Osten?
N = 3246. Cr ,386***

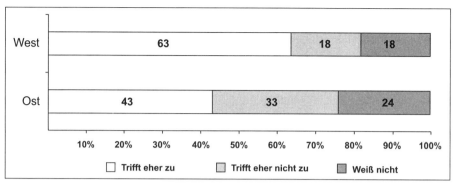

Abb. 14: Wandel in der Weiterbildungspraxis: Sozialkompetenz als Thema (Umgang mit Kollegen und Vorgesetzten) heute wichtiger – klares Votum im Westen, gespaltene Wahrnehmung im Osten
N = 3246. Cr ,217***

Im Bundesgebiet Ost ist wiederum ein deutlich gespaltenes Antwortverhalten vorzufinden. Im Wirtschaftssystem der DDR war der Umgang mit Kollegen und Vorgesetzten ein exponiertes Lernfeld und Thema sowohl in den Arbeitskollektiven (vgl. Böhme 1982) als auch im Rahmen oder am Rande von Weiterbildungsmaßnahmen. Aber die Thematisierung des Umgangs mit Kollegen und Vorgesetzten war zwangsläufig auf ein anderes Wirtschafts- und Gesellschaftssystem bezogen. Heute gelten andere Kontexte, Funktions- und Wirkungszusammenhänge sowie ein neues Vokabular. Denn ein „Team" ist einem (Arbeits-) „Kollektiv" (vgl. Sennet 1998) nicht gleichzusetzen. Aus dieser Perspektive erscheint die positive Antwort (heute wichtiger) von immerhin 43% der Befragten hochplausibel. Zugleich werden andere Herausforderungen, vor denen die Beschäftigten stehen, noch als wichtiger gelten als das Weiterbildungsthema des Umgangs mit Vorgesetzten und Kollegen.

Wenn wir die Befunde zur Wahrnehmung von Veränderungen in der Weiterbildungspraxis unter lernweltlichen Perspektiven Revue passieren lassen, können folgende Verallgemeinerungen getroffen werden:

In einer Reihe von Fällen (Tab. 18) sowie bei der Verausgabung von Zeit und Geld für Weiterbildung sind die wahrgenommenen Veränderungen in Ost und West gleichgerichtet und bezeugen lernweltliche Nähe. In allen anderen aufgeführten Aspekten sind die Wahrnehmungen von Veränderungen in der Weiterbildungspraxis zwischen Ost und West gegenläufig. Im Westen werden dabei die Veränderungen fast durchweg einheitlicher und einhelliger wahrgenommen, sodass sich klare Trends abzeichnen. Im Osten sind die Wahrnehmungen stärker gesplittet als im Westen. Zudem sind – gemessen am prozentualen Anteil der „Weißnicht"-Antworten – die Orientierungsnöte im Osten deutlich stärker.

Soweit im Osten im Vergleich mit dem Westen gegensätzliche Wahrnehmungen der veränderten Weiterbildungspraxis leitend sind, liegen die Gründe in der

Ausgangslage, in der Weiterbildungslandschaft in der DDR bzw. in der Anfangsphase der Transformation (vgl. Schäfer 1988; Meier 1993; edition QUEM 1996; Andretta, Baethge et al. 1996; Siebert 1999).

Die relativ einheitlichen und einhelligen Hauptwahrnehmungsströme im Bundesgebiet West, die vielfach von Erleichterungen, Verbesserungen, Fortschritten gegenüber dem Status quo ante künden, setzen sich indes verhaltener, sehr viel gebrochener in Lerninitiative und Lernkompetenz um als die gegenläufigen und gesplitteten im Bundesgebiet Ost (vgl. Kapitel 1). Das aber bedeutet, dass zum Teil höchst unterschiedliche Wahrnehmungen von Veränderungen der Weiterbildungspraxis mit annähernd gleichen Lernkompetenzwerten einhergehen und die Struktur der Reflexionen nur in relativ geringem Maße Lerninitiative und Lernkompetenz beeinflussen.

Neben den in drei skizzierten Modellannahmen aufscheinenden Gründen für das Wahrnehmungssplitting im Bundesgebiet Ost dürfte zudem eine Rolle spielen, dass das Bewusstsein für die Ambivalenzen und Mehrdeutigkeiten der Ausgangslage, von der aus Veränderungen in der Weiterbildungspraxis zu bestimmen sind, verhältnismäßig hoch ist.

2.4 Subjektive Zugänge (Nähe/Ferne) zu Lernen und Weiterbildung

Der Abschnitt rückt Personen in den Blick, die auf den ersten Blick eine große lernweltliche Nähe in Gestalt besonderer subjektiver Zugänge zu Lernen und Weiterbildung erkennen lassen. Dabei handelt es sich zum einen um Personen oder Gruppen, die auf die Frage nach den wichtigsten Weiterbildungsbarrieren keine Lernbarrieren benannt haben (vgl. Abb. 7), zum anderen um jene Befragten, die Weiterbildung mit „persönlicher Bereicherung" in Verbindung bringen.

Um Weiterbildung als persönliche Bereicherung empfinden zu können, müssen Menschen mit bestimmten Neugier- und Erkundungsbedürfnissen in der Regel

Item	Gefasst als, subsumiert unter
1. Endlich mal was für mich	Weiterbildung als persönliche Bereicherung
2. Schön, das macht Spaß	
3. Muss ich machen, um beruflich fit zu bleiben	Weiterbildung als notweniger, akzeptierter Zwang
4. Es reicht, eigentlich habe ich genug gelernt	Weiterbildung als Zumutung
5. Bringt ja doch nichts	
6. Ganz andere Empfindung, und zwar...	

Abb. 15: Items zur Erfassung der individuellen Nähe/Ferne zur Weiterbildung
Frage: „Wenn Sie das Wort „Weiterbildung" hören, was ist dann ihre erste Empfindung?"

in sozial relativ gesicherten Verhältnissen leben. Dafür scheint die ostdeutsche Transformationsgesellschaft keinen sonderlich günstigen Nährboden zu bieten. Ähnliches gilt für Personen, die in der Gesellschaft der Bundesrepublik keinerlei Lernbarrieren ausmachen.

Personen mit diesen Merkmalen (keine Lernbarrieren benannt oder/und Weiterbildung als persönliche Bereicherung empfindend), so unsere Annahme, bilden im Bundesgebiet West wie im Bundesgebiet Ost nur eine Minderheit. Aus einer Perspektive, die lernweltlichen Ost-West-Gemeinsamkeiten/Unterschieden auf der Spur ist, vermuten wir indes, dass diesen Minderheiten in beiden Teilgesellschaften ein prozentual unterschiedlich großer Anteil der Befragten zuzurechnen ist. Dabei sollte er im Osten geringer sein als im Westen. Der Zentralhypothese des Kapitels (S. 34) gemäß, nahmen wir ferner an, dass sich auch diese Minderheiten in Ost und West in ihren Sozialprofilen (sozialdemographischen Merkmalen) wie in anderen lernweltlichen Aspekten mehr oder weniger deutlich unterscheiden und auf diese Weise zur insgesamt ausgeglichenen Ost-West-Bilanz in der Ausbildung von Lernkompetenzen und Lerninitiative beitragen werden.

Befund

Personen mit den ausgewählten Merkmalen nehmen in Ost und West in der Tat eine Minderheitenposition ein. Die überwältigende Mehrzahl der Befragten hat Weiterbildungsbarrieren sehr wohl benannt und assoziiert Anderes mit Weiterbildung als persönliche Bereicherung (Abb. 7; Abb. 16).

Allerdings beträgt der prozentuale Anteil jener, die keine Lernbarrieren genannt haben, jeweils in Ost und West rund 15% der Befragten. Erwartet wurde indes, dass weniger Personen im Osten mit diesen Merkmalen anzutreffen sind. Die

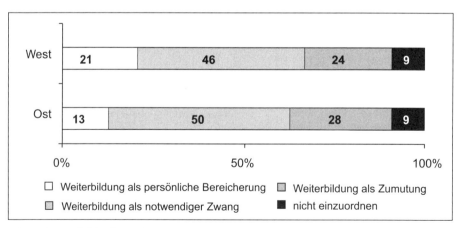

Abb. 16: Individuelle Nähe/Ferne zur Weiterbildung
N = 3155 (ohne Nichterwerbspersonen). Signifikanz Cr ,130** ausgeprägt

Hypothese hat sich aber im Hinblick auf jene Personen bestätigt, die mit Weiterbildung persönliche Bereicherung assoziieren (Abb. 16) (13% der Befragten im Osten gegenüber 21% im Westen).

Die bei weitem größte „Gruppe" bilden in Ost und West jene, die mit Weiterbildung einen akzeptierten, notwendigen Zwang verbinden. Weiterbildung hat für Mehrheiten eine instrumentelle Bedeutung.

Zu den vielleicht überraschenden Befunden der Regressionsanalyse gehört, dass sich alle Items zur Erfassung der individuellen Nähe oder Ferne zur Weiterbildung mit teilweise beachtlichen Beta-Werten als eigenständige Einflussgrößen von Lernkompetenz erwiesen.

Tab. 19: Ausgewählte Befunde der multiplen linearen Regressionsanalyse für Lernkompetenz als abhängige Größe (Grundgesamtheit ohne Nichterwerbspersonen)

Unabhängige Varriablen	Insgesamt	West	Ost
	R^2		
	,478	,516	,410
	Beta-Werte		
...			
Weiterbildung als notwendiger Zwang	-0,154		
Weiterbildung als persönliche Bereicherung	-0,145		
Weiterbildung als Zumutung	0,064	,209	,141
...			

Im Rahmen der nach dem Ausschlussverfahren ermittelten *eigenständigen* Einflussgrößen auf die Entwicklung von Lernkompetenz im Bundesgebiet Ost (vgl. Kapitel 1) entfällt auf das Item „Weiterbildung als Zumutung" immerhin der viertstärkste Betawert; im Bundesgebiet West handelt es sich sogar um den zweitstärksten Betawert der erfassten eigenständigen Einflussfaktoren im Rahmen der Regressionsanalyse.

Was aber lässt sich über diese Gruppen, die ein lernweltliches Merkmal verbindet, aussagen? Im Gesamtsample und im Teilsample West ist der prozentuale Anteil der Personen, der Weiterbildung als persönliche Bereicherung auffasst, größer als der prozentuale Anteil der Personen, der keine Weiterbildungsbarrieren benannt hat. Im Osten verhält es sich umgekehrt (Abb. 16). Man könnte dennoch annehmen, dass Personen, die keine Lernbarrieren benannt haben, wenigstens annähernd mit jenen zusammenfallen, die Weiterbildung als persönliche Bereicherung empfinden und so eine „lernweltliche Gruppe" bilden. Dies ist aber weder im Bundesgebiet Ost noch im Bundesgebiet West der Fall.

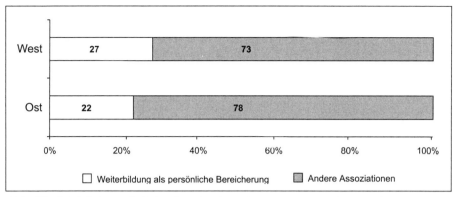

Abb. 17: Mehrheiten, die keine Lernbarrieren benannten, assoziierten mit dem Wort Weiterbildung anderes als persönliche Bereicherung
N = 271 (West) und 153 (Ost) mit dem Merkmal: keine Lernbarriere benannt

Lerner mit dem Merkmal „keine Lernbarriere benannt" sowie Lerner, die mit dem Wort Weiterbildung „persönliche Bereicherung" assoziieren, gehören in Ost und West jeweils verschiedenen Gruppen an. Gemäß der Leithypothese des Kapitels sollten sich diese Gruppen in ihren sozialdemographischen Merkmalen wie auch „lernweltlich" in anderen Aspekten unterscheiden. Das ist der Fall.

Ferner sind Personen, die keine Weiterbildungsbarrieren benannt haben, im Osten etwas stärker im öffentlichen Dienst vertreten als im Westen. Sie nehmen den sozioökonomischen Wandel in deutlich geringerem Maße als berufliche Chance wahr. Personen, die keine Lernbarrieren kennen, verteilen sich indes in gleicher Weise auf die Altersgruppen und auf die Ausbildungsniveaus. Auch bei Heranziehen des Indexes „Soziale Schicht (3 Schichten)" treten keine Ost-West-Differenzierungen auf.

Aber es bestehen keine Ost-West-Unterschiede in der Lernkompetenz und in der Lerninitiative. Auch bei der Teilnahme an Fortbildungen/Umschulungen von mehr als sechsmonatiger Dauer, bei der Arbeit mit Computern und computergesteuerten Anlagen überwiegen die Ost-West-Gemeinsamkeiten. Wir können also festhalten: Personen in Ost und West, die keine Weiterbildungsbarrieren kennen, unterscheiden sich voneinander in sozialdemographischen Merkmalen, mithin auch in Konturen ihrer Lernwelten, aber kaum in der Lernkompetenz und in der Lerninitiative. In diesem Sinne wird die Leithypothese des Kapitels im Ost-West-Vergleich von Lernern des bezeichneten Typs bestätigt.

Ein anderes Bild ergibt sich, wenn wir die Personen im Ost-West-Vergleich betrachten, die Weiterbildung als persönliche Bereicherung empfinden. Dieses Merkmal differenziert stark zwischen Ost und West. Wir finden signifikante Unterschiede sowohl in sozialdemographischen Merkmalen als auch und vor allem auf der Ebene des Lernens (hier nicht ausgewiesen).

Tab. 20: Sozialdemographische Merkmale von Lernern, die keine Lernbarrieren benannten

Signifikanz Merkmal		Ost	West	Gesamt
Geschlecht Cr ,138**	1 Männlich	42,2%	56,6%	51,4%
	2 Weiblich	57,8%	43,4%	48,6%
	Gesamt	166	297	463
Aktueller Erwerbsstatus Cr ,142*	1 Erwerbstätige	76,5%	82,8%	80,6%
	2 Arbeitslose	9,6%	3,0%	5,4%
	3 Stille Reserve	6,0%	5,4%	5,6%
	4 sonstige Nichterwerbspersonen	7,8%	8,8%	8,4%
	Gesamt	166	297	463
Ortsgröße/Stadtnähe Cr ,269***	1 unter 25 TEW stadtfern	8,7%	8,5%	8,5%
	2 unter 25 TEW stadtnah	38,9%	22,9%	28,4%
	3 25–100 TEW	18,8%	31,3%	27,0%
	4 100–500 TEW	27,5%	17,6%	21,0%
	5 ab 500 TEW	6,0%	19,7%	15%
	Gesamt	149	284	433

Nur lassen die Lerner mit diesem „gruppenkonstituierendem" Merkmal im Osten eine deutlich geringere Lernkompetenz wie Lerninitiative erkennen als die Vergleichsgruppe im Westen. Daher findet die Leithypothese des Kapitels im Ost-West-Vergleich *dieser Lerner* keine Bestätigung.

2.5 Resümee

Empirisch überprüft wurde in dem Kapitel ein Erklärungsansatz, der die annähernde Ost-West-Parität in der Ausbildung von Lernkompetenzen auf der Makroebene auf Ost-West-Unterschiede in Lernwelten zurückzuführen sucht. Demzufolge müssten sich ostdeutsche Lernwelten empirisch nachweisen lassen, welche die Ausbildung von Lerninitiative und Lernkompetenz *in besonderem Maße stützen* und/oder *gegenläufige Rahmenbedingungen* und Struktureffekte *neutralisieren*.

Der Terminus „Lernwelt" betont, dass der spezielle Sinn von Lernhandlungen bzw. das auf Lernen und (Weiter-) Bildung bezogene Tun und Lassen in sozialen Definitions- und Wahrnehmungsprozessen konkreter Akteure begründet liegt. Um die Hypothese von den zwischen Ost und West divergierenden Lernwelten und deren Einfluss auf die Ausbildung von Lernkompetenzen zu überprüfen, wurden „Dimensionen" ausgewählt, die gewissermaßen als Stellvertreter für „Lernwelt(en)" stehen:

- Lernwelten unterscheiden sich dadurch, wie verschiedene, vor allem aber formalisierte und mediale Lernkontexten in ihnen platziert sind.

- Lernwelten unterscheiden sich wesentlich durch das Maß der in ihnen geronnenen und perpetuierten Kumulationseffekte von Aus- und Weiterbildung.
- Lernwelten unterscheiden sich in der Rang- und Reihenfolge der wichtigsten wahrgenommenen Lernbarrieren.
- Lernwelten unterscheiden sich in der Art und Weise, wie Veränderungen in der Weiterbildungspraxis wahrgenommen und reflektiert werden.

Das Programm des Kapitels wurde erweitert im Hinblick auf zahlenmäßig relativ kleine „Gruppen", die in Ost und West bestimmte gemeinsame lernweltliche Merkmale haben. Hier wurde gefragt, ob Personen, die „keine Lernbarrieren benannt" haben, sowie jene, die mit dem Wort Weiterbildung „persönliche Bereicherung" verbinden, mithin auf den ersten Blick eine große lernweltliche Nähe aufweisen, auch in anderer Hinsicht einer Lernwelt zugehören oder eher verschiedenen Lernwelten.

Zunächst einmal ist die der Leithypothese eingeschriebene Hintergrundannahme bestätigt worden: Lernwelten gehören zu jenen Größen, die Lernkompetenzen sowohl stützen als auch limitieren.

Im Hinblick auf die identifizierten lernweltlichen Dimensionen lässt sich als ein zweiter Befund festhalten, dass sie von sehr unterschiedlicher Bedeutung für die Entwicklung von Lernkompetenz sind. Tatsächliche lernweltliche Einflussgrößen (im Sinne der Hintergrundannahme) sind nur der Stellenwert formalisierter und medialer Lernkontexte, das Maß der Kumulationseffekte und der Mix der wichtigsten wahrgenommenen Weiterbildungsbarrieren.

Keinen bzw. einen nur gering ins Gewicht fallenden Einfluss auf *Lernkompetenz* haben dagegen Wahrnehmungen von Veränderungen in der Weiterbildungspraxis im Zeitverlauf, obwohl gerade in dieser Hinsicht die lernweltlichen Ost-West-Unterschiede besonders deutlich zu Tage treten. Wahrgenommene Veränderungen in der Weiterbildungspraxis und Entwicklung von Lernkompetenzen sind in Ost und West gleichsam voneinander entkoppelt. Dieser Indikator ist jedoch in anderer Hinsicht aufschlussreich, nämlich als eines unter mehreren Kriterien, an denen sich ablesen lässt, welche der intendierten und nicht intendierten Veränderungen der beruflichen Weiterbildung Bestandteil des Alltags der Menschen geworden sind und inwieweit es gerechtfertigt ist, von einer „gesamtdeutschen Weiterbildungslandschaft" (Faulstich 1993, S. 30) zu sprechen. In beiderlei Hinsicht sind die empirischen Ergebnisse eher ernüchternd.

Beeinflussen aber von den ausgewählten lernweltlichen „Dimensionen" nur drei Lernkompetenz tatsächlich, dann entscheidet sich die Gültigkeit der Leithypothese des Kaptitels in Bezug auf jene drei. Und in dieser Hinsicht wird die Leithypothese insgesamt eher empirisch bestätigt als widerlegt:

Im Bundesgebiet Ost lassen sich *erstens* für einen prozentual weit größeren Anteil der Erwerbsbevölkerung Kumulationseffekte beruflicher Weiterbildung nachweisen, die auf eine entsprechende Forderung und Förderung vor 1989 wie in den ersten Jahren nach 1989 zurückgehen. Für eine solche, breite Teile der Bevölkerung erfassende Aus- und Weiterbildungskumulation gibt es im Bundesgebiet West bislang keine Parallele. Im Ost-West-Vergleich wird *zweitens* deutlich, dass die Lernwelten durch einen anderen Mix der wichtigsten wahrgenommenen Lernbarrieren gekennzeichnet sind. Auf die für Lernkompetenzentwicklung besonders ungünstige Barriere (fehlender persönlicher oder beruflicher Nutzen von Weiterbildung) entfallen im Bundesgebiet Ost nicht mehr Nennungen als im Bundesgebiet West. Dafür aber ist die zweite, aus der Verfasstheit der Lebens- und Arbeitsverhältnisse resultierende Lernbarriere (Belastungen durch Familie, Arbeit, knappe freie Zeit) im Osten deutlich schwächer besetzt als in den Alt-Ländern. Gegenüber der Endphase der DDR war es transformationsbedingt bei vielen Menschen zu Verschiebungen in der Wertigkeit von Lebensbereichen gekommen. In Arbeit zu kommen oder in Arbeit zu bleiben, gewann höchste Priorität. Wenn Lernen und Weiterbildung verheißen, dass sie diesem Zweck dienen, sind prozentual offenbar mehr Menschen im Osten bereit, zusätzliche Belastungen in Kauf zu nehmen. Lernbarrieren, die in der Verfasstheit des Weiterbildungssystems gründen, sind im Osten aber stärker besetzt als im Westen.

Dagegen sind formalisierte und mediale Lernkontexte, welche die Ausbildung von Lernkompetenz eher als andere stützen, in den Lernwelten der alten und der neuen Bundesländer annähernd gleich platziert. In *dieser Hinsicht* fand die Leithypothese des Kapitels *keine* Betätigung.

Für die Beantwortung der übergeordneten Frage nach Gründen für die Ost-West-Parität im Weiterbildungsbewusstsein, ungeachtet divergierender Existenz- und Entwicklungsbedingungen, ist die lernweltliche Perspektive zwar von einem gewissen, aber nur begrenzten Erklärungswert. Lernweltliche Unterschiede zwischen Ost und West (wie etwa die deutlich höheren Kumulationseffekte im Bundesgebiet Ost) lassen sich letztlich auf Strukturen zurückführen, die ihre Genese begünstigen. Allenfalls die zwischen Oder und Werra anzutreffende Aus- und Weiterbildungskumulation könnte die Annahme nähren, dass sich im Osten höhere Niveaus an Lerninitiative und Lernkompetenz einstellen müssten als sich empirisch nachweisen lassen. Lernwelten sind jedoch eingebettet in die ihnen zugrunde liegenden Arbeits-, Lebens- und Beschäftigungsverhältnisse. Sowohl Lernziele als auch zu Gebote stehende Mittel sind durch die vergangene und derzeitige Stellung von Personen innerhalb der Sozialstruktur, im Beschäftigungssystem, durch Biographie und soziale Position vermittelt. Aber sie können Restriktionen, denen das Handeln unterliegt, modifizieren und auffangen; das Festhalten an eigenständigen und widerständigen Zielen ermöglichen. Nur so ist der Befund zu erklären, dass bislang nur rund 30% (Ost-West-Gleichheit) und nicht weit mehr Menschen im Bundesgebiet Ost fehlende persönliche oder berufliche Verwertungsperspektiven als Lernbarriere geltend machten.

Die Befunde zu den Lernwelten legen nahe, Lerner in Ost und West je anders anzusprechen und ihnen auf andere Weise Lernunterstützung zu gewähren, solange sich Lernwelten unterscheiden.

Ferner wurde exemplarisch deutlich, dass Lernwelten komplexe Gebilde sind. Personen, die in Ost und West ein markantes lernweltliches Merkmal verbindet, differieren in anderer Hinsicht erheblich. So zeichnen sich auch auf der Ebene von Minderheiten kräftige lernweltliche wie außerlernweltliche Differenzen zwischen Ost und West ab, die jedes Mal nivelliert werden (vgl. Biersack et al. 2001), wenn bei empirischen Erhebungen verzichtet wird, Befunde für das Bundesgebiet Ost und das Bundesgebiet West gesondert auszuweisen.

3. Zum Verhältnis von erwerbsbiographischer Mobilität und Kompetenzentwicklung

3.1 Gesellschaftlicher Hintergrund und Hypothesenbildung

Insbesondere die radikale De-Industrialisierung und sukzessiver sektoraler Wandel in Richtung auf eine neue Dienstleistungsökonomie hatten seit 1990 insgesamt einen rapiden Arbeitsplatzabbau, verbunden mit beruflicher Neuorientierung, dem Wechsel des Arbeitsplatzes, des Betriebes oder des Wohnortes (mehr als 1 Million Menschen migrierten innerhalb des Jahrzehnts in die „alten" Bundesländer) herbeigeführt, und ein erheblicher Anteil von Erwerbspersonen schied bereits vor Eintritt in die gesetzlich festgelegte Rentenphase aus dem Arbeitsmarkt aus (Vorruhestand). Als entscheidende neue Erfahrung der ausgeprägten Arbeitsgesellschaft DDR (Engler 1999: die „arbeiterliche Gesellschaft") erwiesen sich jedoch Formen und Phasen der Erwerbslosigkeit, prekäre Beschäftigungsverhältnisse sowie das Entstehen eines zweiten Arbeitsmarktes.

Diese neuen Erfahrungen kennzeichneten nicht nur eine begrenzte Phase des Umbruchs, ein Übergangsstadium („Tal der Tränen"), das notwendigerweise zu durchschreiten war, ehe sich Normalität wieder einstellen würde, wie vielfach erwartet worden war. Erfahrungen abrupter *Diskontinuität* unter spezifischen Bedingungen der Transformation standen nur am Beginn eines weitgreifenden gesellschaftlichen Prozesses, in dem industriegesellschaftliche Normalarbeitsverhältnisse sukzessiv aufgelöst und durch neue Erwerbsverhältnisse ersetzt werden. Tendenzen der Verstetigung von Diskontinuität, der „Entstandardisierung" von Lebensverläufen und der Flexibilisierung von Erwerbsarbeit setzten sich in Ostdeutschland in einem Zeitraum von nur wenigen Jahren durch. – In der Literatur wird deshalb auch zehn Jahre nach Beginn des gesellschaftlichen Umbruchs erwartet, dass tradierte Stabilitäts- und Sicherheitserwartungen, die sich aus „tiefsitzenden Mobilitätsmustern speisen" (Berger 2001, S. 269), noch lange fortbestehen werden und Biographieentwürfe prägen.

Als *kontinuitätsstiftend* und anschlussfähig erwies sich jedoch die gemeinsame Tradition der Verberuflichung in Ost und West, die als eine wichtige Brücke ins neue Beschäftigungssystem gelten kann. Diese verbindende, spezifisch deutsche Tradition der Beruflichkeit und durch (duale) Ausbildung vermittelte Facharbeit kann andererseits wiederum als jene Begrenzung betrachtet werden, die *berufliche* Mobilität limitierte und der Systemtransformation im rapiden Wandel institutionelle Maßverhältnisse setzte: Unter den gegebenen Bedingungen der raschen Auflösung und Erosion von Betriebsstrukturen (Kombinate) arbeiteten im Jahre 1994 nur noch ein Drittel der Beschäftigten im gleichen Betrieb wie 1989, während jedoch zwei Drittel im selben Beruf tätig waren. Ohne zumindest partiell tragfähige Prozesse der *Verberuflichung*, die unter marktwirtschaftlichen Bedingungen bestehen können, wäre dieser Sachverhalt nicht erklärbar. – Erst nachweisbare Momente und Formen der *Kontinuität* im radikalen strukturellen und sektoralen Wandel plausibilisieren Erwartungen an eine neue Kompetenzentwicklung und Lernkultur, die sich Erfordernissen des Übergangs zur Dienstleistungs- bzw. Wissensgesellschaft schrittweise nähern kann.

Einige Momente und Formen der *Kontinuität* in den neuen Prozessen der Diskontinuität:
- Ein großer Teil der ostdeutschen Erwerbsbevölkerung verfügte über Mobilitätserfahrungen, die zwar nicht deckungsgleich sind mit beruflicher Mobilität unter marktwirtschaftlichen Bedingungen, aber von erheblichem Einfluss auf die Bearbeitung neuer erwerbsbiographischer Anforderungen sein können (Heinz 1996).
- *Eingeübte* Handlungsmuster, Mobilitäts- und Weiterbildungserfahrungen in der alten Gesellschaft korrelieren positiv mit höheren Qualifikationsniveaus und neuen beruflichen Entwürfen unter marktwirtschaftlichen Bedingungen (Böckmann-Schewe et al. 1994, S. 39).
- Eine *grundlegende* Neuverteilung von Erwerbs- und Aufstiegschancen konnte mit der Entstehung eines neuen Beschäftigungssystems nicht ausgelöst werden: Berufliche Aspirationsniveaus vor und nach dem Systemwechsel stimmten weitgehend überein (Andretta & Baethge 199). Auch der Bedarf an Dienstleistungstätigkeiten konnte zunächst weitgehend abgedeckt werden, da trotz genereller Überindustrialisierung im Rahmen weitgehend autark strukturierter Beschäftigungskomplexe (Industriekombinate; staatliche Apparate) Dienstleistungsberufe integriert waren (Schenk 1996).

Ungeachtet begrenzender Faktoren für interne Mobilitätsprozesse (innerhalb der neuen Länder) erreichte deren Niveau im Ost/West-Vergleich deutlich höhere Werte (vgl. Hecker 2000); zudem veränderten sich Karriere-Verlaufsmuster (Statusmobilität), und es setzten sich neue Formen der Beschäftigung (befristet, freiberuflich, selbstständig) durch.

Erst ein Verständnis spezifischer Wechselbeziehungen zwischen Kontinuitäten und Diskontinuitäten auf dem Arbeitsmarkt kann die in den Anfangsjahren des

Umbaus stark ausgreifende Dynamik neuer Angebote beruflicher *Weiterbildung* (neue diversifizierte Weiterbildungslandschaft) in den neuen Ländern erklären, die sowohl aus der relativen Stabilität und Konstanz der Berufsstruktur als auch aus neuen Formen der Beschäftigung sowie den Formen, Phasen und Ausmaßen von Unterbeschäftigung und Erwerbslosigkeit (Erhalt der Beschäftigungsfähigkeit) zu erklären ist.

Durchaus folgerichtig stiegen sowohl Weiterbildungsbeteiligung der ostdeutschen Erwerbsbevölkerung als auch selbstorganisierte, informelle Aktivitäten mit der Stabilisierung und strukturellen Schließung des Beschäftigungssystems seit 1994 erheblich an und erreichten im Vergleich zur westdeutschen Erwerbsbevölkerung deutlich höhere Werte (vgl. BSW 2000). Dieser Prozess erklärt sich vorrangig aus den Diskontinuitätserfahrungen einer neuen *Berufsrolle*, die unter institutionellen Bedingungen der Marktwirtschaft in den Betrieben und Einrichtungen neu zu interpretieren war, aber auch aus neuen Formen der Arbeitsorganisation, technischer und technologischer Modernisierung in den Firmen sowie der sozialen Integration, die sowohl neues regulatives Wissens wie soziale Kompetenzentwicklung erforderten.

Generell jedoch ist der Zusammenhang von Kontinuität bzw. Diskontinuität und Entwicklung von Lernkompetenzen im aktualen Wandel von Arbeit und Beschäftigung unzureichend aufgeklärt. Da der in Ostdeutschland erfolgte Wandel mit „historisch beispiellosen" Prozessen erwerbsbiographischer Diskontinuität verbunden ist, sollte die Analyse in komparativer Perspektive wichtige Aufschlüsse liefern können.

Forschungsfragen und Hypothesen:
1. Welche Effekte respektive Zusammenhänge zwischen Lernkompetenz und Mobilitätsprozessen sind generell auf der Makro-Ebene des Ost-West-Vergleichs zu erkennen?
Die Erwartung ist darauf gerichtet, dass sich unfreiwillige Formen der Diskontinuität, also insbesondere Mobilitätsprozesse, die durch mehrfache/anhaltende Erwerbslosigkeit bedingt sind, auf Lernkompetenzwerte vergleichsweise deutlich limitierend auswirken sollten. Da die entsprechenden Anteile im Osten höher liegen, begrenzen sie das Kompetenzniveau der Gesamtpopulation. Zudem werden *generalisierte* Diskontinuitätserfahrungen in der am Erwerbsprozess beteiligten ostdeutschen Bevölkerung (erwerbsbiographische Diskontinuitäten; insbesondere verstetigte Brüche der Erwerbsbiographien) dazu führen, dass *statistische* Zusammenhänge mit den Variablen des Lernens im Osten weniger stark ausgeprägt sind als in der Vergleichspopulation.
Insgesamt wird geltend zu machen sein, dass Effekte von Diskontinuitäten für Weiterbildungsaktivitäten und Lernkompetenzen uneindeutig sind, da die faktischen Erfahrungen gerade in diesem Bereich nicht nur von den Ressourcen (Bildungskapital), sondern auch von den Reflexionen, also der subjektiven Bewertung und Verarbeitung von Diskontinuitätserfahrungen (Selbstkonzepte)

abhängig sind. So kann angenommen werden, dass die subjektive Verarbeitung stärkeren Einfluss haben wird auf die Kompetenzentwicklung als Formen und Art der Wechselprozesse selbst (z.B. die Beschreibung der aktuellen Phase des Erwerbsverlaufs).

2. Welche Diskontinuitäten, erwerbsbiographische Mobilitätsprozesse respektive -typologien lassen sich extrahieren, die in Ostdeutschland mit vergleichsweise hohen Selbststeuerungs- und Lernaktivitätseffekten korrespondieren?

3. Bewirkt die „Polarisierung von Erwerbschancen" durch Diskontinuitätserfahrungen der ostdeutschen Erwerbsbevölkerung auch eine Polarisierung in der Kompetenzentwicklung, die sich von westdeutschen Mustern signifikant unterscheidet?
Da insgesamt z.B. von einer Verstetigung der Erwerbslosigkeit in Ostdeutschland auf einem relativ hohen Sockel auszugehen ist, sollte sich der größere Anteil von Wechselprozessen im Zusammenhang mit Arbeitslosigkeitserfahrung auch in größeren Differenzen bei den Indikatoren der Kompetenzentwicklung niederschlagen.

4. Sind insgesamt überhaupt relevante Unterschiede in der Lernkompetenzentwicklung zwischen Personen/Gruppen nachweisbar, deren Erwerbsverlauf eher als kontinuierlich bzw. vorrangig als diskontinuierlich reflektiert wird? Sind diesbezüglich Differenzen auf der Ost-West-Ebene erkennbar?

3.2 Wechselprozesse und Lernkompetenzen im Ost-West-Vergleich

Das Verhältnis von Diskontinuitäten/Kontinuitäten im erwerbsbiographischen Erfahrungsprozess und die Ausprägung von Lernkompetenz gilt als uneindeutig bzw. ambivalent. In der Literatur wird darauf verwiesen, dass z.B. ein beruflicher Wechsel immer auch einen Bruch mit der vorhergehenden Tätigkeit darstellt und zumeist mit einem Verlust an spezifischen Qualifikationen, erworbenen Kompetenzen und Erfahrungen verbunden ist, der erst durch aufwändige Qualifikationen und Lernaktivitäten ersetzt werden muss (Hecker 2000), aber in der erwerbsbiographischen Bilanz durchaus zu einer höheren Kompetenz führen kann.

Zu erwarten ist, dass das Verhältnis von Mobilität und Lernkompetenzen in der Bilanz der gemessenen subjektiven Reflexionen keine eindeutigen Zuordnungen ergeben wird. Zum einen werden sich die einzelnen Kategorien der Mobilitätsprozesse in ihrer Relevanz für die Ausbildung von Lernkompetenzen erheblich unterscheiden, zum anderen werden individuelle Selbstkonzepte und Reflexionen der erwerbsbiographischen Verläufe auch und gerade in diesem Zusammenhang eine erhebliche Rolle spielen.

Für die ost-west-vergleichende Hypothesenbildung werden zwei gegenläufige Optionen eine hohe Plausibilität beanspruchen können: Aufgrund der Dynamik von Diskontinuitätserfahrungen sollten im ostdeutschen Sample berufsbezogene Mobilitätsprozesse, also insbesondere beruflicher und Firmenwechsel, stärkere Zusammenhänge zu den zentralen Indizes der Lernkompetenzen aufweisen und mit höheren (überdurchschnittlichen) Kompetenzwerten, insbesondere der Disposition zur Selbststeuerung von Lernprozessen und der Lernaktivität, verbunden sein. Diese Erwartung wiederum wird konterkariert durch den höheren Anteil von Arbeitslosigkeitserfahrungen ostdeutscher Erwerbspersonen in allen Struktur- und Statuskategorien. Dennoch sollten in der Bilanz arbeitsmarktbezogene Mobilitätsprozesse im Populationenvergleich mit Ost-West- Differenzen, d.h. mit höheren bzw. überdurchschnittlichen Kompetenzwerten im ostdeutschen Befragungssample, verbunden sein.

Die Tabelle 21 gibt zunächst einen vergleichenden Überblick über die Verteilung arbeitsmarktbezogener Wechselprozesse. Auf allen Stufen der beruflichen wie der Firmenwechselprozesse sind Diskontinuitätserfahrungen in der ostdeutschen Erwerbsbevölkerung stärker ausgeprägt. Nur bei arbeitsbezogenen Ortswechselprozessen ergibt sich eine annähernde Gleichverteilung, hier ist zweifellos in Rechnung zu stellen, dass innerhalb eines Jahrzehnts (per Saldo) etwa 1,5 Millionen Menschen aus den neuen Ländern ihren Wohnsitz nach Westdeutschland verlegt haben, die in der Statistik der Erhebung nicht repräsentiert sind. Damit scheint, zumindest zum Zeitpunkt der Befragung, das Mobilitätspotenzial für arbeitsbedingte Umzüge bei gegebenen Arbeitsmarktbedingungen weitgehend ausgeschöpft zu sein.

Erwartungsgemäß treten die stärksten Differenzen zwischen den Populationen bei den Erfahrungen mit Arbeitslosigkeit hervor: Knapp *zwei Drittel* der westdeutschen Befragten geben an, in ihrem Erwerbsleben noch keine Phasen der Erwerbslosigkeit erlebt zu haben. Für die neuen Bundesländer trifft das nur für 39 Prozent der am Erwerbsprozess beteiligten Personen (einschließlich der Stillen Reserve) zu.

Nachfolgende tabellarische Darstellungen (Tab. 22–24) geben in ost-west-vergleichender Perspektive einen Überblick über den Zusammenhang von erwerbsbiographischen, arbeitsmarktbezogenen Wechselprozessen und den Indizes der Lernkompetenzentwicklung.

In der Tabelle 25, die einzelne Diskontinuitätserfahrungen mit der Selbststeuerungsdisposition konfrontiert, fallen zunächst das beachtliche Ausmaß und die Stärke signifikanter Zusammenhänge zwischen den einzelnen Wechselprozessen und dem dreistufigen Index der Selbststeuerung auf, die sich in der westdeutschen Population auf alle Wechselprozesse beziehen, in der ostdeutschen Population jedoch nur auf Arbeitslosigkeitserfahrungen und Ortswechselprozesse, die im Zusammenhang zur Erwerbsarbeit stehen.

Tab. 21: Übersicht über Wechselprozesse im Ost-West-Vergleich

In Prozent	WEST	OST
Berufswechsel		
Keine	62	45
Einmal	24	31
Mehrfach	14	24
Firmenwechsel		
Keine	36	27
Ein-/zweimal	40	45
Mehrfach	24	28
Arbeitsbedingte Umzüge		
Keine	79	82
Einmal	14	13
Mehrfach	7	5
Arbeitslos-Erfahrungen		
Keine	64	39
Einmal	21	34
Mehrfach	15	27

Die höchsten Werte der Selbststeuerung in Ost und West sind mit der Mobilitätsform „arbeitsbedingter Umzüge" verbunden. Ausschließlich in dieser Form erwerbsbiographischer Diskontinuität verbinden sich *Mehrfachprozesse* in deutlicher Distanz zu anderen Mobilitätserfahrungen in beiden Populationen mit überdurchschnittlich hohen Werten der individuellen Selbststeuerung von Lernprozessen. Dieser Konstellation liegt der Sachverhalt zugrunde, dass arbeitsbedingte Umzüge (Ortswechsel) noch immer ein „Privileg" hochqualifizierter Erwerbspersonen sind und im Sample deutlich schwächer als andere Wechselprozesse besetzt werden. Im Ost-West-Vergleich der Häufigkeiten sind nahezu keine Unterschiede zu erkennen.

Tiefstwerte der Selbststeuerung beziehen sich in beiden Teilpopulationen auf die Position mehrfacher Erfahrung mit Arbeitslosigkeit im Erwerbsleben. Der Befund kann nicht überraschen, allerdings sind durchaus relevante Differenzen auf der Ost-West-Ebene zu erkennen; die Selbststeuerungswerte liegen im Osten um 10 Prozentpunkte höher als im Westen.

Als markanteste Differenzierungslinien zwischen Ost und West auf der Ebene der gemessenen Selbststeuerungswerte erweisen sich mehrfache Berufs- und Firmenwechsel; die Unterschiede bewegen sich jeweils im Zehn-Prozent-Bereich zugunsten der ostdeutschen Population. Bei den *Kontinuitätserfahrungen* treten Ost-West-Differenzen folgerichtig am deutlichsten bei Personen mit dem Merkmal hervor, im bisherigen Erwerbsleben keine Erfahrungen mit Arbeitslosigkeit aufzuweisen.

Tab. 22: Wechselprozesse und Selbststeuerung

In Prozent	WEST Selbststeuerung (Überdurchschnittlich)	OST Selbststeuerung (Überdurchschnittlich)
Berufswechsel-Erfahrungen	***	
Keine	34	36
Mehrfach	27 ***	38
Arbeitslosigkeitserfahrungen	***	***
Keine	38	46
Mehrfach	20	27 ***
Firmenwechsel-Erfahrungen	***	
Keine	40	36
Mehrfach	28	38
Arbeitsbedingte Umzüge	**	*
Keine	32	35
Mehrfach	49	52
Populationen Gesamt:	34%	37%

Index Selbststeuerung: 3-stufig, Stufe: überdurchschnittliche Ausprägung; Analyse-Sample: ohne „sonstige Nichterwerbspersonen". *** = Zwischen den Stufen der Wechselprozesse bestehen in der Konfrontation mit dem Index der Selbststeuerung von Lernprozessen hochgradig signifikante Zusammenhänge (Korrelationsniveau); ** bestehen markante; * bestehen moderate; ohne Sternzeichen: bestehen keine statistischen Zusammenhänge.

Insgesamt sind bei der Konfrontation erwerbsbiographischer Wechselprozesse mit dem Index der Selbststeuerungsdisposition erhebliche Ost-West-Differenzen zu erkennen. Während bei den westdeutschen Befragten mit Ausnahme der Mobilitätskategorie „arbeitsbedingter Umzüge" in allen anderen Formen der Wechselprozesse die jeweils höheren Werte für Kontinuitätserfahrungen (keine Wechsel) gemessen wurden, trifft für ostdeutsche Erwerbspersonen gerade die entgegengesetzte Konstellation zu: Mit Ausnahme der Kategorie „keine Arbeitslosigkeitserfahrungen" sind *Diskontinuitätserfahrungen* jeweils mit höheren Selbststeuerungswerten besetzt.

Generell zeichnen sich folgenden Tendenzen ab:
- In der westdeutschen Population korrespondieren Kontinuitätserfahrungen bei Wechselprozessen deutlicher mit höheren Selbststeuerungswerten als Diskontinuitätsprozesse. In diesem Kontext deutet sich bereits an, dass die häufig nahe gelegte Vorstellung, berufliche Immobilität verbinde sich mit geringer ausgeprägter Lernkompetenz, zumindest für den größeren Teil der deutschen Erwerbsbevölkerung (alte Bundesländer) empirisch nicht zu belegen ist. Das heißt andererseits: Mobilitätserfahrungen werden auf der Ebene der deutschen Gesamtpopulation in der Regel nicht durch höhere Lernkompetenzwerte „honoriert".
- Eine gegenläufige Figuration des Zusammenhangs ergibt sich ansetzend und tendenziell jedoch für die ostdeutsche Transformationsgesellschaft: Diskontinuitätserfahrungen korrespondieren stärker mit der Ausprägung selbstgesteuer-

ter Lernprozesse als in der Vergleichspopulation. Diese relativ markant hervortretende Differenz kann durch statistische Zusammenhänge gestützt werden. Wie die tabellarische Darstellung (Tab. 22) zeigt, besteht auf der Vergleichsebene West zwischen den einzelnen *Skalierungen* (keine; mehrfach) der Wechselprozesse in der Konfrontation mit dem Index der Selbststeuerung (Stufe: überdurchschnittlich) ein signifikanter/hochsignifikanter Zusammenhang. Für die ostdeutsche Population bezieht sich dieser Sachverhalt jedoch ausschließlich auf die *Diskontinuitätserfahrung* der Unterbrechung von Erwerbstätigkeit durch Arbeitslosigkeitserfahrungen auf einem annähernd gleichen Niveau des statistischen Zusammenhangs. Bei den Kategorien Firmenwechsel und Berufswechsel hingegen treten keine, bei arbeitsbedingten Umzügen nur schwache Korrelationen *zwischen* alternativ ausgerichteten Formen der Mobilität (keine; mehrfach) in Bezug zum Index der Selbststeuerung auf.

Hier handelt es sich wahrscheinlich neben der differenzierenden Verteilung von Häufigkeiten auf der Ost-West-Achse um den interessantesten Befund im thematisierten Kontext: In der erwerbsbiographisch und strukturell dynamischen Transformationsgesellschaft sind die Übergänge zwischen Kontinuität und Diskontinuität nicht nur weniger stark verfestigt, sondern deutlich offener; eine Konstellation, die insbesondere dadurch ausgezeichnet ist, dass „aktive" Mobilitätsprozesse in einem stärker ausgeprägten Zusammenhang zur Ausbildung selbstgesteuerten Lernens stehen.

In diesem analytischen Kontext kann der „Nebel" der „Uneindeutigkeit" erwerbsbiographischer Diskontinuitätserfahrungen zumindest auf der Ost-West-Vergleichsebene ein Stück weit gelichtet werden. – Wie die daran anschließende tabellarische Übersicht (Tab. 23) sodann zeigen wird, gelten die skizzierten Basis-Strukturen nicht nur für den Index Individueller Selbststeuerung, sondern auch für die Komponente der *Lernaktivität*, der im konzeptionellen Zusammenhang der Datenanalyse die Funktion einer *Kompetenz-Kontroll-Variablen* zugewiesen worden war.

Beim Vergleich der Zusammenhänge zwischen *Wechselprozessen und Lernaktivitäten* (Tab. 23) wird die Analogie des strukturellen Musters klar erkennbar. Wiederum zeigt sich der interessante Befund: In den Kategorien Berufswechsel und Firmenwechsel verbinden sich bei ostdeutschen Probanden im Unterschied zur Vergleichspopulation erwerbsbiographische Diskontinuitätsprozesse stärker mit der Ausprägung von Lernaktivitäten als kontinuierliche Abläufe. Bezogen auf den Index der Lernaktivitäten werden höhere Werte, die im Bundesgebiet Ost in Verbindung mit Mehrfach-Wechselprozessen gemessen wurden, schlechthin nicht überraschen, sondern weitgehend plausibel erscheinen. Interessant sind jedoch auch die erheblichen *Differenzen* bei den Lernaktivitäten im Osten, insbesondere zugunsten jener Personen, die mehrfache berufliche Wechselprozesse angaben, gegenüber denen, die noch im Erstberuf tätig sind. Sie bekräftigen den

Tab. 23: Wechselprozesse und Aktivitätsgrad der Kompetenzentwicklung

Lernaktivitäten in Prozent	WEST Hohe Aktivität		OST Hohe Aktivität	
Berufswechsel-Erfahrungen				*
Keine	29		26	
Mehrfach	24		34	
Arbeitslosigkeitserfahrungen		***		***
Keine	32		34	
Mehrfach	19		26	
Firmenwechsel-Erfahrungen		**		
Keine	33		27	
Mehrfach	23		31	
Arbeitsbedingte Umzüge		***		***
Keine	26		25	
Mehrfach	44		44	
Populationen Gesamt	28%		27%	

Zusammenhang von Lernaktivität und erwerbsbiographischer Dynamik als Merkmal der Transformationsgesellschaft, das gerade in der Vergleichsperspektive bei den einzeln aufgeführten Wechselprozessen recht überzeugend hervortritt.

In diesem Kontext kann exemplarisch, nicht nur für singuläre Wechselprozesse spezifischer und exponierter Gruppen, sondern für die Population einer Transformationsgesellschaft unter hohem Wandlungsdruck, nachgewiesen werden, dass die *Dynamik von Diskontinuitätserfahrungen* in Bezug auf Kategorien der Lernkompetenz kumulativ wirkt und zumindest ansatzweise mit der Ausbildung höherer Lernkompetenzen koinzidiert.

Im Unterschied zur Selbststeuerung von Lernprozessen und zur Lernaktivität ergibt sich bei der *Antizipation beruflicher Kompetenzentwicklung* generell eine andere Logik (vgl. Tab. 24): Mit Ausnahme des Items mehrfacher arbeitsbedingter Umzüge verbinden sich *Kontinuitäten* generell stärker mit einem überdurchschnittlichen hohen Antizipationsniveau als berufliche Diskontinuitäten. Diese Logik ist im Osten wiederum stärker ausgeprägt als im Westen.

Tendenziell vermitteln die Daten der Tabelle 27 den Eindruck, dass gerade in jenen Mobilitätskategorien, in denen höhere Lernaktivitäten ausgewiesen wurden, vergleichsweise geringere Antizipationswerte auftreten. Insgesamt jedenfalls zeigt sich *im Unterschied zur Konfrontation von Wechselprozessen mit den Lernaktivitätswerten*, dass ost-west-übergreifend höhere Antizipationswerte mit erwerbsbiographischer *Kontinuität* verbunden sind.

Formal könnte die Vermutung plausibel erscheinen, dass die (höheren) Antizipationswerte in diesem Kontext selbst als Resultat von Lernprozessen erscheinen:

Tab. 24: Wechselprozesse und Antizipationsniveau beruflicher Kompetenzentwicklung

Antizipationsniveau in Prozent	WEST Hohes Antizipationsniveau	OST Hohes Antizipationsniveau
Berufswechsel-Erfahrungen		
Keine	36	44
Mehrfach	34	41
Arbeitslosigkeitserfahrungen	*	
Keine	37	47
Mehrfach	31	39
Firmenwechsel-Erfahrungen	***	
Keine	40	49
Mehrfach	32	42
Arbeitsbedingte Umzüge		*
Keine	34	40
Mehrfach	37	45
Populationen Gesamt	35%	41%

Die vergleichsweise geringere Lernaktivität der vorangegangenen drei Jahre soll künftig durch größere Anstrengungen kompensiert werden. *In dieser spezifischen Fallkonstellation würde Weiterbildung nicht eine kumulative, sondern eine kompensatorische Funktion zukommen.*

Ebenso plausibel erscheint auch umgekehrt die Auslegung, zumindest mit Blick auf die ostdeutsche Population, dass höheren Lernaktivitätswerten (bei Firmen- und Berufswechslern in den vergangenen drei Jahren) eine präventive Wirksamkeit zugetraut wird. In dieser Konstellation deutet sich an, dass höhere Lernaktivitäten nicht in jedem Falle eine Eigendynamik entfalten werden und eine Steigerung des Antizipationsniveaus beruflicher Kompetenzentwicklung nach sich ziehen.

3.3 Mobilitätstypen und Lernkompetenzen

Mobilitätstypen

Um Wechselprozesse in stabileren und komplexen Indizes mit Variablen des Lernens konfrontieren zu können, wurden Typen von Mobilitätsprozessen gebildet und bei der Auswertung des Datenmaterials eingesetzt.

Verschiedene Versuche der Clusterbildung führten zu einem ausdifferenzierten, fünfstufigen Index (Tab. 25), dessen einzelne Typen eine hohe Konsistenz aufweisen, relativ trennscharf voneinander zu unterscheiden sind, mithin eine hohe Stabilität erwarten lassen. Die einzelnen Typen weisen zudem eine plausible

Verteilung von Häufigkeiten auf; die *fünfstufige* Gliederung bietet zugleich eine akzeptable Transparenz in Bezug auf die Diversität erwerbsbiographischer Mobilitätserfahrungen.

Der Typenbildung liegen zwei gewichtige Konstruktionsprinzipien zugrunde: Zum einen wurden nicht arbeitsmarktbezogene Wechselprozesse („persönliche Erwerbspausen") ausgeklammert, da sie regelmäßig zu erheblichen Verzerrungen bei Typenbildungen geführt hatten. Zum anderen entspricht die präsentierte, auf Konsistenz geprüfte Typenstruktur konzeptionellen Intentionen der Berichterstatter, da Erfahrungen der Unterbrechung von Erwerbsarbeit durch Formen und Phasen der Arbeitslosigkeit *nicht* als eigenständiger Mobilitätstyp gefasst sind. Diese Erfahrungen treten in den einzelnen Typen in unterschiedlichen Häufigkeiten und differenter Typprägung hervor. Das Vorgehen stützt sich zum einen auf Befunde und Positionen, die die neue *Ubiquität* von Erwerbslosigkeit in Phasen krassen und permanenten Wandels betonen, zum anderen auf Untersuchungen der empirischen Biographieforschung, die eine systematisierbare Vielfalt an Formen, Funktionen und Reflexionen von Passagen der Erwerbslosigkeit im Erwerbsleben aufdecken konnte (Mutz 1997), ohne die Prekarität von Arbeitslosigkeit in spezifischen Konstellationen auszublenden (zur neuen Problematik des „Schicksals" vgl. Bude 1995).

Der Typ des Immobilen (1) ist charakterisiert durch ein signifikant geringes Maß erwerbsbiographischer Mobilität; eingeschlossen sind Erfahrungen der Arbeitslosigkeit. Den Typ des gering Mobilen (2) kennzeichnet ebenfalls ein geringes Maß an berufsbezogenen Wechselprozessen, allerdings in der Verbindung mit Erfahrungen der Erwerbslosigkeit. Der dritte Typ (3) ist bestimmt durch erwerbsbiographisch relevante Firmen- und Berufswechselprozesse, jedoch zugleich durch eine relativ hohe „Sesshaftigkeit", also ohne nennenswerte Ortswechsel (arbeitsbezogene Umzüge). Demgegenüber zeichnet sich der Typus „ortsbezogener" Mobilität (4) insbesondere durch erwerbsbiographisch relevante, arbeitsbedingte Umzüge und sehr geringe Erfahrungen mit Erwerbslosigkeit aus. Die Kategorie des Hochmobilen (5) vereint ein signifikant hohes Maß aller Wechselprozesse, einschließlich der Unterbrechung der Erwerbsarbeit durch Phasen zumeist nicht intendierter „Erwerbspausen", die durch den Status der Erwerbslosigkeit gekennzeichnet sind.

Mit angemessener Vorsicht können jeweils zwei Mobilitätstypen extrahiert werden, die für die ostdeutsche bzw. für die westdeutsche Population charakteristisch sind: Während im Westen die Kategorien der Immobilen und der ortsbezogen Mobilen deutlich stärker besetzt sind, trifft das bei den Ostdeutschen insbesondere für die Mobilitätstypen der gering Mobilen mit erheblichen Arbeitslosigkeitserfahrungen sowie für die Kategorie der ortsgebunden Mobilen zu. Annähernd gleich vertreten sind die „Hochmobilen", die im Gesamt der Bevölkerung mit 7 Prozent die kleinste Gruppierung bilden.

Tab. 25: Mobilitätstypen Gesamtverteilung

In Prozent	1 Immobil	2 Gering mobil (Alo-Erfahrung)	3 Ortsgebunden mobil	4 Ortsbezogen mobil	Hochmobil (Alo-Erfahrung)
West	52	13	16	13	6
Ost	34	21	30	8	8
Gesamt	46	16	21	16	7

Fasst man beide Pole der *Mobilität* (Typ 4, 5) und der *Immobilität* (Typ 1, 2) zusammen und setzt sie dem Ost-West-Vergleich aus, dann zeigt sich, dass die internen Differenzierungen im westdeutschen Sample etwas stärker ausgeprägt sind: Die höheren Anteile (Prozentwerte) der Immobilität wie der Mobilität finden sich jeweils in der westdeutschen Population. Der mittlere Typus der „ortsgebundenen Mobilität" (Firmen- und Berufswechsel) hingegen erweist sich als eine spezifisch ostdeutsch geprägte Kategorie.

Nachstehende Abbildungen (Abb. 18 und 19) zeigen ergänzend einen Vergleich der Mobilitätstypen auf der Strukturebene der höchsten beruflichen Ausbildungsabschlüsse (Berufsausbildung versus Hochschulabschlüsse). Dabei hebt sich insbesondere die ostdeutsche Kategorie der Personen mit Berufsausbildung durch eine Reihe exponierter Merkmale ab, die sich deutlich von den Werten der Vergleichsgruppen unterscheiden. Das bezieht sich auf die *niedrigste* Besetzung des Mobilitätstyps mit höchster Immobilität ohne relevante Arbeitslosigkeitserfahrungen, auf die *höchsten* Werte für den Typus geringer Mobilität mit erheblichen Anteilen von Arbeitslosigkeitserfahrungen wie für den Typus der ortsgebundenen Mobilität (Firmenwechsel, Berufswechsel). Demgegenüber erreicht ortsbezogene Mobilität wiederum die niedrigsten Werte aller Gruppen: Nur bei ostdeutschen Erwerbspersonen mit abgeschlossener Berufsausbildung bleiben nämlich die Prozentwerte im einstelligen Bereich; für alle anderen Kategorien konnten zumindest zweistellige Werte registriert werden. Erwartungsgemäß wurden auf der Ebene der Mobilitätstypen die Wertkonstellationen der verglichenen Kategorien bei den Wechselprozessen nicht nur bestätigt, sondern erhärtet; zugleich konnte damit die Konsistenz der Typenbildung besonders transparent bestätigt werden.

Es zeigen sich Konturen eines Bildes, das am Datenmaterial noch detailreicher auszuführen wäre: In keiner anderen der zum Vergleich herangezogenen Ausbildungskategorien ist die Diskrepanz zwischen ortsgebunder und ortsbezogener Arbeitsmarktmobilität so groß wie bei ostdeutschen Personen mit abgeschlossener Berufsausbildung bei gleichzeitig höchsten Anteilen *geringer Mobilität* in Verbindung mit Arbeitslosigkeitserfahrungen (Typus: gering mobil). Insofern kann von einer partialen bzw. „gespaltenen" Immobilität gesprochen werden, da die Option des Ortswechsels unzureichend ausgelotet ist. Diese wäre allerdings mit etwas größeren Erfolgsaussichten vorrangig auf den westdeutschen Arbeitsmarkt zu richten.

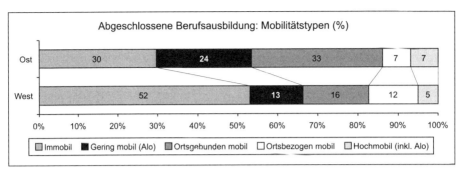

Abb. 18: Abgeschlossene Berufsausbildung und Verteilung nach Mobilitätstypen

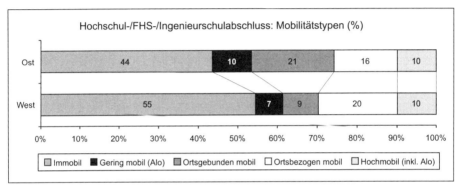

Abb. 19: Hoch- und Fachschulbildung und Verteilung nach Mobilitätstypen

Lernkompetenzen

Nachstehende tabellarische Darstellungen konfrontieren in ost-west-vergleichender Perspektive die skizzierten Mobilitätstypen mit den Indizes der Lernkompetenz. Bei der Frage nach dem Zusammenhang von Antizipationsniveau und Selbststeuerungsdisposition mit den einzelnen Mobilitätstypen beschränkt sich die Analyse auf die jeweiligen Stufen der *hohen* Ausprägung der Kompetenz-Variablen im Rahmen der zugrunde gelegten dreistufigen Skalierung. Die Auswahl erfolgt nicht nur aus Gründen größerer Übersichtlichkeit und Transparenz der Daten, sondern ist gedeckt durch das Konstruktionsprinzip der Kompetenz-Indizes, demzufolge die Stufe „hoch" so konzipiert wurde, dass sie nicht schlechthin als erstrebenswertes Normativ gelten kann, sondern realisierbar erscheint ohne exponiert günstige erwerbsbiographische oder sozialisatorische Voraussetzungen.

Wie die Tabelle 26 sichtbar macht, entsprechen die Verteilungen der Häufigkeiten für Antizipation und Selbststeuerung annähernd der Wertestruktur auf der Gesamtebene der Populationen. Demzufolge treten im *Ost-West-Vergleich* die Differenzen bei den Antizipationswerten stärker hervor als bei den Werten für die Selbststeuerung. Deutliche Unterschiede im Antizipationsniveau treten bei den Mobilitätstypen der *Immobilen* (12 Punkte), bei den *ortsbezogenen Mobilen* (12 Punkte)

Tab. 26: Mobilitätstypen – Antizipation und Selbststeuerung

In Prozent (gerundet)	WEST		OST	
	Antizipation (hoch)	Selbststeuerung (hoch)	Antizipation (hoch)	Selbststeuerung (hoch)
1 Immobil	36	37	48	42
2 Gering mobil	31	22	35	26
3 Ortsgebunden mobil	35	28	35	34
4 Ortsbezogen mobil	34	40	46	44
5 Hochmobil	33	36	57	52
Gesamtniveaus	35	34	41	37

sowie – extrem – bei den *Hochmobilen* (24 Punkte) hervor. Beim Vergleich der Kompetenzen zur Selbststeuerung der Lernprozesse bei Mobilitätstypen werden nur für die Hochmobilen ähnlich starke Differenzen gemessen. Als besonders problematisch erweist sich freilich der prekäre Mobilitätstyp der *gering Mobilen* mit hohen Anteilen von Arbeitslosigkeitserfahrungen, der bei beiden Kompetenzindizes, in Ost ebenso wie in West, die niedrigsten Werte aufweist. Allerdings erweisen sich die Differenzen gegenüber dem Mobilitätstypus, der vorrangig durch Firmen- und Berufswechselerfahrungen ausgezeichnet ist (ortsgebunden Mobile), als erstaunlich gering. Während die Antizipationswerte im Ost-West- Vergleich identisch sind, differieren die Werte der Selbststeuerung doch recht deutlich zugunsten der ostdeutschen Kategorie jener Mobilen, deren Arbeitsmarkt-Mobilität offenbar durch eine starke Ortsbindung charakterisiert ist.

Die interessanteste Ost-West-Differenz besteht zweifellos darin, dass hohe Mobilität (unter Einschluss der Diskontinuitätserfahrung Erwerbslosigkeit) nur in der ostdeutschen Population signifikant mit höchsten Kompetenzwerten ausgestattet ist.

Die einzelnen Mobilitätstypen wurden auch mit dem Index der *Lernaktivität* konfrontiert (Tab: 27). Hier ist ebenfalls als Ausgangspunkt für Interpretationen zu erinnern, dass an die Stufe „hoch" keine extremen Anforderungen gebunden sind, sondern Maßstäbe in „lebensweltlicher Reichweite", die hypothetisch auch auf Personen zu beziehen sind, die weder unter exponiert lernförderlichen Arbeitsverhältnissen tätig sind noch zwingend über akademische Abschlüsse verfügen. Ausgehend von den vergleichsweise moderaten Zuordnungen einzelner Lernaktivitäten zum dreistufigen Index müssen die gemessenen Werte auch in diesem Zusammenhang nachdenklich stimmen und zur Besorgnis veranlassen, wenn Anforderungen des Strukturwandels in Wirtschaft und Gesellschaft zugrunde gelegt werden. So weist der Mobilitätstypus „ortsgebunden Mobile" (Firmen- und Berufswechsel-Erfahrungen, Erfahrungen der Erwerbslosigkeit) in Westdeutsch-

Tab. 27: Mobilitätstypen und Lernaktivität

Lernaktivität In Prozent (gerundet)	WEST			OST		
	Hoch	Mittel	Niedrig/k.	Hoch	Mittel	Niedrig/k.
1 Immobil**	31	20	49	29	29	42
2 Gering mobil	17	21	62	19	26	55
3 Ortsgebunden mobil	23	19	57	26	32	42
4 Ortsbezogen mobil***	36	24	40	38	30	32
5 Hochmobil	34	24	42	39	30	32
Gesamtniveau:	28	21	51	27	29	44

land 57 Prozent und in Ostdeutschland 42 Prozent der Befragten aus, die in den vergangenen drei Jahren entweder überhaupt keine oder nur sehr geringe Lernaktivitäten angegeben hatten.

Auf der Ebene der Spitzenwerte (hohe Aktivität) fallen Ost-West-Differenzen bei den meisten Mobilitätstypen nur moderat oder geringfügig aus; fünf Prozentpunkte beim Typus der Hochmobilen erweisen sich bereits als größter Unterschied. Auf den Stufen der mittleren und niederen Aktivität treten jedoch deutliche Differenzen in den Häufigkeiten auf. Signifikante Unterschiede weisen die Mobilitätstypen der *Immobilen* und insbesondere der *ortsgebunden Mobilen* auf. Bei den Immobilen (geringe Arbeitslosigkeitserfahrungen) beträgt die Differenz auf der mittleren Stufe der Lernaktivität 9 Punkte; beim Typus ortsgebunder Mobilität liegen die Prozentwerte der Ostdeutschen auf der oberen Stufe um 9 Punkte und auf der mittleren Stufe um 13 Punkte höher, dagegen auf der niederen Stufe um 15 Punkte tiefer als die Werte der Westdeutschen. Die signifikanten Differenzen bei den beiden Mobilitätstypen könnten daraus resultieren, dass einerseits beim Typus der *Immobilität* ostdeutsche Erwerbstätige sowie Personen mit hohem Qualifikationsniveau vergleichsweise deutlich überrepräsentiert sind, andererseits am Typus *ortsgebunder Mobilität* ostdeutsche Frauen und wiederum Personen mit hoher Formalqualifikation vergleichsweise überdurchschnittlich in Erscheinung treten. – Ferner zeigt sich auch beim Vergleich der *Lernaktivitäten*, dass ostdeutsche Hochmobile höhere Lernaktivitäten nachweisen als Immobile (um 10 Punkte), ein Effekt, der in der westdeutschen Population nur in stark abgeschwächter Form nachweisbar ist.

Die empirischen Befunde im präsentierten Modus der Typisierung von Mobilitätsprozessen bestätigen auf höchstem Aggregationsniveau der Lernkompetenz (inkludiert sind Antizipation, Selbststeuerung und Lernaktivität) die Annahme, dass hohe oder höhere Kompetenzwerte relational hochmobilen Erwerbspersonen und Gruppen zugerechnet werden können (Abb. 20). In beiden Populationen ist auf dieser Ebene der „Kurvenverlauf" relativ deutlich ausgeprägt; allerdings steigt im Osten die Kurve in Richtung hoher Mobilität wiederum deutlich steiler an. „Im Tal" geringer Mobilität und ausgeprägter Arbeitslosigkeitserfahrung (Scheitelpunkt der Kurve) treffen die Populationen nahezu punktgenau zusammen.

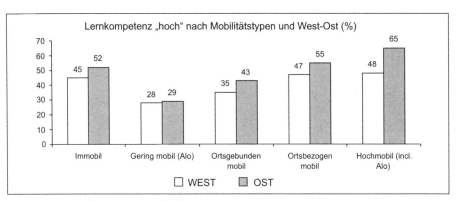

Abb. 20: Mobilitätstypen und Index der Lernkompetenz

Zugleich deuten die tabellarisch dargestellten Konstellationen eine Tendenz zur Polarisierung an, die im Osten wiederum stärker ausgeprägt ist: Sowohl Immobile (ohne Erfahrungen der Arbeitslosigkeit) als auch Hochmobile (einschließlich Erfahrungen der Arbeitslosigkeit) erreichen jeweils höchste Kompetenzwerte.

Kann auch das gemeinsame Auftreten etwa von hoher Mobilität und ausgeprägter Lernkompetenz als wahrscheinlich gelten, so ist zwischen beiden Variablen doch kein kausaler oder funktionaler Zusammenhang nachweisbar. Weder für die westdeutsche noch für die ostdeutsche Erwerbsbevölkerung kann empirisch nachgewiesen werden, dass hohe berufsbezogene *Mobilität als eigenständiger Einflussfaktor* auf ein höheres Kompetenzniveau von Lernprozessen wirksam wird und gleichsam als Indikator hoher Lernaktivitäten schlechthin auszuzeichnen wäre, wie in themenbezogenen Diskursen gelegentlich nahe gelegt wird. Hohe Lernkompetenzwerte werden primär von der Lernförderlichkeit der Arbeitsverhältnisse und vom Komplexitätsniveau der Tätigkeit bestimmt, welches wiederum auf das berufliche Qualifikationsniveau gestützt ist. Angesichts der Befunde ist nicht erkennbar, dass normativ ausgerichtete Extrapolationen von Lern- und Verhaltensmustern kleiner hochmobiler und kreativer Gruppen (etwa im IKT-Bereich) in absehbarer Zeit auf größere Gruppen der Gesellschaft übertragbar sein werden. – Ambivalenz und Uneindeutigkeit von Mobilitätsprozessen im Verhältnis zur Lernkompetenzentwicklung bleiben bestehen. Am stärksten verweisen ostdeutsche Mobilitätskategorien auf das favorisierte Modell, dessen Rahmenbedingungen jedoch als kontingent gelten müssen, weshalb sie nur bedingt als prospektives Richtmaß zu antizipieren sind.

Zusammenfassung

1. Unter Bedingungen gesellschaftlicher Transformation und radikalen strukturellen Wandels hatte die Konfrontation von Variablen der Lernkompetenz mit erwerbsbiographischen Wechselprozessen gezeigt, dass *Diskontinuitätserfahrun-*

gen im Bundesgebiet Ost stärker mit der Ausprägung selbstgesteuerten Lernens und der Lernaktivität korrespondieren als erwerbsbiographische Kontinuität. Die hervortretenden Differenzen konnten durch die Berechnung statistischer Zusammenhänge gestützt werden.

2. Im präsentierten Modus der Typisierung von Mobilitätsprozessen bestätigen die empirischen Befunde, dass *Lernkompetenzen* (Aggregation von Antizipation, Selbststeuerung und Lernaktivitäten) mit hoher erwerbsbiographischer Mobilität positiv korrelieren. In beiden Populationen sind den „Hochmobilen" im Vergleich zu anderen Mobilitätstypen jeweils die höchsten Kompetenzwerte zuzuordnen. Im Bundesgebiet Ost tritt diese Entwicklung noch stärker hervor als im Bundesgebiet West. Zugleich verweisen die Befunde auf eine Tendenz zur Polarisierung, die im Osten wiederum stärker ausgeprägt ist: Sowohl Immobile (ohne Erfahrungen der Arbeitslosigkeit) als auch Hochmobile (einschließlich Erfahrungen der Arbeitslosigkeit) erreichen jeweils hohe Kompetenzwerte. – Als besonders problembehaftet erweist sich der Typus mit geringer Mobilität (unter Einschluss erheblicher Arbeitslosigkeitserfahrungen), der zwar in Ostdeutschland höhere Kompetenzwerte erreicht als der westdeutsche Vergleichstypus, jedoch im Bundesgebiet Ost auch sehr viel stärker verbreitet ist.

3. Ungeachtet markanter Befunde, die im Kontext der Fragestellungen dieses Abschnitts möglich waren und sich insbesondere auf die *Desillusionierung* vereinfachter Vorstellungen über lernförderliche und kompetenzbildende Effekte von Mobilitätsprozessen bezogen, bleibt das *Verhältnis* von Mobilität und Lernkompetenz ambivalent, was wohl prioritär auf dessen strukturelle Spezifik zurückzuführen ist.
Auch bei konsistenter Clusterbildung und partiell signifikanten Zusammenhängen zwischen Mobilitätsstrukturen und Lernkompetenzen, also dem gemeinsamen Auftreten relevanter Merkmale, differieren andere interne Merkmale erheblich, sodass die strukturelle Heterogenität häufig nur bedingt stabile und zuverlässige Aussagen ermöglicht. Repräsentanten von Mobilitätstypen sind eben nicht primär bestimmt durch ihre Mobilitätsstruktur, sondern zumeist durch eine Vielzahl anderer sozialdemographischer Merkmale, die ihre Zugehörigkeit respektive soziale Identität stärker prägen als das Merkmal der Mobilitäts- oder Wechselprozesse.

4. Eine spezifische, relationale „Immobilität" konnte in der Vergleichperspektive bei ostdeutschen Erwerbspersonen mit abgeschlossener Berufsausbildung nachgewiesen werden: Verfügbare Ressourcen (Lernkompetenzen) werden unzureichend genutzt, um durch Ortswechsel Arbeitsmarktchancen zu verbessern. Beim vergleichenden Überblick über Wechselprozesse und Mobilitätstypen wird jedoch insgesamt erkennbar, dass die Rede von der sprichwörtlichen „Immobilität des deutschen Facharbeiters" (bezogen auf das Merkmal abgeschlossener Berufsausbildung größter Anteil der Erwerbsbevölkerung) nicht vorrangig einzelnen Personen als subjektives Defizit zugerechnet werden kann, sondern als ein *Struktur-*

problem zu verstehen ist, das aus dem Wandel von der Industrie- zur Dienstleistungs- respektive Wissensgesellschaft erwächst. Sozial verträglich und erfolgreich wird das Problem zu bearbeiten sein, wenn innovative institutionelle Rahmenbedingungen der Umschulung/Weiterbildung, vermittelt über differenzierte Angebote und Konditionen, bereitgestellt werden können. Derartige Prozesse werden künftig effizienter zu begleiten sein, um Lernkompetenzen zu fördern und Verluste an Humanressourcen zu reduzieren, wie sie derzeit in Ostdeutschland auftreten.

4. Lernförderlichkeit der Arbeitsverhältnisse und Kompetenzentwicklung

In den neuen Bundesländern fielen Logik und Verlauf der Transformationsprozesse von Arbeitsmarkt und Beschäftigung mit dem generellen strukturellen Umbau in Wirtschaft und Gesellschaft zusammen. Die 1990er Jahre hatten in der Sphäre der Arbeitswelt für die ostdeutsche Erwerbsbevölkerung eine Vielzahl unterschiedlicher, ambivalenter und partiell gegensätzlich erlebter Effekte hervorgebracht: Neue anspruchsvolle Arbeitsplätze entstanden, aber der Arbeitsmarkt begrenzte die Chancen einer auf hohe Erwerbsbeteiligung eingestellten Bevölkerung erheblich. Manche in der beruflichen Sozialisation erworbene Kompetenzen und Qualifikationen konnten unter veränderten Bedingungen erst entfaltet und zur Geltung gebracht werden; andere wurden im Rahmen der betrieblichen Restrukturierung drastisch entwertet (in formelle Verhandlungsmacht der Beschäftigten; Chaosqualifikationen).

Insbesondere jener Transformationsdiskurs zum Verhältnis von Verbetrieblichung und Verberuflichung in der Herkunftsgesellschaft hatte deutlich gemacht, dass ein *beruflicher Kompetenzwandel* erforderlich sein würde, um *einerseits* neuen Anforderungen, die der Arbeitsmarkt an die Beschäftigten stellt, und *andererseits* den strukturellen Wandlungsprozessen in Betrieben und Wirtschaftsbereichen gerecht zu werden (Sackmann & Wingens 1996). – Zwei weitere Hintergrundbedingungen sind zu beachten, wenn hypothetische Überlegungen zum Verhältnis von Lernförderlichkeit der Arbeit und beruflicher Kompetenzentwicklung in ost-west-vergleichender Perspektive formuliert werden:

1. Grundsätzlich können Qualifizierung und berufliche Weiterbildung in der ostdeutschen Erwerbsbevölkerung als intergenerationell tradierte, sozialstrukturell differenzierte Sozialisationserfahrungen vorausgesetzt werden. Paternalistische und zentralistische Verhältnisse im Rahmen eines ausgebauten Institutionensystems jedoch begrenzten Dispositionen der Selbststeuerung und Selbstorganisation beruflicher Kompetenzentwicklung erheblich; Anreize für Qualifizierung und Fortbildung sanken, da Aufstiege für die jüngeren Jahrgänge blockiert waren und das System leistungsgerechter Entlohnung immer stärker in die Krise geraten war. Allerdings ist die „Reflexionskompetenz" ostdeutscher Erwerbspersonen nicht zu

unterschätzen, die auf die Wahrnehmung erwarteter sozioökonomischer Wandlungsprozesse noch in der Herkunftsgesellschaft gerichtet war: Wie entsprechende Erhebungen am Ende der achtziger Jahre gezeigt hatten, war der Leistungsdruck erhöht worden, gab nahezu jeder Zweite an, seinen Arbeitsplatz gewechselt zu haben, erwartete immerhin ein Drittel der Befragten, dass Formen der Erwerbslosigkeit auch unter fortbestehenden gesellschaftlichen Rahmendingungen nicht ausbleiben würden (Gensicke 1992).

2. Komplexe Untersuchungen im Rahmen der empirischen Transformationsforschung zur Restrukturierung betrieblicher Gefüge in verschiedenen Wirtschaftsbereichen (1992–1994) hatten Struktur- und Verlaufsformen von Lern- und Erfahrungsprozessen erfasst und bilanzierend festgestellt, dass ungeachtet vielfältiger und umfangreicher Aktivitäten der Qualifizierung und Weiterbildung in den Betrieben deren *Effekte* insgesamt defizitär geblieben waren. Als Maßstab der Bewertung war ein Begriff umfassender und insbesondere *sozialer Kompetenzentwicklung* zugrunde gelegt worden. Gezeigt werden konnte, dass systematische Formen des Lernens unter Transformationsbedingungen unverzichtbar sind und dass die verbreitete Praxis der „Qualifizierung am unteren Limit" die Sozialintegration in den Betrieben erschwerte hatte und als belastende Hypothek in der Zukunft fortwirken könnte (Baethge et al. 1996).

Auszugehen war davon, dass mit der Etablierung/Stabilisierung des neu strukturierten Erwerbs- und Beschäftigungssystems Prozesse der innerbetrieblichen Restrukturierung fortgeführt worden sind, *einerseits* die Anforderungen insgesamt gestiegen und in der Bilanz günstigere Bedingungen für die Ausgestaltung lernförderlicher Arbeitsbedingungen der Beschäftigten entstanden sein sollten, *andererseits* die Beschäftigungschancen im Sinne des Zugangs zu relativ stabilen und qualifikationsadäquaten Erwerbsverhältnissen weiter reduziert worden sind. Im folgenden Abschnitt werden im Ost-West-Vergleich ausgewählte Fragen behandelt, die darauf gerichtet sind, wie die Dynamik des Wandels von Lernpotenzialen der Arbeit erlebt worden ist, welche Zusammenhänge zwischen der Lernförderlichkeit der Arbeitsverhältnisse und Variablen der Kompetenzentwicklung auf verschiedenen Strukturebenen zu erkennen sind und welche Differenzen bzw. Gemeinsamkeiten zwischen den Vergleichspopulationen ggf. besonders markant hervortreten.

Zunächst werden Dimensionen der Lernförderlichkeit von Arbeitsverhältnissen im Überblick vergleichend betrachtet; sodann sollen Aspekte der Lernförderlichkeit mit Komponenten der Lernkompetenz (Antizipationsniveau, Lernaktivität und Selbststeuerung) konfrontiert und einer vergleichenden Analyse der beiden Populationen des Samples unterzogen werden.

4.1 Erlebte Dynamik der Lernförderlichkeit von Arbeitsverhältnissen im vergleichenden Überblick

4.1.1 Dimensionen der Lernförderlichkeit bei Erwerbstätigen und Erwerbslosen

Aus den einzelnen in der Erhebung erfassten (15) Parametern zur Operationalisierung der Lernförderlichkeit von Arbeitsverhältnissen wurden fünf Indizes gebildet, die unterschiedliche Dimensionen der Lernförderlichkeit repräsentieren. Demzufolge lassen sich Dimensionen der Lernförderlichkeit aufschlüsseln

a) nach der *Lernhaltigkeit* der Arbeitssituation, die unmittelbar mit der Wahrnehmung der Arbeitsaufgabe verknüpft ist und mit dem Index der „Ganzheitlichkeit des beruflichen Aufgabenzuschnitts" ausgedrückt wird;
b) nach den „betrieblichen Entwicklungsmöglichkeiten", die vorrangig von den Chancen und unterstützenden Bedingungen der Organisation bestimmt werden, um berufliche Kompetenzen zur Geltung zu bringen; Optionen und Chancen betrieblicher Entwicklung schließen die Gelegenheit Neues zu lernen ebenso ein wie berufliche Entwicklungsmöglichkeiten und den Stellenwert betrieblicher Weiterbildung;
c) sowie nach jenen *lernunterstützenden* Angeboten und Chancen der Kooperation und Partizipation („Soziale Einbindung" und „Partizipation"), durch die insbesondere Prozesse der *sozialen Integration* beeinflusst werden.
d) Einen weiteren relativ eigenständigen Faktor der Lernpotenziale der Arbeit erfasst die „Reorganisation" betrieblicher Prozesse und insbesondere deren Dynamik. Damit soll der Komplexität betrieblicher Veränderungen entsprochen und insbesondere auf die Eigenständigkeit der Dynamik betrieblicher Organisationsprozesse abgehoben werden (Frage-Item: „bei uns wurde viel umorganisiert").

Hypothesen

Deutliche Differenzen zwischen den befragten Erwerbstätigen der alten und der neuen Bundesländer wurden bei der *Ganzheitlichkeit* des beruflichen Aufgabenzuschnitts erwartet, jener Dimension, die eng verbunden ist mit dem *Strukturwandel* der ostdeutschen Wirtschaft, neuen Beschäftigungen in verschiedenen Feldern und Bereichen der Dienstleistung. Zudem war hier der erwerbsbiographische Erfahrungshintergrund der ostdeutschen Befragten zu beachten: In der Planökonomie der Herkunftsgesellschaft hatte bis zum Ende der achtziger Jahre ein „auslaufendes Modell tayloristischer Massenproduktion" (Meier 1991) dominiert, das faktisch mit Tendenzen beruflicher Dequalifizierung und einseitigen Arbeitsanforderungen verbunden war.

Bezogen auf die *betrieblichen Entwicklungsmöglichkeiten* konnte die Hypothese weniger eindeutig formuliert werden; in dieser Dimension war mit internen Differenzierungen innerhalb der ostdeutschen Population, also zwischen sozialdemographischen Gruppierungen und Wirtschaftsbereichen zu rechnen. Tendenziell war zu erwarten, dass sich neben Angleichungsprozessen weniger positiv erlebte Erfahrungen nachweisen lassen: Erwerbsbiographische Erfahrungen überinstitutionalisierter, großbetrieblicher Strukturen der Herkunftsgesellschaft werden in einigen Strukturformationen der ostdeutschen Gesellschaft als Maßstab der Bewertung ihre Wirksamkeit nicht verloren haben.

Besondere Aufmerksamkeit verdienen lernunterstützende Angebote, denen ein entscheidender Einfluss auf die *soziale Integration* der Mitarbeiter („Soziale Einbindung" bzw. Kommunikations- und Kooperationsmöglichkeiten sowie Partizipationschancen) zuzuschreiben sein wird. Diesbezüglich hatte die Transformationsforschung im Rahmen betrieblicher Restrukturierung erhebliche Defizite identifiziert (Schmidt 2001). Es musste als eine weitgehend offene Frage erscheinen, wie die Dynamik der Entwicklung dieser Lernpotenziale im Verlaufe der vergangenen fünf Jahre erlebt wurde und welche Zusammenhänge sich mit den Komponenten der Lernkompetenz einstellen würden.

Hypothetische Ausgangspositionen für die vergleichende Analyse der (aktuell) *Erwerbslosen* ließen sich weniger eindeutig formulieren, wenn Dimensionen der Lernförderlichkeit der *beruflichen Arbeit* zu thematisieren sind. Die interne Differenziertheit der Gruppe aktuell Arbeitsloser ist erheblich: Sie betrifft das Ausmaß erwerbsbiographisch erworbener Arbeitsmarkterfahrungen, Ausmaß und Intensität erlebter Arbeitslosigkeitserfahrungen ebenso wie die mentale oder faktische *Nähe zu betrieblichen Arbeitsprozessen*, sowie die Beteiligung an geförderter Qualifizierung/Umschulung zum Zeitpunkt der Befragung. Auf der Ost-West-Ebene des Vergleichs sind einerseits höhere Qualifikationsniveaus der ostdeutschen Statuskategorie, andererseits längere Zeiten des Verbleibs im Status der Erwerbslosigkeit vorauszusetzen. In Abwägung unterschiedlicher Faktoren war erwartet worden, dass ostdeutsche Erwerbslose ähnliche/gleiche Wahrnehmungs- und *Bewertungsmuster* erkennen lassen wie Erwerbstätige der neuen Länder, allerdings mit jeweils deutlichen Niveauunterschieden bei einzelnen Indikatoren. Aufgrund der erwerbsbiographischen Erfahrungen in der Herkunftsgesellschaft, anhaltender *Erwerbsnähe* und des höheren formalen Ausbildungsniveaus vermuteten wir schließlich Unterschiede zur westdeutschen Vergleichsgruppe, die sich in positiver erlebten Werten der Dynamik lernförderlicher Arbeitsverhältnisse äußern sollten.

Um den Zugang zum komplexen Datenmaterial zu erschließen und die Darstellung zu strukturieren, empfahl sich ein induktives, zugleich möglichst transparentes Vorgehen der vergleichenden Darstellung. In der nachstehenden Tabelle 28 sind zunächst *einzelne* konstituierende Indikatoren (7 von insgesamt 15) der

Tab. 28: Items der Lernförderlichkeit von Arbeitsverhältnissen nach Ausprägung der West-Ost-Differenzen

Kendell-Tau-b	Niveau der Signifikanz WEST-OST	Erwerbstätige		Erwerbslose	
		WEST „trifft zu"	OST „trifft zu"	WEST „trifft zu"	OST „trifft zu"
1 Gute betriebliche Entwicklungsmöglichkeiten	,106**	46%	40%	15%	17%
2 Vielfältige Fähigkeiten und Fertigkeiten	-,078**	80%	84%	60%	**79%**
3 Mitarbeiter in Unternehmensentscheidungen einbezogen	,066**	40%	37%	15%	20%
4 Eigenständig Absprachen treffen	,058**	41%	38%	15%	27%
5 Anregende und abwechslungsreiche Arbeit	-,056**	79%	82%	50%	**75%**
6 Arbeit selbstständig einteilen	(,049)	66%	62%	41%	48%
7 Ganzheitliche Durchführung der Arbeit	(,043)	71%	75%	41%	**63%**

Korrelationskoeffizienten: ** = markante Differenz

Lernförderlichkeit erfasst worden, zwischen denen auf Ost-West-Ebene signifikante, also statistisch geprüfte Unterschiede nachweisbar sind. Nur bei den Variablen „Vielfalt der Fähigkeiten" sowie „Anregung und Abwechslung" aus dem breiten Spektrum einzelner Fragevorgaben wurden im Ost-West-Vergleich solche signifikanten Differenzen gemessen, bei denen die ostdeutschen Erwerbstätigen höhere Prozentwerte angegeben hatten. Die Akzentuierung beider Items lässt darauf schließen, dass die Reduzierung tayloristischer Elemente der Arbeitsorganisation von ostdeutschen Befragten vor dem Hintergrund von Arbeitserfahrungen in der Herkunftsgesellschaft als besonders positiv erlebt worden ist. Die Tabelle zeigt zugleich, dass signifikante Unterschiede (Korrelationskoeffizienten) zwischen Ost und West vorrangig auf die erheblichen Differenzen bei den Erwerbslosen zurückzuführen sind.

Befunde

Die nachstehende Tabelle 29 gibt einen ersten Überblick über die reflektierte Dynamik von Veränderungen einzelner *Dimensionen* der Lernförderlichkeit von Arbeitsverhältnissen. Die gewählte Rangfolge der einzelnen Indizes entspricht der Stärke der statistisch gemessenen Zusammenhänge (Korrelationskoeffizienten) dieser Variablen mit dem Gesamt-Index, der für die Lernförderlichkeit der Arbeit gebildet wurde; die Rangfolgen zwischen Ost und West stimmen überein.

Tab. 29: Lernförderlichkeit der Arbeitsverhältnisse von Erwerbstätigen WEST-OST

Indizes der Lernförderlichkeit Angaben in Prozent	Erwerbstätige: Dynamik der Veränderung: "eher verbessert"		Erwerbslose: Dynamik der Veränderung: "eher verbessert"	
	WEST	OST	WEST	OST
1 Ganzheitlichkeit der Aufgabenstellung	65	70	37	**52**
2 Kommunikations- und Kooperationsintensität	65	67	34	**48**
3 Partizipationschancen der Arbeit	53	56	29	33
4 Betriebliche Entwicklungsmöglichkeiten	56	60	27	32
5 Dynamik betrieblicher Reorganisation*	42	**49**	15	18

Auffällig erscheint auf den ersten Blick das geringe *Niveau* der Ost-West Unterschiede auf der Gesamtebene. Aber nicht nur die Differenz bei den einzelnen Indikatoren, sondern auch die Gleichheit der Muster wird vor dem Hintergrund der Transformationsprozesse als wichtiger Befund einzuschätzen sein. Ost- wie westdeutsche Erwerbstätige belegen Verbesserungen der Ganzheitlichkeit der Aufgabenstellung mit den höchsten Werten; positiven Effekten betrieblicher Reorganisation wird jeweils mit der größten Skepsis begegnet, wobei hier Ost-West-Differenzen relativ deutlich hervortreten.

In allen Dimensionen wird zwar die *erlebte Dynamik* der Veränderungen von den Befragten, die ihren Wohnsitz in den neuen Bundesländern haben, erwartungsgemäß höher bewertet, aber deren Effekte werden zugleich auch stärker als eine *Verbesserung* wahrgenommen. Allerdings differieren die Werte diesbezüglich nur graduell, sie erreichen in nahezu allen Dimensionen 4 Prozentpunkte, bei der „Sozialen Einbindung" 3 und der Reorganisationsdynamik 5 Punkte.

Die wichtigsten Differenzen bei *positiv* wahrgenommenen Veränderungsprozessen auf der Ost-West-Ebene betreffen die Faktoren „Ganzheitlichkeit des Aufgabenzuschnitts" (Ost + 5 Punkte) sowie die Dynamik betrieblicher Reorganisationsprozesse (Ost + 7 Punkte).

Insgesamt bewerten ostdeutsche Erwerbstätige (70 Prozent) Verbesserungen der *Ganzheitlichkeit* des beruflichen Aufgabenzuschnitts am höchsten (Ost-West-Differenz: +5 Punkte). Dieser Trend ist deshalb hervorzuheben, da Aspekte der „beruflichen Autonomie" wie die Anregungsqualität der Arbeit insgesamt, die Selbstständigkeit in den aufgabenbezogenen Entscheidungen, die erlebte Möglichkeit, eigenständig Absprachen treffen zu können u.a. auch im empirisch fundierten Fachdiskurs (Bergmann et al. 2000) als erstrangige, außerordentlich bedeutsame Bedingungen der Lernförderlichkeit von Arbeitsprozessen herausgestellt werden: Faktoren, die sich als basale und unverzichtbare, wenngleich nicht hinreichende Komponenten für die berufliche Kompetenzentwicklung erweisen.

Die geringsten Verbesserungen (und die meisten Verschlechterungen) stellen sich beim Index der *Reorganisationsdynamik* ein. Bei vergleichsweise niedriger Besetzung bewerten ostdeutsche Befragte die *Verbesserungen* um 7 Punkte höher; die Ost-West-Differenz ist, wie die Tabelle ausweist, auch statistisch gesichert (moderate Signifikanz). Diese Bilanz erweist sich angesichts erheblicher Turbulenzen in der formativen Phase betrieblicher Restrukturierung als plausibel. Zudem ist auch der Hintergrund erwerbsbiographischer Erfahrungen in der Herkunftsgesellschaft mitzudenken, da gerade betriebliche Organisationsverhältnisse häufig als chaotisch erlebt worden waren („Chaos"qualifikationen).

Mit Blick auf die ostdeutsche Population der Erwerbstätigen und deren erwerbsbiographische wie transformationsbedingte Erfahrungen legt die erste Übersicht der Befunde die Einschätzung nahe, dass der *Substitutionsprozess* der alten durch akzeptierte neue Formen und Muster sozialer Integration nicht als abgeschlossen gelten kann. Alte Muster haben zwar ihre Geltung verloren (Verhandlungsmacht der Arbeitsgruppe; quasi-familiale Beziehungsformen), werden aber durch neue funktionale, als lernförderlich erlebte Formen der *Kommunikations- und Kooperationsintensität* (soziale Einbindung) nicht vollständig ersetzt worden sein. So hatte der Vergleich, insbesondere mit dem *aktuell* wahrgenommenen *Niveau* dieser Dimension der Lernförderlichkeit gezeigt, dass nur je 47 Prozent der Befragten (Ost-West-Parität) die soziale Einbindung (z.B. Zusammenarbeit mit Experten und Kollegen; Informiertheit über andere Bereiche und innerbetriebliche Zusammenhänge) aktuell als „stark ausgeprägt" reflektierten. Dieser Befund verweist zumindest auf eine Stagnation des gegenwärtigen Niveaus, und er signalisiert zugleich die Option einer qualitativen Verschlechterung dieser wichtigen Komponente lernförderlicher Arbeitsverhältnisse.

Evident sind die Unterschiede zwischen *Erwerbstätigen und Erwerbslosen* bei der Wahrnehmung von Veränderungen betrieblicher Lernpotenziale, wie die Tab. 29 ebenfalls zeigt. Im Ost-West-Vergleich jener Befragten, die sich aktuell als Inhaber von Erwerbsarbeitsplätzen einstuften, beziehen sich die Unterschiede auf höhere Positivwerte der ostdeutschen Erwerbstätigen in allen Dimensionen erlebter *Verbesserung* von Lernpotenzialen (2–5 Punkte). Die Dynamikwerte liegen ebenfalls etwas höher (2–7 Punkte).

Deutliche Unterschiede weist die Tabelle in den Wahrnehmungen der Dynamik-Prozesse von Lernpotenzialen der Arbeit zwischen ostdeutschen und westdeutschen *Erwerbslosen* aus. Sind auch die Muster der Wahrnehmung in Bezug auf die einzelnen Kategorien der definierten Lernpotenziale strukturell identisch, so differieren die *Werte* doch erheblich.

Zwar reflektieren Erwerbslose Verbesserungen generell distanzierter als Erwerbstätige, allerdings rangieren bei ostdeutschen Erwerbslosen dennoch die Werte für *Verbesserungen* an vorderster Stelle, während bei westdeutschen Erwerbslosen die Prozentwerte für *unveränderte* Organisationsverhältnisse der Arbeit höher ausfallen als für Verbesserungen der Lernförderlichkeit (tabellarisch nicht erfasst).

Die Differenzen zwischen ost- und *westdeutschen* Erwerbslosen erreichen deutlich höhere Werte als zwischen den Erwerbstätigen der Vergleichspopulationen. Das Spektrum der Differenz ist relativ weit gespannt: Es erfasst sowohl graduelle (4 Punkte: Verbesserung der Partizipationschancen) als auch qualitative Unterschiede (15 Punkte: Verbesserung des beruflichen Aufgabenzuschnitts). Evident sind die geringen Werte der Zustimmung von Erwerbslosen zur Verbesserung betrieblicher Entwicklungsmöglichkeiten. Aber die *größten Differenzen* gegenüber den Erwerbstätigen stellen sich beim Index der betrieblichen Reorganisationsdynamik ein: Erweist sich betriebliche *Reorganisation* häufig auch als entscheidender Impuls und Ausgangspunkt für eine neue Gesamt-Dynamik lernförderlicher Bedingungen der Arbeit, so zeigt sich deren Zwiespältigkeit aus der Perspektive der Beschäftigten gerade darin, dass sie sich immer auch als potenzielle Quelle für den Übergang in den Status der Erwerbslosigkeit erweist, wenn Arbeitsplätze als Basis beruflicher Kompetenzentwicklung eliminiert werden.

Strukturelle Unterschiede zwischen Erwerbstätigen und Erwerbslosen bei der Wahrnehmung und Einschätzung lernförderlicher Bedingungen und Verhältnisse der Arbeit können nur erklärt werden, wenn (aktuelle) Erwerbslosigkeit im Analysesample als relativ eigenständiger Status und sich verstetigende erwerbsbiographische Erfahrung interpretiert wird (vgl. Tab. 30). Können zwar Formen „dynamischer Arbeitslosigkeit" (Mutz 1997) auch als kurzzeitige Intermezzi der Neuorientierung am Arbeitsmarkt fungieren, so belegen die Daten doch recht überzeugend, dass derartigen Passagen insgesamt eine eher marginale Bedeutung zukommt.

Unterschiede zwischen *westdeutschen* Erwerbstätigen und Erwerbslosen fallen nicht nur deutlich höher aus als zwischen den ostdeutschen Statusgruppen, sie weisen auch *strukturelle* Differenzen in den Mustern der Wahrnehmung auf. Bezieht man sich resümierend auf alle vier Gruppen des Vergleichs, dann treten westdeutsche Erwerbslose in ihrer *Singularität* als „Problemgruppe" im Strukturwandel der Arbeitswelt besonders hervor.

Zugleich verweist die Analyse der Erwerbsstatusgruppen zur Wahrnehmung der Dynamik lernförderlicher Kontexte der Arbeit auf das erhebliche Lern- und Kompetenzpotenzial, über das ostdeutsche Personen im aktuellen Status der Erwerbslosigkeit noch immer verfügen; intelligente und effiziente Konzepte für deren Potenzialerhalt und „Soziale Einbindung" in Erwerbsarbeitsprozesse sind mehr denn je geboten.

Tab. 30: Lernförderlichkeit (gesamt) und Erwerbsstatus

Lernförderlichkeit der Arbeit (dichotom)	WEST		OST	
	Eher starke Ausprägung	Eher schwache Ausprägung	Eher starke Ausprägung	Eher schwache Ausprägung
Erwerbstätige	58	42	57	43
Erwerbslose	20	**80**	**34**	66

4.1.2 Wirtschaftsbereiche, Betriebsgrößen und Lernförderlichkeit der Arbeitsverhältnisse

Die nachstehende Tabelle 31 gibt einen allgemeinen Überblick über die Ausprägung der *Lernförderlichkeit* der Arbeitsverhältnisse auf der Ebene der Wirtschaftsbereiche und Betriebsgrößenklassen. Die Erwartung war auf dieser Aggregationsebene zunächst darauf gerichtet, dass in den vergleichsweise neuen bzw. expandierenden Strukturbereichen der ostdeutschen Wirtschaft, also im Sektor des Handwerks und der Dienstleistungen sowie in den Kleinbetrieben, vergleichsweise günstige Werte für die Lernförderlichkeit der Arbeitsverhältnisse bilanziert werden sollten. Insgesamt musste weitgehend offen bleiben, welche Relationen zwischen den Strukturen und welche Ost-West-Differenzen sich aus Reflexionsperspektive der Probanden einstellen werden.

Die Tabelle weist nur geringe Unterschiede bei der Bewertung der Lernförderlichkeit auf dem hier präsentierten Komplexitätsniveau aus. Signifikante Ost-West-Differenzen in der Bewertung konnten statistisch nicht nachgewiesen werden. Auf der ostdeutschen Seite fällt jedoch die größere *Spannbreite* der Wertungen auf, die von 36 bis 64 Punkten reicht. Beide Extremwerte beziehen sich auf Bereiche des *tertiären Sektors* und markieren die Polarität dieser Felder, die wiederum von den ostdeutschen Befragten schärfer reflektiert werden. Die deutlichsten Kontraste zwischen den Populationen (in Prozentwerten) treten im Bereich des Handels auf. Trifft gerade für diesen Bereich zu, dass im Strukturwandel der Arbeit nicht nur mit steigenden Qualifikationsanforderungen zu rechnen ist, sondern auch mit Erscheinungen der De-Qualifizierung (Baethge & Wilkens 2001), so spiegelt sich dieser Trend ganz offensichtlich auch auf der Ebene der Reflexion lernförderlicher Bedingungen der Arbeit.

Beachtliche Ost-West-Unterschiede ergeben sich ebenso für den industriellen Sektor (10 Punkte), nicht jedoch auf der Strukturebene der Großbetriebe. Hier schlägt sich auch die Strukturdifferenz nieder, dass nämlich der Anteil industrieller Großbetriebe im Bundesgebiet Ost deutlich geringer ausgeprägt ist (Verkleinbetrieblichung) als in der westdeutschen Wirtschaft. Gerade Großbetriebe bieten mit ihrer entwickelten Infrastruktur noch immer günstigere Bedingungen für Angebote der Information, Fortbildung und Qualifizierung. – Die sich anschließende tabellarische Darstellung (Tab. 32) soll in ost-west-vergleichender

Tab. 31: Lernförderlichkeit der Arbeitsverhältnisse und ökonomische Strukturen

Lernförderlichkeit: „ausgeprägt" (dichot) und ökonomische Stukturen	WEST	OST
Wirtschaftsbereiche		
Handwerk	46	**49**
Industrie	**50**	40
Handel	**46**	36
Öffentlicher Dienst	63	64
Sonstige Dienstleistungen/		
Freie Berufe	**60**	56
Betriebsgrößen		
Kleinbetriebe (bis 49)	52	51
Mittelbetriebe (50 bis 499)	**55**	51
Großbetriebe (ab 500)	57	57

Perspektive weitere Aufschlüsse über den Zusammenhang von ökonomischen Struktur-Variablen und einzelnen Dimensionen der Lernförderlichkeit von Arbeitsverhältnissen liefern.

Bei den einzelnen (ausgewählten) Indizes der *Lernförderlichkeit*, die mit den Strukturvariablen der Wirtschaftsbereiche wie der Betriebsgrößenklassen konfrontiert wurden (Tab. 32), bestätigen die nicht sehr starken Differenzierungen (graduelle Unterschiede) annähernd das Gesamtbild vorrangig ähnlicher oder nahezu gleicher Bewertungsmuster.

Vergleichsweise deutliche Ost-West-Differenzen beziehen sich wiederum auf die *Ganzheitlichkeit des beruflichen Aufgabenzuschnitts*: Bei positiv erlebter Dynamik wurden in ostdeutschen Kategorien, insbesondere in den Wirtschaftsbereichen des Handwerks und der sonstigen Dienste (u.a. Finanzdienstleistungen) sowie in den Kleinbetrieben, höhere Werte gemessen. Diametral entgegengesetzt ist jedoch das Bewertungsmuster in Bezug auf die Großbetriebe: Westdeutsche Befragte bewerten Verbesserungen um fünf Punkte höher als ostdeutsche Probanden.

In der ostdeutschen Population tritt die im Strukturwandel besonders relevante Wachstumskategorie der „sonstigen Dienstleistungen/freien Berufe" exponiert hervor: In allen drei Dimensionen der Lernförderlichkeit werden die höchsten Werte der Vergleichsgruppen gemessen (signifikante Differenz). In den ostdeutschen Branchen der Dienstleistungen übertrifft die Reflexion von Verbesserungen lernförderlicher Arrangements sogar die Werte des öffentlichen Dienstes, dem ansonsten aufgrund seiner besonderen Bedingungen zumeist unangefochtene Spitzenwerte zugeschrieben werden. In diesem Kontext findet sich ein selten

Tab. 32: Dynamik der Lernförderlichkeit nach Wirtschaftsbereichen und Betriebsgrößen

Dynamik der Lernförderlichkeit: „eher verbessert"	WEST (%)			OST (%)		
	Ganzheitliche Aufgabenstellung	Chancen betr. Entwicklung	Dynamamische Reorganisation	Ganzheitliche Aufgabenstellung	Chancen betr. Entwicklung	Dynamamische Reorganisation
Wirtschaftsbereiche						
Handwerk	64	**56**	42	**73**	52	42
Industrie	59	52	38	57	50	36
Handel	57	44	32	57	42	**36**
Öffentlicher Dienst	67	59	41	64	58	42
Sonstige Dienstleistung/ Freie Berufe*	61	54	43	**71**	**60**	**49**
Betriebsgrößen						
Kleinbetriebe	61	52	41	**66**	50	39
Mittelbetriebe	61	52	37	64	55	**42**
Großbetriebe	**66**	59	42	61	59	39

so eindeutig hervortretender Beleg dafür, dass die Neustrukturierung von Branchen und Wirtschaftsbereichen in Ostdeutschland mit Modernisierungseffekten verbunden ist, die in der subjektiven Reflexion und auf der gesellschaftlichen Makroebene als besonders lernförderlich erfahren werden.

Beim Index der Dynamik *betrieblicher Entwicklungsmöglichkeiten* ergaben sich grundsätzlich keine anderen Konstellationen (tabellarisch nicht erfasst). In den Wirtschaftsbereichen der neuen Länder wurden etwas niedrigere Werte (ausgenommen den Bereich der Sonstigen Dienste) gemessen. Auf der Ebene der Betriebsgrößenklassen werden in dieser Dimension der Lernförderlichkeit annähernd die gleichen Werte erreicht; nur die Befragten aus ostdeutschen Mittelbetrieben gaben höhere Werte zu Protokoll.

Insgesamt lässt die tendenzielle, aber zumeist gering ausgeprägte Differenziertheit der Bewertungen „Spuren" einer höheren Wandlungsdynamik in Ostdeutschland erkennen: Bei den ostdeutschen Befragten dominiert ein Wahrnehmungsmuster, das Verbesserungen deutlicher akzentuiert, die erlebte Dynamik stärker hervorhebt (geringere Werte beim Item „weitgehend unverändert"), aber zugleich in mehreren Dimensionen auch Verschlechterungen der Lernförderlichkeit betrieblicher Arbeitsverhältnisse erkennt. – Im Kontext der Analyse lernförderlicher Arbeitsverhältnisse im Zusammenhang mit Komponenten der *Lernkompetenz* wird auf Kategorien der Wirtschaftsbereiche und der Betriebsgrößenklassen erneut einzugehen sein.

4.2 Zum Verhältnis von Lernkompetenz und Lernförderlichkeit der Arbeitsverhältnisse

Im nachfolgenden Abschnitt werden Dimensionen der Lernförderlichkeit von Arbeitsverhältnissen zu Indizes der Lernkompetenz in Beziehung gesetzt und zunächst in vergleichender Perspektive auf der Makroebene analysiert. Sodann werden auf der Basis dieser Befunde Zusammenhänge zwischen wirtschaftlichen Strukturformen (sektorale Bereiche; Betriebsgrößen) und Aspekten der Kompetenzentwicklung wiederum in ost-west-vergleichender Perspektive diskutiert. Vorausgesetzt werden können die im ersten Kapitel vorgestellten Ergebnisse der Regressionsanalyse, demzufolge die Lernförderlichkeit der Arbeitsverhältnisse in Ost und West ohne signifikante Differenzen jeweils als stärkster eigenständiger Einflussfaktor auf die Lernkompetenzentwicklung hervortritt.

Antizipation und Lernförderlichkeit der Arbeitsverhältnisse

Ausgangspunkt *hypothetischer* Überlegungen zum Verhältnis von Lernförderlichkeit und Antizipation bildet die Vorstellung, dass ein nachweisbarer *Zusammenhang* zwischen der Wahrnehmung der Lernförderlichkeit und dem Antizipationsniveau besteht und dass dieser allgemeine Zusammenhang auf der Gesamtebene des Ost-West-Vergleichs annähernd das gleiche Niveau erreichen wird. Differenzen zwischen den Populationen werden daraus resultieren, dass die Transformationsdynamik in den neuen Bundesländern die Arbeitsanforderungen und die Lernpotenziale der Arbeit insgesamt erheblich verändert hat und dass in der Bilanz eine Vielzahl neuer *erwerbsbiographischer* Erfahrungen generiert wurde, die sich nicht nur in der *Wahrnehmung* der Lernpotenziale der Arbeit ost-west-differenzierend widerspiegeln werden, sondern auch in der Dynamik des Zusammenhangs von Lernförderlichkeit der Arbeitssituation und Antizipation beruflicher Kompetenzentwicklung. So sollten die als „Verbesserung" erlebten Effekte dynamischer Veränderungen in den Lernpotenzialen der Arbeit mit dem Antizipationsniveau beruflicher Kompetenzentwicklung korrespondieren und auf der Ost-West-Ebene des Vergleichs angesichts der „doppelten" Dynamik von Transformationsprozessen (Umbau des Erwerbssystems und neue Lernpotenziale der Arbeit) entsprechende Differenzierungen hervorbringen.

Aktivitätsniveau der Kompetenzentwicklung und Lernförderlichkeit der Arbeit
Die Fragerichtung, wie das Antizipationsniveau beruflicher Kompetenzentwicklung durch *Lernaktivitäten* praktisch untersetzt ist und welcher Einfluss dabei der *Lernförderlichkeit* der Arbeitsverhältnisse zukommt, berührt ein weiteres Kernproblem der Ausprägung des Kompetenzbewusstseins, das gerade in der Perspektive des Ost-West-Vergleichs wichtige Aufschlüsse erwarten lässt. – Zentral ist in diesem Zusammenhang die Frage, in welcher Beziehung die für die neuen Bundesländer gemessene höhere Weiterbildungsbeteiligung zur erlebten Dynamik lernförderlicher Arbeitsverhältnisse steht. Dabei kommt der Pro-

blemstellung eine zeitliche Passung entgegen, denn die den Probanden gestellte Frage nach der erlebten Dynamik bei Veränderungen lernförderlicher Kontexte der Arbeit bezog sich auf den Zeitraum der vergangenen 5 Jahre und reicht nahezu an die Schließung jenes „Zeitfensters" heran, da sich das neue Erwerbssystem in Ostdeutschland weitgehend etabliert hatte.

Die hypothetischen Überlegungen gründen auf einige Voraussetzungen, die knapp zu skizzieren sind. Allgemein kann davon ausgegangen werden, dass zwischen der Antizipation beruflicher Kompetenzentwicklung und der Lernaktivität bzw. dem Aktivitätsniveau der Kompetenzentwicklung eine enge Verbindung, ein Verweisungszusammenhang, besteht. Korrelationsberechnungen haben diesen Zusammenhang nachhaltig bestätigt. Allerdings sollte das Niveau der erlebten *Lernförderlichkeit* der Arbeitsverhältnisse enger mit der *Lernaktivität* (letzte drei Jahre) korrespondieren als mit der Antizipation beruflicher Kompetenzentwicklung. Dieser Zusammenhang wiederum sollte in den alten Bundesländern jedoch straffer hervortreten als in der ostdeutschen Transformationsgesellschaft, da andere, übergreifende Faktoren und Bedingungen des gesellschaftlichen Umbaus Lernaktivitäten stärker mitbestimmen werden. Diese Vorüberlegung kann durch entsprechende Berechnungen als statistisch gesichert gelten.

Im Kontrast zum allgemeinen Wahrnehmungshorizont, dem das Antizipationsniveau unter Bedingungen dynamischen Wandels unterliegt, werden Lernaktivitäten in beiden Vergleichspopulationen also stärker von den jeweiligen Chancen bestimmt, die lernförderliche Arbeitspotenziale bieten. Dabei sollte die Dimension der *betrieblichen Entwicklungsmöglichkeiten* im Ost-West-Vergleich besonders differenzierend hervortreten, da in diesen Index Weiterbildungsangebote, die Organisationen lernunterstützend vorhalten, eingeschlossen sind.

Disposition der Selbststeuerung und Lernförderlichkeit der Arbeit

Unter Bedingungen moderner Arbeitsverhältnisse in der Marktwirtschaft wird der qualifizierte Arbeitnehmer als aktiver Lerner zwar immer in einem bestimmten Maße selbstgesteuert disponiert sein und handeln müssen. Allerdings werden Ausprägungsgrade individuell und (sozial-) strukturell unterschiedlich ausgeformt und entwickelt sein. Letztlich kann der Disposition zur Selbststeuerung jene „Schlüsselqualifikation" beruflichen Handelns zugeschrieben werden, die darüber entscheidet, wie die *Anschlussfähigkeit* an sich wandelnde Rahmenbedingungen des Arbeitsmarktes gesichert bzw. neu austariert werden kann. Vom Grad der Ausprägung selbstgesteuerten Lernens wird essenziell abhängig sein, in welchem Maße Kompetenzentwicklung auf Dauer gestellt werden kann. Insofern erweisen sich Antizipations- wie Aktivitätsniveau der Kompetenzentwicklung immer sowohl als Resultat wie auch als Voraussetzung selbstgesteuerten Handelns. In der Bilanz werden neue erwerbsbiographische Erfahrungen auf dem ostdeutschen Arbeitsmarkt von erheblichen Schüben zur Ausformung der Selbststeuerungsdisposition begleitet worden sein, die sich in vergleichender Perspektive vorrangig als Angleichung darstellen werden und nur graduelle Unterschiede erwarten lassen.

4.2.1 Befunde: Indizes der Lernkompetenz und Lernförderlichkeit der Arbeit im Ost-West-Vergleich

Der generelle Überblick (Tab. 33) verweist darauf, dass die einzelnen Indizes der Lernkompetenz in unterschiedlicher Intensität mit der Lernförderlichkeit der Arbeitsverhältnisse korrespondieren. Bezogen auf diese abgestuften Korrespondenzverhältnisse sind keine bedeutsamen Ost-West-Unterschiede zu erkennen. Die statistischen Zusammenhänge zwischen den basalen Lernvariablen und der Lernförderlichkeit der Arbeit, die durch Korrelationskoeffizienten ausgewiesen wurden, bestätigen das strukturelle Gefüge. Jedoch sind die Zusammenhangsmaße in der ostdeutschen Befragungspopulation zwischen Lernförderlichkeit der Arbeit und Variablen der Lernkompetenz, insbesondere im Falle der Lernaktivität, weniger straff ausgebildet als in der westdeutschen Population, was wiederum als Indiz für eine weniger „geordnete", also für eine Gesellschaft unter hohem Wandlungsdruck gelesen werden kann.

Tab. 33: Indizes der Lernkompetenz und Lernförderlichkeit der Arbeitsverhältnisse

Korrelationskoeffizient: Cramer V	**Lernförderlichkeit** der Arbeitsverhältnisse (zweistufig)	
	WEST	OST
Indizes Lernkompetenz		
Lernaktivität	,281	,191
Antizipationsniveau	,188	,151
Selbststeuerung	,371	,374
LERNKOMPETENZ	**,320**	**,244**

Wie auch Befunde der Tabelle 34 zeigen, korreliert das *Antizipationsniveau* weniger stark mit der Lernförderlichkeit der Arbeitsverhältnisse. Die Werte, die bei ausgeprägter Lernförderlichkeit gemessen wurden, überschreiten nur geringfügig jene Häufigkeiten, die bei der Antizipation von Lernerfordernissen auf der Gesamtebene des Untersuchungssamples erreicht wurden.

Je stärker die Lernförderlichkeit der Arbeitsverhältnisse ausgeprägt ist, desto höhere Werte der Disposition zur *Selbststeuerung* stellen sich ein. Im Vergleich zu den *anderen* Indizes der Lernkompetenz und zum allgemeinen Niveau der Selbststeuerung tritt dieser Zusammenhang mit deutlichem Abstand hervor: War auf der Ebene des Gesamtsamples für ein Drittel (33%) der Befragten eine überdurchschnittliche Kompetenz zur Selbststeuerung gemessen worden, so steigt der Anteil derer mit hoher Selbststeuerungskompetenz auf 52 (West) bzw. 53 Prozent (Ost) an, wenn zugleich die Lernförderlichkeit der Arbeitsverhältnisse als „stark ausgeprägt" wahrgenommen wird. Auch bei dieser „Dynamik" des Zusammenhangs von Selbststeuerung und Lernförderlichkeit der Arbeit sind keine Unterschiede zwischen den Populationen zu erkennen. Dass dieser Zusammenhang in gleichem Maße für die ostdeutsche Erwerbsbevölkerung zutrifft, kann als Ausdruck beachtlicher Kompetenzpotenziale gewertet werden, deren Erhalt und weitere Ausformung jedoch nur gesichert werden kann, wenn wirtschaftliche und bildungspolitische Rahmenbedingungen adäquat ausgestaltet werden.

Auch die *Lernaktivität* (Zeitbezug: letzte drei Jahre) steigt, wenn die Lernförderlichkeit der Arbeit als ausgeprägt wahrgenommen wird (Tab. 34). Bei gesteigerter Lernaktivität wirkt sich freilich die direkte Abhängigkeit von der Qualität betrieblicher Lernpotenziale aus, denn Indizes der Lernförderlichkeit implizieren Items betrieblicher Angebote zur Weiterbildung.

Eine sehr spezifische Ost-West-Konstellation ergibt sich bei der Konfrontation *schwach ausgeprägter* Lernförderlichkeit mit den Variablen der Lernkompetenz: Unter Bedingungen schwacher Lernförderlichkeit der Arbeitsverhältnisse sind die Stufen *hoher* Kompetenz bei allen drei Indizes der Lernkompetenz in der ostdeutschen Population stärker besetzt. So weisen 16 Prozent der Westdeutschen, jedoch 22 Prozent der Ostdeutschen auch bei einer eher als ungünstig wahrgenommenen Lernförderlichkeit der Arbeit eine *hohe Lernaktivität* aus.

Tab. 34: Lernkompetenz und Lernförderlichkeit

Lernförderlichkeit der Arbeit	„ausgeprägt"		„schwach ausgeprägt"	
Indizes der Lernkompetenz	WEST	OST	WEST	OST
Antizipation der Lernerfordernisse				
Hoch	40	**44**	24	**36**
Mittel	35	34	31	31
Niedrig	25	22	45	34
Lernaktivität				
Hoch	**46**	40	16	**22**
Mittel	23	30	19	28
Niedrig (keine)	32	30	66	50
Disposition der Selbststeuerung				
Überdurchschnittl.	52	53	14	**20**
Mittlere	36	37	42	41
Unterdurchschnittl.	13	10	44	39

Da die Ost-West-Unterschiede der statistischen *Zusammenhänge* von Lernförderlichkeit und Lernkompetenzen beim Index der *Lernaktivität* besonders klar ausgeprägt waren (siehe Tab. 33), soll am Beispiel der Lernaktivitäten dargestellt werden, wie diese eigentümliche und wiederkehrende Ost-West-Differenz aufzuklären ist. Wie in Tab. 30 bereits zu erkennen war, ist der Anteil der Erwerbstätigen an schwach ausgeprägter Lernförderlichkeit von Arbeitsverhältnissen in West und Ost annähernd gleich verteilt. Demgegenüber weisen 80 Prozent der westdeutschen, aber nur zwei Drittel (66%) der ostdeutschen Erwerbslosen schwach lernförderliche Arbeitsverhältnisse aus. Da ostdeutsche Erwerbstätige ebenso wie Arbeitslose jedoch signifikant höhere Lernaktivitätswerte nachweisen als westdeutsche Vergleichskategorien, müssen sich derartige Differenzen im entsprechenden Umfang auch auf der Stufe „hoher Lernaktivität bei schwacher Lernförderlichkeit der Arbeit" widerspiegeln, wie in der Tabelle 34 abgebildet wird. (Der Anteil ostdeutscher Erwerbsloser mit hohen Lern*kompetenzwerten* beträgt insgesamt 34 Prozent, westdeutscher Erwerbsloser 17 Prozent.)

Bilanzierend jedoch kann, wie die Daten nahe legen, festgehalten werden, dass eine *schwache* Lernförderlichkeit der Arbeitsverhältnisse grundsätzlich keine kompensatorischen Effekte im Weiterbildungsverhalten, insbesondere in der Lernaktivität, erzeugt. Eher erweist sich der Umkehrschluss als zutreffend: Die Unterscheidung zwischen stark und schwach ausgeprägter Lernförderlichkeit der Arbeitsverhältnisse wirkt auf das Lernverhalten deutlich differenzierend: Während der Anteil der Personen mit *hoher Lernkompetenz* bei ausgeprägter Lernförderlichkeit der Arbeitsbedingungen steigt, nimmt bei schwach ausgeprägter Lernförderlichkeit der Anteil der Personen mit niedrigen Lernkompetenzen ebenso deutlich zu.

Die interessantesten Ost-West-Differenzen traten unterhalb der generell geltenden Struktur von Zusammenhängen hervor. Sie rückten in den Blick, wenn jene Indizes, die Komponenten der Lernkompetenz repräsentieren, mit *schwach ausgeprägter* Lernförderlichkeit der Arbeitsverhältnisse konfrontiert werden. Der Anteil ostdeutscher Befragten mit jeweils hohen Kompetenzwerten bei *schwacher Ausprägung* der Lernförderlichkeit ist deutlich größer und der Anteil von Personen mit niedrigen Kompetenzwerten auffallend geringer. Bei hohen Werten der *Antizipation* und schwach ausgeprägter Lernförderlichkeit wurden die größten Ost-West-Differenzen gemessen: Während bei schwach ausgeprägter Lernförderlichkeit in der westdeutschen Population 24 Prozent der Befragten ein hohes Antizipationsniveau aufweisen, sind unter eher ungünstigen Bedingungen der Lernförderlichkeit 36 Prozent der Ostdeutschen mit einem hohen Niveau der Antizipation beruflicher Lernerfordernisse vertreten.

Wenn das Antizipationsniveau in der *ostdeutschen Population* insgesamt vergleichsweise höhere Werte erreicht (wie bereits im ersten Kapitel des Beitrages dargestellt wurde), diese Werte jedoch weniger spezifisch an Lernpotenziale des

Arbeitsprozesses gebunden sind (vgl. Tab. 33), dann kann von einem „Überhang" an Antizipation gesprochen werden, der auf die *allgemeine* Dynamik gesellschaftlicher Wandlungsprozesse, deren Chancen und Risiken im Erwerbsverlauf, zurückzuführen ist.

Demgegenüber besteht, wie bereits angesprochen, zwischen der Lernförderlichkeit der Arbeitsverhältnisse und der Disposition zur *Selbststeuerung* von Lernprozessen generell ein besonders stark ausgeprägter, statistisch gesicherter Zusammenhang, der für beide Populationen annähernd gleichermaßen „straff" ausfiel. Die allgemeine Struktur des Zusammenhangs von Lernförderlichkeit der Arbeitspotenziale und Disposition zur Selbststeuerung wies die erwarteten Muster aus. Die Ost-West-Unterschiede ergaben ein geringes Niveau; signifikante Differenzen wurden jedoch auf der unteren Stufe der Ausprägung von Lernförderlichkeit nachgewiesen. Ostdeutsche Personen, die ein eher niedriges Niveau der Ausprägung lernförderlicher Arbeitsverhältnisse angaben, zeichneten sich zugleich durch höhere Werte der Selbststeuerung aus als die westdeutsche Vergleichspopulation. In weiter geführten Analysen zur Konfrontation einzelner *Dimensionen* der Dynamik von Lernförderlichkeit mit dem dreistufigen Index der Selbststeuerung waren keine signifikanten Differenzen zwischen ost- und westdeutschen Kategorien festgestellt worden.

Angleichungseffekte vor dem Hintergrund der Erfahrungen in verschiedenen Systemen in ihrer Gesamtheit sind besser zu verstehen, wenn zum einen die Anschlussfähigkeit von Basisqualifikationen vorausgesetzt werden kann, zum anderen die Funktionalität und Rationalität der Anforderungen im Kontext *beruflichen* Lernens mitgedacht wird: Faktoren, die allgemein geltende Standards schaffen, kulturelle Differenzen tendenziell nivellieren, wie die Geschichte industrieller Arbeit eindrucksvoll gezeigt hat. Ungeachtet dieser Einschränkungen verdienen Niveau- und Strukturähnlichkeit in den Dispositionen der Selbststeuerung, wie sie die Untersuchung ausweist, eine besondere Würdigung. Die Befunde widerlegen Spekulationen und gelegentlich verbreitete Vorurteile über unzureichende Eigenaktivität, Selbstorganisiertheit und Initiative ostdeutscher Erwerbspersonen. Ohne Zweifel haben erwerbsbiographische Erfahrungen des Transformationsprozesses in der Bilanz die Selbststeuerung des Handelns erheblich beeinflusst, ungeachtet struktureller Zwänge und Restriktionen, die auch Grenzen setzten, Handlungsblockaden und Resignation erzeugten.

Im nachfolgenden Abschnitt sollen in ost-west-vergleichender Betrachtung Antizipationsniveau und Lernaktivitäten zur Lernförderlichkeit einzelner *Dimensionen* der Arbeitsverhältnisse in Beziehung gesetzt werden.

4.2.2 Antizipation und Lernaktivität im Verhältnis zur Lernförderlichkeit der Arbeitsverhältnisse

Tabellarisch dargestellt werden im Folgenden *einzelne* Dimensionen der Lernförderlichkeit von Arbeitsverhältnissen. Sie werden im Ost-West-Vergleich auf der Ebene der Grundgesamtheit (ohne Nichterwerbspersonen) betrachtet und zu den Indizes der Kompetenzentwicklung – *Lernaktivität* und *Antizipation* – in Beziehung gesetzt.

Signifikante Unterschiede zwischen den Vergleichspopulationen Ost-West fallen bei der Kategorie der *Lernaktivitäten* etwas prägnanter aus als beim Vergleich des *Antizipationsniveaus* beruflicher Kompetenzentwicklung (Tab. 35 und 36). Hervorzuheben ist die strukturelle Gleichheit der Muster in beiden Populationen. Sie spiegeln sich zum einen in der Verteilung der Werte des Antizipationsniveaus ebenso wie für die Lernaktivität, die der Struktur des Gesamtsamples entsprechen. Zum anderen entsprechen Struktur und Verteilung der Prozentwerte den jeweils gemessenen Korrelationsbeziehungen zwischen den Dimensionen der Lernförderlichkeit und den Indizes der Kompetenzentwicklung (Antizipation, Lernaktivität), die den Einfluss lernförderlicher Verhältnisse der Arbeit auf die Ausprägung von Lernkompetenzen widerspiegeln und im Sample der westdeutschen Erwerbsbeteiligten jeweils etwas straffer ausfallen als in der ostdeutschen Population.

Auch die Rangfolge der durch jeweils etwas höhere Kompetenzwerte ausgezeichneten einzelnen Komponenten der Lernförderlichkeit stimmt in beiden Populationen überein: Das betrifft im Falle der Konfrontation lernförderlicher Bedingungen mit dem Index der Antizipation die *Ganzheitlichkeit* beruflicher Aufgabenstellung und die betrieblichen *Entwicklungsmöglichkeiten* und bei der Frage nach dem Einfluss von Komponenten der Lernförderlichkeit auf das Aktivitätsniveau wiederum den Index der betrieblichen Entwicklungsmöglichkeiten sowie die Dynamik der betriebliche *Reorganisation*. Markante Differenzen zwischen den Populationen ergeben sich nur beim Zusammenhang zwischen Lernaktivitäten und betrieblichen Entwicklungsmöglichkeiten. Bei den betrieblichen Entwicklungsmöglichkeiten handelt es sich insgesamt um den *wichtigsten Einflussfaktor* der Lernförderlichkeit auf die Kompetenzentwicklung. Diesem Zusammenhang kommt eine hohe Evidenz zu, da die betrieblichen Entwicklungschancen die Weiterbildungsangebote implizieren. Die insgesamt höheren Werte der ostdeutschen Population beziehen sich in diesem Kontext nicht auf die Stufe der „hohen" Lernaktivität, sondern auf die mittlere Stufe der Aktivität sowie eine geringere Lernabstinenz.

Tab. 35: Dimensionen der Lernförderlichkeit und Antizipation

Dimensionen der Lernförderlichkeit („eher Verbesserung")	Antizipation von Lernerfordernissen und Dynamik der Lernförderlichkeit					
	WEST			OST		
	Hoch	Mittel	Niedrig	Hoch	Mittel	Niedrig
Ganzheitlichkeit berufl. Aufgabenstellung*	35	34	31	**43**	33	24
Betriebliche Entwicklungs- möglichkeiten*	37	37	26	**44**	33	23
Kommunikations-, Kooperationschancen	35	36	29	**42**	35	24
Partizipationschancen*	34	36	30	**40**	35	25
Betriebliche Reorganisationsdynamik	38	37	26	**41**	36	23

Tab. 36: Dimensionen der Lernförderlichkeit und Lernaktivität

Lernförderlichkeit: „eher Verbesserung"	Aktivitätsgrad der Kompetenzentwicklung (dreistufig) und Dynamik der Lernförderlichkeit					
Dimensionen der Lernförderlichkeit	WEST			OST		
	Hoch	Mittel	Niedrig/ keine	Hoch	Mittel	Niedrig/ keine
Betriebl. Reorganisationsdynamik	45	22	33	38	28	34
Betriebl. Entwicklungschancen***	42	21	37	37	30	33
Kommunikation/ Kooperation*	39	22	39	36	28	36
Ganzheitlichkeit d. Aufgabenstellung	37	22	41	36	27	37
Partizipationschancen	39	22	39	36	28	36

Besonders hervorzuheben sind jedoch auch die graduell höheren Lernaktivitäten in beiden Populationen bei wahrgenommener Verbesserung der betrieblichen *Reorganisationsdynamik*. Wie die tabellarische Darstellung zeigt, gewinnt die *Reorganisationsdynamik* ein besonderes Gewicht, wenn diese Dimension der Lernförderlichkeit mit dem Index konfrontiert wird, der den Aktivitätsgrad der Kompetenzentwicklung (letzte drei Jahre) repräsentiert. Wenn dieser Faktor als positive Veränderung erlebt wird, können offensichtlich wichtige Impulse für die Steigerung der Lernaktivität ausgelöst werden.

Zum einen ist dieser Faktor insofern von besonderer Bedeutung, als er die *Dynamik* substanziell und als eigenständigen Wert zu fassen versucht, um den auf Dauer gestellten Wandlungsprozessen in den Arbeitsverhältnissen zu entsprechen. Zum anderen ist der Kontext der tabellarisch erfassten Befunde zu beachten: Insgesamt werden Effekte der Veränderung betrieblicher Reorganisation von den Befragten in Ost und West eher distanziert und kritisch betrachtet. Dafür können mehrere Gründe geltend gemacht werden: Einerseits werden Reorganisationsprozesse immer auch mit Unsicherheiten behaftet sein; Korrekturen sind häufiger der Fall. Zudem greift Reorganisation stärker in Routinen und Gewohnheiten ein; folglich werden Wirkungen zwiespältiger erlebt. Vor dem allgemeinen Erfahrungshintergrund wird verständlicher, dass *positiv erlebte* Effekte in diesem Bereich entsprechend hoch gewertet werden und offenbar Impulse für neue Lern- und Weiterbildungsaktivitäten auslösen können.

Zugleich tritt in diesem Zusammenhang, wie die Befunde zeigen, eine bisher weniger betrachtete, aber nicht minder bedeutsame *Funktion* der komparativen Verfahrensweise (Ost-West-Vergleich) hervor: Die generelle Bedeutung und übergreifende Logik von *Faktoren* des Einflusses auf Lernaktivitäten im Rahmen beruflicher Kompetenzentwicklung wird erhärtet durch die (annähernde) Gleichheit der Werte, die ostdeutsche Erwerbsgruppen mit einem anderen sozialisatorischen und erwerbsbiographisch geprägten Erfahrungshintergrund erreichen.

Eine andere interessante Problem-Konstellation ergibt sich, wenn die *Dynamik* lernförderlicher Bedingungen „Ganzheitlichkeit beruflichen Aufgabenzuschnitts" und „Betriebliche Entwicklungsmöglichkeiten" (auf der Stufe „eher verbessert") ost-west-vergleichend betrachtet werden. Hatten sich im Fragekontext von *Antizipation* und Lernförderlichkeit (Tab. 35) in der Dimension des beruflichen Aufgabenzuschnitts *signifikante* Ost-West-Unterschiede gezeigt – Verbesserungen der Aufgabenvielfalt korrespondierten mit einem überdurchschnittlich hohen Niveau der Antizipation – so tritt die statistisch gemessene Ost-West-Differenz in der Konfrontation der *Lernaktivität* nicht mehr auf (Tab. 36).

Ein hochgradig signifikanter Ost-West-Unterschied ist ausschließlich beim Index *betrieblicher Entwicklungsmöglichkeiten* nachweisbar. In der ostdeutschen Population verbindet sich hohe Lernaktivität stärker mit positiv erlebten Effekten der Dynamik betrieblicher Entwicklungsmöglichkeiten. Der Index beinhaltet sowohl Variablen der *Lernhaltigkeit* des Arbeitsprozesses (z.B. Neues lernen) wie der *Lernunterstützung* und -förderung durch die Organisation: betrieblich unterstützte Weiterbildung und die Möglichkeiten beruflicher Entwicklung im Arbeitsprozess. Im Unterschied zum Einfluss lernförderlicher Bedingungen auf das Antizipationsniveau gewinnen betriebliche Entwicklungsmöglichkeiten in der Konfrontation mit der *Lernaktivität* eine größere Bedeutung. Lern- und Weiterbildungs*aktivitäten* werden noch stärker von *lernunterstützenden* Faktoren bestimmt, welche die Organisation anbietet und bereitstellen kann. Diese Zusammenhangsstruktur wird von ostdeutschen Befragten aufgrund der Spezifik ihrer erwerbsbiographischen Erfahrungen deutlicher reflektiert.

Resümierend kann festgehalten werden: Bei relativ gering ausgeprägter Differenziertheit der Werte zum Verhältnis von Lernförderlichkeit der Arbeit und Kompetenzentwicklung im Ost-West-Vergleich sind jedoch „Spuren" einer höheren Wandlungsdynamik in Ostdeutschland zu erkennen: Bei den ostdeutschen Befragten dominierte ein Wahrnehmungsmuster, das Verbesserungen deutlicher akzentuierte, die Dynamik der Veränderungen stärker erlebte, aber zugleich in mehreren Dimensionen der Lernförderlichkeit auch Verschlechterungen betrieblicher Arbeitsverhältnisse signalisierte. Der (statistisch belegte) Zusammenhang von Lernförderlichkeit der Arbeit und Lernkompetenz ist in der ostdeutschen Population etwas schwächer ausgeprägt; das heißt, bei weniger lernförderlichen Organisationsverhältnissen werden komparativ höhere Kompetenzwerte gemessen.

Zugleich legt die bilanzierende Übersicht mit Blick auf die ostdeutsche Population und deren erwerbsbiographische wie transformationsbedingte Erfahrungen die Einschätzung nahe, dass Substitutionsprozesse der alten durch (akzeptierte) neue Formen und Muster sozialer Integration in betriebliche Strukturen nicht als abgeschlossen gelten können. Tradierte Muster der Herkunftsgesellschaft dürften ihre Geltung verloren haben, werden aber durch neue funktionale, als lernförderlich erlebte Formen der Kommunikations- und Kooperationsintensität (soziale Einbindung) nicht vollständig ersetzt worden sein.

Ungeachtet dieser Einschränkungen verdienen Niveau- und Strukturähnlichkeit insbesondere in den Dispositionen der *Selbststeuerung* gegenüber der Vergleichspopulation auch im Zusammenhang mit der Bewertung lernförderlicher Arbeitsverhältnisse eine besondere Würdigung. Die Befunde widerlegen auch in diesem Kontext gelegentliche Vorurteile über eine unzureichende Anschlussfähigkeit an Normative der Eigenaktivität, Selbstorganisiertheit und Initiative ostdeutscher Erwerbspersonen. Zweifellos haben neue erwerbsbiographische Erfahrungen in der Bilanz die Selbststeuerung des Handelns erheblich beeinflusst, ungeachtet struktureller Zwänge und Restriktionen, die Grenzen setzten und Handlungsblockaden erzeugten. – Gerade im Zusammenhang mit den Fragen, die in diesem Abschnitt thematisierten wurden, kann zudem eine wichtige Funktion der komparativen Verfahrensweise (Ost-West-Vergleich) bestätigt werden: Die generelle Bedeutung und übergreifende Logik von *Faktoren* des Einflusses auf die Lernkompetenzentwicklung wird erhärtet durch die (annähernde) Gleichheit der Reflexions- und Bewertungsstruktur ostdeutscher Erwerbsgruppen mit einem anderen sozialisatorischen und erwerbsbiographisch geprägten Erfahrungshintergrund.

5. Weiterbildung der älteren Generation im erwerbsfähigen Alter (45–64 Jahre)

Mit dem demographischen Wandel erhalten lebenslanges Lernen, Kompetenzbewahrung und -entwicklung der älteren Generation im erwerbsfähigen Alter zentrale Bedeutung (Kistler & Hilpert 2001) für die Beschäftigungspolitik. Auch kann die Bereitschaft der Älteren zum Lernen, ihr Engagement in der beruflichen Weiterbildung schon per definitionem als gutes Kriterium für die Verwirklichung der Vision vom lebenslangen Lernen gelten (Kommission der Europäischen Gemeinschaften 2000, S. 3).

Allerdings steht die Notwendigkeit einer verstärkten beruflichen Weiterbildung auch im höheren erwerbsfähigen Alter im diametralen Gegensatz zu real verlaufenden Tendenzen. Ältere haben angesichts fortdauernder jugendzentrierter Personalpolitik ein besonders hohes Verbleibsrisiko in der Arbeitslosigkeit und damit eine geringe Motivation zur beruflichen Weiterbildung. Die Selektionsmechanismen betrieblicher Weiterbildung benachteiligen die älteren Beschäftigten (Deutscher Bundestag 1998). Auch deshalb hat sich weder das starke Gefälle zwischen jüngeren und älteren Jahrgängen in Bezug auf die Teilnahmequoten an der beruflichen Weiterbildung in den letzen Jahren vermindert, noch gibt es eine eindeutige Tendenz wachsender Weiterbildungsaktivität der Älteren. Im Gegenteil: Zwischen 1997 und 2000 stagnierten die Teilnahmequoten der westdeutschen 50- bis 64-Jährigen auf niedrigem Niveau (19%); in Ostdeutschland sind sie (nach vorausgegangenem Anstieg) gar spektakulär von 27 auf 18 Prozent geschrumpft (vgl. BSW VIII 2001).

Vor diesem Hintergrund sind die hier zu analysierenden Befunde der repräsentativen Untersuchung „Weiterbildung im gesellschaftlichen Wandel" zu bewerten. Im Mittelpunkt der Analyse steht die Altersgruppe der 45- bis 64-Jährigen – im Weiteren als Ältere bezeichnet –, der als Kontrastgruppe die 19- bis 44-Jährigen, also die Jüngeren, gegenübergestellt werden. Die Analyse der weiterbildungsrelevanten Untersuchungsergebnisse erfolgt entlang verschiedener Differenzierungslinien. Zum einen geht es um generationsspezifische strukturelle Besonderheiten der Älteren im Vergleich zu den Jüngeren. Zum anderen ist die West-Ost-Differenz dieser Eigenschaften herauszuarbeiten. Und schließlich gilt es, der strukturellen Differenziertheit innerhalb der Altersgruppe Rechnung zu tragen.

Der Abschnitt konzentriert sich auf jene Älteren, die aufgrund ihrer Nähe zur Berufstätigkeit eine relevante Population für die Untersuchung der beruflichen Weiterbildung darstellen. Einbezogen wurde der „erwerbsnahe" Teil der Älteren mit den Gruppen „Erwerbstätige", „Arbeitslose", „Stille Reserve". Die übrigen Nichterwerbstätigen (zu 95% Rentner) wurden zumeist aus der Analyse ausgeschlossen.

5.1 Besonderheiten des Lernverhaltens und Lernbewusstseins Älterer im West-Ost-Vergleich

Zu erwarten ist, dass die berufliche Weiterbildung in der älteren Generation eine geringere Rolle spielt als unter den Jüngeren. Dafür sprechen die zeitliche Nähe zur Lebensphase des Ruhestands wie auch der hohe Teil der Älteren, die bereits aus dem Berufsleben ausgeschieden sind. Ein solcher Befund entspräche auch vorliegenden Analysen (vgl. z.B. BSW VIII 2001). Insofern sollte sich die besondere Erwerbsstruktur der Älteren als starker Einflussfaktor auf die Weiterbildungsindikatoren erweisen.

Um einen Interpretationshintergrund für die Untersuchung des Lernverhaltens der Älteren zu gewinnen, wird eine kurze Analyse von sozialstrukturellen Besonderheiten dieser Altersgruppe vorangestellt.

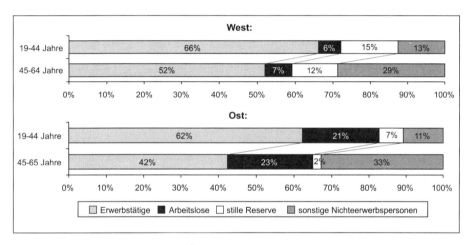

Abb. 21[2]: Jüngere (19–44 Jahre), Ältere (45–64 Jahre) nach Erwerbsstatus

Es ist davon auszugehen, dass die mit dem Erwerbsstatus zusammenhängenden Strukturdifferenzen zwischen alten und neuen Bundesländern einerseits, aber auch zwischen den Generationen (im arbeitsfähigen Alter) in West und Ost andererseits zum Typus qualitativer sozialer Ungleichheit gehören; d.h. die betreffenden West-Ost-Kontraste werden gravierend und anhaltend sein.

Hauptsächliches Unterscheidungsmerkmal zwischen Älteren (45- bis 64-Jährige) und Jüngeren (19- bis 44-Jährige) in bezug auf den Erwerbsstatus (vgl. Abb. 21) ist die starke Strukturverschiebung zugunsten der sonstigen Nichterwerbspersonen (insbesondere Rentner) auf Kosten der Erwerbstätigen in der Teilpopulation der Älteren. Das betrifft beide Vergleichsgebiete, West und Ost: In Deutschland tritt

---

2   Sofern keine anderen Angaben ausgewiesen sind, beruhen die hier verwendeten Daten auf der Untersuchung „Weiterbildung im gesellschaftlichen Wandel 2001".

ein großer Teil der Bevölkerung bereits deutlich vor dem Erreichen des Renteneintrittsalters aus dem Erwerbsprozess heraus.

Die *generationsunabhängigen* grundlegenden West-Ost-Unterschiede in der Erwerbsstruktur betreffen im Osten zum einen den sehr viel höheren Anteil an Arbeitslosen und die starke Unterpräsenz der Stillen Reserve zum anderen. Dies ist mit einer geringeren Erwerbstätigenquote als im Untersuchungsgebiet West verbunden. In den neuen Bundesländern gehört einerseits nur noch eine Minderheit (42%) der Älteren zu den Arbeitsplatzbesitzern. Nichtsdestoweniger besteht andererseits eine markante strukturelle Besonderheit Ostdeutschlands darin, dass noch nahezu zwei Drittel der Älteren auf dem Arbeitsmarkt aktiv sind (Erwerbstätige + Arbeitslose) – deutlich mehr als im Bundesgebiet West. Im Unterschied zu den alten Bundesländern ist in Ostdeutschland die Stille Reserve – Hausfrauen mit nicht zu lange zurückliegender Berufserfahrung etc. – noch (!) keine relevante Strukturgröße.

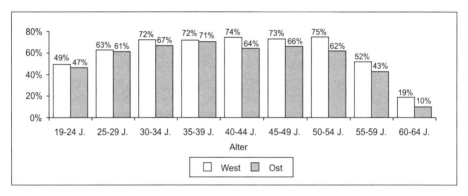

Abb. 22: Erwerbstätigenquote nach Altersgruppen (Befragte = 100%)

Bei einer feiner gegliederten Altersstruktur (Abb. 22) zeigt sich: In der Generation der Älteren fällt die Erwerbsbeteiligung mit fortschreitendem Alter stark ab. Im Untersuchungsgebiet Ost ist bereits das Gros der 55- bis 59-Jährigen nicht (mehr) erwerbstätig. In der letzten Kohorte vor dem Pensionsalter ist Erwerbstätigkeit bereits eine Ausnahme. Die vorzeitige Ausgliederung aus dem Erwerbsleben wird mehr und mehr zur Normalität. Obwohl theoretisch längst klar ist, dass angesichts des demographischen Wandels die „Externalisierung älterer Arbeitnehmer" nicht weiter fortgesetzt werden kann, ein „Umschwenken zu einer Politik der gezielten Erhöhung der Beschäftigungsquoten von Älteren" (Pack, Buck et al. 2000, S. 60) mehr und mehr geboten ist, kann von einer Wende zu mehr Beschäftigung Älterer noch keine Rede sein. Von Innovationen in der Arbeitsgestaltung gehen bisher keine Impulse aus, diesen problematischen Prozess zu stoppen. Im Gegenteil: „Gerade dort, wo neue Produktions- und Organisationskonzepte realisiert werden, steigt das Risiko der vorzeitigen Ausgliederung aus dem Erwerbsleben" (Böhle et al. 2001, S. 258). Damit sind natürlich gleichzeitig wesentliche (begrenzende) Rahmenbedingungen für die Entwicklung der beruflichen Weiterbildung der älteren erwerbsfähigen Bevölkerung gesetzt.

Zwischen Ost und West sind markante geschlechtsspezifische Strukturdifferenzen zu beobachten.
- Im männlichen Teil der Altersgruppe (vgl. Abb. 23) fällt die wesentlich höhere Arbeitslosenquote im Osten mit einer entsprechenden Verminderung des Anteils der Erwerbstätigen zusammen, während im Anteil der Nichterwerbspersonen nur unerhebliche West-Ost-Kontraste bestehen.
- Wesentlich krasser und vielfältiger sind die Ost-West-Differenzen im weiblichen Teilsample (vgl. Abb. 24). Sie betreffen in erheblichem Maße alle verglichenen Kategorien des Erwerbsstatus. Die Erwerbslosenquote dieser Altersgruppe (nahezu jede vierte Frau) ist ebenfalls sehr hoch. Über 60 Prozent der älteren Frauen in Ostdeutschland (50% West) sind erwerbstätig bzw. bewerben sich um einen Arbeitsplatz. Die Statusform der stillen Reserve (z.B. zeitweilige Tätigkeit als Hausfrau) wird im Osten kaum wahrgenommen. Dafür ist der Anteil der nicht (mehr) Erwerbstätigen extrem hoch. Für das frühzeitige Ausscheiden von ostdeutschen Frauen aus dem Erwerbsleben dürften vor allem drei Gründe ausschlaggebend sein: 1) die hohe und andauernde Arbeitslosigkeit, 2) der Einkommensrückstand gegenüber dem früheren Bundesgebiet (die Option, vom Zwei-Einkommens-Haushalt auf ein Einkommen zu wechseln, verbietet sich), 3) der traditionelle Übertritt in den Rentenbezug mit vollendetem 60. Lebensjahr.
- Die Zurückführung der Arbeitslosigkeit in Ostdeutschland auf das westdeutsche Niveau würde die Erwerbstätigenquote erheblich über den Stand in Westdeutschland hinaus führen. Das Ziel einer höheren Erwerbsbeteiligung der Älteren im arbeitsfähigen Alter ist somit – gemessen an der Bereitschaft der Bevölkerung – in den neuen Bundesländern leichter zu erreichen als im übrigen Bundesgebiet. Nur wenn der Ausstieg aus dem Erwerbsleben zu einer unattraktiven Option wird – insbesondere durch die Möglichkeit und Lukrativität der beruflichen Arbeit – kann der Anteil der erwerbsfähigen, bereits aus dem Berufsleben ausgeschiedenen Älteren künftig gesteigert werden.

Im Folgenden sollen gemeinsame und unterschiedliche Strukturmerkmale der Älteren im erwerbsfähigen Alter zwischen West und Ost am Beispiel ausgewählter Indikatoren der Sozialdemographie und der Weiterbildung knapp diskutiert werden.

Die Ost-West-Analyse erfolgt in zwei Vergleichsebenen – zum einen in Bezug auf die Generationenunterschiede in dem jeweiligen Untersuchungsgebiet West bzw. Ost, zum anderen und vor allem in Bezug auf die Ost-West-Differenz innerhalb der jeweiligen Generation.

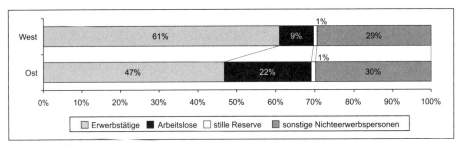

Abb. 23: Ältere (45–64-Jährige) männlich nach Erwerbsstatus und West-Ost

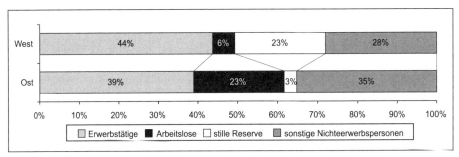

Abb. 24: Ältere (45–64-Jährige) weiblich nach Erwerbsstatus und West-Ost

Im Hinblick auf den *Generationenvergleich* zeigt sich, dass die Zusammenhänge zwischen dem Altersindikator Jüngere/Ältere und den herangezogenen sozialdemographischen Variablen in der Teilpopulation Ost alles in allem straffer ausfallen als in der Teilpopulation West (vgl. Tab. 37 (1)).

Hinsichtlich der demographischen und sozialen Indikatoren unterscheiden sich die Generationen im Untersuchungsgebiet *West* am deutlichsten in Bezug auf die *Freizeitaktivität*. Im Osten übernimmt diese Eigenschaft überraschenderweise das Merkmal „Schulbildung der Eltern". Besondere Aufmerksamkeit verdient auch der Befund, dass das (eigene) berufliche Ausbildungsniveau im Osten zwischen den Generationen erheblich differiert, nicht aber in der Westpopulation. Weniger eindeutig kontrastieren die beiden Generationen in Bezug auf die weiterbildungsrelevanten Indikatoren. Die deutlichsten Kontraste betreffen in Ost und West die „wahrgenommene wichtigste Barriere der beruflichen Weiterbildung" sowie die „individuelle Nähe bzw. Distanz zur Weiterbildung": Bei den Älteren in Ost und West ist die Weiterbildungsbarriere „fehlender persönlicher oder beruflicher Nutzen" mit jeweils über 40 Prozent mehr als doppelt so stark besetzt wie bei den Jüngeren. In Bezug auf den Indikator „individuelle Nähe und Ferne zur Weiterbildung" erhält zwar sowohl in Ost wie in West das Item „notwendiger Zwang" in beiden Generationen die meisten Nennungen, ist allerdings bei den Jüngeren noch stärker besetzt. Die Älteren in beiden Untersuchungsgebieten halten überdies noch wesentlich häufiger als die Jüngeren Weiterbildung für eine „Zumutung".

Tab. 37: Statistische Zusammenhänge von sozialdemographischen und Lernvariablen a) Jüngere/Ältere nach Teilsample West bzw. Ost, b) mit West-Ost nach Teilsample Jüngere bzw. Ältere

	(signifikante Cramer V, p<=5%)			
	Ohne sonstige Nichterwerbspersonen (erwstat1<4)			
Demographische und soziale Indikatoren	(1) Jüngere/Ältere[1]		(2) West/Ost[2]	
	W	O	19–44 Jahre	45–64 Jahre
Geschlecht				
Höchster Ausbildungsabschluss		0,21	0,11	0,18
Aktueller Erwerbsstatus	0,06	0,14	0,26	0,33
Soziale Schicht		0,16	0,09	0,11
Beschäftigungsstatus	0,16	0,17	0,12	0,19
Zugehörigkeit des Betriebes zu Wirtschaftsbereichen	0,11		0,14	0,13
Betriebe nach Betriebsgröße	0,10	0,12	0,13	0,18
Arbeit mit Computer/computergesteuerter Anlage			0,10	0,10
Lernförderlichkeit des Arbeitsverhältnisses	0,08			
Schulbildung Eltern	0,15	0,29	0,13	
Vorberufliche Sozialisation: schulisches Lernklima	0,09	0,10	0,10	0,28
Vorberufliche Sozialisation: familiale Förderung	0,06		0,13	0,11
Aktuelle Phase des Berufsverlaufs	0,06	0,16	0,20	0,27
Qualifikationsgerechte Arbeit		0,09	0,12	0,18
Arbeitslosigkeitserfahrung			0,20	0,27
Mobilitätstyp	0,09	0,13	0,21	0,24
Arbeitsorientierung	0,09	0,13		
Wandel als Chance oder Gefährdung berufl. Perspektiven		0,12	0,10	0,19
Index expressive Freizeitaktivität	0,22	0,16	0,18	0,11
Summe	*1,27*	*1,98*	*2,32*	*2,87*
Indikatoren der Weiterbildung				
Niveau der Lernkompetenz	0,08			
Selbststeuerungsdisposition gegenüber Lernprozessen				
Antizipation beruflicher Lernerfordernisse	0,14			0,12
Lernaktivität/-initiative (letzte 3 Jahre)	0,06	0,11	0,08	0,13
Häufigste Gelegenheit für Kompetenzentwicklung (letzte 3 Jahre)	0,12	0,16	0,13	0,11
Individuelle Nähe/Ferne zu Weiterbildung	0,19	0,21	0,08	0,15
Wichtigste Weiterbildungsbarriere	0,32	0,29	0,13	0,13
Wichtigster beruflicher Lernkontext		0,10	0,10	0,14
Teilnahme Fortbildung/Umschulung (> 1/2 Jahr)		0,10	0,22	0,28
Mehrmonatige Arbeitsamts-Fördermaßnahme			0,21	0,20
Eigene Lernaktivität	0,09	0,14	0,06	
Summe	*1,00*	*1,10*	*1,08*	*1,26*
Summe (insgesamt)	**1,98**	**2,73**	**2,78**	**3,45**

1 Generationenunterschiede in West und in Ost.
2 West-Ost-Unterschiede in jeder der beiden Generationen.

Auffällig ist, dass die *Ost-West-Differenzen innerhalb der Generation der Älteren* (Tab. 37 (2)) summa summarum stärker ausgeprägt sind als die Generationenunterschiede (unter 45-Jährige versus Ältere) in Ost und in West (Tab. 37 (1)). Besonders deutlich unterscheiden sich die Älteren zwischen Ost und West in Bezug auf Erwerbsstatus, schulisches Lernklima, die aktuelle Phase des Berufsverlaufs, Erfahrungen mit Arbeitslosigkeit, die erwerbsbezogene Mobilität und Teilnahme an längeren Fortbildungs- und Umschulungskursen. Die meisten dieser Indikatoren hängen sehr eng mit den bereits diskutierten Besonderheiten der Erwerbsstruktur zusammen.

Mit dem Ziel, Ost-West-Unterschiede innerhalb der Generation der Älteren weiter auszuleuchten, folgt ein konkreter Strukturvergleich mit ausgewählten sozialdemographischen bzw. Lernvariablen:

1. Die ostdeutschen Älteren zeichnen sich, verglichen mit ihrem Pendant, durch ein signifikant höheres *berufliches Ausbildungsniveau* (Abb. 25) aus[3].

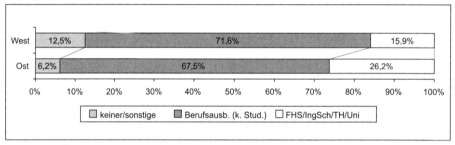

Abb. 25: Ältere (45–64 Jahre): höchster Ausbildungsabschluss

Aufschlussreich ist in diesem Zusammenhang ein Blick auf die jüngere Generation (Tab. 38). Hier sind die Ost-West-Kontraste der Ausbildungsstruktur weitgehend auf die untere und mittlere Niveaustufe beschränkt.

Der Generationenvergleich in beiden Untersuchungsgebieten besagt: Auch in den alten Bundesländern ist die obere Qualifikationsstufe bei den Älteren stärker besetzt als bei den Jüngeren[4], doch sind die Generationenunterschiede hier eher graduell. In Ostdeutschland gibt es hingegen einen *Bruch der Berufsbildungs-*

---

[3] Dieser nominelle Ausbildungsvorsprung der ostdeutschen Älteren dürfte eine wesentliche Ursache dafür sein, dass diese Gruppe ihre vorberufliche Sozialisation in Bezug auf „schulisches Lernklima" wesentlich günstiger bewertet als die westdeutschen Älteren (überdurchschnittliches Lernklima: 57% Ost, 31% West).

[4] Da in dieser Altersstufe viele junge Menschen ihre Ausbildung, insbesondere ihr Studium, noch nicht abgeschlossen haben, ist die Kategorie „ohne Ausbildung" besonders stark und die Qualifikationsstufe „abgeschlossenes Studium" unterdurchschnittlich besetzt.

Tab. 38: Höchster Ausbildungsabschluss nach West-Ost

WEST/OST[1]		Jüngere/Ältere		Gesamt[2]
		19–44 Jahre	45–64 Jahre	
	Höchster Ausbildungsabschluss			
1 West Cr ,078 ***	1 keiner/sonstige	18,3%	12,5%	15,9%
	2 Berufsausbildung (kein Studium)	67,0%	71,6%	68,9%
	3 FHS/IngSch/TH/Uni	14,7%	15,9%	15,2%
	Gesamt (=100%)	1464	1062	2526
2 Ost Cr ,150 ***	1 keiner/sonstige	10,1%	6,2%	8,3%
	2 Berufsausbildung (kein Studium)	75,1%	67,5%	71,5%
	3 FHS/IngSch/TH/Uni	14,8%	26,2%	20,2%
	Gesamt (=100%)	696	625	1321

1 Die Stärke des statistischen Zusammenhangs wird hier durch den Kontingenzkoeffizienten Cramers V (-1<Cr<1) ausgedrückt. Die Anzahl der Sterne kennzeichnet das Signifikanzniveau, die Irrtumswahrscheinlichkeit p: * p<=0,05 (signifikant), ** p<=0,01 (sehr signifikant), *** p<=0,001 (höchst signifikant).
2 In diese Berechnungen sind alle Erwerbsstatusgruppen – also auch die sonstigen Nichterwerbspersonen – einbezogen.

struktur zwischen den Generationen. Die Jüngeren weisen ein qualitativ niedrigeres formelles Ausbildungsniveau auf als die Älteren[5]. Über den Generationenwechsel wird der erhebliche formelle Qualifikationsvorsprung Ostdeutschlands stark reduziert. Inwieweit der Abfall des Qualifikationsniveaus der Jüngeren dem Systemwechsel seit 1990 geschuldet ist, soll im folgenden Exkurs hinterfragt werden.

Exkurs: Qualifikationsstruktur von Älteren und Jüngeren in Ostdeutschland nach 1990

Hat sich das in der Weiterbildungsumfrage nachgewiesene Niveaugefälle der beruflichen Ausbildung zwischen Älteren und Jüngeren in Ostdeutschland erst im Zeitraum nach der deutsch-deutschen Vereinigung herausgebildet, oder bestand eine solche Diskrepanz schon zur Zeit des Umbruchs?

1991 unterschieden sich beide Generationen im Osten – wie auch im Westen – Deutschlands hinsichtlich ihrer Qualifikationsstruktur nur marginal. Seither gab es in beiden Altersgruppen erhebliche Strukturveränderungen (Abb. E1)[6]. Im Zeitraum nach der Wiedervereinigung hat sich in Ostdeutschland ein deutliches (Cramer V = 0,187) und hochsignifikantes Niveaugefälle der Qualifikationsstruktur

---

5 Diese Relation ist unabhängig davon, ob (neben der Stillen Reserve) die übrigen Nichterwerbspersonen in den Vergleich einbezogen werden oder nicht. Auf Basis der „Allgemeinen Bevölkerungsumfrage der Sozialwissenschaften" (ALLBUS) 2000 konnten diese Zusammenhänge bestätigt werden.
6 Die in Abb. E1 benutzten Daten entstammen der ALLBUS 1991 und ALLBUS 2000.

zwischen Älteren und Jüngeren herausgebildet. Im Vergleich zu den Jüngeren sind bei den 45- bis 64-Jährigen die beiden oberen Qualifikationsstufen auf Kosten der unteren wesentlich stärker besetzt. Diese Veränderungen in der Nachwendezeit wurden aber zumindest teilweise bereits zuvor (DDR) durch Strukturverschiebungen vorbereitet, mit denen sich der Einfluss der sozialen Herkunft auf die Bildungschancen verstärkte. Damit bildete sich eine Tendenz zur erhöhten Selbstreproduktion der oberen Bildungsstufen heraus (Tab. E1).

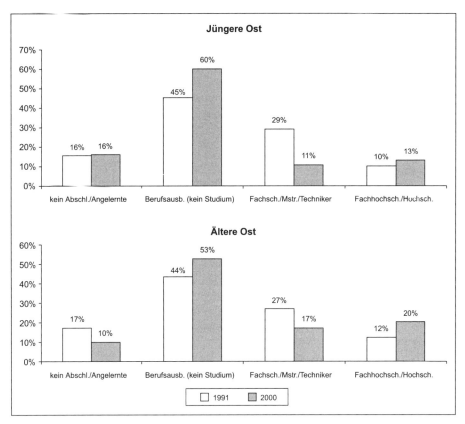

Abb. E1: Höchster berufl. Bildungsabschluss

Die ostdeutschen „Jüngeren" mit Hochschulreife rekrutieren sich überwiegend (zu 55,8%) aus Elternhäusern höheren Bildungsniveaus. In der älteren erwerbsfähigen Generation beider Vergleichsgebiete, aber auch in der jüngeren Generation West ging hingegen die Mehrzahl der Hochschulberechtigten aus Elternhäusern niedrigeren Bildungsgrades hervor.

Tab. E1: Hochschulreife von Eltern und Proband

Jüngere/Ältere[1]	HS-Reife Proband	HS-Reife Eltern	West/Ost		Gesamt
			1 West	2 Ost	
1 19–44 Jahre	0 keine Cr ,050 *	0 keine	91,7%	88,7%	90,7%
		1 HS-Reife	8,3%	11,3%	9,3%
		Gesamt	100,0%	100,0%	100,0%
	1 HS-Reife Cr ,101 **	0 keine	55,9%	44,2%	52,9%
		1 HS-Reife	44,1%	**55,8%**	47,1%
		Gesamt	100,0%	100,0%	100,0%
2 45–64 Jahre	0 keine	0 keine	96,1%	93,9%	95,4%
		1 HS-Reife	3,9%	6,1%	4,6%
		Gesamt	100,0%	100,0%	100,0%
	1 HS-Reife Cr ,126 *	0 keine	63,0%	75,0%	67,8%
		1 HS-Reife	37,0%	25,0%	32,2%
		Gesamt	100,0%	100,0%	100,0%

1 Bezugsbasis alle Befragten.

2. Hinsichtlich der *Struktur der Beschäftigten* sowie der Arbeits- und Berufserfahrungen sollen weitere Gemeinsamkeiten und Unterschiede zwischen westdeutschen und ostdeutschen Älteren herausgearbeitet werden:
- Die mit dem Umbruch einsetzende Ausgrenzung der ostdeutschen Älteren aus dem Erwerbsleben hat sich in den 1990er Jahren verschärft und überschreitet mittlerweile das westdeutsche Niveau beträchtlich (Abb. 26). In den alten Bundesländern ist der Grad der Nichterwerbstätigkeit in diesem Zeitraum nicht abgebaut worden.
- Obwohl bereits am Beginn des Umbruchs die älteren Berufstätigen in Ostdeutschland bevorzugt aus dem aktiven Berufsleben verdrängt wurden[7], waren hier 1991 prozentual noch mehr Frauen dieser Altersgruppe erwerbstätig als in Westdeutschland (Abb. 27). Mittlerweile ist das Gegenteil der Fall. Aus dem viel zitierten Gleichstellungsvorsprung der ostdeutschen Frauen (Geißler 1992) ist – gemessen an der Erwerbsquote – ein erheblicher Rückstand geworden.
- In Ost und West (vgl. Tab. 39) sind mehr als zwei Drittel der Älteren fest angestellt. Besonderheiten Ostdeutschlands im Hinblick auf den Beschäftigtenstatus sind vor allem die außerordentlich niedrige Beamtenquote, der sehr hohe Anteil von Selbstständigen[8] sowie stärker verbreitete befristete Anstellungen.

---

7 Dies war nicht nur Folge des rigorosen Arbeitsplatzabbaus, sondern auch des wendebedingten Elitenwechsels (Ferchland & Ullrich 1995).
8 Die in Ostdeutschland höhere Quote der Selbstständigen geht somit ausschließlich auf die starke Überpräsenz dieser Statuskategorie unter den Älteren zurück.

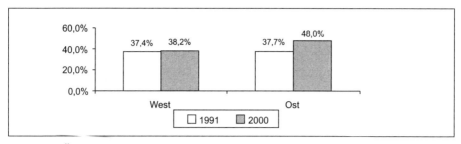

Abb. 26[9]: Ältere (45–64 Jahre): Anteil der Nichterwerbstätigen

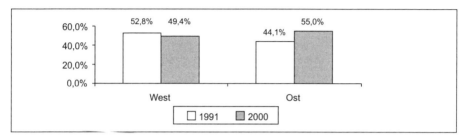

Abb. 27[10]: Frauen (45–64 Jahre): Anteil der Nichterwerbstätigen

- In beiden Vergleichsgebieten ist jeder zweite Beschäftigte zwischen 45 und 64 Jahren im öffentlichen Dienst bzw. in den sonstigen Dienstleistungen (einschließlich freie Berufe) tätig. Das für Ostdeutschland typische Manko an Arbeitsplätzen in der Industrie zeigt sich auch bei den Älteren, wo Handel und Handwerk jeweils mehr Ältere beschäftigen als die Industrie.
- Ein spezifisch ostdeutsches Charakteristikum besteht darin, dass in Kleinstbetrieben (bis 2 Beschäftigte) wesentlich mehr Ältere beschäftigt sind als in Großbetrieben (ab 500). Der Zusammenhang dieser Besonderheit mit der hohen Selbständigenquote liegt auf der Hand.
- Im Gegensatz zur Arbeitssituation im Untersuchungsgebiet West arbeitet in Ostdeutschland die Mehrheit der 45- bis 64-Jährigen *nicht* mit Computern bzw. computergesteuerten Anlagen. Diese Relation spiegelt (Gleiches gilt für die Jüngeren) einen generell vorhandenen ostdeutschen Modernitätsrückstand in der Arbeitsplatzausstattung und ist nicht Ausdruck einer Benachteiligung der Älteren.
- Hohe Übereinstimmung besteht in der Einschätzung der Älteren in West und Ost hinsichtlich der Lernförderlichkeit der Arbeit. Die drei Niveaustufen dieses Indikators sind jeweils etwa zu einem Drittel besetzt.
- Krasse Unterschiede zeigen sich unter dem Gesichtspunkt der aktuellen Phase des Berufsverlaufs: Für die ostdeutschen Älteren treffen mehrheitlich die Charakteristika „abwärts" oder „unbestimmt" zu, für die westdeutschen „horizontal" (49%) oder „aufwärts". Dieser Befund ist plausibel, denn 6 von 10

---

9 Quelle: ALLBUS 1991 und 2000.
10 Quelle: ALLBUS 1991 und 2000.

Tab. 39: Struktur der Beschäftigten, Arbeits- und Berufserfahrungen der Älteren (45–64 Jahre)[11]

		West/Ost		Gesamt
		1 West	2 Ost	
Beschäftigungsstatus Cr ,190 ***	1 verbeamtet	11,7%	2,5%	8,4%
	2 fest angestellt	69,1%	67,5%	68,5%
	3 befristet angestellt; freier MA	7,2%	12,8%	9,2%
	4 selbstständig	12,0%	17,2%	13,9%
	Gesamt (100%)	651	366	1017
Wirtschaftsbereich des Betriebs Cr ,133 **	1 Handwerk	14,2%	16,8%	15,1%
	2 Industrie	20,9%	13,0%	18,0%
	3 Handel	13,4%	13,3%	13,4%
	4 öffentlicher Dienst	26,3%	25,0%	25,9%
	5 sonstige DL einschl. freie Berufe	24,0%	28,0%	25,5%
	6 Landwirtschaft, Gartenbau, Tierzucht, Forstwirtschaft	1,2%	3,8%	2,1%
	Gesamt (100%)	657	368	1025
Betriebe nach Betriebsgröße Cr ,184 ***	1 Kleinstbetriebe (1–2 Beschäftigte)	9,4%	16,9%	12,0%
	2 Kleinbetriebe (3–49 Beschäftigte)	38,2%	47,1%	41,3%
	3 Mittelbetriebe (50–499 Beschäftigte)	31,4%	26,5%	29,7%
	4 Großbetriebe (ab 500 Beschäftigte)	20,9%	9,6%	16,9%
	Gesamt (100%)	636	344	980
Arbeit mit Computer/CGA Cr ,097 **	1 ja	55,8%	45,7%	52,1%
	2 nein	44,2%	54,3%	47,9%
	Gesamt (100%)	660	368	1028
Lernförderlichkeit des Arbeitsverhältnisses	1 überdurchschnittliche Ausprägung	36,9%	32,8%	35,5%
	2 mittlere Ausprägung	32,0%	33,1%	32,4%
	3 unterdurchschnittliche Ausprägung	31,1%	34,1%	32,2%
	Gesamt (100%)	553	293	846
Aktuelle Phase des Berufsverlaufs Cr ,271 ***	1 abwärts	9,7%	27,8%	16,0%
	2 unbestimmt	20,4%	27,0%	22,7%
	3 horizontal	48,6%	30,9%	42,4%
	4 aufwärts	21,3%	14,4%	18,9%
	Gesamt (100%)	775	418	1193
Arbeitsorientierung	1 materiell-reproduktiv	41,5%	47,9%	43,8%
	2 familienorientiert	26,5%	20,6%	24,4%
	3 aufstiegsorientiert	5,4%	4,2%	5,0%
	4 inhaltlich-expressiv	26,6%	27,3%	26,9%
	Gesamt (=100%)	650	359	1009
Qualifikationsgerechte Arbeit Cr ,180 ***	1 unterqualifiziert	29,0%	21,3%	26,2%
	2 qualifikationsgerecht	58,1%	51,6%	55,8%
	3 überqualifiziert	13,0%	27,1%	18,0%
	Gesamt (=100%)	625	343	968

Älteren in Ostdeutschland haben in dem Jahrzehnt nach der Wende bereits Arbeitslosigkeit erfahren, aber nur jeder Dritte der Altersgruppe in den alten Bundesländern im Verlauf des gesamten bisherigen Arbeitslebens.
- Ähnlich strukturiert sind beide Teilpopulationen hinsichtlich der Arbeitsorientierungen.

---

11 Ohne sonstige Nichterwerbspersonen (erwstat1<4).

- Die starke Tendenz zur Überqualifikation in Ostdeutschland ist auch bei den Älteren nachweisbar. Mehr als ein Viertel ist an Arbeitsplätzen tätig, deren Anforderungsniveau unter der nominellen Qualifikation liegt.

3. Im Hinblick auf die Ost-West-Relation des Weiterbildungsverhaltens und -bewusstseins der Älteren ist festzuhalten (vgl. Tab. 40):

Gemessen an den gravierenden Unterschieden der Erwerbsstruktur beider Teilpopulationen fallen die Ost-West-Differenzen in Bezug auf Weiterbildungsverhalten und -bewusstsein der Älteren moderat, oft sogar insignifikant aus. Die sozialökonomischen Diskrepanzen zwischen West und Ost spiegeln sich nur abgeschwächt im Weiterbildungsverhalten und -bewusstsein.

- In den *Indexvariablen* der Kompetenzentwicklung, aber auch im Hinblick auf die Einschätzung der eigenen Lernaktivität sind die Proportionen in der Ostpopulation der Älteren jeweils zugunsten der oberen Niveaustufe (Skalenwert 1) verschoben. Signifikant sind diese Strukturdifferenzen aber nur beim Indikator Antizipation von Lernerfordernissen.
- Bezogen auf die in den letzten 3 Jahren offenbarte *Lernaktivität/-initiative der Kompetenzentwicklung* ist das mittlere Aktivitätsniveau bei den ostdeutschen Älteren signifikant stärker besetzt als im Untersuchungsgebiet West. Allerdings entfallen in beiden Untersuchungsgebieten auf das Merkmal „niedrige/keine Aktivität" die bei weitem größten Anteile der Älteren (55% West, 48% Ost). Diese alterstypische Tendenz zu einer unterdurchschnittlichen/abflauenden Aktivität der Kompetenzentwicklung wird auch in Bezug auf die Frage nach häufigsten *Gelegenheiten zur Kompetenzentwicklung* (letzte 3 Jahre) bestätigt: Überdurchschnittlich viele Ältere haben keine Lernprozesse benannt – im Untersuchungsgebiet West indes noch erheblich mehr (46%) als im Teilsample Ost (35%).
- Im Hinblick auf „individuelle Nähe/Ferne zur Weiterbildung" sind die Merkmale „Weiterbildung als notwendiger Zwang" und „Weiterbildung als Zumutung" im Osten deutlich stärker besetzt als im Teilsample West. Dabei ist „notwendiger Zwang" im Sinne eines strukturellen Zwanges, als Notwendigkeit zur Weiterbildung, zu interpretieren. Z.B. zeichnet sich die diesem Item zuzuordnende Gruppe in beiden Untersuchungsgebieten durch ein überdurchschnittliches Niveau der Lernkompetenz aus. Die ostdeutsche Überpräsenz in der Kategorie „Weiterbildung als notwendiger Zwang" ist also mit einem aktiven Verhältnis zur Weiterbildung durchaus vereinbar.

In den wichtigsten Gründen für den Verzicht auf berufliche Weiterbildung differieren die Generationen stärker als die Untersuchungsregionen West und Ost. „Fehlender persönlicher oder beruflicher Nutzen" ist der jeweils von den Älteren am häufigsten genannte Grund für ausbleibende berufliche Weiterbildung (bei den Jüngeren Belastungen durch Familie, Arbeit, knappe Freizeit). Der wesentlichste Ost-West-Unterschied besteht darin, dass im Osten die Barriere „Infor-

Tab. 40: Weiterbildungsbewusstsein und -verhalten der Älteren (45–64 Jahre)[12]

		West/Ost		Gesamt
		1 West	2 Ost	
Niveau der Lernkompetenz	1 hohe Kompetenz	37,3%	42,7%	39,2%
	2 mittlere Kompetenz	18,4%	20,6%	19,2%
	3 niedrige Kompetenz	44,3%	36,7%	41,6%
	Gesamt (100%)	609	335	944
Selbststeuerungsdisposition gegenüber Lernprozessen	1 überdurchschnittliche Selbststeuerung	33,1%	38,1%	34,9%
	2 mittlere Selbststeuerung	34,6%	34,9%	34,7%
	3 unterdurchschnittliche Selbststeuerung	32,3%	27,0%	30,5%
	Gesamt (100%)	767	415	1182
Aktivitätsgrad der Kompetenzentwicklung letzte 3 Jahre Cr ,125 ***	1 hohe Aktivität	26,0%	21,1%	24,3%
	2 mittlere Aktivität	19,5%	30,5%	23,3%
	3 niedrige/keine Aktivität	54,5%	48,4%	52,3%
	Gesamt (100%)	795	426	1221
Antizipationsniveau von Lernerfordernissen Cr ,119 ***	1 hoch	28,9%	39,4%	32,6%
	2 mittel	29,1%	29,2%	29,1%
	3 niedrig	42,0%	31,5%	38,3%
	Gesamt (100%)	626	343	969
Einschätzung eigener Lernaktivität	1 gering	26,2%	25,1%	25,8%
	2 mittel	35,7%	32,5%	34,6%
	3 hoch	38,1%	42,5%	39,6%
	Gesamt (100%)	787	419	1206
Häufigste Gelegenheit für Kompetenzentwicklung letzte 3 Jahre Cr ,108 **	1 formalisierte Lernprozesse	15,1%	18,9%	16,4%
	2 mediale Lernprozesse	14,6%	15,4%	14,8%
	3 arbeitsbegleitende Lernprozesse	24,8%	31,0%	27,0%
	4 keine Lernprozesse benannt	45,6%	34,8%	41,8%
	Gesamt (100%)	790	423	1213
Individuelle Nähe und Ferne zu Weiterbildung Cr ,154 ***	1 WB als persönliche Bereicherung	21,8%	10,1%	17,7%
	2 WB als notwendiger Zwang	37,9%	46,9%	41,0%
	3 WB als Zumutung	31,8%	35,9%	33,3%
	9 nicht einzuordnen	8,6%	7,0%	8,0%
	Gesamt (100%)	795	426	1221
Wichtigste Weiterbildungsbarriere Cr ,134 ***	1 Belastungen Familie/Arbeit, knappe Freizeit	24,2%	15,4%	21,0%
	2 fehlender persönl. oder beruflicher Nutzen	43,3%	41,4%	42,6%
	3 Inform.-, Qualitäts- und Angebotsdefizite	13,5%	20,3%	15,9%
	4 zu hohe WB-Kosten	4,2%	6,5%	5,0%
	9 keine Barriere benannt	14,8%	16,5%	15,4%
	Gesamt (100%)	661	370	1031
Teilnahme an Fortbildung/ Umschulung (> 6 Monate) Cr ,282 ***	1 Ja	23,0%	50,8%	32,7%
	2 Nein	77,0%	49,2%	67,3%
	Gesamt (100%)	794	425	1219

---

[12] Ohne sonstige Nichterwerbspersonen (erwstat1<4).

mations-, Qualitäts- und Angebotsdefizite" häufiger genannt wird als „Belastungen durch Familie, Arbeit, knappe Freizeit".

In beiden Untersuchungsgebieten reklamiert die Mehrheit (6 von 10) der „älteren" Arbeitslosen „fehlender persönlicher oder beruflicher Nutzen" als wichtigsten Grund, nicht an beruflicher Weiterbildung teilzunehmen[13]. Ohne maßgebliche Erhöhung der Erwerbschancen auch der Älteren fehlen somit entscheidende Voraussetzungen für die Bereitschaft zur beruflichen Weiterbildung.

Krasse West-Ost-Differenzen bestehen hinsichtlich der Teilnahme an längeren Fortbildungs- bzw. Umschulungsmaßnahmen (mehr als 6 Monate). Dies betrifft in den neuen Bundesländern die Hälfte der Älteren, im Bundesgebiet West sind es nur knapp ein Viertel. Dieser Kontrast lässt sich wohl nicht allein auf die Arbeitsmarktförderung im Osten zurückführen. Denn 80 Prozent der ostdeutschen Älteren, die an derartigen Fortbildungs- und Umschulungsmaßnahmen beteiligt waren, haben in den letzten drei Jahren keine mehrmonatige Fördermaßnahme des Arbeitsamtes absolviert.

In Ostdeutschland sind die Teilnahmequoten an derartigen Weiterbildungsformen unabhängig vom Erwerbsstatus mit etwa 50 Prozent jeweils sehr hoch[14]. Im Untersuchungsgebiet West existiert hingegen ein signifikantes Gefälle der Quoten im Zusammenhang mit dem Erwerbsstatus auf einem demgegenüber niedrigen Niveau. Beide Gruppen (Teilnehmer bzw. Nichtteilnehmer) haben in Ostdeutschland annähernd die gleichen Erwerbstätigen- bzw. Arbeitslosenquoten[15]. Im früheren Bundesgebiet sind hingegen die Erwerbstätigen unter den Teilnehmern überrepräsentiert. *Die These, Weiterbildung erhöhe die Chancen auf dem Arbeitsmarkt, ist zumindest für die ostdeutschen Älteren nicht zu verifizieren.*

5.2 Zur sozialen Differenziertheit der Lernkompetenz der Älteren im Ost-West-Vergleich (Mittelwertanalyse)

Im Mittelpunkt dieses Abschnitts steht die Frage nach der Differenziertheit der Lernkompetenz innerhalb der Gruppe der Älteren bei besonderer Beachtung der Ost-West-Dimension. Die Analyse bezieht sich auf einen einzigen Indikator des Lernens: Niveaustufen der Lernkompetenz – in der 7-stufigen Skalierungsvariante (1 – hohes Niveau, ... 7 – niedriges Niveau der Lernkompetenz).

Die Auswahl dieser Variablen erfolgte, weil sie die höchste Komplexität weiterbildungsrelevanter Merkmale aufweist – die Komponenten Selbststeuerung

---

13 Ältere Arbeitslose: West 60%, Ost 61%; Jüngere Arbeitslose: West 23%, Ost 20%.
14 Erwerbstätige 52%, Arbeitslose 50%, stille Reserve 50%.
15 Teilnehmer: 64% bzw. 33%; Nichtteilnehmer: 62% bzw. 34%.

des Lernens, Antizipation von Lernerfordernissen und Aktivitätsgrad der Kompetenzentwicklung. Einbezogen werden wieder bereits in der Tab. 37 verwendete demographische und soziale Merkmale.

In der Abb. 28 sind jeweils die 10 Gruppen mit den höchsten bzw. niedrigsten Kompetenzwerten ausgewiesen[16] und der Gesamtheit der Vergleichsgruppe gegenübergestellt[17]. Ersichtlich ist, welchen Strukturvariablen die betreffenden Kategorien zuzuordnen sind[18].

Sowohl die Protagonisten hoher Lernkompetenz als auch die Gruppen mit besonders niedrigem Kompetenzniveau setzen sich aus den erwarteten Strukturgruppen zusammen. Gruppen mit hohem Niveau der Lernkompetenz sind vor allem den höheren und mittleren Soziallagen zuzuordnen. Als die wichtigsten gruppenbildenden Kriterien der Protagonisten der Lernkompetenz erweisen sich: obere soziale Schicht[19], berufliche Stellung (Beamte, Selbstständige, öffentlicher Dienst), hohes Niveau der beruflichen Bildung, beruflicher Aufstieg, relativ anspruchsvoller Arbeitsinhalt (Lernförderlichkeit, Computerarbeit), Erfahrungen mit längerfristiger Weiterbildung und eine optimistische Beurteilung des wirtschaftlichen und gesellschaftlichen Wandels in Bezug auf die beruflichen Perspektiven.

Umgekehrt befinden sich *Gruppen mit besonders niedrigem Niveau der Lernkompetenz* zumeist in sozial benachteiligter Position: untere Soziallagen (untere Schicht), Ungelernte, Arbeitslose, Absteiger, Beschäftigte mit relativ anspruchslosem Arbeitsinhalt (geringe Lernförderlichkeit, kein Computer), die Wirtschaftsbereiche Industrie und Handel und die Gruppe derer, die ihre beruflichen Chancen im Zusammenhang mit dem ökonomischen und gesellschaftlichen Wandel skeptisch oder auch nur indifferent beurteilen.

Die Analyse der *Zusammenhänge* von Lernkompetenz und Sozialstruktur (Tab. 41) zeigt, dass sowohl die Merkmale der Arbeit Computertätigkeit und Lernförderlichkeit als auch die Schichtzugehörigkeit und das berufliche Ausbildungsniveau besonders straff mit der Lernkompetenz korrelieren. Folgerichtig konstituieren Kategorien dieser Indikatoren auch maßgeblich jene Gruppen, die extreme Ausprägungen der Lernkompetenz aufweisen.

---

16 Zu beachten ist: Je höher der Mittelwert für KETYP_S, desto niedriger ist das durchschnittliche Kompetenzniveau.
17 Der Wirtschaftsbereich Landwirtschaft, Gartenbau etc. gehört zwar ebenfalls zu den Gruppen mit extrem niedriger Lernkompetenz, wurde aber aufgrund einer sehr geringen Besetzung (West 7, Ost 12) nicht berücksichtigt.
18 Die näheren Charakteristika der Variablen (Variablenlabel) sind in der Tab. 42 aufgeführt.
19 Die Indexvariable „soziale Schicht" wurde aus den Komponenten Bildung/Ausbildung, Erwerbsstatus und Einkommen konstruiert.

Zum Ost-West-Vergleich der Extremgruppen der Lernkompetenz: Vorherrschend ist eine *grundlegende Übereinstimmung* beider Untersuchungsgebiete. Die weitaus meisten der genannten Gruppen nehmen in beiden Untersuchungsgebieten eine Position unter den 10 oberen bzw. unteren Extremgruppen ein. Die weitgehende Konformität von Ost und West in Bezug auf die oberen bzw. unteren Extremgruppen der Lernkompetenz geht auch aus Folgendem hervor:

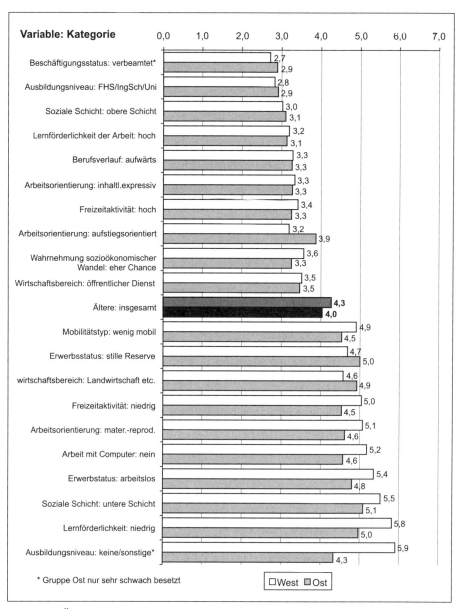

Abb. 28: Ältere (45–64 Jahre); Extremgruppen des Niveaus der Lernkompetenz (KETYP_S, Mittelwert)

Zwar tendieren in der Abb. 28 die Kategorien Ost zu niedrigeren Mittelwerten der Lernkompetenz (also zu einem höheren Kompetenzniveau) als die Pendants West, aber in der Mehrzahl der Fälle sind diese Differenzen nicht signifikant. Signifikante West-Ost-Unterschiede finden sich ausschließlich unter den Gruppen niedrigen Kompetenzniveaus[20] (geringe Lernförderlichkeit der Arbeit, Arbeitsplatz ohne Computer, Wandel eher risikovoll für berufliche Entwicklung).

Die Älteren im arbeitsfähigen Alter offenbaren *in Ost und West grundlegende Gemeinsamkeiten im Niveau und in der strukturellen Verteilung der Lernkompetenz*. Kongruenz besteht auch im Hinblick auf viele jener Gruppen, die ein besonders hohes bzw. besonders niedriges Kompetenzniveau aufweisen. Nur etwa bei einem Viertel der verglichenen Kategorien treten signifikante Mittelwertdifferenzen zwischen West und Ost auf. In all diesen Fällen zeichnet sich die Ostkomponente durch geringere Werte, also höheres Kompetenzniveau, aus. Mehrheitlich betrifft dies Kategorien unterdurchschnittlichen Kompetenzniveaus. Dies ist eine weitere Bestätigung der wichtigen ostdeutschen Besonderheit: *Soziale Benachteiligungen sind im Osten (noch) mit geringeren tendenziellen Kompetenzeinbußen verbunden als im Untersuchungsgebiet West.*

In der weiblichen Teilpopulation der Älteren besteht ein tendenzielles Ost-West-Gefälle in der Ausprägung des Niveaus der Lernkompetenz. Nahezu jede zweite Kategorie im Osten weist ein signifikant höheres Kompetenzniveau auf. Im Unterschied dazu überwiegt die Übereinstimmung zwischen West und Ost im männlichen Teilsample.

5.3 Einflussfaktoren der Lernkompetenz der Älteren – Befunde einer multiplen linearen Regressionsanalyse

Welche Faktoren beeinflussen die Lernkompetenz der Älteren vor allem; welche Besonderheiten weist die Altersgruppe diesbezüglich im Vergleich zu den Jüngeren (19–44 Jahre)[21] sowie in der Ost-West-Relation auf?

Es ist davon auszugehen, dass Merkmale, die nicht mit der Lernkompetenz korrelieren, auf diese auch keinen signifikanten Einfluss ausüben. Sämtliche in der Tab. 41 aufgeführten sozialdemographischen Indikatoren stehen in einem signifikanten Zusammenhang mit der Lernkompetenz (in mindestens einem der drei Teilsamples „Insgesamt", „West" oder „Ost").

---

20 Wird hier aus Platzgründen nicht explizit nachgewiesen.
21 Dabei – wie auch in allen anderen hier vorgestellten Regressionsanalysen – werden nur die für die berufliche Weiterbildung relevanten Erwerbsstatusgruppen einbezogen, d.h. Ausschluss der „sonstigen Nichterwerbspersonen" (erwstat1<4).

Methodische Vorbemerkungen

Wie bei der Mittelwertanalyse fungiert auch bei der Regressionsberechnung der Summenindex KETYP_S als abhängige Variable. Als unabhängige Variablen wurde ein möglichst breites Spektrum von potenziellen Einflussgrößen (Sozialstatus, Arbeit, Qualifikation, berufliche Mobilität, Sozialisation, etc.) der Lernkompetenz herangezogen (vgl. Tab. 41). Um auch nominalskalierte Indikatoren im Regressionsverfahren berücksichtigen zu können, wurden diese derart in sogenannte Dummyvariablen zerlegt, dass jedes Item eine selbständige dichotome Variable (0 – trifft nicht zu, 1 – trifft zu) bildet.

Tab. 42 dokumentiert die Befunde der Regressionsanalysen mit 4 Teilesamples: Jüngere (19-44 Jahre), Ältere (45-64 Jahre), Ältere West, Ältere Ost. Bei allen Analysen blieb die Gruppe „sonstige Nichterwerbstätige" (überwiegend Rentner) aufgrund ihrer geringen Relevanz für die berufliche Weiterbildung ausgeschlossen.

Tab. 41: Ältere (45–64 Jahre): Zusammenhänge von Standardvariablen und Lernkompetenz (KETYP1C)

(signifikante Cramer V, p<=5%)			
erwstat1<4 (ohne sonstige Nichterwerbspersonen)			
Soziale und demographische Indikatoren	Insgesamt	West/Ost	
		West	Ost
Geschlecht		,125	
Höchster Ausbildungsabschluss	,270	,254	,319
Aktueller Erwerbsstatus	,129	,126	,181
Index Soziale Schicht	,288	,311	,266
Beschäftigungsstatus	,185	,217	,161
Zugehörigkeit des Betriebes zu Wirtschaftsbereichen	,198	,195	,220
Betriebe nach Betriebsgröße	,099	,129	
Arbeit mit Computer/computergesteuerte Anlage	,370	,416	,316
Lernförderlichkeit des Arbeitsverhältnisses	,317	,355	,353
Schulbildung Eltern	,167	,172	,159
Vorberufliche Sozialisation: schulisches Lernklima	,174	,167	,174
Vorberufliche Sozialisation: familiale Förderung	,180	,131	,259
Aktuelle Phase Berufsverlauf	,163	,185	,165
Qualifikationsgerechte Arbeit	,150	,154	,171
Arbeitslosigkeitserfahrung vorhanden	,136	,144	,193
Mobilitätstyp	,114	,111	,154
Arbeitsorientierung	,245	,260	,228
Wandel als Chance oder Gefährdung berufl. Perspektiven	,207	,241	,184
Index expressive Freizeitaktivität	,226	,241	,230
Teilnahme an Fortbildung/Umschulung länger als ½ Jahr	,238	,274	,160

Diskussion der Befunde

Die Regressionsanalysen weisen mit dem eingesetzten Set an unabhängigen Variablen für die verschiedenen Teilsamples eine unterschiedliche Anpassungsgüte auf (vgl. R² in: Tab. 42). Die Regressionsfunktion erklärt etwa 57 Prozent der Varianz der Lernkompetenz (KETYP_S) der Älteren. Die beste Anpassungs-

Tab. 42: Regression Lernkompetenz KETYP_S (= abhängige Variable)

(Grundgesamtheit ohne "sonstige Nichterwerbstätige" [erwstat1<4])				
	Jüngere (19–44 Jahre)	Ältere (45-64 J)		
		Insges.	West	Ost
Unabhängige Variablen[1]	R² (Bestimmtheitsmaß[2])			
	,433	,569	,620	,493
	Beta (standardis. Regressionskoeff.[3])			
Lernförderlichkeit des Arbeitsverhältnisses	0,230	0,267	0,293	0,205
Nähe zur Weiterbildung: WB als notwendiger Zwang		-0,233		-0,198
Nähe zur Weiterbildung: WB als persönliche Bereicherung		-0,217		-0,217
Höchster Ausbildungsabschluss	-0,087	-0,180	-0,149	-0,203
Teilnahme an Fortbildung/Umschulung länger als ½ Jahr	0,191	0,113	0,118	
Soziale Schicht		-0,108	-0,149	
Arbeitsorientierung materiell-reproduktiv	0,111	0,096	0,106	0,118
Aktueller Berufsverlauf: horizontal		0,091		
Häufigkeit Berufswechsel		-0,091	-0,075	-0,115
Index expressive Freizeitaktivität	0,114	0,089		0,130
Weiterbildungsbarriere fehlender Nutzen	0,053	0,085	0,111	
Häufigkeit Firmenwechsel		0,072		
Wirtschaftsbereich öffentlicher Dienst	-0,096	-0,068		
Vorberufl. Sozialisation: schulisches Lernklima		0,062		
Nähe zur Weiterbildung: WB als Zumutung	0,175		0,238	
Beschäftigungsstatus: verbeamtet			-0,106	
Aktueller Berufsverlauf: aufwärts			-0,085	
Geschlecht			0,077	
Weiterbildungsbarriere nicht benannt			0,067	-0,172
Vorberufliche Sozialisation: familiale Förderung	-0,096			0,144
Wirtschaftsbereich: Handwerk				0,102
Arbeit mit Computer/CGA	0,091			
Wandel als Chance/Gefährdung beruflicher Perspektiven	0,068			
Häufigkeit arbeitsbedingter Umzüge	-0,063			
Betriebe nach Betriebsgröße	-0,055			
Schulbildung Eltern	-0,050			

1 Rangfolge der Variablen gemäß Beta (absolut) in Ältere insgesamt.
2 Maß für die Güte der Anpassung der Regression an die empirischen Werte der unabhängigen Variablen (0,000 < = R² < = 1,000).
3 Der standardisierte Regressionskoeffizient Beta (-1,00 < = b < = +1,00)) gibt den Effekt der betreffenden unabhängigen Variablen auf die abhängige Variable in Standardabweichungseinheiten an. Insofern drückt er gewissermaßen die Wichtigkeit der zugehörigen unabhängigen Variablen als Einflussfaktor der abhängigen Variablen (KETYP_S) aus.

güte (62%) wird im Teilsample Ältere West erzielt, während R^2 bei den Älteren Ost nur bei 49 Prozent beträgt und bei den Jüngeren einen noch etwas geringeren Wert (43%) hat.

Es folgt eine kurze, auf Beispiele beschränkte Auswertung der Einflussfaktoren auf die Lernkompetenz anhand der Beta-Werte.

Welche Gemeinsamkeiten und Unterschiede erbrachten die Regressionsanalysen im Vergleich von Jüngeren und Älteren? Die Lernförderlichkeit des Arbeitsverhältnisses ist in beiden Altersgruppen der stärkste Einflussfaktor. Relevante Einflussgrößen in beiden Gruppen sind auch die Teilnahme an Fortbildungs- und Umschulungsmaßnahmen, eine Arbeitsorientierung, die nicht materiell-reproduktiv ausgeprägt ist[22] und der Grad der expressiven Freizeitaktivität. Wesentlich häufiger ist indes die Anzahl jener Variablen, die nur in einer der beiden Altersgruppen einen signifikanten Einfluss auf die Lernkompetenz ausüben.

Bei den Älteren sind insbesondere zwei Kategorien der Variablen „individuelle Nähe bzw. Ferne zur Weiterbildung", starke Einflussfaktoren auf die Lernkompetenz – die Bewertungen von Weiterbildung als „notwendiger Zwang" sowie „als persönliche Bereicherung". Auch die Klassifizierung nach sozialen Schichten ist bei den Älteren eine relevante Einflussgröße, nicht aber in der jüngeren Generation. Diese wiederum unterliegt in ihrer Lernkompetenz dem (hemmenden) Einfluss der Bewertung von Weiterbildung als Zumutung und erhält z.B. positive Impulse durch hoch technisierte Arbeitsplätze (Arbeit an Computern) und aus der vorberuflichen Sozialisation (familiäre Förderung).

Bei den Regressionen im West-Ost-Vergleich erweist sich ebenfalls die Lernförderlichkeit der Arbeit als sehr starker Einflussfaktor auf die Lernkompetenz der Älteren. In der Westpopulation kommt dieser Variablen unangefochten die größte Bedeutung zu; unter den ostdeutschen Älteren gehört sie – etwa gleichrangig mit Weiterbildung als persönliche Bereicherung und Ausbildungsniveau – zu den besonders gewichtigen Einflussmerkmalen.

Gemeinsam ist des Weiteren in beiden Teilsamples der relevante Einfluss u.a. des beruflichen Ausbildungsniveaus, der *nicht* materiell-reproduktiven Arbeitsorientierung und der Mobilitätsvariablen „Berufswechsel". Trotz dieser markanten Gemeinsamkeiten bestehen zwischen den Älteren in West und Ost erhebliche Unterschiede in der Bedeutung und Einflussstärke weiterer Merkmale bezüglich der Lernkompetenz. Das betrifft – in Analogie zum Vergleich Jüngere/Ältere – insbesondere Items der individuellen Nähe bzw. Ferne zur Weiterbildung. Nur für die ostdeutschen Älteren gehören die Bewertungen von Weiterbildung als „persönliche Bereicherung" (Rangplatz 1!) sowie als „notwendiger Zwang" zu

---

22 Lernkompetenz und die Dummy-Variable „materiell-reproduktive Arbeitsorientierung" sind gegenläufig skaliert.

den gewichtigsten Einflussgrößen der Lernkompetenz. Beide Merkmale stehen auch als Beispiel für jene Indikatoren, die zwar in der Gruppe der Älteren insgesamt bedeutende Einflussgrößen darstellen, als solche aber nur in einem der beiden Untersuchungsgebiete eine signifikante Rolle spielen. Nur im Teilsample West erweist sich hingegen das Merkmal Weiterbildung als Zumutung als eines der stärksten Einflussmomente[23] der Lernkompetenz. Weitere nur auf die Gruppe Ost zutreffende Einflussfaktoren sind Freizeitaktivität, familiale Förderung als Merkmal der vorberuflichen Sozialisation und der Wirtschaftsbereich Handwerk.

Bemerkenswert ist auch der folgende Befund: In Ostdeutschland haben – anders als im Untersuchungsgebiet West – diejenigen, die in der Befragung *keine* Weiterbildungsbarriere benannt haben, ein überdurchschnittlich ausgeprägtes (Lern-) Kompetenzbewusstsein.

Eine größere Zahl von Einflussfaktoren der Lernkompetenz ist auf die Gruppe Ältere West beschränkt. Genannt wurde bereits „Weiterbildung als Zumutung". Ferner betrifft dies die Indikatoren „soziale Schicht", „Teilnahme an längeren Fortbildungs- und Umschulungsmaßnahmen", die Weiterbildungsbarriere „fehlender Nutzen", den Beschäftigtenstatus „verbeamtet", die Richtung „aufwärts" im aktuellen Berufsverlauf sowie „Geschlecht".

Würde eine detaillierte Interpretation dieser einzelnen Ergebnisse den Rahmen des Kapitels sprengen, so sollen doch einige weiterführende Ansatzpunkte am Beispiel der zuletzt genannten Befunde skizziert werden:
- Im Osten betrifft die Arbeitsplatzmisere relativ undifferenziert Gruppen unterschiedlicher sozialer Stellung; Weiterbildungsaktivität wird hier seltener mit beruflichem Aufstieg belohnt (soziale Schicht, Berufsverlauf aufwärts).
- Zuweisungen von Fortbildungs- und Umschulungsmaßnahmen erfolgen in den alten Bundesländern wesentlich seltener und selektiver als in den neuen (Teilnahme Fortbildung/Umschulung).
- Der objektive und subjektiv empfundene Druck auf die Beteiligung an der beruflichen Weiterbildung ist im Teilsample West weniger stark als im Untersuchungsgebiet Ost. Vorbehalte in Bezug auf den Nutzen von Weiterbildung werden im Osten möglicherweise durch andere Motive und Zwänge entkräftet.
- Dass die Variable Geschlecht nur im Westen und hier nur einen vergleichsweise geringen Einfluss auf die Lernkompetenz ausübt, kann nach den Ergebnissen der Korrelationsanalyse (Tab. 41) nicht überraschen.

Die Frage nach den Indikatoren, die der Regressionsanalyse zufolge *keine* signifikanten Effekte auf die Lernkompetenz der Älteren (weder insgesamt noch in

---

23 Der positive Beta-Wert bedeutet, dass die Lernkompetenz bei denen, die Weiterbildung für sich nicht als Zumutung einordnen, überdurchschnittlich ausgeprägt ist.

den Teilpopulationen West bzw. Ost) ausüben, ist kaum weniger bedeutsam als jene nach relevanten Einflussfaktoren der Lernkompetenz.

Obwohl oft ein hochsignifikanter Zusammenhang zur Lernkompetenz besteht, wurden z.B. die Indikatoren „Arbeit mit Computer", „Wahrnehmung des sozialökonomischen Wandels ...", „Schulbildung der Eltern" und einzelne Items der Arbeitsorientierung im Laufe der Regressionsprozeduren aus dem Verfahren ausgeschlossen. Das betrifft auch die dichotomisierten Kategorien solcher Indikatoren wie Wirtschaftsbereichsstruktur[24] (mit Ausnahme des Handwerks im Teilsample Ältere Ost und des öffentlichen Dienstes bei den Älteren insgesamt), Erwerbsstatus, Berufliche Stellung[25] (Ausnahme Beamte West).

Wie lässt sich der Ausschluss dieser Merkmale aus dem Regressionsverfahren erklären, obwohl zumeist hochsignifikante Korrelationen zur Lernkompetenz bestehen?

Die Regressionsanalyse berücksichtigt auch Korrelationen zwischen den unabhängigen Variablen und schließt so *Scheinkorrelationen*, d.h. Zusammenhänge eines Merkmals zur abhängigen Variablen, die durch andere Merkmale vermittelt werden, aus.

Tests auf Partialkorrelationen zeigen, warum z.B. der Indikator „Arbeit mit Computer bzw. computergesteuerten Anlagen", trotz straffer Korrelation mit der Lernkompetenz (vgl. Tab. 41) nicht als deren Einflussfaktor ausgewiesen wird. Z.B. wird der Zusammenhang zwischen „Arbeit am Computer ..." und Lernkompetenz nahezu vollständig durch die Indikatoren „Lernförderlichkeit der Arbeit", Weiterbildung als „persönliche Bereicherung" sowie als „notwendiger Zwang", Ausbildungsniveau, Teilnahme an Fortbildung/Umschulung und soziale Schicht vermittelt. Beim Einsatz dieser Indikatoren als Kontrollvariablen im Partial-Korrelationsverfahren ist kein signifikanter Zusammenhang zwischen Computerarbeit und Lernkompetenz vorhanden.

Analoges gilt für die Irrelevanz des „Erwerbsstatus arbeitslos" als eigenständigem Einflussfaktor auf die Lernkompetenz. Auch hier sind (im Teilsample Ältere Ost) „Lernförderlichkeit ..." und „berufliches Ausbildungsniveau" die maßgeblichen Vermittlungsglieder; Arbeitslose sind also sowohl in Bezug auf die Lernförderlichkeit ihrer (vormaligen) Arbeitsverhältnisse als auch hinsichtlich ihres Ausbildungsniveaus erheblich benachteiligt.

---

24 Die Kategorie Landwirtschaft, Gartenbau etc. wurde nicht in die Analyse einbezogen, da zu schwach (N<20) besetzt.
25 Die Kategorie wurde mit einer Systemwarnung („Konstante oder fehlende Korrelation") jeweils ausgeschlossen und deshalb nicht als unabhängige Variable eingesetzt.

An verschiedenen Beispielen wurde die herausragende Bedeutung des Merkmals „Lernförderlichkeit des Arbeitsverhältnisses" als Einflussfaktor der Lernkompetenz deutlich. Um bei der Variablen „arbeitslos" zu bleiben: Die Überwindung von Arbeitslosigkeit, also die Vermittlung eines Arbeitsplatzes, ist ein zwar notwendiger, aber keineswegs hinreichender Schritt zu höherer Lernkompetenz. Von ganz wesentlicher Bedeutung dafür sind vielmehr lernförderliche Arbeitsverhältnisse, somit Arbeitsanforderungen und -bedingungen, die zum Lernen anregen, Lernen ermöglichen und durch Weiterbildung besser erfüllt werden können. Nicht Arbeit schlechthin, sondern eine lernfördernde Qualität von Arbeit ist von entscheidender Bedeutung für die Ausbildung von Lernkompetenz. Dies ist letztlich auch die Ursache dafür, dass die Eigenschaft erwerbstätig zu sein ohne Einfluss auf die Lernkompetenz ist.

In West und Ost verfügen die Älteren zwar über ein vergleichbares Niveau der Lernkompetenz. Im Ergebnis der Regressionsanalysen ist jedoch festzustellen, dass das annähernd gleiche Niveau – ungeachtet wichtiger Gemeinsamkeiten – dennoch auf recht unterschiedlichen Einflussquellen beruht.

Resümee

Im Vergleich der Sozialstruktur, des Weiterbildungsverhaltens und -bewusstseins der 45- bis 64-Jährigen in den alten und den neuen Bundesländern bestätigt sich, dass es noch auf längere Zeit „zwei ‚deutsche Alter' geben wird" (Schwitzer 1993, S. 15). Die strukturellen Rahmenbedingungen der beruflichen Weiterbildung der Älteren in den Untersuchungsgebieten Ost und West unterscheiden sich zum einen in maßgeblichen Dimensionen der Erwerbsbeteiligung, des Ausbildungsniveaus, des Lebensstandards, der Arbeitsbedingungen, der beruflichen und der sozialen Situation. Zum anderen ist für die ostdeutschen Älteren charakteristisch, dass ihre Lebensverhältnisse dynamischen Veränderungen unterworfen sind. Besonders krass sind die Ost-West-Differenzen in Bezug auf die 45- bis 64-jährigen Frauen.

Die ostdeutschen Älteren weisen ein höheres Niveau der Weiterbildungsaktivität und des Weiterbildungsbewusstseins aus, als bei Berücksichtigung der niedrigen Erwerbstätigenquote und der geringeren Chancen auf Erwerb eines Arbeitsplatzes oder auf die Verbesserung der beruflichen Position zu erwarten wäre. Alles in allem unterscheiden sich die Älteren im Untersuchungsgebiet Ost von den 45- bis 64-Jährigen in den alten Bundesländern jedenfalls weder durch ein niedrigeres Niveau des Weiterbildungsbewusstseins noch durch ein geringeres Engagement in der beruflichen Weiterbildung. Im Ost-West-Vergleich besitzen die „älteren" Frauen Ost einen Vorsprung im Niveau der Lernkompetenz.

In den neuen Bundesländern heben sich die Einflüsse positiver und negativer Bedingungen der Weiterbildung vielfach auf. Der breiten Erwerbsbeteiligung, dem vergleichsweise hohen Niveau der (formellen) beruflichen Qualifikation und der im Transformationsprozess sogar noch gestiegenen Arbeits- und Berufsorientierung der ostdeutschen Bevölkerung stehen extrem hohe Arbeitslosenquoten, zunehmende Ausgrenzung der Älteren vom Erwerbsleben und Entwertung erworbener Qualifikationen gegenüber.

Die wachsende Altersdiskriminierung in Form der Unterbeschäftigung der Älteren kann in Ostdeutschland jedenfalls nicht mit einer mangelnden Bereitschaft dieser Altersgruppe zur beruflichen Weiterbildung begründet werden. Dies zeigte zum einen die im Ost-West-Vergleich wesentlich höhere Teilnahmequote der Älteren Ost an längeren Fortbildungs- bzw. Umschulungslehrgängen. Zum anderen konnte nicht nachgewiesen werden, dass Weiterbildung bei den ostdeutschen Älteren zu signifikant höheren Chancen auf dem Arbeitsmarkt führt. Umgekehrt kann die in den letzten Jahren stark verminderte Weiterbildungsaktivität der ostdeutschen Älteren durchaus mit deren anhaltend schlechten Beschäftigungschancen zusammenhängen.

Die gesellschaftliche Notwendigkeit, die berufliche Weiterbildung der älteren Generation im erwerbsfähigen Alter zu verstärken und qualitativ zu verbessern, ergibt sich aus zwei Hauptgründen: *Erstens* erfordert der demographische Wandel in absehbaren Zeiträumen eine Erhöhung der Beschäftigungsquoten Älterer, deren stärkere Beteiligung an Weiterbildung ist eine der Grundvoraussetzungen dafür. *Zweitens* gilt es, gegen die gängige Praxis anzugehen, das Potenzial und die Humanressourcen der Älteren ungenutzt und verkümmern zu lassen. Das erfordert, verbreitete Vorurteile zu überwinden, wonach ältere Menschen a priori weniger leistungs- und innovationsfähig als jüngere seien oder sich Bildungsinvestitionen bei Älteren nicht lohnen würden.

Die mit dem demographischen Wandel verbundene Tendenz einer alternden Bevölkerung hat bisher weder zur Steigerung der Nachfrage nach Älteren auf dem Arbeitsmarkt noch zu alternden Belegschaften geführt. Individuell bleiben die Chancen älterer Beschäftigter auf die Erfüllung ihres Rechts auf Arbeit, bevor das Renteneintrittsalter erreicht ist, gering. Damit fällt ein wichtiges Weiterbildungsmotiv weitgehend aus. So ist es plausibel, dass die Älteren in Ost und West am häufigsten als Grund für den Verzicht auf berufliche Weiterbildung „fehlender persönlicher oder beruflicher Nutzen" reklamierten.

Unabhängig davon, wann der demographische Wandel auf den Arbeitsmarkt und die Erwerbstätigenstruktur durchschlägt, ist zu keinem Zeitpunkt verantwortbar, das Potenzial der noch erwerbstätigen älteren Arbeitskräfte ungenutzt zu lassen. Das Argument, Investitionen in die Qualifikationsentwicklung älterer Arbeitnehmer wären unrentabel, ist aus mehreren Gründen unhaltbar. Zum einen erweist sich die Einschätzung, wegen altersbedingter Einbußen bestimmter intellektueller Fähigkeiten sei das Leistungsvermögen generell entscheidend begrenzt, als unzutreffend – nehmen doch mit dem Alter kompensatorische Formen der Intelligenz zu (Behrens 2001). Zum anderen ist die noch bevorstehende Zeit der Berufstätigkeit von etwa 50-Jährigen auf jeden Fall länger als das Intervall, in dem heute einmal erworbenes Wissen aktuell bleibt.

Zweifellos unterscheiden sich die Fähigkeiten Älterer, Neues zu lernen, in Abhängigkeit von ihrer beruflichen Entwicklung erheblich. Ohne rechtzeitige und längerfristige Vorbereitung der Belegschaften werden viele Mitarbeiter physisch und psychisch nicht in der Lage sein, sich auf veränderte Anforderungen im Sinne von längerer Lebensarbeitszeit und beruflicher Qualifizierung einzustellen. Das Argument, der demographische Wandel habe auf dem Arbeitsmarkt noch keine stärkere Nachfrage nach älteren Bewerbern erzwungen, ist folglich keine akzeptable Begründung für die mangelnde Einbeziehung Älterer in die berufliche Weiterbildung.

Insbesondere gilt es in den Betrieben, den mit der beruflichen Ausgrenzung Älterer erst möglich gewordenen Raubbau an Humanressourcen der jüngeren Erwerbstätigen zu überwinden. Insofern sollte die These einer Benachteiligung der Älteren überprüft werden. Eine solche Benachteiligung gibt es fraglos auf dem Arbeitsmarkt. Doch für die damit verbundene „Bevorzugung" der Jüngeren haben viele von diesen später einen hohen Preis zu zahlen – den Verlust der Fähigkeit, die berufliche Tätigkeit bis zur gesetzlich möglichen Altersgrenze auszuüben.

Die berufliche Weiterbildung Älterer ist eine von mehreren notwendigen Bedingungen für eine möglichst lange Integration in das Erwerbsleben. Wie die Untersuchung zeigte, stehen der Erfolg des Lernens und die Bereitschaft dazu wiederum im engen Wechselverhältnis zum Grad der Lernförderlichkeit der Arbeitsverhältnisse. Sehr wichtig ist zudem eine lernförderliche Gestaltung des Erwerbsverlaufs, um auch im fortgeschrittenen Alter zur Erweiterung der beruflichen Qualifikation fähig zu sein.

6. Räumliche Ost-Ost- und West-West-Unterschiede und Differenzierungen im Weiterbildungsbewusstsein

Für die vorliegende Studie ist der Ost-West-Vergleich des Weiterbildungsbewusstseins der erwachsenen Bevölkerung der Bundesrepublik zentral, mithin der Vergleich zwischen der Gesamtheit der alten und der Gesamtheit der neuen Bundesländer.

Dennoch ist es sinnvoll, die gewählte Zentralperspektive Ost-West anzureichern und zu fragen, ob und in welcher Weise jeweils ausgewählte Dimensionen des Weiterbildungsbewusstseins *innerhalb* der beiden Teilgesellschaften der Bundesrepublik von sozialräumlichen Differenzierungen abhängen. Sofern das der Fall sein sollte, ergibt sich die Frage, ob sich solche Abhängigkeiten in Ost und West strukturgleich bzw. nach identischen Mustern vollziehen. In den Blick des Kapitels rücken kleiner dimensionierte (sozialräumliche) Einheiten, sofern sie in der Erhebung des Jahres 2001 eine Rolle spielten. Einheiten dieser Art sind vor allem die 16 Bundesländer und 10 Ortsklassen. Sie sollen im Folgenden als Einflussgrößen von Lernkompetenzen untersucht werden.

6.1 Regionale Disparitäten in der Ausprägung von Lernkompetenz zwischen den Bundesländern?

Hypothesen

Im regionalwissenschaftlichen Diskurs im engeren Sinne, für den freilich Weiterbildungsbewusstsein keine zentrale Kategorie ist und der im Regelfall mit anderen Raumkategorien (Raumordnungsregionen) als denen der Bundesländer arbeitet, gilt es als gesicherte Erkenntnis, dass es auch innerhalb der alten Bundesrepublik „nie eine Situation der Ausgeglichenheit zwischen den einzelnen Teilgebieten gegeben (hat), sondern es herrschten starke Unterschiede, etwa zwischen München und Lüchow-Dannenberg, um die Pole zu benennen, aber auf einem im europäischen Vergleich hohen Niveau" (Strubelt 1996, S. 13). Mit der deutschen Einheit sind in Gestalt der neuen Länder räumliche Kategorien in die Bundesrepublik eingebracht worden, „wie sie für die Bundesrepublik alt unbekannt waren" (Strubelt 1996, S. 13). Wird diese Position auf die Ebene des Weiterbildungsbewusstseins übertragen, lässt sich eine erste Hypothese aufstellen:

Hypothese 1 (Angleichungs- und Nivellierungshypothese): Bundesländer sind zu große Einheiten. Unterschiede im Weiterbildungsbewusstsein, repräsentiert durch die synthetische Kennziffer „Lernkompetenz", innerhalb und zwischen den Bundesländern gleichen sich aus und verflüchtigen sich. Von daher ist zu erwarten, dass sich die Bundesländer hinsichtlich der Ausprägungsgrade von Lernkompetenz kaum unterscheiden; allenfalls entlang der Achse alte Bundesländer – neue Bundesländer sind Differenzierungen wahrscheinlich.

Hypothese 2 (Differenzierungshypothese): Zwar trifft es zu, dass selbst die wirtschaftlich stärksten ostdeutschen Bundesländer weiter unter dem Niveau der schwächsten alten Länder verbleiben, „ostdeutsche „Boom-Regionen" allemal weit hinter westdeutschen Ballungsräumen rangieren (Thierse 2001), doch besteht auf der Ebene des Weiterbildungsbewusstseins, wie gezeigt werden konnte, kein Ost-West-Gefälle. Dieser Ost-West-Parität könnten differente Niveaus von Lernkompetenz auf der Ebene der Bundesländer zugrunde liegen, die sich im generellen Ost-West-Vergleich ausgleichen.

Wenn aber die *Hypothese 2* zutreffen sollte, sind weitere hypothetische Annahmen erforderlich, um Differenzen im Weiterbildungsbewusstsein auf der Ebene der Bundesländer zu erklären. Unterstellt doch die *Hypothese 2* unter anderem, dass Weiterbildungsbewusstsein (im Sinne des selbstgesteuerten, lebensbegleitenden Lernens) sich *relativ unabhängig* von der regionalen Wirtschaftsdynamik, ökonomischen Leistungsfähigkeit und aktuellen Wettbewerbsfähigkeit ausbilde. Daher wird zusätzlich angenommen, dass ein ausgeprägtes Weiterbildungsbewusstsein und regionale Wirtschaftsdynamik zwar nicht auf direktem Wege, wohl aber vermittelt miteinander (sowohl im Bundesgebiet West als auch im Bundesgebiet Ost) zusammenhängen.

Für diese Annahme sprechen nicht zuletzt Befunde der Regressionsanalyse. Sie besagen, dass der Grad der „Lernförderlichkeit der Arbeitsverhältnisse" sowie die „Arbeit mit Computern und an computergesteuerten Anlagen" in Ost wie West und die „Teilnahme an Fortbildungen/Umschulungen von mehr als sechsmonatiger Dauer" mit am stärksten oder in nennenswertem Ausmaß die Ausprägung der Lernkompetenz beeinflussen.

Da beispielsweise der Anteil der Personen zwischen Ost und West differiert, der an Computern und computergesteuerten Anlagen arbeitet, sind auch Differenzen in dieser Hinsicht auf der Ebene der Bundesländer (sowohl in der Gruppe der alten Bundesländer als auch in der Gruppe der neuen Bundesländer) zu erwarten. Demzufolge sollten im Bundesgebiet West die starken Bundesländer (wie Bayern, Baden-Württemberg, Hessen, NRW) höhere Ausprägungsgrade von Lernkompetenz aufweisen als schwächere wie etwa das Saarland oder Schleswig-Holstein.

Im Osten, dessen räumliche Strukturen bis 1989 und seit 1989 hier nicht detailliert dargestellt werden können (siehe dazu Strubelt et al. 1996; Becker 1997), sollte sich ein modifiziertes Süd-Nord-Gefälle mit einer relativ starken Mitte auch auf der Ebene der Lernkompetenz zeigen. Dazu nur so viel: Die DDR hatte bei ihrer Gründung eine räumliche Struktur vorgefunden, die gekennzeichnet war durch ein bedeutendes Industriegebiet im Süden und ein agrarisch bestimmtes Mecklenburg-Vorpommern. Hinzu kamen starke Industriekonzentrationen in Berlin und dessen Umland sowie im Raum Magdeburg. Der räumlichen Verteilung der Industriestrukturen entsprach annähernd die Verteilung der Kultur- und Bildungsinfrastrukturen sowie des Forschungs- und Entwicklungspotenzials. Bei dem Versuch, eine selbsttragende Volkswirtschaft aufzubauen, wurden Ausgleichstrategien verfolgt zwischen dem entwickelten Süden und dem strukturschwachen Norden sowie zwischen Stadt und Land. Diese Bemühungen haben durchaus zu Entwicklungsschüben in schwachen Regionen geführt, aber auch verhindert, dass „andere die Grundlast der Volkswirtschaft tragende Regionen sich erneuern konnten" (Strubelt 1996, S. 26). Mit der deutschen Einheit, mit dem Wegfall der in der DDR gegebenen systemischen Rahmenbedingungen, kam es zu einer Neubewertung der räumlichen Strukturen. Die im Rahmen der DDR in einst ländlichen Räumen angesiedelten Industrien und *monostrukturierten* Produktionskomplexe erwiesen sich in der Regel als besonders krisenanfällig, volkswirtschaftlich nunmehr in besonderem Maße überflüssig und wurden zum größten Teil stillgelegt. Solche Räume wurden in ihren Wirtschaftsstrukturen tendenziell auf den Status quo ante 1945 bzw. den in der DDR erfolgten industriepolitischen Interventionen zurückgeworfen. Die nach 1990 erfolgte Neubewertung räumlicher Strukturen führte in ihren Konsequenzen in vieler Hinsicht zur einfachen und erweiterten Reproduktion des ohnehin nie aufgehobenen Süd-Nord-Gefälles mit einer relativ starken Mitte.

Wir erwarteten daher höhere Ausprägungsgrade der Lernkompetenz in den Bundesländern Sachsen, Thüringen und Berlin-Ost sowie seinem Umland als etwa in Mecklenburg-Vorpommern, Sachsen-Anhalt oder an der Peripherie Brandenburgs. Ferner nahmen wir an, dass die Stadtstaaten unter den Bundesländern für die Ausbildung von Lernkompetenz günstigere Bedingungen im Vergleich mit Flächenstaaten bieten, ungeachtet dessen, dass die Wirtschaftkraft und Dynamik der Stadtstaaten eine erhebliche Bandbreite aufweist (Bonus von Stadtstaaten in der Ausbildung von Lernkompetenz).

Befunde

Wenn im Folgenden Befunde im Ländervergleich präsentiert werden, so ist eines stets mitzudenken: Zwar sind für die meisten Bundesländer die Fallzahlen hinreichend, jedoch gilt im Unterschied zur Repräsentativität der Gesamtstichprobe nicht, dass die Stichproben auch für einzelne Bundesländer jeweils repräsentativ sind. Dies relativiert den Wert und Geltungsbereich der beigebrachten Befunde. Dennoch sind sie als *vorläufige Momentaufnahmen* nicht uninteressant und legen zumindest nahe, künftige Untersuchungen zum Weiterbildungsbewusstsein so anzulegen, dass ein Vergleich zwischen Bundesländern möglich wird.

Regionale West-West-Unterschiede in der Lernkompetenz sind größer als regionale Ost-Ost-Unterschiede

Die Tab. 43 gibt die Mittelwerte in der Ausprägung von Lernkompetenz nach Bundesländern in absteigender Reihenfolge (ohne Nichterwerbspersonen) wieder. Dabei zeigt sich zunächst, dass sich auch auf der Ebene der Bundesländer Differenzierungen in der Lernkompetenz einstellen: Zwischen den 16 Bundesländern bestehen signifikante (hochgradige) Mittelwertdifferenzen (siehe Zeile alle 16 Bundesländer). Gleiches gilt für die Gruppe der alten Bundesländer für sich genommen (Gruppe der alten Bundesländer insgesamt). Für die neuen Bundesländer weist die Übersicht immerhin ebenfalls signifikante (aber nicht hochgradige, sondern ausgeprägte) Mittelwertdifferenzen aus (Zeile Gruppe der neuen Bundesländer insgesamt).

Wenn man das in punkto Lernkompetenz an der Spitze stehende Saarland (nur 23 Fälle) ausklammert, dann hat sich die hypothetische Annahme im Falle Hamburgs, Bremens und von Berlin-Ost empirisch bestätigt, dass Stadtstaaten

Tab. 43: Mittelwerte der Ausprägung von Lernkompetenz nach Bundesländern auf einer Skala von 1.00 (sehr hoch ausgeprägte Lernkompetenz) bis 7.00 (sehr niedrig ausgeprägte Lernkompetenz)

Bundesland / Bundesländergruppe	Mittelwert/ Signifikanzen	N
Saarland	3,35	23
Hamburg/Bremen[1]	3,48	60
Rheinland-Pfalz	3,70	115
Hessen	3,78	120
Sachsen	3,78	288
Brandenburg	3,82	150
Thüringen	3,82	135
Berlin-Ost	3,85	85
Gruppe der neuen Bundesländer insgesamt/Signifikanz der Mittelwertdifferenzen zwischen den neuen Bundesländern	3,95 ** (ausgeprägt)	911
Niedersachsen	4,01	205
Schleswig-Holstein	4,04	80
Alle 16 Bundesländer/ Signifikanz der Mittelwertdifferenzen Zwischen 16 Bundesländern	4,08 *** (hochgradig)	2741
Nordrhein-Westfalen	4,09	552
Gruppe der alten Bundesländer insgesamt/Signifikanz der Mittelwertdifferenzen zwischen den alten Bundesländern	4,15 *** (hochgradig)	1830
Sachsen-Anhalt	4,26	156
Berlin (insgesamt)	4,29	150
Mecklenburg-Vorpommern	4,37	97
Bayern	4,41	331
Baden-Württemberg	4,49	279
Berlin-West	4,85	65

1 Wegen der geringen Fallzahl wurden die Bundesländer Hamburg (N = 48) und Bremen (N = 12) in der Tabelle so behandelt, als wären sie ein Bundesland.

für die Ausprägung von Lernkompetenz einen relativ günstigen Nährboden bieten. Der Westteil des Stadtstaates Berlin indes weist von allen Bundesländern den niedrigsten Mittelwert der Lernkompetenz aus (allerdings geringe Fallzahlen). Die Mittelwertdifferenz in der Lernkompetenz zwischen dem Ost- und dem Westteil der Stadt Berlin könnte auf drei Konstellationen zurückgeführt werden.

Berlin-Ost war zum einen das politische, kulturelle, wissenschaftliche und industrielle Zentrum der DDR. Berlin-West befand sich in einer Randlage der Alt-Bundesrepublik. Daher folgten Zu- und Abwanderungen in der geteilten Stadt nach einem je anderen Muster und zeitigten unterschiedliche soziale Selektionseffekte. Wer in der DDR etwas werden wollte, den zog es nach Berlin-Ost. Wer in Berlin-West etwas werden wollte, den zog es eher ins Bundesgebiet oder/und ins Ausland. Im Jahr 1989 verfügten 33,3% der Erwerbstätigen im Ostteil der Stadt über eine Hoch- oder Fachschulqualifikation gegenüber 7,5% im Westteil

Berlins. In Berlin-Ost waren 11,9% der Erwerbtätigen ohne Berufsabschluss, in Berlin-West 25,6% (Zu den Unterschieden zwischen Berlin-West und Berlin-Ost in der Qualifikations- und Tätigkeitsstruktur sowie zwischen Berlin-West und solchen Städten wie Hamburg, Frankfurt am Main und München siehe auch: Wirtschaftsentwicklung und Raumplanung in der Region Berlin-Brandenburg 1995).

Der Ostteil der Stadt ist zum anderen noch immer ethnisch nahezu homogen; der Westteil weist eine beachtliche ethnische Heterogenität auf. Die „prinzipielle und rechtlich abgesicherte Ungleichheit zwischen Deutschen und Ausländern sowie die Tendenzen zum resignativen Rückzug in ein ethnisches Ghetto sind die wichtigsten Rahmenbedingungen für die Weiterbildung von Ausländern (...). Bildung und Beruf sind auch bei Ausländern und Aussiedlern die Faktoren, die zentral die soziale Lage bestimmen..." (Hamburger 1999, S. 620).

Schließlich fällt ins Gewicht, dass die deutsche Einheit zwar für den Westteil der Stadt erhebliche Folgen hatte (Streichung der Berlin-Förderung; wachsende Konkurrenz um Arbeitsplätze), jedoch legte die Systemtransformation zunächst nur großen Teilen der Erwerbsbevölkerung von Berlin-Ost massiv eine berufliche Um- und Neuorientierung nahe (vgl. Winkler 2001).

Unsere hypothetische Annahme, dass wirtschaftliche Leistungsfähigkeit/Dynamik eines Bundeslandes und der Ausprägungsgrad von Lernkompetenz in einem eher vermittelten, aber letztlich dennoch nachweisbaren Verweisungszusammenhang stehen, scheint faktischen Regularitäten allenfalls bedingt zu entsprechen. So ist das Bundesland Hessen (gemessen am Bruttoinlandsprodukt je Einwohner) nicht nur das wirtschaftlich leistungsfähigste aller Flächenländer des Bundesgebietes, es belegt auch einen der vorderen Plätze in der Ausprägung von Lernkompetenz. In diesem Falle könnte ein direkter Zusammenhang konstruiert werden.

Am ehesten trifft die Hypothese auf das Bundesgebiet Ost zu. Sachsen und Thüringen sind im Osten relativ wirtschaftsstark und belegen in der Ausprägung von Lernkompetenz vordere Ränge. Ähnliches gilt für das Bundesland Brandenburg. Hier ist von starken räumlichen Disparitäten in der Wirtschaftskraft und in der Ausprägung der Lernkompetenz zwischen den Berlin nahen und den Berlin fernen Teilen Brandenburgs auszugehen. Das Berliner Umland ist der wirtschaftlich dynamischste Teilraum Brandenburgs. Zudem wurde das Berliner Umland seit 1989/90 bevorzugtes Zielgebiet der von Berlin ausgehenden Migration. Da Zuwanderer aus Berlin sich aus bestimmten sozialen und Qualifikationsgruppen rekrutieren, mithin nicht für einen repräsentativen Querschnitt der Berliner Bevölkerung stehen, hat sich im Zuge der Suburbanisierungsprozesse das Lernkompetenzprofil des Berliner Umlandes zusätzlich erhöht. Im Umkehrschluss ist es durchaus hypothesenkonform, dass die Bundesländer Sachsen-Anhalt und Mecklenburg-Vorpommern auch in der Lernkompetenz vergleichsweise niedrige Mittelwerte ausweisen.

Dagegen versagt die Hypothese über den vermittelten Zusammenhang zwischen wirtschaftlicher Dynamik/Leistungsfähigkeit und Lernkompetenz im Hinblick auf Bayern und Baden-Württemberg. Beide wirtschaftspotente Länder belegen hinsichtlich des Mittelwertes der Lernkompetenz im Bundesgebiet keine vorderen Plätze.

Bemerkenswert ist, dass die Differenz der Mittelwerte in der Lernkompetenz zwischen den in dieser Hinsicht führenden (Hamburg bzw. Rheinland-Pfalz) und den am unteren Ende der Skala liegenden Bundesländern West (Berlin-West bzw. Baden-Württemberg) größer ist als die Differenz der Mittelwerte zwischen dem führenden (Sachsen) und dem am unteren Ende der Skala (Mecklenburg-Vorpommern) rangierenden Bundesland der Ländergruppe Ost (Abb. 29).

Die Übersichten legen den Schluss nahe, dass die regionalen West-West-Unterschiede in der Lernkompetenz größer sind als die regionalen Ost-Ost-Unterschiede. Dieser Befund wird durch die Regressionsanalyse in der Weise erhärtet, dass die Zugehörigkeit zu diesem oder jenem Bundesland im Bundesgebiet West (und nur im Bundesgebiet West) mit einem Beta-Wert von 0,04 Lernkompetenz beeinflusst. Dies ist freilich die kleinste gemessene relative Effektstärke unter den Lernkompetenz beeinflussenden Größen. Im Osten wird kein Beta-Wert ausgewiesen; d.h. für die Lernkompetenz-Entwicklung im Bundesgebiet Ost spielen Zugehörigkeiten zu Bundesländern faktisch keine Rolle.

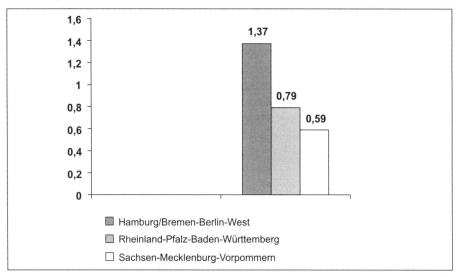

Abb. 29: Differenz der Lernkompetenz-Mittelwerte der Repräsentanten mit dem höchsten und niedrigsten Wert nach Ländergruppen

U-förmige Verteilungen der Häufigkeiten bei Ausprägungsgraden von Lernkompetenz

Bei der Besichtigung der graphisch dargestellten Häufigkeiten fällt zunächst auf, dass mit Ausnahme von Hessen (vgl. Abb. 31) die mittlere Ausprägung der Lernkompetenz in allen Bundesländern am schwächsten besetzt ist.

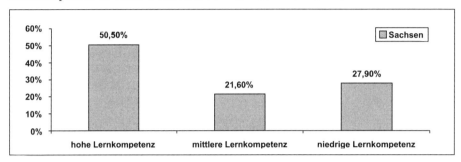

Abb. 30: Ausprägung der Lernkompetenz im Bundesland Sachsen 2001
N = 283

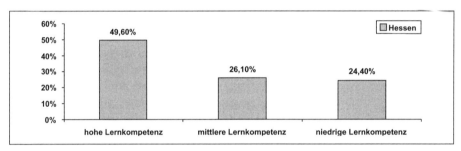

Abb. 31: Ausprägung der Lernkompetenz im Bundesland Hessen 2001
N = 119

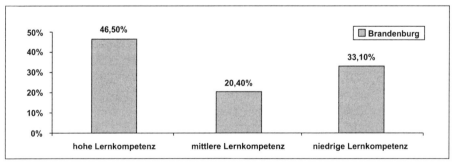

Abb. 32: Ausprägung der Lernkompetenz im Bundesland Brandenburg 2001
N = 150

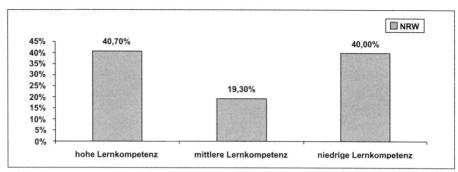

Abb. 33: Ausprägung der Lernkompetenz im Bundesland Nordrhein-Westfalen 2001
N = 552

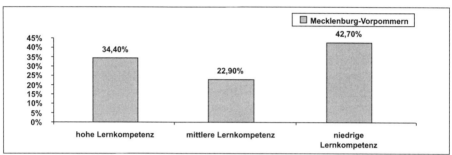

Abb. 34: Ausprägung der Lernkompetenz im Bundesland Mecklenburg-Vorpommern
2001 N = 97

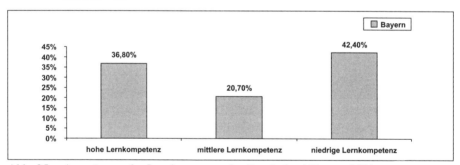

Abb. 35: Ausprägung der Lernkompetenz im Bundesland Bayern 2001
N = 323

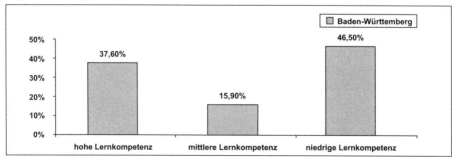

Abb. 36: Ausprägung der Lernkompetenz im Bundesland Baden-Württemberg 2001
N = 271

Bei den überwiegend U- bzw. V-förmigen Verteilungen lassen sich wiederum drei Muster identifizieren:
a) der linke Schenkel (des U) ist länger als der rechte, mithin ist der prozentuale Anteil der Personen mit hoher Lernkompetenz größer als der Anteil der Personen mit niedriger Lernkompetenz (Sachsen, Brandenburg);
b) der rechte Schenkel ist länger als der linke. In diesen Bundesländern (z.B. Bayern, Mecklenburg-Vorpommern, Baden-Württemberg) ist der Anteil der Personen mit niedriger Lernkompetenz größer als der mit hoher Lernkompetenz;
c) beide Schenkel sind gleich lang – der Anteil der Personen mit hoher Lernkompetenz ist gleich dem Anteil der Personen mit niedriger Lernkompetenz (z.B. in NRW).

Auf der Ebene der Bundesländer bestehen gemäß unserer vorläufigen Momentaufnahmen sehr unterschiedliche, tendenziell gegensätzliche Verteilungen in den Häufigkeiten: Sowohl in Bayern als auch in Baden-Württemberg und Mecklenburg-Vorpommern stehen Erwerbspersonen mit hoher Lernkompetenz einer zahlenmäßig sehr starken, größeren Anzahl von Personen mit extrem niedriger Lernkompetenz gegenüber.

Wie aber lässt sich dieser Sachverhalt erklären? Und wie kommt es, dass Hessen, Sachsen, Brandenburg, Thüringen und Berlin-Ost vordere Ränge in der Lernkompetenzentwicklung einnehmen, Nordrhein-Westfalen einen mittleren Rang und Bayern und Baden-Württemberg hintere belegen? Die Differenzierungen zwischen Bundesländern lassen sich aufklären, wenn wichtige Einflussgrößen von Lernkompetenz, die im Ergebnis der Regressionsanalyse identifiziert werden konnten, exemplarisch auf die Bundesländer-Ebene bezogen werden. Dabei sollen als Stellvertreter für die Ländergruppe West Hessen und Bayern, für die Ländergruppe Ost Brandenburg und Sachsen fungieren.

Lernkompetenz beeinflussende Faktoren (Bundesländer Hessen, Bayern, Brandenburg und Sachsen)

Bei der Konzipierung der Erhebung wurde zutreffend hypothetisch unterstellt, dass Lernkompetenz nicht zuletzt beeinflusst wird:
- von der Verfasstheit der Arbeitsverhältnisse. (Die Beschaffenheit der Arbeitsverhältnisse wurde unter anderem durch den Index „Lernförderlichkeit des Arbeitsverhältnisses" und „Arbeit mit Computern und computergesteuerten Anlagen" erfasst.) Die Regressionsanalyse hat diese Zusammenhänge eindrucksvoll bestätigt;
- von verschiedenen Komponenten der Bildungsbiographie. Nach der Regressionsanalyse hat sich als besonders einflussstark die „Teilnahme an Fortbildungen und Umschulungen von mehr als sechsmonatiger Dauer" erwiesen;
- von der *Wahrnehmung* des sozioökonomischen Wandels. Die Regressionsanalyse bestätigte auch diese Hypothese, aber nur für das Bundesgebiet West

mit dem Beta-Wert 0,070. (Allerdings ist zu beachten, wie das Kapitel 5 am Beispiel der Gruppe der Älteren zeigt, dass die auf Lernkompetenz bezogene Regressionsanalyse auf der Ebene der Gesamtpopulation zu anderen Ergebnissen führt als bei Teilpopulationen. So beeinflusst bei den *Älteren* im Bundesgebiet Ost die Wahrnehmung des Wandels sehr wohl die Ausbildung von Lernkompetenz.)

Wenn diese Einflussgrößen exemplarisch auf ausgewählte Bundesländer (ohne Nichterwerbspersonen) bezogen werden, dann zeigt sich folgendes Bild:

1. Zwischen den Bundesländern der Ländergruppe West und jenen der Ländergruppe Ost bestehen jeweils für sich betrachtet und für sich genommen keine regionalen Unterschiede hinsichtlich der *Teilnahme an Fortbildungen/Umschulungen von mehr als sechsmonatiger Dauer*, dafür aber hochgradig signifikante Ost-West-Unterschiede zwischen den Stellvertretern der Ländergruppen.

Tab. 44: Teilnahme an Fortbildungen/Umschulungen länger als ein halbes Jahr nach Bundesländern

Cr ,263***	Hessen	Bayern	Brandenburg	Sachsen
1 Ja	19,3%	18,5%	44,8%	41,7%
2 Nein	80,7%	81,5%	55,2%	58,3%
Gesamt (=100%)	145	389	181	321

Da dieser Indikator Lernkompetenz erheblich beeinflusst, die Teilnahmequote im Osten entschieden höher ist als in den alten Bundesländern, zudem in dieser Hinsicht jeweils keine regionalen Ost-Ost- bzw. West-West-Unterschiede bestehen, bewirkt dieser Einflussfaktor eine Verbesserung des Lernkompetenzsaldos in allen neuen Bundesländern und sorgt zugleich für deren Platzierung in einem dicht beieinander liegenden Feld.

2. *Arbeit mit Computern und computergesteuerten Anlagen.* In Bundesländern, welche die Ländergruppe West stellvertretend repräsentieren, arbeitet ein deutlich größerer Anteil der Befragten mit Computern und computergesteuerten Anlagen als in den Ländern, die für die Ländergruppe Ost stehen. Während die regionalen West-West-Unterschiede nicht ins Gewicht fallen, handelt es sich in der Ost-Ost-Dimension immerhin um 8 Prozentdifferenzpunkte.

In Bezug auf diese Dimension sind die Ost-Ost-Unterschiede zwischen den Bundesländern größer als die zwischen den Ländern der West-Gruppe. Die Arbeit mit Computern ist ein Faktor, der Differenzierungen in der Lernkompetenz zwischen den Ostländern bewirkt, nicht aber in der Ländergruppe West.

Tab. 45: Arbeit mit Computern und computergesteuerten Anlagen nach Bundesländern

Cr ,112***	Hessen	Bayern	Brandenburg	Sachsen
1 Ja	61,0%	58,3%	44,0%	52,5%
2 Nein	39,0%	41,7%	56,0%	45,7%
Gesamt (=100%)	123	388	159	297

3. *Lernförderlichkeit des Arbeitsverhältnisses.* Haben die bisher herangezogenen beiden Einflussgrößen nichts zur Aufklärung der Unterschiede zwischen Ländern der Gruppe West im Hinblick auf Lernkompetenz beizutragen vermocht, so werden nunmehr die Differenzierungen und ihre Gründe greifbarer, zumal mit dem Beta-Wert 0,25 bzw. 0,24 die „Lernförderlichkeit des Arbeitsverhältnisses" am stärksten die Ausprägung von Lernkompetenz beeinflusst:

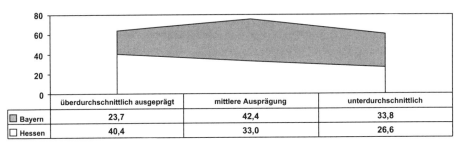

Abb. 37: Lernförderlichkeit des Arbeitsverhältnisses in Hessen und Bayern (in Prozent)
N = 109 Hessen/278 Bayern

Hessen und Bayern stehen hinsichtlich der Lernförderlichkeit der Arbeitsverhältnisse für zwei unterscheidbare Muster mit klar unterscheidbaren Dominanten: Hessen erscheint als ein Bundesland, in dem 40% (!) der Probanden auf überdurchschnittlich ausgeprägte lernförderliche Arbeitsverhältnisse verweisen; in Bayern sind es nur 24%. Hier liegt die Dominante bei der mittleren Ausprägung der Lernförderlichkeit. In Prozentpunkten ausgedrückt beträgt die Differenz zwischen Hessen und Bayern auf der überdurchschnittlichen Ausprägungsstufe 16, der mittleren 9 und der unterdurchschnittlichen Ausprägungsstufe 7 Punkte. Wenn wir uns der Lernförderlichkeit des Arbeitsverhältnisses bei den Stellvertretern der Ländergruppe Ost zuwenden, so zeigt sich zunächst, dass die Verteilungsmuster im Falle Brandenburgs und Hessens einerseits sowie Bayerns und Sachsens andererseits ähnlich sind. Allerdings heben sich die jeweiligen Dominanten in Brandenburg und Sachsen jeweils kaum (Brandenburg) bzw. deutlich flacher (Sachsen) von anderen Datenpunkten ab.

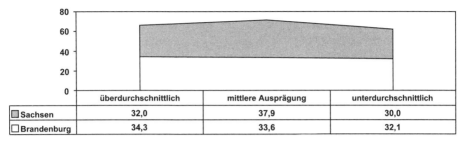

Abb. 38: Lernförderlichkeit des Arbeitsverhältnisses in Brandenburg und Sachsen (in Prozent)
N = 134 Brandenburg/253 Sachsen

Hinsichtlich der Lernförderlichkeit des Arbeitsverhältnisses sind die Unterschiede zwischen den Ländern der Ostgruppe entschieden kleiner als zwischen den Ländern der Westgruppe. Dieser Befund erklärt gleichermaßen, warum sich die meisten Ostländer hinsichtlich des Niveaus der Lernkompetenz in einem Feld platzieren, die Bundesländer der Westgruppe hingegen auf verschiedene Niveaustufen (Felder) verteilen.

4. Die „Wahrnehmung des sozioökonomischen Wandels als Chance oder Gefährdung beruflicher Perspektiven" beeinflusst Lernkompetenz in den „alten" Bundesländern.

Tab. 46: Wahrnehmung des sozioökonomischen Wandels (ohne Nichterwerbspersonen) als Chance oder Gefährdung beruflicher Perspektiven

Cr ‚134***	Ost	West	Gesamt
1 Eher als Chance	34,7%	47,1%	43,0%
2 Teils, teils	32,5%	30,6%	31,2%
3 Eher als Risiko	32,3%	21,8%	25,2%
Keine Angabe	0,5%	0,6%	0,5%
Gesamt (=100%)	1067	2179	3246

Wird in den alten Ländern sozioökonomischer Wandel von den Probanden *wahrgenommen,* und zwar auf eine bestimmte Weise – als Chance, aus der berufliche Perspektiven erwachsen – , so lösen diese Wahrnehmungen in der Regel Impulse für die Ausbildung von Lernkompetenz aus (vgl. Abb. 39). Unter denen, die im Bundesgebiet West den Wandel als Chance wahrnehmen, weisen 56% eine hohe Lernkompetenz auf. Dagegen sind unter denen, die den Wandel eher als Risiko bzw. teils als Chance, teils als Risiko wahrnehmen, die Träger des Merkmals niedrige Lernkompetenz überdurchschnittlich (jeweils zu 50% und mehr) vertreten.

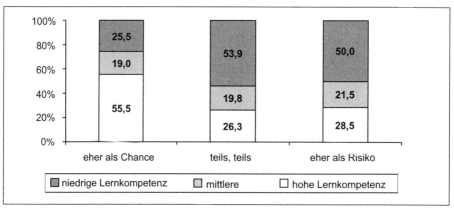

Abb. 39: Lernkompetenz-Niveau nach der Art und Weise der Wahrnehmung des Wandels im Bundesgebiet West

Die Variable „Wahrnehmung des Wandels als Chance oder Gefährdung beruflicher Perspektiven" mit ihren drei Items bildet in den alten Bundesländern auf Lernen und Weiterbildung bezogene Differenzierungen ab und erweist sich insgesamt als Lernkompetenz beeinflussende Größe. Dabei ist allerdings zu beachten, dass (vgl. Tab. 46) der Wandel in Wirtschaft und Gesellschaft zum Zeitpunkt der Erhebung 2001 generell wie auch in *allen* sozialdemographischen Merkmalsgruppen der alten Länder in weitaus stärkerem Maße als in den neuen Ländern als Veränderung wahrgenommen wurde, die eher Chancen für die beruflichen Zukunftsperspektiven bietet als Risiken.

Wie die Daten der Erhebung ebenfalls zeigen, setzen sich solche Wahrnehmungen indes in sehr unterschiedlichem Maße in Lernverhalten um. Ein Wandel, von dem man vergleichsweise weniger stark durch Formen längerfristiger Erwerbslosigkeit betroffen ist, lässt sich auch von jenen Erwerbspersonen eher als Chance werten, deren Humankapitalausstattung nicht überdurchschnittlich ausgeprägt ist. Es handelt sich partiell um *kulturell* vermittelte Wahrnehmungsmuster, die auf der Verhaltensebene (etwa durch höhere Lernkompetenzwerte) nicht ratifiziert werden. Das wird exemplarisch deutlich, wenn Wahrnehmungen des sozioökonomischen Wandels in den Bundesländern Hessen und Bayern mit Daten über die Ausprägung der Lernkompetenz konfrontiert werden (vgl. Tab. 47 und Abb. 31, Abb. 35):

Tab. 47: Wahrnehmung des sozioökonomischen Wandels (ohne Nichterwerbspersonen) als Chance oder Gefährdung beruflicher Perspektiven nach ausgewählten Bundesländern

	Hessen	Bayern	Brandenburg	Sachsen
1 Eher als Chance	50,7%	51,7%	32,6%	38,7%
2 Teils, teils	29,7%	29,0%	31,5%	34,4%
3 Eher als Risiko	19,6%	19,3%	35,9%	26,9%
Gesamt (=100%)	148	389	181	323

In den Bundesländern Hessen und Bayern wird der sozioökonomische Wandel in identischer Weise wahrgenommen. Während jedoch im Bundesland Hessen die Wahrnehmung des Wandels mit einer entsprechenden Lernkompetenzentwicklung einhergeht (Abb. 31), erweisen sich die Wahrnehmungen des Wandels im Bundesland Bayern (Abb. 35) eher als ein Bekenntnis, das sich bei einem beträchtlichen Teil der Erwerbspersonen nicht in Lerninitiative und (Lern-)Kompetenz umsetzt.

Eine ganz andere Variante der Nichtentsprechung zwischen der Wahrnehmung des Wandels und der Ausbildung von Lernkompetenz besteht in den neuen Bundesländern (vgl. Tab. 47 und Abb. 30 sowie Abb. 32), die hier stellvertretend durch Brandenburg und Sachsen repräsentiert werden: Die Ausbildung von Lernkompetenz ist in den neuen Ländern von der jeweiligen Art und Weise der Wahrnehmung des sozioökonomischen Wandels gleichsam „positiv" abgekoppelt. Wir führen diesen Sachverhalt auf den Modus des Wandels zurück:
Seit 1989/90 erfasst ein „Strukturwandel" besonderer Art (Transformation) ganz Ostdeutschland. Dieser Wandel ist flächendeckend, und er tangiert, wenn auch in unterschiedlichem Maße, alle Regionen und die gesamte Erwerbsbevölkerung. Daher ist es folgerichtig, dass die Erwerbspersonen der „Makroregion" Ostdeutschland auf den Strukturwandel in der Tendenz mit einer Steigerung ihrer Lernkompetenz gegenüber dem Status quo ante antworten. Der Wandel ist so massiv und ubiquitär, dass er Impulse für die Lernkompetenzentwicklung auslöst, und zwar nahezu unabhängig davon, ob und wie die Menschen den sozioökonomischen Wandel wahrnehmen und bewerten. Die Träger hoher Lernkompetenz verteilen sich gleichmäßiger auf die drei Wahrnehmungsweisen des Wandels.

Angenommen werden kann, dass der Wandel in den neuen Ländern die alltäglichen Lebensbereiche so stark und anhaltend durchdringt, dass sich die *Reflexionsebene* (Wahrnehmung) des Wandels (Chance oder Gefährdung beruflicher Perspektiven) nicht als spezifische, Lernkompetenz beeinflussende Größe abheben lässt. Die auf Lernkompetenz bezogene Regressionsanalyse weist bei dieser Variable für die neuen Bundesländer keinen Beta-Wert aus. Die von der Transformation *insgesamt* ausgehenden Impulse sind aber de facto so stark, dass die meisten ostdeutschen Bundesländer im vorderen Feld der 16 Bundesländer hinsichtlich des Ausprägungsgrades von Lernkompetenz liegen.

Aus der Besichtigung von vier ausgewählten Größen, die gemäß der Regressionsanalyse die Ausprägung von Lernkompetenz nachhaltig beeinflussen, lässt sich mithin folgern, dass die Differenzierungen in der Ländergruppe West hinsichtlich der Ausprägung von Lernkompetenz sowohl mit der unterschiedlichen Lernförderlichkeit der Arbeitsverhältnisse als auch mit der Wahrnehmung des sozioökonomischen Wandels korrespondieren. Dagegen sorgen drei der vier Größen für eine vergleichsweise hohe Homogenität in der Lernkompetenzentwicklung bei den Ländern der Gruppe Ost; auch die vierte Größe (Arbeit mit Computern und computergesteuerten Anlagen) differenziert, allerdings nur mäßig.

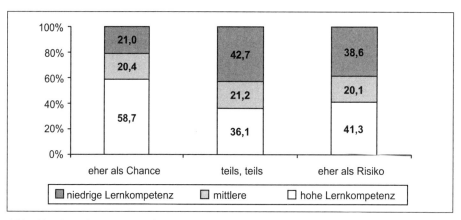

Abb. 40: Lernkompetenz-Niveau nach Wahrnehmung des Wandels im Bundesgebiet Ost

Das Problem der Konvertierbarkeit von Lernkompetenz

Auch wenn der erhebliche Anteil der Erwerbspersonen mit niedriger Lernkompetenz in den Bundesländern Bayern und Baden-Württemberg (aufgrund der nicht gegebenen Repräsentativität der Länderstichproben) nur bedingt herangezogen werden kann, so wirft der (vorläufige) Befund doch eine übergreifende Frage auf, die auch andere, nicht unter Repräsentativitätsvorbehalt stehende Befunde der Untersuchung nahe legen – die Frage nach der Konvertierbarkeit, funktionalen Verwertbarkeit von Lernkompetenz und nach den Gratifikationen für ausgeprägte Lernkompetenz.

Im Diskurs über lebensbegleitendes Lernen wird implizit oder explizit unterstellt, dass Lernkompetenz für die Platzierung der Individuen im Beschäftigungssystem und für ihre Beweglichkeit auf dem Arbeitsmarkt mehr und mehr an Bedeutung gewinnt. Ferner wird zumindest partiell angenommen, dass die Wettbewerbsfähigkeit der Wirtschaft von der Bereitschaft und Kompetenz der Erwerbspersonen zu lebensbegleitendem Lernen mit beeinflusst wird.

Beide Annahmen werden zum gegenwärtigen Zeitpunkt durch die Befunde der Untersuchung empirisch nur bedingt gestützt, eher relativiert. Es zeigt sich, dass in solchen Bundesländern wie Bayern oder Baden-Württemberg mit ausgewiesener nationaler und internationaler wirtschaftlicher Wettbewerbsfähigkeit ein Großteil der Erwerbspersonen auf dem Niveau geringer Lernkompetenz-Werte verbleibt. Umgekehrt garantiert vergleichsweise *hohe Lernkompetenz* in den neuen Bundesländern ihren Trägern nicht, dass sie im Beschäftigungssystem verbleiben oder einen erneuten Einstieg finden.

Zwar stellen Befunde über die begrenzte Konvertierbarkeit von Lernkompetenz in allgemein als erstrebenswert erachtete Güter nicht das Postulat des lebensbegleitenden Lernens infrage, wohl aber werfen sie Fragen nach möglichen Konsequenzen für dessen bildungspolitische Implementierung auf. Offenbar hängt gegenwärtig die Platzierung im Beschäftigungssystem weit weniger vom individuellen Vermögen (wie Lernkompetenz) als von Zuschreibungen (Alter und Geschlecht) und strukturellen Größen (Arbeitsmarktlage, Arbeitsmarktpolitik, Konjunktur, Investitionen, Wirtschaftswachstum und Wirtschaftslage, von der Ausbildungs- und Einstellungspraxis der Firmen und Organisationen) ab, die der Einzelne nicht beeinflussen kann.

Wenn aber Bereitschaft und Kompetenz zu lebensbegleitendem Lernen Erträge verheißen, die sich nur in geringem Maße einlösen lassen, kann dann in der Gesellschaft eine breitere Akzeptanz für das Konzept lebensbegleitenden beruflichen Lernens erwartet werden? Unter sonst gleichen Bedingungen scheint das im Bundesgebiet West eher möglich und sinnvoll zu sein als im Bundesgebiet Ost. – Liegen vielleicht im Osten die mit dem lebensbegleitenden Lernen verbundenen und zu erwartenden Gratifikationen für den Einzelnen eher auf anderen Ebenen? Könnte nicht der Lohn lebensbegleitenden Lernens (auch) in einer aktiven Lebensposition liegen, in der Steigerung der Kontrolle gegenüber den je eigenen Existenzbedingungen, in einem Zuwachs an Orientierungswissen?

Zweifellos sind die auf den sozioökonomischen Wandel und das Beschäftigungssystem bezogenen Begründungen für lebensbegleitendes Lernen für viele Menschen zwingender und die in Aussicht gestellten Erträge attraktiver als alternative Gratifikationen. Da aber Lernkompetenz-Entwicklung und Beschäftigungssystem insbesondere in Ostdeutschland nur lose verkoppelt sind, wird es wohl unausweichlich sein, die Begründungsfiguren für lebensbegleitendes Lernen zu erweitern und anzureichern, notfalls zu revidieren.

6.2 Größe der Wohnorte und Weiterbildungsbewusstsein

In den 1960er Jahren hat es in der Alt-Bundesrepublik eine heute als klassisch bezeichnete Untersuchung gegeben, die die Abhängigkeit des (Weiter-) Bildungsverhaltens von sozialen Faktoren wie z.B. vom Bildungsniveau, von der Stellung im Beruf, vom Lebensalter, familialem Status, nicht zuletzt von Infrastrukturbedingungen belegte (vgl. Strzelewicz, Raapke & Schulenberg 1966). Auch heute werden Lernen und Weiterbildung an Infrastrukturen geknüpft sein, die in den verschiedenen Ortsgrößen-Klassen in höchst unterschiedlichem Maße gegeben sind. „Eine Grundversorgung der erwachsenen Bevölkerung mit qualitativ und quantitativ hinreichenden Bildungsangeboten in allen Gebieten eines Landes unter Beachtung gesellschaftlichen Bedarfs und individueller Bedürfnisse der Landesbewohner", so schätzt Rohlmann bei der Betrachtung der Auswirkungen der Weiterbildungsgesetze ein, „ist bisher nicht sichergestellt" (Rohlmann 1999, S. 415).

Insbesondere kleine Orte, in denen im Bundesgebiet Ost ein größerer Teil der Erwerbsbevölkerung lebt als im Bundesgebiet West, sind in dieser Hinsicht benachteiligt. Wir nehmen daher an, dass sich die Größe der Wohn- und Lebensorte auf das Weiterbildungsbewusstsein der Menschen auswirkt. Es gibt aber auch durchaus lernhaltige Infrastrukturen, wie etwa das ehrenamtliche Engagement in Vereinen, die eher in kleinen Orten als in größeren Orten anzutreffen sind bzw. von Bewohnern kleiner Orte stärker praktiziert werden. Empirische Studien zum ehrenamtlichen Engagement in der Bundesrepublik (vgl. Gensicke 2001) lassen indes ein transformationsbedingtes Gefälle von West nach Ost in der Wahrnehmung von Ehrenämtern erwarten.

Schon bei der Besichtigung von lernweltlichen Gruppen, die ein wesentliches Merkmal verbindet (wie z.B. „keine Weiterbildungsbarriere benannt" oder die Assoziation „Weiterbildung als persönliche Bereicherung", vgl. Kapitel 2) wurde indes ein allgemeinerer, über diese Sondergruppen hinausweisender Zusammenhang deutlich: Bestimmte Konturen von Weiterbildungsbewusstsein scheinen an bestimmte Ortsgrößenklassen gebunden zu sein; die Verbindungen von Ortsgrößenklassen und Komponenten des Weiterbildungsbewusstseins scheinen sich in Ost und West auf andere Weise zu vollziehen, anderen Mustern zu folgen.

Nach 1989/1990 ist es nicht nur zu großen Abwanderungen in die alten Bundesländer aus dem Bundesgebiet Ost gekommen, sondern auch zu Stadt-Umland-Wanderungen im Umfeld der größeren Städte der neuen Bundesländer. Insofern diese Migrationen sozial selektiv erfolgten, kamen sie einem Abzug aktiver Lerner und einer räumlichen Verlagerung von Lernkompetenz gleich. Stadt-Umland-Migrationen in den neuen Bundesländern werden die Lern- und Weiterbildungsbilanz kleinerer Orte in der Nähe größerer Städte verbessert haben. In den alten Bundesländern setzten solche Suburbanisierungsprozesse zeitlich weit früher ein. Auch aus diesen Gründen erwarten wir nicht, dass mit der Ortsgröße linear Lernkompetenz und Lerninitiative steigen.

Befunde

Um Zusammenhänge zwischen Ortsgröße und Weiterbildungsbewusstsein zu erfassen, wurde die Verteilung der Probanden auf Ortsgrößenklassen ermittelt. Personen, die in Orten unter 25.000 Einwohnern leben, wurde ferner die Frage nach der Entfernung zu der nächsten größeren Stadt gestellt (unter 10 km bis mindestens 30 km). Um die Differenziertheit der Ortsklassen und Entfernungsindikatoren zu reduzieren, wurde das in der Abbildung 41 dargestellte, komprimierte Raster gewählt.

Wenn die Verteilung des Merkmals „hohe Lernkompetenz" nach Ortsgrößen im Ost-West-Vergleich betrachtet wird (Abb. 42), lässt sich Folgendes festhalten: Mit Ausnahme der Städte ab 500.000 Einwohner verteilen sich die Träger der Merkmals hohe Lernkompetenz in Ost und West relativ ähnlich auf die Ortgrößen. Bei den größten Städten bestehen allerdings signifikante (**ausgeprägte)

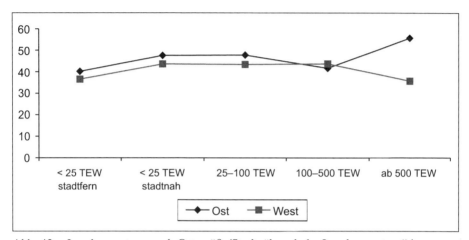

	Ost	West
1 unter 25 TEW, stadtfern		
2 unter 25 TEW, stadtnah		
3 25–100 TEW		
4 100–500 TEW		
5 ab 500 TEW		
Gesamt		

Abb. 41: Ortsgröße/ Stadtnähe

Abb. 42: Lernkompetenz nach Ortsgröße/Stadtnähe: „hohe Lernkompetenz" in Prozent
N = 1130 (Träger hohe Kompetenz, ohne übrige Nichterwerbspersonen)

Ost-West-Unterschiede. Während im Osten mit der Größe der Orte – bei einem Ausreißer – der prozentuale Anteil der Personen mit hoher Lernkompetenz wächst, weisen im Westen die stadtfernen kleineren Orte und die größten Städte den prozentual geringsten Anteil von Personen mit hoher Lernkompetenz auf.

Insofern findet die Hypothese eine erste Bestätigung, dass Zusammenhänge zwischen Ortsgröße und Weiterbildungsbewusstsein in Ost und West nach anderen Mustern erfolgen.

Bei der Lerninitiative nach Ortsgröße im Ost-West-Vergleich findet sich ein ähnliches Verteilungsmuster wie bei der Lernkompetenz (hier nicht graphisch dargestellt). Hochgradig signifikante Ost-West-Unterschiede in der Ausprägung von Lerninitiative bestehen einmal beim Ortstyp „unter 25 TEW stadtnah" und dann wieder bei Städten der Größenklasse ab 500.000 Einwohner.

Beim Antizipationsniveau nach Ortsgröße zeigt sich im Westen ein anderes Bild als bisher: ein annähernd gleiches Niveau, unabhängig von den meisten Ortsgrößen, aber in den Städten ab 500.000 Einwohner liegt es deutlich höher. Im Osten steigt wiederum das Antizipationsniveau mit der Ortgröße, nur in Städten zwischen 100 und 500.000 Einwohnern sinkt es ab. Hochgradige (***) Ost-West-Unterschiede finden sich beim Ortstyp „unter 25.000 Einwohner stadtnah" und ausgeprägte (**) in Städten zwischen 25.000–100.000 Einwohner.

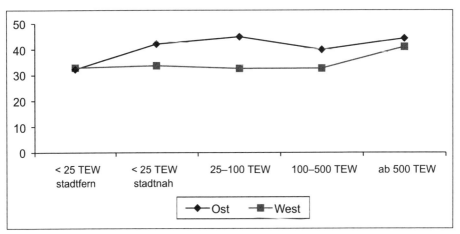

Abb. 43: Antizipationsniveau beruflicher Lernprozesse nach Ortsgröße: nur hohes Niveau der Antizipation im Prozent
N = 994 (nur Träger hohen Antizipationsniveaus, ohne Nichterwerbspersonen)

Dagegen gibt es keine signifikanten Ost-West-Unterschiede in der Selbststeuerungsdisposition gegenüber Lernprozessen nach Ortsgrößen:

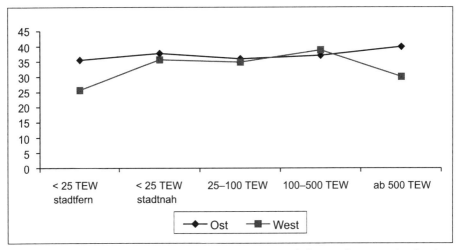

Abb. 44: Selbststeuerung gegenüber Lernprozessen nach Ortsgrößen: nur überdurchschnittliche Selbststeuerung in Prozent
N = 1080 (nur Träger überdurchschnittlicher Selbststeuerung, ohne Nichterwerbspersonen)

Im Osten zeichnet sich in der Tendenz ein ganz leichter Anstieg von kleinen Orten zu den größten ab. Im Westen lassen die kleinsten und die größten Orte eine deutlich niedrigere Selbststeuerungsdisposition gegenüber Lernprozessen erkennen. Bei den übrigen Ortsklassen besteht dagegen ein ähnlicher Ausprägungsgrad. Hier ist Selbststeuerung unabhängig von der Ortsgröße.

Insgesamt haben sich bei der Besichtigung der zentralen Indizes des Weiterbildungsbewusstseins Zusammenhänge mit der Ortsgröße nachweisen lassen, die in Ost und West tatsächlich anderen Mustern folgen. Bestätigt hat sich auch die Annahme, dass Handlungsbedarf in Ost und West in kleinen stadtfernen Orten besteht. Sowohl der Ost-West- als auch der West-West-Vergleich zeigen zudem, dass im Bundesgebiet West in den Städten ab 500.000 Einwohner wichtige Maßgaben des Weiterbildungsbewusstseins schwächer ausgeprägt sind als in anderen Ortsgrößenklassen.

Mehr oder weniger deutliche Differenzen bestehen in Ost und West in den aufgeführten Lern- und Weiterbildungsgrößen zwischen stadtfernen und stadtnahen kleineren Orten. Die oben skizzierte Abwanderungshypothese aktiver Lerner ins Umland größerer Städte lässt sich mit den eingesetzten Instrumenten zwar nicht hinreichend empirisch nachweisen, immerhin aber mit Blick auf die Befunde für die stadtnahen Orte unter 25.000 Einwohnern im Osten aufrechterhalten. Dafür spricht vermutlich auch die Delle nach unten bei den Städten zwischen 100 und 500.000 Einwohnern. Kleine Orte haben indes sehr wohl auch lern- und weiterbildungsrelevante Potenziale.

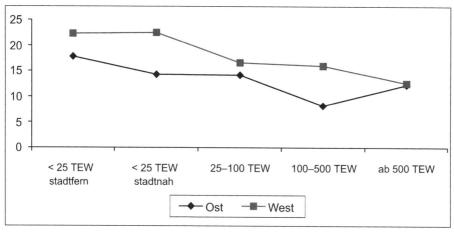

Abb. 45: Wahrnehmung von Ehrenämtern nach Ortgröße: nur: einmal pro Monat und mehr in Prozent
N = 653 (nur Personen, die einmal pro Monat und mehr Ehrenämter ausüben, inklusive Nichterwerbspersonen)

Hinsichtlich der Wahrnehmung von Ehrenämtern zeichnet sich hypothesenkonform ein deutliches Gefälle von West nach Ost ab mit signifikanten hochgradigen Differenzen bei den stadtnahen Orten unter 25.000 Einwohnern sowie ausgeprägten Differenzen in der Ortklasse 100–500.000 Einwohner. Deutlich wird vor allem, dass der prozentuale Anteil der Befragten, der Ehrenämter ausübt, in kleinen Orten am größten ist und in der Tendenz mit der Größe des Ortes sinkt.

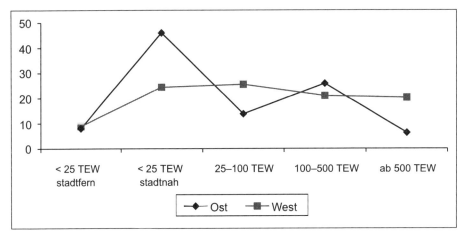

Abb. 46: Prozentuale Verteilung der Träger des Merkmals „empfinde Weiterbildung als persönliche Bereicherung" auf die Ortsgrößenklassen***
N = 727 (nur Träger dieses Merkmals, ohne Nichterwerbspersonen)

Auf Lernen und Weiterbildung bezogene Potenziale kleiner Orte sind im Osten deutlich bei den stadtnahen kleinen Orten unter 25.000 Einwohnern zu finden. Dieser Sachverhalt ist vermutlich sowohl auf die räumliche Nähe und die städtischen Anregungspotenziale als auch auf die Wanderung lernaktiver Gruppen ins Umland zurückzuführen. Im Westen finden wir teils andere Dominanten, teils eine fast gleichmäßige Verteilung über alle Ortsgrößen hinweg. Auffällig ist zudem die deutlich unterschiedliche Verteilung der Träger der ausgewählten Merkmale auf die größten Städte in Ost und West (ab 500.000 Einwohner).

In Ostdeutschland gibt es seit 1990 nur noch eine einzige Stadt, die mehr als 500.000 Einwohner hat: Berlin-Ost. Die insgesamt herausragende Position des Ostteils von Berlin – gemessen an den *Indikatoren* für fortgeschrittenes Weiterbildungsbewusstsein – im Bundesgebiet Ost wie im Ost-West-Vergleich der Städte vergleichbarer Größe zeugt davon, dass die in der DDR wirkenden Reproduktions- und Selektionsmechanismen, welche die Halbstadt zum Kompetenzzentrum des ganzen Landes machten, auch unter veränderten Bedingungen weiter tragen. Die beträchtliche Stadt-Umland-Wanderung von Berlin-Ost aus hat bisher zu keinen nennenswerten Einschränkungen im Weiterbildungsbewusstsein geführt.

Resümee

Auf der Basis der 2001 erhobenen Daten der Repräsentativbefragung ist in ost-west-vergleichender Perspektive festzuhalten, dass berufliches Weiterbildungsbewusstsein der deutschsprachigen Bevölkerung durch einen breiten Sockel an Gemeinsamkeiten, ein hohes Maß an *Strukturgleichheit*, gekennzeichnet ist. Um zweifellos relevante Differenzen zwischen Ost und West angemessen einordnen zu können, sind resümierend zunächst die Koordinaten struktureller Homologie zu bestimmen, indem vier grundlegende Übereinstimmungen zwischen den Populationen markiert werden:

Das betrifft *erstens* insbesondere die als zentral gesetzten Indikatoren der „Lernkompetenz" (gesamt): die Lernaktivität, die Selbststeuerungsdisposition gegenüber Lernprozessen sowie das Niveau der Antizipation beruflicher Lernerfordernisse. Strukturgleichheit bezieht sich in diesem Zusammenhang auch auf die Rang- und Reihenfolge der wichtigsten *Lernkontexte* sowie das in beiden Populationen dominierende *instrumentelle* Verhältnis von Mehrheiten gegenüber Lernen und Weiterbildung. – Demgegenüber unterscheiden sich die „Lernwelten" in einigen Positionen erheblich.

Jeweils annähernd gleich große Minderheiten (ca. 46% der Befragten im Bundesgebiet Ost und ca. 42% der Befragten im Bundesgebiet West) praktizieren die vom Leitbild „selbstgesteuertes Lernen" nahe gelegten Verhaltensweisen. Bestehen auf der Ebene des Vergleichs der Ost- und Westpopulation insgesamt nur graduelle Unterschiede, zumeist im Sinne eines Gefälles von Ost nach West, so haben die Analysen gezeigt, dass diese Differenzen im Zusammenhang mit intervenierenden Variablen sozialdemographischer und Statuskategorien durchaus ergiebig ausfallen und keineswegs zu vernachlässigen sind.

Zweitens bezieht sich strukturelle Übereinstimmung auch auf das insgesamt keineswegs befriedigende, also eher bescheidene *Gesamtniveau* der Lernkompetenzentwicklung der Bevölkerung der ganzen Republik, was seinen konzentrierten Ausdruck darin findet, dass 45 Prozent der westdeutschen und 39 Prozent der ostdeutschen *Erwerbstätigen* für den Zeitraum der vorangegangenen drei Jahre (aus einer Vielzahl vorgegebener Lernmöglichkeiten) entweder nur sehr wenige oder überhaupt keine Lernprozesse benannt hatten.

Für Ost wie West gilt *drittens*, dass informelles, arbeitsbegleitendes Lernen zwar als ein integraler und legitimer Bestandteil beruflichen Lernens und beruflicher Arbeit anzusehen und anzuerkennen ist, welches jedoch nicht prioritär jene Lernkompetenzen zu vermitteln vermag, die erforderlich sind, um Anforderungen des strukturellen Wandels zu entsprechen. Wird formelles Lernen, gemessen an Zeitquanten, wohl immer geringer besetzt sein als arbeitsbegleitende Lernprozesse, so bleiben formalisierte (und selbstorganisierte mediale) Lernprozesse entscheidend für die Ausbildung eines hohen Niveaus der Lernkompetenzentwicklung, insbesondere für die Ausprägung individueller Lernstrategien (Antizipation, Selbststeuerung). Dieser Zusammenhang könnte noch an Gewicht gewinnen, wenn es gelänge, Rückstand und Stagnation im *formalen* Qualifikationsniveau der Bundesrepublik gegenüber anderen OECD-Ländern in absehbarer Zeit entscheidend zu verringern. Ein neuer „Mythos des Informellen" jedenfalls dürfte sich auch für Ostdeutschland als falsches Signal und unzulängliche Leitorientierung erweisen, wenn in kürzester Zeit, also auf *intragenerationellem* Wege neues qualifiziertes Wissen zu vermitteln ist, dessen Anerkennung und allgemeine Geltung auch durch Zertifizierung verbürgt ist. Denn berufliche Erst- und oftmals schon Zweitausbildung werden immer weniger ausreichend sein, um jenes Kompetenzniveau zu sichern, das lebensbegleitendes Lernen erfordert. Zudem dürfte die Forcierung einer Strategie des Informellen die erneut anwachsende Kluft zwischen hoch Qualifizierten und geringer Qualifizierten noch drastischer verschärfen, was auch durch Daten der repräsentativen Erhebung belegt werden kann.

Strukturelle Gleichheit zwischen den zu vergleichenden Populationen heißt *viertens*, dass in Ost und West gleichermaßen die Lernförderlichkeit der Arbeit bzw. das Niveau der arbeitsorganisationellen Bedingungen in den Betrieben und Unternehmen als stärkster eigenständiger Einflussfaktor auf die Lernkompetenz gegenüber Faktoren der Sozialisation, Aspiration sowie den erwerbsstrukturellen Bedingungen hervortritt.

Erweisen sich die Befunde, bezogen auf die zentralen Parameter der Lernkompetenz auch als weitgehend *hypothesenkonform*, so verdient die annähernde Gleichheit der gemessenen Werte, vor allem mit Blick auf die Disposition zur *Selbststeuerung* des Lernhandelns, aus ostdeutscher Perspektive eine besondere Gewichtung: Selbstgesteuertes Lernen musste vielfach nicht schlechthin „gelernt" werden, sondern hatte sich oftmals in komplizierten und komplexen erwerbsbiographisch bedeutsamen Lernprozessen (z.B. eine Vielzahl arbeitsmarktbezogener Mobilitätserfahrungen) zu bewähren und war erheblichen Belastungen ausgesetzt.

Bereitschaft und Kompetenz zum selbstorganisierten, lebensbegleitenden Lernen sind sozial unterschiedlich verteilt, differieren aber auf der Gesamtebene des Ost-West-Vergleichs nicht grundlegend. Soziale Träger hoher Lernkompetenz rekrutieren sich in Ost und West erwartungsgemäß vorrangig aus den oberen und mittleren Soziallagen. Sie zeichnen sich in der Regel durch Zugehörigkeit zur „oberen und mittleren Schicht", privilegierten beruflichen und Status-Positionen (verbeamtet; beschäftigt im öffentlichen Dienst, aber auch Selbstständigkeit), ein hohes Niveau beruflicher Bildung, berufliche Aufstiegserfahrungen, anspruchsvollere Arbeitsbedingungen, Erfahrungen mit längerfristigen und zertifizierten Formen der Weiterbildung aus sowie durch eine Wahrnehmung des Wandels in Wirtschaft und Gesellschaft, die vorrangig *Chancen* beruflicher Entwicklung erkennt. Umgekehrt handelt es sich bei Trägern niedriger Lernkompetenz überwiegend (in Ost wie West) um Personen aus der definierten „unteren Schicht", um Ungelernte, Arbeitslose, Personen mit beruflichen Abstiegserfahrungen, Beschäftigte mit relativ anspruchlosen Arbeitsanforderungen, vor allem in den Wirtschaftsbereichen Industrie und Handel. Der Wandel in Wirtschaft und Gesellschaft wird skeptischer beurteilt.

Eine der *Leitdifferenzen* zwischen Ost und West im Hinblick auf Lernkompetenz besteht insbesondere darin, dass die Anteile sozial benachteiligter Gruppen mit sozialdemographischen oder erwerbsbiographischen Merkmalen, die am Arbeitsmarkt geringere Chancen verheißen, zugleich aber ein höheres Niveau der Lernkompetenz aufweisen, in den neuen Bundesländern deutlicher stärker vertreten sind als in den alten.

Der Gleichstellungsvorsprung der ostdeutschen Frauen tritt bei den Lernkompetenzwerten trotz schwieriger Arbeitsmarktbedingungen hochsignifikant hervor. In einigen Positionen werden nicht nur die Kompetenzwerte der männlichen Erwerbsbevölkerung in Ostdeutschland übertroffen, sondern auch der westdeutschen Männer (Antizipation). Ostdeutsche Erwerbslose weisen nicht nur häufiger mehrfache Arbeitslosigkeitserfahrungen auf als westdeutsche, sie zeichnen sich noch immer durch höhere Qualifikationen aus, was sich in entsprechenden Differenzen des Kompetenzniveaus niederschlägt. Und bei älteren Arbeitsmarktteilnehmern (Gruppe der 44–65-Jährigen) in Ostdeutschland treten die ambivalenten Effekte dynamischer Veränderungen der Lebensverhältnisse, insbesondere die erheblich gesunkenen Chancen am Arbeitsmarkt bei vergleichsweise hohen Qualifikationen, besonders deutlich hervor: Einer geringeren Lernaktivität in Bezug zur westdeutschen Altersgruppe stehen deutlich höhere Werte der Antizipation und der Selbststeuerung gegenüber.

Die insgesamt beträchtlichen Gemeinsamkeiten, Struktur- und Niveaugleichheiten im Weiterbildungsbewusstsein zwischen Ost und West stellen sich ein, obwohl gravierende qualitative Ost-West-Unterschiede in der Erwerbsstruktur, im Einkommen und Berufsverläufen (meist) zum Nachteil des Ostens bestehen und die Annäherung an ein neues Weiterbildungsverständnis auf der Basis unterschiedlicher beruflicher Sozialisations-, Arbeitsmarkt- und Weiterbildungserfahrungen erfolgte. Im Osten ist das Weiterbildungsbewusstsein aktuell „höher", als es die in den neuen Bundesländern gegebenen Strukturdaten erwarten ließen. Die Einflüsse positiver und negativer Bedingungen beruflicher Weiterbildung und der Ausformung von Lernkompetenzen heben sich vielfach auf.

Im Bundesgebiet West (nicht zuletzt in den süddeutschen Flächenländern) haben große Teile der Erwerbsbevölkerung ein geringer ausgebildetes Weiterbildungsbewusstsein, als es Strukturdaten und wirtschaftliche Entwicklungsparameter nahe legen. Dieser Befund verweist sowohl aus der Ost- wie aus der Westperspektive auf den Sachverhalt, dass die Verbreitung der Bereitschaft und der Kompetenz zu lebensbegleitendem Lernen nicht unvermittelt auf *allgemeine* gesellschaftliche und wirtschaftliche Rahmenbedingungen zurückzuführen sind.

Im Bundesgebiet West sind die regionalen (auf Bundesländer bezogenen) West-West-Unterschiede in der Lernkompetenz größer als die regionalen Ost-Ost-Unterschiede. Ost-West-Unterschiede lassen sich jedoch erkennen, wenn die Ausbildung wichtiger Komponenten des Weiterbildungsbewusstseins zur Größe der Wohn- und Lebensorte der Befragten in Beziehung gesetzt wird. Im Bundesgebiet Ost steigt die Bereitschaft und Kompetenz zu lebensbegleitendem Lernen mit der Größe der Wohnorte. Sie ist in den kleinen stadtfernen Orten am geringsten und in Städten mit mehr als 500.000 Einwohnern am stärksten ausgeprägt. Im Bundesgebiet West ist die Bereitschaft und Kompetenz zu lebensbegleitendem Lernen in den meisten Ortsgrößenklassen ähnlich entwickelt; die kleinsten Gemeinden und die größten Städte heben sich allerdings durch unterdurchschnittliche Niveaus von den übrigen Ortsklassen ab. Daher besteht beim Auf- und Ausbau von Lerninfrastrukturen in Ost und West ein unterscheidbarer Handlungsbedarf.

Die Entwicklung der Lernkompetenz im Bundesgebiet Ost wurde bislang durch einige Faktoren begünstigt bzw. behindert, für die es im Bundesgebiet West jeweils keine Parallelen gibt:
- Insofern Weiterbildung kumulativ wirkt, fällt ins Gewicht, dass sich auf Bildung und Weiterbildung bezogene Kumulationseffekte (Fortbildung/Umschulung) im Osten bei einem deutlich größeren Personenkreis als im Bundesgebiet West nachweisen lassen. Diese Effekte gründen sich auf erwerbsbiographisch sedimentierte Lernaktivitäten sowohl in der DDR als auch in der Initialphase der Transformation. Sie haben ihren Ausdruck im „Gleichstellungsvorsprung" (Geißler 2001) der Frauen ebenso wie in einem höheren beruflichen Ausbildungsniveau der Erwerbspersonen gefunden.
- War zunächst erwartet worden, dass die Dynamik des strukturellen Wandels allgemein eine neue Tendenz hervorbringen würde, da *berufliche Mobilitätserfahrung* in bestimmten erwerbsbiographischen Konstellationen mit höherer Lernkompetenz korreliert, so erwies sich diese plausible Vorstellung auf der Gesamtebene nicht als zutreffend. Nur unter den Sonderbedingungen der Dynamik von Transformationsprozessen in Ostdeutschland verbindet sich erwerbsbiographische *Diskontinuität* (insbesondere berufliche Wechselprozesse) sowie der Typus des „Hochmobilen" mit höheren Werten der Lernkompetenz als erwerbsbiographische Kontinuität bzw. Immobilität.
- Da sich Weiterbildungsbarrieren in ihrer Lernkompetenz verhindernden Wirkung voneinander unterscheiden, einige schwerer wiegen als andere, besteht im Bundesgebiet Ost eine etwas günstigere „Mischung" der wichtigsten wahrgenommenen Lernbarrieren.
- Auf die 1989/90 einsetzenden Herausforderungen der Transformation haben die Erwerbspersonen im Bundesgebiet Ost tendenziell und überwiegend mit einer Steigerung ihrer Lernkompetenz gegenüber der Ausgangslage geantwortet, und zwar relativ unabhängig davon, wie sie diese Veränderungen bewerten. (Im Bundesgebiet West ist hingegen die Steigerung der Lernkompetenz stärker und eindeutiger an eine positive Wahrnehmung des Wandels geknüpft.)

- Lernaktivität und Lerninitiative in den neuen Ländern speisten sich überdies längere Zeit in den 1990er Jahren aus dem Bewusstsein eines Rückstandes der DDR gegenüber der Bundesrepublik in technologischer und technischer Hinsicht. Daher wurde der Umbruch von vielen Erwerbspersonen im Osten als Chance und Herausforderung angenommen, berufliche Rückstände dieser Art im je eigenen Tätigkeitsfeld lernend aufzuholen.
- Jenen Gegebenheiten, welche die Ausbildung und Steigerung von Lernkompetenz begünstigen, stehen im Bundesgebiet Ost außergewöhnliche Schranken gegenüber: eine (bezogen auf die Grundgesamtheit der Erhebung von 2001) dreifach höhere Arbeitslosenquote, eine dominant kleinbetriebliche und insgesamt eine weniger leistungsfähige Struktur der Wirtschaftseinheiten, die sich im Verlaufe der Transformation im Osten verstetigt hat.

Unter sonst gleichen Bedingungen zeichnet sich ab, dass bislang Lernkompetenz-Entwicklung im Osten begünstigende Faktoren partiell kontingent sind und nicht ohne Weiteres in mittel- und längerfristiger Perspektive tragfähig bleiben werden. (So ist der „Gleichstellungsvorsprung" der Frauen im Osten bereits deutlich abgeschmolzen.) Ein Absinken ostdeutscher Lernkompetenzwerte ist nicht auszuschließen. Denn es erscheint durchaus fraglich, ob jene sozial benachteiligten Gruppen mit sozialdemographischen (und insbesondere askriptiven) Merkmalen, die am Arbeitsmarkt geringere Chancen haben, das vergleichsweise höhere Niveau der Lernkompetenz künftig aufrechterhalten können.

Wird im Weiterbildungsdiskurs und bei der Implementierung lebensbegleitenden Lernens generell unterstellt, dass von der Lernkompetenz des Einzelnen seine Platzierung im Beschäftigungssystem und seine Beweglichkeit auf dem Arbeitsmarkt abhängt, so belegen die Befunde der Erhebung diesen Schluss nur partiell: Individuelle Qualitäten, insbesondere Lernkompetenzen, werden auf dem Arbeitsmarkt nur suboptimal honoriert bzw. wird deren schwache Ausprägung weniger negativ sanktioniert. Vergleichsweise höhere Lernkompetenzwerte vieler Erwerbspersonen im Bundesgebiet Ost garantieren keineswegs, dass ihre Träger einen Einstieg in die Erwerbsarbeit finden, und niedrigere Lernkompetenzwerte von Erwerbspersonen im Bundesgebiet West schließen diese aus dem Beschäftigungssystem (vorerst) nicht aus, wie die Daten der Erhebung zeigen.

Lernkompetenz beeinträchtigende Einflussfaktoren könnten mittelfristig ein stärkeres Gewicht gewinnen, wenn sich die Chancen am Arbeitsmarkt nicht verbessern. Denn Arbeit als „zweite Chance" aufgrund der starken Abhängigkeit der Lernkompetenzentwicklung von der Arbeitsorganisation (im Vergleich zu den Bedingungen der vorberuflichen und beruflichen Sozialisation) verkehrt sich dann in eine erhebliche Gefährdung, wenn das Angebot an Arbeitsplätzen auf dem ostdeutschen Arbeitsmarkt weiter stagniert oder verringert würde, äquivalente, sozial anerkannte Tätigkeiten bzw. lebbare Lebensmuster jedoch nicht verfügbar wären.

Da Mehrheiten in Ost und West jeweils ein vorrangig instrumentell ausgerichtetes Verhältnis zu Lernen und Weiterbildung erkennen lassen, können alternative Quellen einer *Erweiterung und Öffnung* des Weiterbildungsbewusstseins, die aus expressiven Aspirationen gegenüber der Arbeit und dem Freizeitleben erwachsen (als einer nachhaltig wirksamen sozialökologischen Ressource der Lernkompetenzentwicklung) erst unzureichend erschlossen werden. Als gravierend defizitär erweist sich in der Vergleichsperspektive nämlich die Beteiligung der ostdeutschen Erwerbsbevölkerung an „expressiven" Formen des öffentlichen Kultur- und des Freizeitlebens, die sich als starker *eigenständiger Einflussfaktor* auf die Lernkompetenzentwicklung erwiesen hatten. Diesbezüglich handelt es sich offenbar um ein nur schwer zu bearbeitendes Dilemma. Dessen Auflösung scheint nicht *allein* an bessere Arbeitsmarktchancen gebunden zu sein, sondern es werden neben der lokalen/regionalen Infrastrukturausstattung tiefer in den alltäglichen Lebensformen verankerte Konventionen und Präferenzen eine wichtige Rolle spielen.

Die *instrumentelle*, auf Lernen und Weiterbildung bezogene Sicht ist im Osten stärker ausgeprägt und verbreitet als im Westen, da der überwiegende Teil der arbeitsfähigen Bevölkerung keine andere sozial anerkennungsfähige Alternative gefunden hat als eine Beschäftigung auf dem Arbeitsmarkt. Im Bundesgebiet West sind Weiterbildungsbewusstsein und „Beschäftigungsfähigkeit" hingegen loser verkoppelt. Einerseits ist der Anteil der *Erwerbsfähigen* größer, der sich weiterbildungsfern bzw. -abstinent verhält. Andererseits ist aber auch jener Personenkreis größer als im Osten, der gleichsam ein lernendes Verhältnis zur sozialen Welt (vgl. Baethge & Baethge-Kinsky 2002: „lebensweltliche Neugier") ausbildet und Lernen ebenso wie Weiterbildung im Kontext eines erfüllten, produktiven Lebens zu sehen vermag.

Gemeinsamkeiten im Weiterbildungsbewusstein und die Ost-West-Parität im Niveau der auf Lernen bezogenen Denk- und Verhaltensweisen gründen sich sowohl auf identische wie auch auf divergierende Konstellationen. Politikansätze und Strategien, die Weiterbildung, Qualifizierung, Lernen fördern, werden nicht allein bei den offensichtlichen Gemeinsamkeiten ansetzen können. Wie auch der Ost-West-Vergleich von Wahrnehmungen der Veränderung in der Weiterbildungspraxis der letzten 10 Jahre exemplarisch verdeutlicht, kann von der Genese einer Ost und West verbindenden, einheitlichen Weiterbildungslandschaft nur bedingt die Rede sein. Mindestens ebenso wichtig wie Modelle, die Ost-West-Unterschiede produktiv in Rechnung stellen, sind Konzepte, die auf kleiner dimensionierte räumliche Einheiten gerichtet sind: auf „lernende Regionen" und regionale Lernnetze, in denen Expertenwissen mit lokalen Wissensformen produktiv verbunden werden, um neue Lebens- wie Erwerbsperspektiven auf den Weg zu bringen (Matthiesen 2001).

Literatur

Ahbe, T. (2003). Deutsche Eliten und deutsche Umbrüche. Erfolg und Verschwinden verschiedener Elite-Gruppen und deren Wertepositionen. In: Deutschlandarchiv 36 (2), S. 191-205.

Alheit, P. (1993). Ambivalenz von Bildung in modernen Gesellschaften. Strukturprinzip kumulativer Ungleichheit oder Potential biographischer Handlungsautonomie? In: Meier, A. & Rabe-Kleberg, U. (Hrsg.). Weiterbildung, Lebenslauf, sozialer Wandel, Neuwied, S. 87-104.

Alheit, P. (1999). Lernen in Selbsthilfe. Die überraschende „Karriere„ eines alternativen Konzepts. In: Trippelt, R. (1999) (Hrsg.). Handbuch Erwachsenenbildung/Weiterbildung. 2. überarb. u. akt. Auflage, Opladen, S. 517-523.

Alheit, P. (2003). „Biographizität" als Schlüsselqualifikation. Plädoyer für transitorische Bildungsprozesse. In: QUEM-Report 78 Weiterlernen – neu gedacht. Erfahrungen und Erkenntnisse, Berlin, S. 7-22.

Amann, A. (1993). Soziale Ungleichheit im Gewande des Alters – Die Suche nach neuen Konzepten und Befunden. In: Naegele, G. & Tews, H. P. Lebenslagen im Strukturwandel des Alters. Alternde Gesellschaft – Folgen für die Politik, Opladen, S. 100-115.

Andretta, G., Baethge, M., Naeveke, S. Roßbach, U. & Trier, M. (1996). Die berufliche Transformation in den neuen Bundesländern, Münster.

Arnold, R. (1997). Konstruktivistische Erwachsenenbildung. Von der Deutung zur Konstruktion von Wirklichkeit, Baltmannsweiler.

Arbeitsgemeinschaft Qualifikations-Entwicklungs-Management (Hrsg.) (1996). Aspekte der beruflichen Bildung in der ehemaligen DDR. Anregungen, Chancen und Widersprüche einer gesamtdeutschen Weiterbildungsdiskussion. Edition QUEM 9, Münster.

Bäcker, G. & Naegele, G. (1993). Geht die Entberuflichung des Alters zu Ende? – Perspektiven einer Neuorganisation der Alterserwerbsarbeit. In: Naegele, G. & Tews, H. P. Lebenslagen im Strukturwandel des Alters. Alternde Gesellschaft – Folgen für die Politik, Opladen, S. 135-157.

Baethge, M., Andretta, G., Naevecke, S., Roßbach, U. & Trier, M. (1996). Die berufliche Transformation in den neuen Bundesländern, Münster.

Baethge, M. & Wilkens, I. (Hrsg.) (2001). Die große Hoffnung für das 21. Jahrhundert? Perspektiven und Strategien für die Entwicklung der Dienstleistungsbeschäftigung, Opladen.

Baethge, M. & Baethge-Kinsky, V. (2002). Arbeit die zweite Chance. Zum Verhältnis von Arbeitserfahrungen und lebenslangem Lernen. In: Kompetenzentwicklung 2002. Auf dem Weg zu einer neuen Lernkultur. Rückblick – Stand – Ausblick, München/Berlin, S. 69-140.

Baitsch, C. (2000). Der Faktor Mensch in der neuen Ökonomie. In: Manager Bilanz 7, S. 16-19.

Becker, A. (Hrsg.) (1997). Regionale Strukturen im Wandel, Opladen (Beitr. zu den Berichten zum sozialen und politischen Wandel in Ostdeutschland. Städte und Regionen. Räumliche Folgen des Transformationsprozesses, 5.1)

Behrens, J. (2001). Was uns vorzeitig „alt aussehen" lässt. Arbeit und Laufbahngestaltung – Voraussetzung für eine länger andauernde Erwerbstätigkeit. In: Aus Politik und Zeitgeschichte, 3-4, S. 14-22.

Berger, P. A. (2001). Lebensläufe, Mobilität und Milieustruktur in Ostdeutschland. In: Die Transformation Ostdeutschlands. Berichte zum sozialen und politischen Wandel in den neuen Bundesländern, Opladen, S. 249-270.

Bergmann, B. et al. (2000). Kompetenzentwicklung und Berufsarbeit. edition QUEM, Studien zur beruflichen Weiterbildung im Transformationsprozess, Münster.

Bielenski, H., Brinkmann, C., Plicht, H. & Rosenblatt v. B. (Hrsg.) (1997). Der Arbeitsmarkt Ostdeutschlands im Umbruch. Datensätze, Methoden und ausgewählte Ergebnisse des Arbeitsmarkt-Monitors 1989-1994, Nürnberg.

Biersack, W., Dostal, W., Parmentier, K., Plicht, H. & Troll, L. (2001). Arbeitssituation, Tätigkeitsprofil und Qualifikationsstruktur von Personengruppen des Arbeitsmarktes (Beiträge zur Arbeitsmarkt- und Berufsforschung 248), Nürnberg.

Böckmann-Schewe, L., Kulke, C. & Röhrig, A. (1994). Wandel und Brüche in Lebensverläufen von Frauen in den neuen Bundesländern. In: Aus Politik und Zeitgeschichte, Beilage zur Wochenzeitung Das Parlament, 6, S. 37-53.

Böhle, F., Bullinger, H.-J. & Kador, F. J. (2001). Stellungnahme des Beirats zu den Ergebnissen und der Fortführung des Förderschwerpunkts des BMBF „Demographischer Wandel und die Zukunft der Erwerbsarbeit". In: QUEM-Report 67. Arbeiten und Lernen. Lernkultur Kompetenzentwicklung und innovative Arbeitsgestaltung.

Böhme, I. (1982). Die da drüben. Sieben Kapitel DDR, Berlin.

Bolder, A. (1993). Kosten und Nutzen von beschäftigungsnaher Weiterbildung. In: Meier, A. & Rabe-Kleberg, U. (Hrsg.). Weiterbildung, Lebenslauf, sozialer Wandel, Neuwied, S. 47-60.

Bourdieu, P. (1987). Die feinen Unterschiede. Kritik der gesellschaftlichen Urteilskraft, Frankfurt a. M.

BSW (2000). Berichtssystem Weiterbildung VII. Integrierter Gesamtbericht (Hrsg. BMBF, verfasst von H. Kuwan, D. Gnahs & S. Seidel), Bonn.

BSW (2001). Berichtssystem Weiterbildung VIII. Erste Ergebnisse der Repräsentativbefragung zur Weiterbildungssituation in Deutschland, Bonn.

Bude, H. (Hrsg.) (1995). Schicksal. In: Deutschland spricht. Schicksale der Neunziger, Berlin, S. 7-12.

Deutscher Bundestag (Hrsg.) (1998). Demographischer Wandel: Zweiter Zwischenbericht der Enquete-Kommission „Demographischer Wandel" – Herausforderungen unserer älter werdenden Gesellschaft an den einzelnen und die Politik, Bonn.

Dostal, W. (2000). Wandel der Arbeitswelt – Konsequenzen für die Berufsausbildung – Fragen an die Berufsbildungsforschung. In: Kaiser, F.-J. (Hrsg.). Berufliche Bildung in Deutschland für das 21. Jahrhundert (Beiträge zur Arbeitsmarkt- und Berufsforschung).

Engler, W. (1999). Die ostdeutschen. Kunde von einem verlorenen Land, Berlin.

Engler, W. (2002). Die Ostdeutschen als Avantgarde, Berlin.

Faulstich, P. (1993). „Mittlere Systematisierung" der Weiterbildung. In: Meier, A. & Rabe-Kleberg, U. (Hrsg.). Weiterbildung, Lebenslauf, sozialer Wandel, Neuwied, S. 29-46.

Ferchland, R. & Ullrich, R. (1995). Junge Alte in den neuen Bundesländern – eine Generation in der Krise. In: Sydow, H., Schlegel, U. & Helmke, A. (Hrsg.). Chancen und Risiken im Lebenslauf Berlin: Beiträge zum gesellschaftlichen Wandel in Ostdeutschland, Berlin, S. 237-253.

Fischer, E. (2003). Weiterbilden – Weiterlernen. Neues Lernen in der Weiterbildung. In: QUEM-Report 78 Weiterlernen – neu gedacht. Erfahrungen und Erkenntnisse, Berlin, S. 41-46.

Frieling, E., Bernard, H., Bigalk, D. & Müller, R. F. (2001). Lernförderliche Arbeitsplätze. Eine Frage der Unternehmensflexibilität? In: Berufliche Kompetenzentwicklung in formellen und informellen Strukturen. QUEM-Report 69, Berlin, S. 109-139.

Friedrich, W. & Griese, H. (Hrsg.) (1991). Jugend und Jugendforschung in der DDR, Opladen.

Fuchs, H.-W. & Reuter, L. R. (2000). Bildungspolitik in Deutschland. Entwicklungen, Probleme, Reformbedarf, Opladen.
Geißler, R. (1992). Die Sozialstruktur Deutschlands. Ein Studienbuch zur Entwicklung im geteilten und vereinten Deutschland, Opladen.
Geißler, R. (2001). Sozialstruktur und gesellschaftlicher Wandel. In: Korte, K.-R. & Weidenfeld, W. (Hrsg.). Deutschland-Trendbuch. Fakten und Orientierungen, Opladen, S. 97-135.
Gensicke, Th. (1992). Mentalitätswandel und Revolution. Wie sich die DDR-Bürger von ihrem System abwandten, In: Deutschland Archiv 25 (12), S. 1266-1282.
Gensicke, Th. (1998). Die neuen Bundesbürger. Eine Transformation ohne Integration, Opladen.
Gensicke, Th. (2001). Freiwilliges Engagement in den neuen und alten Ländern. In: Braun, J. & Klages, H. (Hrsg.). Freiwilliges Engagement in Deutschland. Ergebnisse der Repräsentativerhebung zu Ehrenamt, Freiwilligenarbeit und bürgerschaftlichem Engagement. Bd. 2, Zugangswege zu freiwilligem Engagement und Engagementpotenzial in den neuen und alten Bundesländern, Stuttgart, S. 22-113.
Gerstenmaier, J. & Mandl, H. (1999). Konstruktivistische Ansätze in der Erwachsenenbildung und Weiterbildung. In: R. Trippelt (1999) (Hrsg.). Handbuch Erwachsenenbildung/Weiterbildung, 2. überarb. u. akt. Auflage, Opladen, S. 184-192.
Gordon, G. (1999). Eröffnung von Chancen und Neugierde. Eine Untersuchung zur neuen Selbständigkeit in Ostdeutschland, Münster/New York/München/Berlin, S. 244-248.
Greiffenhagen, M. & Greiffenhagen, S. (1993). Ein schwieriges Vaterland. Zur politischen Kultur Deutschlands, München.
Greiffenhagen, M. (1997). Politische Legitimität in Deutschland, Gütersloh.
Gysi, J. (1994). Familien im Land Brandenburg. Kurzfassung der Studie „Wandel in den Lebensweisen von Familien", Typoskript, Berlin, S. 1-13.
Hamburger, F. (1999). Modernisierung, Migration und Ethnisierung. In: Gemende, M., Schröer, W. & Sting, S. (Hrsg.). Zwischen den Kulturen. Pädagogische und sozialpädagogische Zugänge zur Interkulturalität, Weinheim, S. 37-53.
Hecker, U. (2000). Berufliche Mobilität und Wechselprozesse. In: Wandel der Erwerbsarbeit: Arbeitssituation, Informatisierung, berufliche Mobilität und Weiterbildung. Beiträge zur Arbeitsmarkt- und Berufsforschung, Nürnberg, S. 67-97.
Heidenreich, M. (1996). Ungleichheiten und institutionelle Rahmenbedingungen im ostdeutschen Transformationsprozess. In: Diewald, M. & Mayer, K. U. (Hrsg.). Zwischenbilanz der Wiedervereinigung, Opladen, S. 135-144.
Heinz, W. R. (1996). Berufsverläufe im Transformationsprozess. In: Hormuth, S., Heinz, W. & Kornadt, H.-J. (Hrsg.). Individuelle Entwicklung, Bildung und Berufsverläufe, Opladen, S. 274-329.
Heinze, R. G. & Voelzkow, H. (Hrsg.) (1997). Regionalisierung der Strukturpolitik in Nordrhein-Westfalen, Opladen.
Hinz, H. (2003). Entwicklungen wirkungsvoll initiieren. In: QUEM-Report 78, Weiterlernen – neu gedacht. Erfahrungen und Erkenntnisse, Berlin, S. 83-94.
Hoffmann, A. (1991). Jugend und Schule. In: Friedrich, W. & Griese, H. (Hrsg.). Jugend und Jugendforschung in der DDR, Opladen, S. 46-57.
Hortsch, H. & Kersten, S. (1996). Lernen im Prozess der Arbeit, Forschungsergebnisse. In: Aspekte der beruflichen Bildung in der ehemaligen DDR. Anregungen, Chancen und Widersprüche einer gesamtdeutschen Weiterbildungsdiskussion, Edition QUEM 9, Münster.
Hübner, U. (2003). Die Märkte der Zukunft und das lebenslange Lernen. In: QUEM-Report 78, Weiterlernen – neu gedacht. Erfahrungen und Erkenntnisse, Berlin, S. 101-112.

Ihbe, W. & Wehrmeister, F. (1996). Autodidaktisches Lernen in der beruflichen Weiterbildung. In: Aspekte der beruflichen Weiterbildung in der ehemaligen DDR, Münster/New York/München/Berlin, S. 163-199.

Kaiser, M., Nuthmann, R. & Stegmann, H. (Hrsg.) (1985). Berufliche Verbleibsforschung in der Diskussion, Nürnberg.

Klein, T. & Lauterbach, W. (Hrsg.) (1999). Nichteheliche Lebensgemeinschaften. Analysen zum Wandel partnerschaftlicher Lebensformen, Opladen.

Koch. T. (1999). Parteienwettbewerb und „politisch-kulturelle Hegemonie" im Wahlgebiet Ost. Zeitmessungen aus vermeintlichem Niemandsland. In: Berliner Debatte Initial 10 (2), S. 74-84.

Kommission der Europäischen Gemeinschaften (2000). Memorandum über Lebenslanges Lernen. Arbeitsdokument der Kommissionsdienststellen, Brüssel.

Kuwan, H. (1990). Weiterbildungsbarrieren. Ergebnisse einer Befragung typischer „Nicht-Teilnehmer" an Weiterbildungsveranstaltungen. In: Bildung – Wissenschaft – Aktuell 7, Bonn.

Langenbucher, W. R., Rytlewski, R. & Weyergraf, B. (Hrsg.) (1988). Handbuch zur deutsch-deutschen Wirklichkeit. Bundesrepublik Deutschland/Deutsche Demokratische Republik im Kulturvergleich, Stuttgart, Stichwort Weiterbildung, S. 730-733.

Lehmbruch, G. (1996). Die Rolle der Spitzenverbände im Transformationsprozess. Eine neo-institutionalistische Perspektive. In: Kollmorgen, R., Reißig, R. & Weiß, J. (Hrsg.). Sozialer Wandel und Akteure in Ostdeutschland. Empirische Befunde und theoretische Ansätze, Opladen, S. 117-145.

Matthiesen, U. (2001). Im Sog von Schrumpfungsdynamiken – eine lernende Region im deutsch-polnischen Grenzgebiet. In: Matthiesen, U. & Reutter, G. (Hrsg.). Lernende Region – Mythos oder lebendige Praxis, Bielefeld, S. 89-114.

Meier, A. (1991). Lernort Betrieb – was blieb? Berlin.

Meier, A. (1993). Die Probe aufs Exempel. Weiterbildung im Strukturwandel Ostdeutschlands. In: Derselbe & U. Rabe-Kleberg (Hrsg.). Weiterbildung, Lebenslauf, sozialer Wandel, Neuwied, 183-198.

Mühlberg, D. (1999). Nachrichten über die kulturelle Verfassung der Ostdeutschen. In: Berliner Debatte Initial 10 (2), S. 4-17.

Müller-Dohm, P. (2002). Weiterbildung, Kompetenzentwicklung und Lernkultur. Zehn Jahre QUEM. In: Kompetenzentwicklung 2002. Auf dem Weg zu einer neuen Lernkultur. Rückblick – Stand – Ausblick, Münster/New York/München/Berlin, S. 13-68.

Mutz, G. (1997). Dynamische Arbeitslosigkeit und diskontinuierliche Erwerbsverläufe. In: Berliner Debatte Initial 8, 5, S. 23-36.

Naegele, G. (2001). Demographischer Wandel und „Erwerbsarbeit". Essay. In: Aus Politik und Zeitgeschichte, 3-4, S. 3-4.

Naegele, G. & Tews, H. P. (1993). Theorieansätze und -kritik zur Altersentwicklung – Neue und alte sozialpolitische Orientierungen. In: Naegele, G. & Tews, H. P. Lebenslagen im Strukturwandel des Alters. Alternde Gesellschaft – Folgen für die Politik, Opladen, S. 329-367.

Nuissl, E. (1999). Ordnungsgrundsätze der Erwachsenenbildung in Deutschland. In: Trippelt, R. (Hrsg.). Handbuch Erwachsenenbildung/Weiterbildung. 2. überarb. u. akt. Auflage, Opladen, S. 389-401.

Pack, J., Buck, H. & Kistler, E. (2000). Zukunftsreport demographischer Wandel. Innovationsfähigkeit einer alternden Gesellschaft, Bonn.

Pinther, A. (1999). Familien- und junge-Ehe-Forschungen. In: Friedrich, W., Förster, P. & Starke, K. (Hrsg.). Das Zentralinstitut für Jugendforschung Leipzig 1966-1990, Berlin, S. 420-429.

Pollack, D. & Pickel, G. (1999). Individualisierung auf dem religiösen Feld. In: Honeger, C., Hradil, S. & Traxler, F. (Hrsg.). Grenzenlose Gesellschaft? Verhandlungen des 29. Kongresses der Deutschen Gesellschaft für Soziologie, des 16. Kongresses der Österreichischen Gesellschaft für Soziologie, des 11. Kongresses der Schweizerischen Gesellschaft für Soziologie in Freiburg i. Br. 1998, Teil 1, Opladen, S. 623-642.

Pongratz, H. J. & Voss, G. G. (1997). Fremdorganisierte Selbstorganisation. In: Zeitschrift für Personalforschung 7 (1), S. 30-53.

Rohlmann, R. (1999). Weiterbildungsgesetze der Länder. In: Trippelt, R. (Hrsg.)(1999). Handbuch Erwachsenenbildung/Weiterbildung. 2. überarb. u. akt. Auflage, Opladen, S. 402-417.

Sabel, Ch. (1997). „Bootstrapping-Reform" oder: Revolutionärer Reformismus und die Erneuerung von Firmen, Gewerkschaften und Wohlfahrtsstaat im regionalen Kontext. In: Bullmann U.& Heinze, R. G. (Hrsg.). Regionale Modernisierungspolitik, Opladen, S. 15-52.

Sackmann, R. & Wingens, M. (1996). Berufsverläufe im Transformationsprozess. In: Diewald, M. & Mayer, K. U. (Hrsg.). Zwischenbilanz der Wiedervereinigung, Opladen, S. 11-32.

Sackmann, R. & Rasztar, M. (1998). Das Konzept „Beruf" im lebenslaufsoziologischen Ansatz. In: Was prägt Berufsbiographien? Lebenslaufdynamik und Institutionenpolitik. Beiträge zur Arbeitsmarkt- und Berufsforschung, Nürnberg, S. 25-53.

Salazar, Y. (2003). Das V-Master-Programm. Lernen auf den Kopf gestellt. In: QUEM-Report 78, Weiterlernen – neu gedacht. Erfahrungen und Erkenntnisse, Berlin, S. 147-154.

Sauer, J. (2002). Transformation beruflicher Weiterbildung – Infrastrukturen für neue Lernkulturen. Von der Weiterbildung zur Lernkulturpolitik. In: Kompetenzentwicklung 2002. Auf dem Weg zu einer neuen Lernkultur. Rückblick – Stand – Ausblick, Münster/New York/München/Berlin, S. 435-470.

Schäfer, H. P. (1988). Weiterbildung. In: Langenbucher, W. R., Rytlewski, R. & Weyergraf, B. (Hrsg.) (1988). Handbuch zur deutsch-deutschen Wirklichkeit. Bundesrepublik Deutschland/Deutsche Demokratische Republik im Kulturvergleich, Stuttgart, S. 730-733.

Schenk, S. (1996). Berufsverläufe und Erwerbsschicksale. In: Nickel, H. M., Lutz, B., Schmidt, R. & Sorge, A. (Hrsg.). Arbeit, Arbeitsmarkt und Betriebe. Berichte zum sozialen und politischen Wandel, Opladen, S. 161-187.

Schiersmann, C., Busse, J. & Krause, D. (2002). Medienkompetenz – Kompetenz für Neue Medien. Studie im Auftrag des Forums Bildung, Bonn.

Schmidt, R. (2001). Restrukturierung und Modernisierung der ostdeutschen Industrie. In: Bertram, H. & Kollmorgen, R. (Hrsg.). Die Transformation Ostdeutschlands, Opladen, S. 163-194.

Schneider, H. (1997). Parteien in der Landespolitik. In. Gabriel, O. W., Niemeyer, O. & Stös, R. (Hrsg.). Parteiendemokratie in Deutschland, Bonn, S. 407-426.

Schneider, R. (1992). Bildungspolitik. In: Lexikon der Politik, hrsg. v. D. Bohlen, Bd. 3: Die westlichen Länder, hrsg. von M. G. Schmidt, München, S. 55-69.

Schüßler, I. (2003). Paradoxien der Wissensgesellschaft. In: QUEM-Report 78, Weiterlernen – neu gedacht. Erfahrungen und Erkenntnisse, Berlin, S. 165-178.

Schwitzer, K.-P. & Winkler, G. (1993). Altenreport 1992, Berlin.

Sennet, R. (1998). Der flexible Mensch. Die Kultur des neuen Kapitalismus, Berlin.

Severing, E. (2003). Eine neue Lernkultur – gegen die institutionalisierte Berufsbildung oder mit ihr? In: QUEM-Report 78, Weiterlernen – neu gedacht. Erfahrungen und Erkenntnisse, Berlin, S. 193-200.

Siebert, H. (1994). Lernen als Konstruktion von Lebenswelten. Entwurf einer konstruktivistischen Didaktik.
Siebert, H. (1996). Didaktisches Handeln in der Erwachsenenbildung, Neuwied.
Siebert, H. (1999). Erwachsenenbildung in der Bundesrepublik Deutschland – Alte Bundesländer und neue Bundesländer. In: Trippelt, R. (Hrsg.) (1999). Handbuch Erwachsenenbildung/Weiterbildung. 2. überarb. u. akt. Auflage, Opladen, S. 54-80.
Solga, H. (1995). Die Etablierung einer Klassengesellschaft in der DDR: Anspruch und Wirklichkeit des Postulats sozialer Gleichheit. In: Huinink, J., Mayer, K. U. et al. Kollektiv und Eigensinn. Lebensverläufe in der DDR, Berlin, S. 45-88.
Soskice, D. (1997). Technologiepolitik, Innovation und nationale Institutionengefüge in Deutschland. In: Naschold, F., Soskice, D., Hancke, B. & Jürgens, U. (Hrsg.). Ökonomische Leistungsfähigkeit und institutionelle Innovation, Berlin.
Strubelt, W. (1996). Regionale Disparitäten zwischen Wandel und Persistenz. In: Strubelt, W., Genosko, J., Bertram, H., Friedrichs, J., Gans, P., Häußermann, H., Herlyn, U. & Sahner, H. Städte und Regionen, räumliche Folgen des Transformationsprozesses, Opladen, 1996, S. 11-110 (Berichte zum sozialen und politischen Wandel in Ostdeutschland 5).
Strzelewicz, W., Raapke, H. D. & Schulenberg, W. (1966). Bildung und gesellschaftliches Bewusstsein, Stuttgart.
Sydow, H., Schlegel, U. & Helmke, A. (Hrsg.) (1995). Chancen und Risiken im Lebenslauf: Beiträge zum gesellschaftlichen Wandel in Ostdeutschland, Berlin.
Szydlik, M. (2003). Pisa und die Folgen. In: Soziologische Revue 26, S. 195-204.
Thierse, W. (2001a). Fünf Thesen zur Vorbereitung eines Aktionsprogramms für Ostdeutschland. www.zeit.de./2001/02/thierse.
Thierse, W. (2001b). Zukunft Ost. Perspektiven für Ostdeutschland in der Mitte Europas, Berlin.
Thumfart, A. (2002). Die politische Integration Ostdeutschlands, Frankfurt am Main.
Voß, G. G. (2001). Der Arbeitskraftunternehmer. Ein neuer Typus von Arbeitskraft und seine sozialen Folgen. In: Reichhold, H., Löhr, A. & Blickle, G. (Hrsg.) Wirtschaftsbürger oder Marktopfer? München/Mehring, S. 15-31.
Weltz, F. (1973). Facharbeiter und berufliche Weiterbildung. Überlegungen zu einer explorativen Studie. In: Schriften zur Bildungsforschung 10, Hannover.
Wiesenthal, H. (1995). Einleitung. Grundlinien der Transformation Ostdeutschlands und die Rolle korporativer Akteure. In: Derselbe (Hrsg.). Einheit als Interessenpolitik. Studien zur sektoralen Transformation Ostdeutschlands, Frankfurt am Main/New York, S. 8-33.
Winkler, G. (2001). Berliner unterscheiden sich in den Werten nach Ost und West. Sonderheft zur Veränderung der Lebensverhältnisse in der Bundeshauptstadt, Berlin SFZ.
Wirtschaftsentwicklung und Raumplanung in der Region Berlin-Brandenburg (1995). Modelle, Tendenzen, Erfordernisse, eine Untersuchung im Auftrag der IHK zu Berlin, Berlin.
Woderich, R., Koch, Th. & Ferchland, R. Berufliche Weiterbildung und Lernkompetenzen im Ost-West-Vergleich. In: Kompetenzentwicklung 2002. Auf dem Wege zu einer neuen Lernkultur, Münster/New York/München/Berlin, S. 141-197.
Zimmermann, H. (wiss. Leitung) unter Mitarbeit von H. Ulrich & M. Fehlauer (1985). DDR-Handbuch, Köln, Stichwort Einheitliches Sozialistisches Bildungssystem 1, S. 318-339.

edition QUEM

Studien zur beruflichen Weiterbildung im Transformationsprozeß
Herausgegeben von der Arbeitsgemeinschaft Qualifikations-Entwicklungs-Management

Band 1: John Erpenbeck, Johannes Weinberg
Menschenbild und Menschenbildung
Bildungstheoretische Konsequenzen der unterschiedlichen Menschenbilder in der ehemaligen DDR und in der heutigen Bundesrepublik.
1993, 239 Seiten, geb., 25,50 EUR, ISBN 3-89325-199-5

Band 2: Volker Heyse, Klaus Ladensack
Management in der Planwirtschaft
Personal- und Organisationsentwicklung in der ehemaligen DDR.
1994, 176 Seiten, geb., 25,50 EUR, ISBN 3-89325-209-6

Band 3: Volker Heyse, John Erpenbeck
Management und Wertewandel im Übergang
Voraussetzungen, Chancen und Grenzen betrieblicher Weiterbildung im Transformationsprozeß.
1994, 280 Seiten, geb., 25,50 EUR, ISBN 3-89325-214-2

Band 4: Volker Heyse, Helmut Metzler
Die Veränderung managen, das Management verändern
Personal- und Organisationsentwicklung im Übergang zu neuen betrieblichen Strukturen – Trainingskonzepte zur Erhöhung von Kompetenzen.
1995, 372 Seiten, geb., 25,50 EUR, ISBN 3-89325-334-3

Band 5: Wolfram Knöchel, Matthias Trier
Arbeitslosigkeit und Qualifikationsentwicklung
Perspektiven der beruflichen Weiterbildung in einer Gesellschaft im Übergang.
1995, 168 Seiten, geb., 15,30 EUR, ISBN 3-89325-354-8

Band 6: Rolf Dobischat u. Antonius Lipsmeier; Ingrid Drexel
Der Umbruch des Weiterbildungssystems in den neuen Bundesländern
Zwei Untersuchungen.
1996, 304 Seiten, geb., 25,50 EUR, ISBN 3-89325-395-5

Band 7: Erich Staudt u.a.
Weiterbildung von Fach- und Führungskräften in den neuen Bundesländern
1996, 292 Seiten, geb., 25,50 EUR, ISBN 3-89325-403-X

Band 8: Martin Baethge u.a.
Die berufliche Transformation in den neuen Bundesländern
Ein Forschungsbericht
1996, 248 Seiten, geb., 25,50 EUR, ISBN 3-89325-404-8

Band 9: **Aspekte der beruflichen Bildung in der ehemaligen DDR**
Anregungen, Chancen und Widersprüche einer gesamtdeutschen Weiterbildungsdiskussion
1996, 398 Seiten, geb., 25,50 EUR, ISBN 3-89325-462-5

Band 10: John Erpenbeck, Volker Heyse
Die Kompetenzbiographie
Strategien der Kompetenzentwicklung durch selbstorganisiertes Lernen und multimediale Kommunikation
1999, 680 Seiten, geb., 34,80 EUR, ISBN 3-89325-690-3

Band 11: Bärbel Bergmann u.a.
Kompetenzentwicklung und Berufsarbeit
2000, 275 Seiten, geb., 25,50 EUR, ISBN 3-8309-1018-5

Band 12: Ekkehard Frieling, Simone Kauffeld, Sven Grote, Heike Bernhard
Flexibilität und Kompetenz: Schaffen flexible Unternehmen kompetente und flexible Mitarbeiter?
2000, 304 Seiten, geb., 25,50 EUR, ISBN 3-8309-1019-3

Band 13: **Kompetenzen entwickeln – Veränderungen gestalten**
2000, 565 Seiten, geb., 34,80 EUR, ISBN 3-8309-1021-5

Band 14: Erich Staudt (†), Norbert Kailer, Marcus Kottmann, Bernd Kriegesmann, Andreas J. Meier, Claus Muschik, Heidi Stephan, Arne Ziegler
Kompetenzentwicklung und Innovation
2002, 494 Seiten, geb., 29,90 EUR, ISBN 3-8309-1242-0

Band 15: Hermann Veith
Kompetenzen und Lernkulturen
Zur historischen Rekonstruktion moderner Bildungsleitsemantiken
2003, 456 Seiten, geb., 29,90 EUR, ISBN 3-8309-1357-5

Band 16: Martin Baethge, Volker Baethge-Kinsky
mit einem Beitrag von Rudolf Woderich, Thomas Koch und Rainer Ferchland
Der ungleiche Kampf um das lebenslange Lernen
2004, 358 Seiten, geb., 25,50 EUR, ISBN 3-8309-1461-X

Band 17: Bärbel Bergmann u.a.
Arbeiten und Lernen
2004, 322 Seiten, geb., 25,50 EUR, ISBN 3-8309-1470-9

Band 18: John Erpenbeck (Hrsg.)
Kompetenzmessung im Unternehmen
Lernkultur- und Kompetenzanalysen im betrieblichen Umfeld
2005, geb., ISBN 3-8309-1471-7

WAXMANN VERLAG GMBH
Münster · New York · München · Berlin